Beck's Historische Bibliothek

BHB

VILLY SØRENSEN

SENECA

Ein Humanist an
Neros Hof

VERLAG C. H. BECK MÜNCHEN

Aus dem Dänischen übersetzt
von Monika Wesemann, Kopenhagen.

Die Originalausgabe erschien 1977 unter dem Titel
„Seneca. Humanisten ved Neros hof" im Verlag Gyldendal, Kopenhagen

Die deutsche Übersetzung wurde gefördert
durch den Amalienborg-Preis des Königin Margarete und
Prinz Hendrik Fonds

CIP-Kurztitelaufnahme der Deutschen Bibliothek

Sørensen, Villy:
Seneca: e. Humanist an Neros Hof / Villy Sørensen.
[Aus d. Dän. übers. von Monika Wesemann] –
3. Aufl. – München: Beck, 1995
(Beck's Historische Bibliothek)
Einheitssacht.: Seneca ‹dt.›
ISBN 3 406 39780 8

ISBN 3 406 39780 8

Dritte Auflage. 1995

Satz und Druck: C. H. Beck'sche Buchdruckerei, Nördlingen
Bindung: Großbuchbinderei Monheim
Gedruckt auf säurefreiem,
aus chlorfrei gebleichtem Zellstoff hergestelltem Papier
Printed in Germany

Inhalt

Einleitung

Leben, Werk und Zeit

EINLEITUNG

I. Mythos und Philosophie

Mythos und Geschichte

Seneca, ein Altersgenosse Jesu, wirkt in vieler Beziehung modern. Die Probleme, auf die er als Staatsmann an Neros Hof stieß und über die er als Dichter und Philosoph schrieb, der Konflikt zwischen Realpolitik und humanen Idealen, zwischen der Forderung nach politischem Engagement und dem Hang zu ungestörter Selbstverwirklichung, all diese Probleme sind auch in der Gesellschaft unserer Tage aktuell. Seine humanistischen Ideen sind für uns heute so selbstverständlich, daß wir leicht übersehen, daß sie damals weniger selbstverständlich und origineller waren.

Wenn Seneca uns verwandter erscheinen mag als andere Denker, die uns zeitlich sehr viel näher stehen, dann hängt das natürlich mit der Tatsache zusammen, daß das moderne Europa sehr viel mehr mit der Großstadt Rom gemein hat als mit der kleineren und geschlosseneren Gesellschaft des vorindustriellen Europa. Rom mit seiner Gigantomanie, seinem Mangel an gemeinsamen geistigen Werten, seinem Reichtum und seiner Armut, seinem Lebensgenuß und seinem Lebensüberdruß, seinem Verlangen nach Unterhaltung und Erlösung, seinem Individualismus und seiner Massenpsychose, dieses Rom ist *der* Präzedenzfall unserer eigenen Großstadtzivilisation. Deshalb kann man Seneca zwar von unserer eigenen Zeit her verstehen, möglicherweise begreifen wir diese aber auch besser von der seinen her. Mit den Unterschieden werden auch die Ähnlichkeiten zwischen damals und heute deutlich.

Der größte Unterschied kam mit der Zeit. Jeder Mensch ist durch seine Zeit geprägt, in der Antike verging die Zeit jedoch langsamer als heute, und Senecas Zeit war sehr viel länger als unsere. Die stoische Philosophie, zu der er sich bekannte, war 300 Jahre vor seiner eigenen Zeit entwickelt worden. In seiner Naturphilosophie beruft er sich ohne Unterschied auf Denker seines eigenen 1. Jahrhunderts n. Chr. neben solchen aus dem 6. Jahrhundert v. Chr. Zwar konnte er mit seiner logischen Vernunft alte Theorien kritisieren und an den Fortschritt der Wissenschaft glauben, aber ein objektives, wissenschaftliches Kriterium zur Unterscheidung von richtig und falsch besaß er nicht. Eine Forschung, *die* Forschung, deren neueste Ergebnisse frühere Theorien veralten lassen und vor deren übermenschlicher Autorität alle sich beugen müssen, war ihm unbekannt. Dies mag andeuten, daß es – so modern Senecas humanistische Ideen im übrigen auch gewesen sind – zwei moderne Ideen gab, zu denen er (und das gesamte Altertum) nicht vorstieß, nämlich die Objektivitäts- und die Entwicklungsidee, die beiden in der modernen wissenschaftlich-technischen Zivilisation zentralen Ideen, die den entscheidenden Bruch mit der primitiven Mentalität bezeichnen.

Da die Naturwissenschaft der Wegbereiter des Entwicklungsglaubens ist, hängen diese beiden Ideen eng zusammen. Das unwissenschaftliche Gefühl, *hinter* den Phänomenen der Natur verberge sich *irgend etwas,* läßt den Menschen mit Eingriffen in diese Phänomene vorsichtig umgehen. Wenn feststeht, daß die Dinge von vornherein einen Sinn haben, dann kann der Mensch selbstverständlich nur schwer neue Dinge schaffen, die besser sind. Die Utopie der Römer lag nicht in der Zukunft, sondern in der Vergangenheit, im „goldenen Zeitalter", wo die Menschen nach Senecas Auffassung in Harmonie mit sich selbst und miteinander gelebt, alles gemeinsam und die Besten zu Führern gehabt hatten, die keine Macht ausübten, sondern dem Volk einen Dienst erwiesen. Verändert worden war dieser Zustand durch das Privateigentum, das den Grundstein zu Hab- und Machtgier gelegt hatte, die folglich Produkte der Zivilisation, nicht der Natur waren.

Diese kulturpessimistische Auffassung steht jedoch in einem merkwürdigen Gegensatz zu dem kulturellen Selbstbewußtsein, das die Griechen, und nach ihnen die Römer, alle anderen Völker als Barbaren bezeichnen ließ. Seneca mußte in anderem Zusammenhang auch erkennen, daß kräftige und wie aus einem Guß geschaffene Naturen, wie z. B. die Germanen, auch vor ihrer Zivilisierung bereits aggressive Neigungen besaßen: „unvollkommen ist ihnen die Lebenskraft, wie bei allem, was ohne Gestaltung seiner selbst durch die Güte allein der Natur aufwächst."[1]

Da diese beiden Betrachtungsweisen genaugenommen einander ausschließen, ist es verlockend, die eine als „mythisch" zu verwerfen und die andere als „historisch" zu akzeptieren, doch erstens unterschied man im Altertum nicht so genau zwischen Mythos und Geschichte, und zweitens wäre es sicher ebenso einseitig, wollte man entweder der Natur oder der Zivilisation das ausschließliche Verdienst für das Gute oder die ganze Verantwortung für das Böse im menschlichen Leben zuschreiben. Kulturpessimismus und Kulturoptimismus verhalten sich, um es mit neueren Modewörtern auszudrücken, komplementär oder dialektisch zueinander, und sie lassen sich vereinen, wenn man davon ausgeht, daß der Mensch nicht von Natur aus „barbarisch" ist, es jedoch leicht werden kann, wenn er unter veränderten Bedingungen so bleibt, wie er war.

Anfangs legte der Mensch seine unbewußte Seele in die Dinge hinein und erlebte sie als lebendig, so wie er auch die Geschichte seiner Gesellschaft und den Kreislauf der Natur als Einheit erlebte. Im Laufe seines Bewußtwerdungsprozesses zog er seine Seele aus den Dingen heraus und schuf neue Dinge, schuf mit anderen Worten durch wissenschaftliche Erkenntnis und Ausnutzung der Natur Geschichte. Die letzten Jahrzehnte haben gezeigt, daß sich die Natur auf die Dauer nicht damit abfindet, nur als Objekt betrachtet und behandelt zu werden, und was für die äußere Natur gilt, scheint auch auf die menschliche zuzutreffen: der Mensch läßt sich nicht an alles anpassen, will man seiner Natur nicht zu nahe treten. Vor diesem modernen Hintergrund ist die mythische Vorstellung von der zivilisatorischen Entwicklung als einem Abfall von der Natur keineswegs *so* primitiv, daß sie nur historisch gesehen interessant erscheint, ebensowenig wie der Versuch der Stoiker, das Menschenrecht in jener Natur zu begründen, die in der Gesellschaft nicht zu ihrem Recht kommt. Der Mythos erzählt uns nicht nur etwas über die Erlebnisweise des primitiven Menschen, sondern verrät uns auch etwas von der primitiven Erlebnisweise des Menschen. Die Auffassung, daß der Mensch nur durch seine Zeit und nicht zugleich auch durch die Vergangenheit der Menschheit geprägt sei, kann nicht mehr als wissenschaftlich haltbare historische Anschauung gelten.

Die Römer waren für die von ihnen entwickelte Zivilisation nicht geschaffen. Aus dieser Spannung erwachsen die humanistischen Ideen als Vorstellungen von einer anderen Ordnung als jener Gesellschaftsordnung, die nicht mehr als die Ordnung der Natur empfunden wird. Die Philosophie – die griechische Philosophie – entsteht mit dem Gedanken, daß die Dinge anders sein könnten, oder genauer, mit dem Gedanken, daß sie in Wirklichkeit, von Natur aus, von Anbeginn an anders sind, als sie geworden und aufgefaßt worden sind. Das enge Verhältnis der Griechen und Römer zum Ursprünglichen ist ein naheliegender Grund dafür, diesen Bericht über einen griechisch inspirierten römischen Humanisten von den Anfängen her aufzurollen: dem Ursprung der griechischen Gedankenwelt in einer mythischen Vorstellungswelt (Kapitel I), dem historischen und mythischen Hintergrund der Römer (Kapitel II).

Goldenes Zeitalter und Zivilisation: Hesiod

Mit dem Mythos vom goldenen Zeitalter, das am Anfang war, hielt der Mensch des Altertums an einer, freilich romantischen, Erinnerung an einen sozialen Zustand fest, den man insofern durchaus als einen Naturzustand bezeichnen kann, als der primitive Mensch in engerem Kontakt mit der Natur lebte als der zivilisierte, d. h. der Mensch, der in einer Stadt lebte. Der Übergang von einer naturgebundenen Gesellschaft, in der alles sich gleich bleibt, zu einer städtischen Gesellschaft, in der vieles neu ist, ist *die* große zivilisatorische Veränderung, die dem Menschen erst einen Begriff von der Veränderlichkeit der Dinge vermittelt. Am Anfang gleicht die Zeit nicht einer ständig zu etwas Neuem führenden Linie, sondern einem ständigen Kreislauf. Die kultischen Feste der Stammesgesellschaft waren Wiederholungen, Nachschaffungen dessen, was am Anfang geschah, die Mythen waren Berichte darüber, keine Theorien, wie die Dinge entstanden waren, sondern Darstellungen, wie sie entstehen. Und ebensowenig wie die Gesellschaft hat das Mitglied der Gesellschaft eine Geschichte: es kommt erst richtig zu sich, wenn es außer sich ist, wenn es in der Ekstase des Kults vorgeschriebene Handlungsmuster wiederholt. „Durch jede *wirkliche* Handlung, also durch jede Wiederholung einer archetypischen Handlung, [wird] die profane Zeit aufgehoben, so daß diese Handlung an der mythischen Zeit teilhat", schreibt Mircea Eliade in seinem Buch „Kosmos und Geschichte",[2] das reich ist an Beispielen für den Widerstand, der sich in den primitiven Gesellschaften und auch noch in den großen Kulturen des Altertums gegen die Zeit und die Geschichte richtete. Der Mythos vom goldenen Zeitalter ist an sich bereits Ausdruck eines solchen psychischen Widerstands, und natürlich wurde dieser Mythos erst geschaffen, als alles sich verändert hatte.

Der Gedanke eines immer minderwertigeren Menschengeschlechts im goldenen, silbernen, ehernen bzw. eisernen Zeitalter findet sich (im 7. Jahrhundert v. Chr.) in *Hesiods* Gedicht „Werke und Tage", einem der ersten, verworrensten und tiefsinnigsten, primitivsten und revolutionärsten Gedichte der Weltliteratur. Es besteht zu einem großen Teil aus den Ratschlägen, die ein Bauer anderen erteilt, damit sie wissen, wie und wann was auf dem Feld und im Hause getan werden muß: Für Hesiod war es noch natürlich, daß alles der Ordnung der Natur folgte. Er erteilt jedoch auch gute Ratschläge für die Seefahrt, obgleich er herzlich schlecht von ihr denkt: An einer anderen Stelle heißt es, daß die Leute überhaupt nicht zur See zu fahren brauchten, wenn in ihrer Gesellschaft Gerechtigkeit herrschte, denn dann trüge ihre Erde reichlich Frucht. Hieraus kann man schließen, daß Seefahrt und Handel erst dann notwendig sind, wenn die Gesellschaft nicht mehr gerecht ist.[3]

Und Hesiods Gesellschaft ist nicht mehr gerecht. Sein Gedicht scheint zum Teil durch Erbzwistigkeiten mit seinem Bruder inspiriert zu sein, der sich durch Bestechung die Unterstützung der großen Herren gesichert hatte.[4] Die großen Herren müssen wir uns denken wie die Könige der Ilias, doch bei Hesiod erahnt man sie in einem viel trüberen Licht als dem Glanz, der sie bei (dem etwas älteren) Homer umgibt. Homers Helden fühlen sich leicht gekränkt und nehmen schnell Rache, und wenn sie sich vergessen, können sie in homerischer Unschuld sagen: „Zeus trägt die Schuld". Hesiod, dem es als kleinem Mann innerhalb der Gesellschaft schwerer fällt, seinem Recht Geltung zu verschaffen, *droht* ihnen dagegen mit Zeus: „Haus und Geschlecht verdorren nach dem Ratschluß des olympischen Zeus, ihr mächtiges Heer stürzt er in den Staub, ihre Mauern legt er brach, und ihre Schiffe trifft er auf dem Meer"[5] – wenn sie nicht gerecht sind.

Doch dieser Glaube daran, daß Gerechtigkeit sich lohnt und die Ungerechten bestraft werden, steht im deutlichen Gegensatz zu Hesiods Charakteristik seiner eigenen Zeit als des „eisernen Zeitalters", in dem Macht gleich Recht ist, der Übeltäter gepriesen wird, Verwandte einander bekämpfen und es keine Hilfe gegen das Böse gibt. Anders war das im goldenen Zeitalter, als alle von den Früchten der Erde lebten und von dem Bösen nichts wußten. Es ist ganz deutlich, daß das ferne goldene Zeitalter in Hesiods Phantasie als ein Widerspruch zu den bestehenden Verhältnissen aufgetaucht ist: die Erfahrung von Unrecht geht dem Gerechtigkeitsgedanken voraus.

Das Seltsame ist nun aber, daß während des goldenen Zeitalters nicht der gerechte Zeus den Himmel beherrschte, sondern sein Vater Kronos, den Zeus seines Amtes enthob. Während wir von den ersten Menschen vernehmen, sie hätten wie Götter gelebt, ohne Mühe und Sorgen und ohne den Tod als etwas anderes denn als Schlummer zu kennen, müssen wir feststellen, daß die Götter damals eher wie Menschen des eisernen Zeitalters lebten, was Hesiod in diesem Zusammenhang diskret verschweigt, wovon er jedoch in einem anderem Gedicht, der Theogonie („Die Geburt der Götter"), ausführlich berichtet. Hier erfahren wir, daß der gutmütig umgängliche Kronos seinen Vater Uranos kastrierte und nachher seine eigenen Kinder, die späteren olympischen Götter, verschlang. Die Väter in der Götterwelt hatten eindeutig etwas dagegen, daß ihre Kinder hochkamen – und ihnen die Macht nahmen. Als Zeus schließlich die Macht übernommen hatte, traf auch er seine entsprechenden Vorkehrungen, doch während seiner Zeit geschieht das äußerst Seltsame, auf das die Mythen im übrigen nicht näher eingehen: daß die Zeit in der Götterwelt stehenbleibt. Die Götter behalten ihr einmal erreichtes Alter und zeugen danach nur noch Kinder mit den Sterblichen. Sieht man genauer hin, um zu erfahren, wo die Zeit geblieben ist, dann sieht man, daß diese Sterblichen, diese Menschen sie auf sich haben nehmen müssen.

Die Menschen waren von Prometheus geschaffen worden, und Zeus erblickte in ihnen möglicherweise eine Gefahr für seine Herrschaft; jedenfalls ließ er sie frieren, so daß Prometheus vom Herd der Götter Feuer für sie stehlen mußte. Zeus sah ein, daß er mit den Menschen leben mußte, in seiner Gerissenheit ließ er jedoch Hephaistos, den Gott der Schmiedekunst, einen Frauenmenschen für die Menschen anfertigen, die demnach bis dahin lauter Männer gewesen sein müssen, und diesen Frauenmenschen, Pandora, schickte er zu Prometheus' weniger gescheitem Bruder Epimetheus. Als zweiter Adam erlag dieser der Versuchung der Frau und ihrer Mitgift, der Büchse der Pandora, aus der sich alle möglichen Übel über die Welt der Menschen verbreiteten; nur die Hoffnung blieb zurück. Doch in der Hoffnung verhält sich der Mensch zur Zeit, und genau genommen brachte Pandora gerade die Zeit und die Sterblichkeit zu den Männern, die sich auch erst mit Hilfe der Frau vermehren konnten. Die Generationskonflikte bei den Menschen setzten ein, als sie bei den Göttern abflauten: Im eisernen Zeitalter können Väter nicht mit ihren Kindern und Kinder nicht mit ihren Vätern auskommen, und Brüder nicht mit Brüdern, schreibt Hesiod.[6]

In Hesiods mythologischen Erzählungen finden sich demnach zwei ge-

gensätzliche Entwicklungslinien: Die Menschen werden mit der Zeit kriegerischer, die Götter friedlicher, bis sie sich auf dem Olymp über die Zeit erheben und ebenso sorglos leben wie die Menschen des goldenen Zeitalters, als alles sich gleich blieb. Freilich fällt es Hesiod schwer, diese letztere Entwicklungslinie nachzuziehen. Er erzählt seinen Pandoramythos in „Werke und Tage" im Anschluß an seinen Ausfall gegen die habgierigen großen Herren, die nicht wissen, „wieviel mehr als das Ganze die Hälfte"[7] ist. Die Menschen könnten sich mit Leichtigkeit an einem Tag genug für ein ganzes Jahr verschaffen, wenn nicht Zeus aus Zorn über die List des Prometheus ihre Lebensmittel versteckt und Mühe und Sorgen über sie gebracht hätte. Zeus, der Vater der Gerechtigkeit, mit dem Hesiod sonst den großen Herren droht, scheint also mit diesen gemeinsame Sache zu machen, wenn es darum geht, dem kleinen Mann das Leben sauer zu machen.

Die olympischen Götter sind denn auch, deutlicher bei Homer als bei Hesiod, eher nach dem Ebenbilde des Fürsten als nach dem des Menschen geschaffen, ihre himmlische Gewalt über die sterblichen Menschen etabliert sich zur gleichen Zeit, als es in der Welt der Menschen zwischen den herrschenden Geschlechtern und den anderen Sterblichen zum Gegensatz kommt – den anderen Sterblichen, deren Felder nicht länger reichlich Früchte tragen, so daß sie zuweilen zur See fahren müssen. Die olympischen Götter, Zeus, Hera, Athene usw., die bei Homer eine große Familie geworden sind, ein Herrschergeschlecht, waren ursprünglich primitive Lokalgötter, und Kronos, den das Oberhaupt Zeus entthronte, war – laut Robert Graves[8] – ursprünglich ein Korngott, der alljährlich niedergemäht wurde wie das Korn auf dem Feld und wie der „heilige König", der in einigen primitiven Gesellschaften am Ende seiner Amtszeit geopfert wurde, damit seine Kraft in den Kreislauf einfließen konnte (im Laufe der Zeit wurde an manchen Orten statt des Königs ein männliches Kind geopfert; das mag der Grund dafür sein, daß Kronos in dem Mythos seine Kinder verschlingt). Der Umstand, daß Zeus Kronos die Macht entreißt, spiegelt insofern den Übergang von der primitiven Stammesgesellschaft, deren König sozusagen für die Gesellschaft geopfert wurde, zu der größeren Sippengesellschaft wider, in der der König und die herrschende Sippe die Macht in der Gesellschaft übernehmen. Da dieser Übergang zu größeren sozialen Gegensätzen und gleichzeitig von der Barbarei weg führt, deren Ausdruck das Menschenopfer ist, kann man ihn sowohl als „Fall" wie auch als „Fortschritt" begreifen: Hesiod schrieb auf seine eigene primitive Art und Weise dialektisch. Und wenn Seneca in seinem Mythos vom goldenen Zeitalter behauptete, daß die Führer anfangs keine Macht ausgeübt, sondern sich für das Volk geopfert hätten, so enthielt dies einen historischen Kern.

Die Natur und das Gesetz: die Naturphilosophen

Der moralische Protest gegen herrschendes Unrecht wird überall dort laut, wo der Handel den Rahmen der bäuerlichen und Sippengesellschaft sprengt und zu größeren Gegensätzen zwischen Armen und Reichen, zu einem anspruchsvolleren Bürgerstand und zu der Forderung führt, das Gesetz möge König sein statt der eigenmächtigen Könige. Wie Hesiod in Hellas, so drohen die Propheten Israels in einer solchen Zeitenwende den ungerechten Herren mit der Strafe Gottes. Daß „die Rache des Herrn ist" bedeutet, daß sie nicht „der Herren" ist, daß es ein höheres Recht gibt als das Rache- und Faustrecht dieser Herren. Athens Gesetzgeber *Solon,* der auch Dichter war, führt Hesiods moralische Kritik an den Herren weiter, begnügt sich jedoch nicht damit, ihnen mit dem gerechten Zeus zu drohen, sondern versucht mit Hilfe des Gesetzes, den Übermut der Großen im Zaum zu halten.[9]

Hesiod schreibt an einer Stelle, daß der Reichtum, den die Götter geben, besser sei als der, den man sich selbst nehme.[10] Solon wiederholt diese Unterscheidung und präzisiert, daß es die Unersättlichkeit der Großen, ja, um es direkt zu sagen, ihre Geldgier sei, die von Übel sei. Handel und Geldwirtschaft führen zu der epochemachenden Erkenntnis, daß zwischen wirtschaftlichem und moralischem Verdienst, zwischen den Gütern und dem Guten ein Unterschied besteht. Bei Homer ist ein guter Mann reich an Hab und Gut, auch im alten Israel war Reichtum ein Zeugnis von der Gunst Gottes. Die Gesellschaft verliert ihre (homerische) Unschuld, wenn Reichtum und Macht nicht mehr als Ausdruck der göttlichen Gunst, sondern als Zeichen menschlicher Hab- und Machtgier gelten.

Es war dieser große Umbruch in der Entwicklung, den Nietzsche den „Sklavenaufstand in der Moral" nannte: die Schwachen, die der Macht keine Macht entgegenzusetzen hatten, rächten sich, indem sie die Starken böse und sich selbst gut nannten. Die Moral und das Gesetz bewirkten, daß die wilden Triebe, die sich bis dahin ausgelebt hatten, nach innen schlugen, und so entstand die Seele als das, was nicht nach außen drang. Nietzsche hat recht, wenn er meint, die Seele sei ein Altersgenosse der moralischen Begriffe von Gut und Böse, er sah jedoch davon ab, daß nicht die grandiose kriegerische Entfaltung der Großen, sondern ihre Geldgier den moralischen Protest hervorrief. Bei der Abwertung des Materiellen ging es zunächst nicht um den Körper und seine Triebe, sondern um die materiellen Güter. Unterscheidet man aber erst einmal zwischen den materiellen Gütern und dem Guten, dann ist auch die Erkenntnis nicht mehr weit, daß das Materielle überhaupt weniger würdig und das Gute rein geistiger Natur sei. Der Geist oder die Seele, ursprünglich Bezeichnung für den Atem, wird jetzt – von *Pythagoras* im 6. Jahrhundert v. Chr. – als das Wesen des Menschen begriffen, das sich in der Ekstase des Körpers entledigen kann und durch den Tod des Körpers in einen anderen Körper übertritt: die Seelenwanderung ist der Weg zur endgültigen Erlösung und zur Vereinigung mit dem Göttlichen.

Wenn das Gute rein geistiger Natur ist, dann muß Gott nämlich auch „ganz Geist" sein, wie *Xenophanes* es ungefähr zur selben Zeit ausdrückt. Xenophanes äußert sich ironisch über die amoralischen homerischen Götter, die nach dem Ebenbilde des Menschen geschaffen seien, so wie Ochsen sich Götter nach dem Bilde des Ochsen erschaffen würden.[11] Wie Homers Götterfamilie der Sippengesellschaft mit ihrem Racherecht entspricht, so entspricht der eine geistige Gott von Pythagoras und Xenophanes der Rechtsgesellschaft und dem Individuum. Während das Gesetz das Individuum von der Familie emanzipiert und es für seine eigenen Handlungen verantwortlich macht, wird das Individuum gleichzeitig heimatloser in der „zivilisierteren" bürgerlichen Gesellschaft, in der die Philosophien und Religionen entstehen, die dem Individuum Erlösung, individuelle „Ekstase" anbieten statt der kollektiven Ekstase, der der Kult der Stammesgesellschaft den Weg bereitete.

Will man den mythischen Abfall von der Natur historisch festmachen, dann muß man ihn an *dem* großen zivilisatorischen Übergang zur Stadt- und Handels- und Rechtsgesellschaft suchen. Daß man die Einführung von – geschriebenem – Recht und Gesetz als „Fall" betrachten kann, mag zwar verwundern, doch der Apostel Paulus sagte, das Gesetz sei hinzugekommen, damit die Sünde mächtiger – der Fall tiefer – werden konnte,[12] und bei Platon[13] (und in der Vorrede zum Jütischen Recht, 1241) steht, daß die vollkommene Gesellschaft keines Gesetzes bedürfe. Die Kränkung des Rechts, das Gefühl der Gesetzlosigkeit geht dem Recht und dem Gesetzesgebot voraus, oder, wie Seneca über den Abfall von der Natur und dem goldenen Zeitalter schreibt: „Dann aber schlichen sich die Laster ein, und das Königtum ward zur Tyrannis. Da wurde die Einführung von Gesetzen mehr und mehr nötig, und anfangs gaben die weisen Männer auch sie."[14]

Zu den sieben Weisen des Altertums, denen der Ruf als erste Gesetzgeber zuteil wurde, gehörte neben Solon von Athen auch *Thales* von Milet, der erste „Naturphilosoph". Es ist kein Zufall, daß die Philosophie mit dem Gedanken von der natürlichen Entstehung der Dinge gerade in der größten der griechischen Kolonien in Ionien, an der Küste Kleinasiens, in der Hafen- und Handelsstadt Milet entstand. Die Tradition der Heimat war dort weniger gefestigt, die ionischen Naturphilosophen, Männer des praktischen Lebens, betrachteten die Dinge unvoreingenommener und waren nicht nur theoretisch an einer Erforschung der Elemente interessiert, von denen sie als See- und Handelsleute abhängig waren.

Daß die Gesellschaft auf dem Gesetz und nicht auf der Tradition aufbaut, bedeutet, daß sie auf der Vernunft aufbaut. Die Vernunft wandte sich gegen das Unvernünftige in der überlieferten Gesellschaftsordnung und der überlieferten mythischen Welterklärung. Die moralische Kritik an den ungerechten Herrschern traf auch die amoralischen Götter und die Entstehungsmythen, in denen ihr barbarisches Familienleben eine Rolle spielte. Bereits Hesiod hatte die Gerechtigkeit, die er in der Gesellschaftsordnung nicht fand, in der Weltordnung, bei Zeus, gesucht. Die Gerechtigkeit, *Dike,* war für ihn keine abstrakte Idee, sondern eine Göttin, die Tochter des Zeus. Recht und Gesetz galten von Anbeginn an nicht nur als Satzung, als etwas nur *Gesetztes,* sondern als etwas *Entdecktes.* Die Naturphilosophen suchten Recht und Gesetz in der Gesetzmäßigkeit und Gerechtigkeit der Natur zu begründen; erst von der Gesellschaft wird der Begriff des Gesetzes auf die Natur übertragen.

Wesentlich ist insofern nicht, daß Thales das Urelement, aus dem man sich alle Dinge (durch Verdichtung und Verdünnung) entstanden dachte, im Wasser, Anaximenes in der Luft, Heraklit im Feuer fand (doch keiner im vierten Element, der Erde), sondern wichtig ist ihr gemeinsamer Glaube daran, daß man die Natur mit der Vernunft erkennen könne, die auf griechisch *logos,* auf lateinisch *ratio* heißt und folglich ,,logisch", ,,rational" und gesetzmäßig war. Die logische Naturerkenntnis war Erkenntnis der natürlichen Entstehung der Dinge. Das griechische Wort für Natur, *physis,* bedeutet Wachstum, das lateinische *natura* ganz einfach Geburt. Die Naturanschauung der Griechen (und der Römer) war alles andere als objektiv: für sie war auch die unorganische Natur voller Leben, ,,voller Götter", soll Thales sogar gesagt haben.

Für die Philosophen der griechischen Stadtstaaten, in denen alles nicht mehr eins und gleich war, sondern vieles neu und vielfältig, stellte sich das Verhältnis von Veränderlichem und Unveränderlichem, von Einheit und Vielfalt als philosophisches Problem, aber noch immer war es (für *Parmenides* um 500 v. Chr.) natürlich, zu behaupten, daß nur das Eine und Unveränderliche wirklich sei. Daß die Entwicklungsidee den ersten Philosophen ebenso fern lag wie die Objektivitätsidee, geht aus *Anaximanders* berühmtem Fragment (vor 550) hervor: ,,Woraus aber das Werden ist den seienden Dingen, in das hinein geschieht auch ihr Vergehen nach der Schuldigkeit; denn sie zahlen einander gerechte Strafe *(Dike)* und Buße für ihre Ungerechtigkeit nach der Zeit Anordnung."[15] – Auch Pythagoras soll behauptet haben, daß am Ende der Weltenperiode alles in genau der gleichen Ordnung wiederkehre, und bei *Heraklit* (um 500 v. Chr.) finden wir den Gedanken vom Weltenlauf als einem ewigen, nach Maß entzündeten und gelöschten Feuer, das sich im Weltenbrand läutert und erneuert. Hier wird sozusagen die periodische Erneuerung der primitiven Gesellschaft in der städtischen Gesellschaft auf das gesamte Universum, den Kosmos, übertragen.

Diese Übertragung der kosmischen Harmonie auf die Gesellschaft mußte jedoch schwerer fallen, wenn wachsende Gegensätze den sozialen Hintergrund für den Aufstand der Moral abgaben. Heraklit, der das Universum als eine Einheit von Gegensätzen und den Krieg als den Vater aller Dinge begriff, hatte auch sehr viel Sinn für soziale Disharmonie. Er konnte sich wünschen, seine Mitbürger in Ephesos möchten ihren Reichtum bewahren, damit ihre moralische Schlechtigkeit so richtig an den Tag treten könne, und er wollte sie gern hängen sehen, weil sie ihren vortrefflichsten Bürger mit der Begründung verwiesen hatten, daß niemand unter ihnen der Beste sein solle. Fügt man hinzu: ,,Gesetz heißt auch dem Willen eines einzigen folgen", und denkt man an die Anekdoten, wonach Heraklit weinte, wenn er sich unter Menschen befand – ob der Torheit dieser Menschen –, dann erscheint uns Heraklit als der erste der ersten Philosophen, von dem wir uns einen lebendigen Eindruck verschaffen können: ein pessimistischer Geistesaristokrat, der das Problem der Demokratie erfaßt hatte, daß nämlich die bürgerliche Gemeinschaft, die nicht mehr natürlich in der Tradition verankert ist, sondern auf dem Gesetz aufbaut, vernünftige Bürger voraussetzt. Ein paar seiner ,,dunklen" Fragmente umreißen das Problem ganz deutlich: ,,Wenn man mit Verstand reden will, muß man sich stark machen mit dem allen Gemeinsamen wie eine Stadt mit dem Gesetz und noch viel stärker. Nähren sich doch alle menschlichen Gesetze von dem einen, göttlichen; denn dieses gebietet, soweit es nur will und reicht aus für alle (und alles) und ist sogar noch darüber." Doch ,,obschon der Sinn *(logos)* gemeinsam ist, leben die Vielen, als hätten sie eine eigene Einsicht", eine private Vernunft.

Eines stand fest für Heraklit, wenn alles andere auch floß: das Gesetz des Ganzen, das sich mit der Vernunft erkennen läßt, nur sind die wenigsten dazu vernünftig genug. Ein halbes Jahrhundert später, als die Bürgerschaft nicht mehr (wie Heraklit es ausgedrückt hatte) ,,für ihr Gesetz wie für die Mauer kämpfen"[16] mußte, sondern das Gesetz und das Bürgertum gesiegt hatten und die griechische Demokratie voll entwickelt war, da war es schwerer, die Verankerung des (gesellschaftlichen) Gesetzes in dem einen göttlichen (Natur-)Gesetz zu erblicken. Im demokratischen Staat ist es nicht Gesetz, daß man dem Willen eines einzelnen folgt, wohl aber erlaubt, daß man seinem eigenen Geltung verschafft. Die sogenannten *Sophisten,* Lehrer der Lebensklugheit, machten es zu ihrem Beruf, die Bürger darin zu unterweisen, wie man dies am besten anstellte. Sie zogen die Konsequenzen aus der Tatsache, daß verschiedene Menschen nicht zu der gleichen Auffassung von der gleichen Sache gelangen, und schlossen daraus, daß die Vernunft nicht an sich existiere, sondern eben nur als die ,,private Vernunft" des einzelnen Menschen. Mit seinem berühmten Satz, wonach der Mensch, der einzelne Mensch, daß Maß aller Dinge ist, machte sich *Protagoras* (um 450) zum Fürsprecher eines Werte- oder Moralrelativismus, der für die Moral der Gesellschaft gefährlich werden, das Freiheitsbewußtsein des Individuums aber befördern konnte. Die Sophisten haben den später oft benutzten Ausdruck ,,in Übereinstimmung mit der Natur leben" geprägt, und unter Natur verstanden sie nicht die äußere Natur, die kosmische Harmonie, in der die älteren Naturphilosophen die Begründung des Gesetzes suchten, sondern im Gegenteil die natürlichen Triebe und Bedürfnisse, die das Gesetz zu zügeln sucht. Für die Sophisten war das Gesetz nur eine Satzung, eine Konvention, eine willkürliche Einrichtung im Interesse der Herrschenden – sie sind die ersten radikal rationalistischen antiautoritären Denker. Intellektuelle Tätigkeit konnte nun zum ersten Male als gesellschaftszersetzend begriffen werden. Im Jahre 432, ein Jahr vor Ausbruch des Peloponnesischen Krieges, verabschiedete man in Athen ein Gesetz gegen Gottlosigkeit, das sich gegen die Naturphilosophen und Sophisten richtete.

Das Gute und der Staat: Sokrates und Platon

Wenn die Sophisten das Recht des Individuums in seinen natürlichen Neigungen begründeten und allgemeingültige Kriterien für *das* Rechte zurückwiesen, so konnten sie letzten Endes in die Lage geraten, das Recht des Stärkeren zu verteidigen. Die Sophisten kennen wir freilich vor allem durch *Platon,* der ihren Werterelativismus bekämpfte und ihn vielleicht deshalb besonders hervorhob. In seinen Dialogen ließ er Sokrates in heftiger Diskussion mit den Sophisten auftreten und ihre Meinungen und Argumente ad absurdum führen.

Sokrates versuchte sich gegenüber dem Moralrelativismus der Sophisten nicht als Moralprediger, sondern suchte zu beweisen, daß es logisch unhaltbar sei, die allgemeinen Moralbegriffe (von Gut und Böse, Recht und Unrecht) aufzugeben, die die Bedingungen eines sinnvollen Gesprächs (und Zusammenlebens) bilden. Im Sinne dieses sokratischen Geistes wählte Platon für seine Schriften die Dialogform. Das Gespräch unterscheidet sich von der Rede dadurch, daß es nicht private Meinungen doziert, sondern die gemeinsamen Voraussetzungen in Erscheinung treten läßt: Sokrates verkündete das Gute und das Wahre nicht, sondern ließ es hervorstrahlen oder durch seine Abwesenheit glänzen.

Sokrates' ironische Gesprächskunst (die Grundbedeutung des Wortes Dialektik) scheint „negativer" gewirkt zu haben als die Überredungskunst der Sophisten. Nachdem Athen im Peloponnesischen Krieg von Sparta besiegt worden war (404), lag es nahe, daß die Athener eine innere Ursache der Niederlage im Verfall der Sitten erblickten; Sokrates, der sich stets darum sorgte, „nichts Ruchloses und nichts Ungerechtes zu begehen",[17] wurde angeklagt, an andere Götter als die des Staates zu glauben und die Jugend zu lehren, ein Gleiches zu tun. Wenn er dies auch abstritt, so leugnete er doch nicht, daß zwischen der staatlichen Auffassung von den Göttern und seiner eigenen ein Unterschied bestehe: „Ich bin euch, ihr Athener, zwar zugetan und Freund, gehorchen aber werde ich dem Gott mehr als euch",[18] sagte er zu seinen Mitbürgern, und in seiner Apologie richtete er die denkbar härteste Anklage gegen den Staat: „Notwendig muß, wer in der Tat für die Gerechtigkeit streiten will, auch wenn er sich nur kurze Zeit erhalten soll, ein zurückgezogenes Leben führen, nicht ein öffentliches."[19]

Sokrates, der die Auffassung der Sophisten vom Gesetz als einer willkürlichen Einrichtung bekämpfte, gab ihnen so ironischerweise recht. Was im Staat für Recht und Gesetz galt, war tatsächlich willkürlich – und genau das war das Falsche. Sache des einzelnen war es dann, nicht das unter den herrschenden Umständen Beste für sich selbst, sondern das Gute zu suchen im Kampf gegen die widrigen Umstände, die das Gute auf das Opportune reduzieren, auf das, was gut für einen selbst ist. Wenn der einzelne in seinem Kampf für das Rechte dem Staat widerstehen muß, dann muß er auch *über* dem Staat stehen können. Sokrates' Individualismus war insofern radikaler als der der Sophisten, zu denen ihn die Zeitgenossen im übrigen zählten.

Sokrates ist laut Hegel[20] geradezu der „Erfinder der Moral", vor ihm wußten die Griechen nichts von einer absoluten Moral, nichts vom absoluten Guten, sondern kannten nur eine soziale Sittlichkeit. In ihrem Kampf darum, den Staat auf das Gesetz und die Vernunft zu gründen (statt auf Privilegien und Tradition), war den Bürgern der Unterschied zwischen dem gesellschaftlichen Gesetz, nach dem das Individuum, und dem moralischen Gesetz, nach dem der Staat beurteilt werden kann, nicht bewußt gewesen. Erst in der Krise des Staates stellt sich die Frage nach dem Ideal, von dem der Staat abweicht. In der Demokratie war es natürlich, nach dem zu streben, was gut für einen selbst ist, und – mit den Sophisten – das Streben danach als natürlich zu begreifen. Ausgehend von Sokrates' Begriff *des* Guten als das, was unter allen Umständen gut für alle ist, war es *besser*, Unrecht zu erleiden, als Unrecht zu verüben. Ein guter Mensch kann Unrecht erleiden, aber: „Einem guten Mann kann nichts Böses widerfahren."

Sokrates meinte, eine innere Stimme, ein „Dämon" hindere ihn daran, etwas Falsches zu tun, und wenn es wohl auch ironisch gemeint war, daß er in seiner Einfalt eines Dämons bedürfe, der ihm sage, was ein jeder sich selbst sagen konnte, so irritierte das begreiflicherweise seine Mitbürger. Wenn der einzelne Mensch nicht das Maß für Gut und Böse ist, dann ist es undemokratisch, daß *ein* einzelner Mensch es sein soll. Wenn nicht der Mensch oder der Staat festlegt, was Moral und Recht ist, dann muß es von vornherein gegeben sein, dann muß, was gut und gerecht ist, im Wesen der Dinge liegen. Den Bürgern aber mußte Sokrates' Idee von dem Guten als etwas anderem als dem vom Staat für gut Befundenen ziemlich luftig erscheinen (Aristophanes versetzte in seiner Komödie Sokrates denn auch in die Wolken). Platon, der Schüler des Sokrates, versuchte die Frage zu beantworten, von welchem Ideal der Staat abgewichen sei, und die Gesellschaftsordnung in der ewigen Ordnung der Dinge zu verankern. Er erhob Sokrates' Idee vom Guten zur Idee des Guten, zu einer höheren, ja, der höchsten Realität; freilich mußte er jedoch einen Idealstaat konstruieren, damit die Idee des Guten und Gerechten *im* Staat zu ihrem Recht kommen konnte.

Platons „Staat“ ist also eine Utopie, charakteristisch ist jedoch, daß er über die ideale Staatsverfassung schreibt, als habe sie irgendwann in der Vergangenheit einmal existiert und sich aufgrund einer wachsenden Abweichung (in der Kinderzucht!) von bestimmten kosmischen Zahlenverhältnissen aufgelöst, was wiederum zu einer wachsenden psychischen und sozialen Disharmonie geführt habe. Auch die Geschichte der Verfassungen trägt bei Platon den Charakter eines gesetzmäßigen Kreislaufs: Die Regierung der Besten (gerade das bedeutete ja Aristokratie) gehört natürlicherweise dem Anfang an, als alles neu war. Das Ideale läßt sich nicht verbessern, nur verschlechtern, deshalb ist Veränderung für Platon „das bei weitem Bedenklichste“.[21]

Liegt aber das Beste am Anfang der Zeit, so liegt das absolut Gute außerhalb der Zeit. Mircea Eliade[22] schrieb, daß der primitive Mensch in der kultischen Wiederholung der vorgeschriebenen Handlungsmuster die Zeit aufhebe, und fügte in diesem Zusammenhang hinzu, daß die primitive Weltanschauung eine „platonische Struktur“ habe. Das heißt umgekehrt auch, daß Platons Weltanschauung eine primitive Struktur hat: während das relativistische Denken der Sophisten als der erste Ausdruck einer „modernen“ Mentalität bezeichnet werden kann, kann man Platon als „den Philosophen der primitiven Mentalität“ betrachten. Platon hielt sozusagen die Erinnerung an das primitive Wirklichkeitserlebnis, d. h. das Erlebnis einer zeitfreien Wirklichkeit, fest zu einem Zeitpunkt, als dies keine soziale Realität mehr war. Im Stadtstaat war trotz der Stadtfeste und Tragödien (vgl. S. 225) eine kollektive Wiedererschaffung des ewig Gleichen nicht möglich. So wurde es denn die philosophische Angelegenheit des einzelnen, die „Ideen“ wiederzubeleben, die ewigen Vorbilder der vergänglichen Dinge, die eben nur Abbilder, nur Schattenbilder sind. Aber als solche konnten sie an das Dahinterliegende erinnern: der Schöne oder die Schönen konnten die Erinnerung an das Schöne an sich, die Idee des Schönen, erwecken (die Idee in ihrer ursprünglichen Bedeutung ist nichts, was man denkt, sondern etwas, was man sieht) und die Seele sich in erotischer Begeisterung erheben lassen, was nur möglich ist, weil die Seele vom Anbeginn an in die Welt der Ideen gehört, so wie der Körper in die Welt der Sinne. Die Unsterblichkeit, die in den Schöpfungsmythen den Göttern vorbehalten war, zu einem Zeitpunkt, als die Zeit in der menschlichen Gesellschaft eine Rolle zu spielen begann, konnten die Sterblichen in Platons philosophischen Mythen wiedergewinnen, indem sie sich von der Welt der Sinne und der Sinnlichkeit befreiten und zur Erkenntnis des ewig Gleichen gelangten; zur Erkenntnis zu gelangen bedeutet bei Platon eine moralische Leistung, „Tugend ist Wissen“.

So wie es den einzelnen Menschen Anstrengungen kostet, will er das Vernünftige der Seele zum Sieg über das Unvernünftige, das Begehrliche, führen, so müssen die Unvernünftigen im Staat, die begehrlichen Gewerbetreibenden, im Zaum gehalten werden, damit die Vernünftigen, die Philosophen, herrschen können. Im gerechten Staat sind die seelischen Fähigkeiten nämlich so gerecht verteilt, daß die höchsten Fähigkeiten dem höchsten Stand vorbehalten, die niedrigsten dem niedrigsten zugewiesen sind. Insofern sichert der gerechte Staat seinen Bürgern das Leben in Übereinstimmung mit ihrer Natur, zu dessen Fürsprecher sich die Sophisten gemacht hatten, nur betonte Platon im Unterschied zu ihnen, daß die Menschen von Natur aus unterschiedlich seien und nicht aufgrund ihrer unterschiedlichen sozialen Stellung. In Hellas, wie in anderen Gesellschaften der Antike, war es üblich, die Sklaverei als „natürlich", als in der niedrigeren Natur der Sklaven begründet, aufzufassen. Es war auch üblich, die körperliche Arbeit, die oft von Sklaven ausgeführt wurde, als minderwertig zu begreifen, aber nicht, daraus zu folgern, daß diese Arbeit es sei, die die Sklaven minderwertig mache. In anderen Fällen meinte Platon allerdings schon, daß es Beschäftigungen gebe, die die Seele verderben könnten: Handel und Gelderwerb erzeugten in den Seelen eine verschlagene und unzuverlässige Gesinnung, heißt es in den „Gesetzen" (Nomoi), Platons letztem großen Werk.[23]

Die vollkommene Gesellschaft braucht kein Gesetz, weil sie auf dem eigenen Gesetz der Natur aufbaut. In den „Gesetzen" dreht sich das Gespräch nicht mehr um den besten Staat, in dem alles allen gemeinsam zur Verfügung steht, sondern um den bestmöglichen, in dem alles gleichmäßig verteilt ist und jeder seine Bodenparzelle hat. Freilich macht die Verschiedenheit der Menschen es notwendig, sie in vier Vermögensklassen einzuteilen. „Wir verlangen aber, daß weder Gold und Silber im Staate sei noch auch ein eifriger Erwerb durch ein handwerksmäßiges Treiben und Wucher und auch nicht durch schimpfliches Aushalten, sondern durch das, was der Landbau hergibt und erzeugt" – und auch das nicht in einem solchen Ausmaß, daß dadurch der Zweck des ganzen, die Pflege von Seele und Körper, vernachlässigt würde.[24] Die Stadt dürfe nicht zu nah am Meer liegen, da dies zu Seefahrt und Handel verführe, sie müsse Selbstversorger sein und dürfe keine zu hohe Ausfuhr haben, da dies Gold- und Silbergeld ins Land bringe, was man wohl „das größte Unglück, das einen Staat treffen kann", nennen könne. An anderer Stelle heißt es, es gebe nichts Verderbenbringenderes für einen Staat, als wenn der junge Mensch besondere Anerkennung genieße, wenn er immer mit etwas Neuem hervortrete, denn das „bringe insgeheim eine Veränderung in der Sinnesweise der jungen Leute hervor und beeinträchtige das Ansehen des Alten, erhöhe das des Neuen in ihren Augen."[25] Veränderung ist etwas besonders Verderbliches für eine Gesellschaft, in der jeder seine Parzelle hat und die Anzahl der Parzellen und Familien konstant gehalten werden muß, wenn das soziale Gleichgewicht gewahrt bleiben soll. Platons Land-Stadt-Gesellschaft ist eine konsequente Gesellschaft des Gleichgewichts oder Nullwachstums, was heutzutage nicht ganz so „reaktionär" wirkt wie in der großen Zeit des Entwicklungsoptimismus. Platon, der den Verfall des Stadtstaates selbst hatte erfahren müssen, hatte schlechte Erfahrungen mit der Entwicklung gemacht, und die weitere Entwicklung gab ihm auf ihre Weise recht, ohne daß seine ewigen Ideen sie hätten bremsen können.

Die abendländische Geistesgeschichte hat Platon dafür jedoch stärker geprägt als irgendein anderer Denker, und zuweilen hat man ihn für die Fehlentwicklung verantwortlich gemacht, die nach Auffassung einiger Leute für sie charakteristisch ist. Heidegger zufolge machte Platon die Wahrheit eher zu einer Frage nach dem richtigen Verhältnis der Menschen zu den Dingen als zu einer Frage nach dem Wesen der Dinge selbst und bereitete damit den Weg für des Menschen technisches Herren-Verhältnis zu den Dingen.[26] Dem Wissenschaftshistoriker Farrington zufolge war seine Abwertung des Materiellen ganz im Gegenteil ein Hemmschuh für die technisch-wissenschaftliche Entwicklung.[27] Die eine Auffassung mag ebenso falsch sein wie die andere, sicher ist jedoch, daß Platons Dualismus, seine Trennung von sinnlich und übersinnlich, eine *Voraussetzung* für die Naturwissenschaft bildete, die erst in christlicher Zeit entstand (vgl. S. 211). Der griechische Philosoph, der (zu Lebzeiten von Sokrates) am weitesten in Richtung auf eine „objektive" Naturbetrachtung vorstieß, nämlich *Demokrit,* behauptete ebenso wie Platon, daß das Wirkliche nicht unmittelbar durch die Sinne erfaßbar sei, nur war das Wirkliche für ihn nicht ideal, sondern materiell, Atome in einem leeren Raum.[28] Damit war der Gegensatz zwischen philosophischem Idealismus und Materialismus begründet. Aber ob man Platon nun die ganze Ehre oder die ganze Verantwortung für die idealistische Anschauung, nämlich, daß *etwas hinter* den Dingen liege, zuschieben will, – diese Ehre oder diese Verantwortung ist selbst für Platon zu groß. Er hat die „platonische Struktur", der die primitive Erlebnisweise folgt, nicht erfunden, sondern eher entdeckt. Er hatte das Ursprüngliche in lebendiger Erinnerung, und wenn er mit seiner dichterischen Kraft seither hat gefallene Seelen erheben können, dann vermutlich, weil auch sie eine – weniger lebendige – Erinnerung an das gleiche bewahrt hatten.

Kulturoptimismus und -pessimismus

Der Entwicklungsgedanke und das objektive Naturverständnis gehören eng zusammen. Wenn alles durch Atome und deren Bewegungen und Verbindungen in Gang gesetzt worden ist, dann ist es entschieden eindrucksvoller, daß das Ganze so weit gekommen ist, als wenn es nur aus Schattenbildern strahlender Vorbilder besteht. Der soeben erwähnte Demokrit, der Urheber dieser Atomtheorie, hat auch beschrieben, wie die Menschen anfangs wie wilde Tiere lebten, aber allmählich aus Schaden klug wurden und aus der Not lernten und sich Werkzeuge schufen, mit denen sie die Dinge bewältigen konnten. Die rationalistischen Sophisten neigten augenscheinlich zum Kulturoptimismus, und auch die Tragödiendichter verliehen einem solchen Ausdruck. Im ,,Gefesselten Prometheus" von Aischylos gebührt diesem Helden, der der Sage nach den Menschen schuf und ihm das Feuer brachte, die Ehre für die gesamte Kultur:

,,Dann spannt ins Zugjoch ich zum erstenmal den Ur,
Des Pfluges Sklaven ...
Und auch das meerdurchfliegend lein'geflügelte
Fahrzeug des Schiffers ward von niemand ehr erbaut ...
... die im Erdenschoß
Verborgenen Schätze, welche sein jetzt nennt der Mensch,
So Eisen, Erz, Gold, Silber, wer mag sagen, daß
Er diese vor mir aufgefunden und benutzt?"[29]

Ein Chor in Sophokles' ,,Antigone": ,,Vieles Gewaltge lebt, und doch Nichts gewaltiger denn der Mensch", besingt auch die Schiffahrt, vor allem jedoch, daß er ,,pflegt des Landes Satzung und eidheilges Recht".[30] *Der* große zivilisatorische Übergang zur Handels- und Rechtsgesellschaft, der für Hesiod den Charakter moralischen Verfalls trug, hat für die Dichter in Athens Blütezeit Fortschrittscharakter. Doch in der Kriegs- und Krisenzeit gegen Ende dieses 5. Jahrhunderts bestand keine Grundlage mehr für irgendeinen Entwicklungsoptimismus; gleichzeitig trat das Interesse an der Natur zugunsten der politischen und menschlichen Probleme in den Hintergrund. Mit Sokrates, so schreibt Farrington, verwischt sich ,,das tröstliche Bild des in einem Angriff auf die äußere Natur engagierten Menschen."[31]

Noch zu der Zeit, als Farrington dies schrieb, im Jahre 1944, dem Jahr vor Hiroshima, galt der Angriff auf die äußere Natur als das einzig Natürliche. Was nach einer Erklärung verlangte, war nicht die Tatsache, daß die wissenschaftliche objektive Naturerklärung erst im christlichen Europa siegte, sondern, daß sie es trotz aller naturphilosophischen Ansätze in Hellas *nicht* tat. Laut Farrington lag das an der Zweiteilung der Gesellschaft in Herren und Sklaven, die zu einer Trennung von wissenschaftlicher und praktischer Arbeit führte, technische Neuerungen verhinderte und in dem Dualismus der Philosophen zum Ausdruck kam. Zwar verwarf *Aristoteles* die Idee seines Lehrers Platon, wonach etwas hinter den Dingen sei, doch er blieb dabei, daß etwas *in* ihnen sei, daß das Materielle nur der Rohstoff für ein formendes Prinzip, letzten Endes Gott, sei, das das Ganze um gewisser ewiger Zwecke willen in Bewegung setze. Aristoteles ließ also die wissenschaftliche kausale Betrachtungsweise, die die Phänomene als Wirkungen dessen, was ihnen voraus geht, auffaßt, zugunsten der teleologischen oder finalen in den Hintergrund treten, die die Phänomene von der Zielbestimmung (*telos, finis*) her versteht, der sie alle dienen oder entgegenstreben. Auch die Teleologie leitet Farrington aus dem Herren-Sklaven-Verhältnis ab: ,,Der neue Naturbegriff, der die Natur als eine Macht mit einem Zweck vor Augen begreift, ist ein Gedanke, der bei einem Herren entstanden ist, der über Sklaven herrscht." Doch diese materialistische Erklärung, die den Ideen der Philosophen paradoxerweise eine übertriebene Bedeutung beimißt, ist nicht haltbar; der Mensch hat von Anfang an seine eigene Seele in die Dinge hineingelegt und in den Naturphänomenen Willensäußerungen erblickt, und auch für die Naturphilosophen war die Natur das Werk der Götter. Allein Demokrit nähert sich, und das erst zur Zeit von Sokrates und Platon, einer kausalen Naturauffassung: Er wolle lieber eine einzige ursächliche Erklärung finden als das Perserreich übernehmen, sagte er, und sagte damit auch, daß man bis dahin noch keine gefunden hatte. Bis dahin hatten die Menschen und selbst die Philosophen die Natur und sich selbst sozusagen als Einheit verstanden. Das Interesse an der äußeren Natur tritt zurück, als der Mensch in der Krisenzeit des Stadtstaates sich selbst zum Problem wird.

Die Sophisten hatten als erste ihre Aufmerksamkeit von der äußeren auf die menschliche Natur gelenkt und diese dem Gesetz oder der Konvention als Gegensatz gegenübergestellt. *Diogenes,* noch immer bekannt dafür, daß er im 4. Jahrhundert vor Chr. in einer Tonne lebte, verschärfte den Gegensatz und praktizierte das „Leben in Übereinstimmung mit der Natur", das für die Sophisten vor allem Theorie war. Aristoteles bestritt, daß man die menschliche Natur unabhängig von der Gesellschaft sehen könne, da der Mensch von Natur aus ein gemeinschaftsbildendes Wesen, ein *zoon politikon,* sei, d. h. ein Wesen, das in einer *polis,* einem Stadtstaat lebt. Doch nach der Ansicht des Diogenes war die gesamte Stadt-Zivilisation eine willkürliche Einrichtung, die durch künstliche Bedürfnisse geschaffen war und solche wiederum schuf, künstliche Bedürfnisse, die als solche nicht auf natürliche Weise befriedigt werden können und deshalb zur Unzufriedenheit führen. Natürliche Bedürfnisse gibt es nur wenige und geringe, und ihre Befriedigung ist deshalb um so vollkommener. Diogenes distanzierte sich vom Stadtstaat, indem er sich *kosmopolites,* Weltbürger nannte; er bewies durch die Tat, daß es, auch wenn dies einige Übung, *askesis,* erforderte, möglich war, die künstlichen Bedürfnisse abzustreifen. Nach der Meinung anderer führte er ein Hundeleben, doch er nahm die Bezeichnung Hund, *kyon,* auf sich, von der sich der Name seiner „kynischen" Schule herleitet. Gleichgültig, ob das Hundeleben des Diogenes nun mit der Natur übereinstimmte oder nicht, auf jeden Fall stimmte er mit seiner Zeit überein, in der das Individuum keine natürliche Verankerung im Stadtstaat mehr fand und das philosophische Interesse an der menschlichen Natur sich zu einem sentimentalen Interesse für den Naturmenschen verwässerte. Ein Schüler des Aristoteles, Dikaiarkos, schrieb eine Kulturgeschichte, in der er bereits den Übergang vom Sammler- zum Jägerstadium als einen Abfall von der Natur betrachtet. Ein anderer Schüler des Aristoteles, Alexander der Große, sprengte mit seinen Eroberungen den politischen Horizont und gab in gewisser Weise dem Kosmopoliten Diogenes recht, als er erklärte, daß er gern Diogenes sein würde, wenn er nicht Alexander wäre. In den unruhigen Zeiten nach Alexanders Tod, als Reiche entstanden und vergingen, alles zu fürchten und der Zufall, *tyche,* die bevorzugte Gottheit war, da entstanden auch die beiden philosophischen Richtungen, die in Rom eine dominierende Rolle spielen sollten, der Epikureismus und der Stoizismus, deren erklärtes Ziel Gemütsruhe und Furchtlosigkeit waren.

Individuum und Gesellschaft: Epikur und Zenon

Von Anbeginn an hatte zwischen den Machtverhältnissen im Himmel und auf der Erde eine gewisse Übereinstimmung bestanden. Dem heiligen König der Stammesgesellschaft entsprach Kronos, der Sippengesellschaft die olympische Götterfamilie und der Rechtsgesellschaft der eine gerechte Gott. In dem geordneten Kosmos fanden die Naturphilosophen die Begründung der gesellschaftlichen Ordnung und des gesellschaftlichen Gesetzes, doch die göttliche Weltvernunft, die die willkürlichen homerischen Götter abgelöst hatte, wurde ihrerseits von einer höheren Willkür abgelöst, und daß der Zufall, *tyche,* in der Krisenzeit des Stadtstaates zur herrschenden Gottheit wurde, ist kein Zufall. Bei dem ersten der drei großen Tragödiendichter, Aischylos, ist es das Schicksal, *moira,* das streng, doch gerecht, über die Welt herrscht, bei dem letzten, bei Euripides, spielt *tyche* eine weit größere Rolle. Entsprechend herrscht *moira* bei dem ersten Historiker, Herodot, der den siegreichen Krieg der Griechen gegen die Perser in der ersten Hälfte des 5. Jahrhunderts schildert, während *tyche* „die einzige der alten griechischen Gottheiten zu sein scheint, die Thukydides beibehalten hat“.[32] Thukydides schilderte in seinem Werk den unglückseligen innergriechischen Krieg während der letzten Hälfte des 5. Jahrhunderts. In der Unbeständigkeit der Zeiten, als das Individuum seine sichere Verankerung im Staat, in der *polis* verlor, fühlte es sich den Mächten ausgeliefert. *Tyche* war der Name, den die Intellektuellen ihnen gaben, doch das Volk fürchtete sie unter vielen anderen Götternamen.

Gegen Ende des wechselhaften 4. Jahrhunderts zog *Epikur* aus der Weltsituation den Schluß, daß die Welt durch einen Zufall entstanden sei. Während Aristoteles im Universum göttliche Zweckmäßigkeit gefunden hatte, war Epikurs Welt nicht zweckbestimmt, doch seine Weltauffassung war es: seine Philosophie hatte die Befreiung des Menschen von der Furcht zum Ziel und wollte einen Weg von der äußeren Disharmonie zu einer inneren Harmonie weisen. Die theoretische Voraussetzung dafür, daß diese psychische Freiheit praktiziert werden konnte, war, daß der Mensch faktisch, von Natur aus, ein freies Wesen und nicht in der Gewalt höherer Mächte sei. Und so griff Epikur Demokrits Atome auf, um mit ihnen eine Welt aufzubauen, in der für Götter kein Platz war (Epikurs Götter waren begreiflicherweise Epikureer und kümmerten sich nicht um die Welt), aber Epikur wich von Demokrit insofern ab, als er den Atomen erlaubte, von der geradlinigen Bewegung, die Demokrit ihnen zugeschrieben hatte, abzuweichen. Auf diese Weise war dann Platz für den Zufall – und für die Freiheit des Menschen. Da die Seele laut Demokrit ebenfalls ein Atom war (auf lateinisch hieß das später *individuum:* unteilbar), bildete die Atomlehre eine ganz natürliche Grundlage für eine Philosophie, die wie die Epikurs ihren Ausgangspunkt nicht mehr im Ganzen, im *kosmos,* in der *polis* suchte, sondern gerade im – Individuum.

Epikur, der sich in gewisser Weise einer „modernen" Auffassung von der Natur näherte, besaß kein ursprüngliches Interesse an der Natur, sondern interpretierte sie nach Bedarf. Natur, das war für ihn in erster Linie die menschliche Natur, waren die natürlichen menschlichen Bedürfnisse, deren Befriedigung glücklich macht. Wie die Kyniker betonte er, daß das Genügende am befriedigendsten und das Überflüssige das Unbefriedigendste sei. Deshalb richtete man sich an die falsche Adresse, wenn man seither Verschwender und Wüstlinge als „Schweinchen von der Herde Epikurs" bezeichnete. Dennoch konnten gute griechische Bürger in den Epikureern mit gewissem Recht schlechte Bürger erblicken, da Epikur erkennen mußte, daß der Staatsdienst die philosophische Unerschütterlichkeit störe, und seine Schüler dazu aufforderte, „verborgen zu leben". Epikur zog die Konsequenz aus der Tatsache, daß das Individuum nicht mehr natürlich im Stadtstaat verankert war: er gestattete ihm, es selbst zu sein.

Epikur gründete seine Philosophenschule in Athen im Jahre 306 v. Chr. Wenige Jahre zuvor war sein philosophischer Nebenbuhler und Gegenpol *Zenon* von Zypern nach Athen gekommen, wo er die verschiedenen Philosophenschulen besuchte, die platonische Akademie, das aristotelische Lykeion, besonders aber in die Lehre ging bei dem Kyniker Krates, bevor er in dem Säulengang, der *Stoa,* nach der diese Philosophie benannt wurde, seine eigene Schule aufmachte.

Zenons philosophisches Ziel, die „stoische" Ruhe, unterschied sich nicht sehr von den Zielen Epikurs. Auch er bot mit seiner Philosophie dem Individuum die Befreiung von den äußeren Umständen an. Doch während sich Epikur mit der Feststellung begnügt hatte, daß der Mensch von Natur aus kein politisches Wesen, sondern ein Individuum sei, war Zenon nicht geneigt, das natürliche Band zwischen Individuum und Gesellschaft zu zerreißen. Der Mensch ist unter allen Umständen ein gesellschaftliches Wesen, und sind die Umstände so schlecht, daß das Individuum in der Gesellschaft nicht zu seinem Recht kommt, so hat es doch einen natürlichen Hang zum gemeinsamen Besten. Deshalb gerät der gute Mensch, wie Sokrates, in einen Gegensatz zum schlechten Staat. Zenon, der ja kein gebürtiger Athener war, war der Richtige, den Unterschied zwischen dem zufälligen Staat, in dem der Mensch geboren ist, und der menschlichen Gesellschaft, zu der

der Mensch geboren ist, hervorzuheben, und so konnte er die lange philosophische Diskussion darüber, wie weit das Gesetz in der Natur oder in einer Konvention begründet sei, beenden, indem er unterschied zwischen auf der einen Seite dem im einzelnen Staat, in der *polis* geltenden Recht und Gesetz und auf der anderen Seite dem einen Gesetz, dem Natur-Recht, das für die ganze menschliche Gesellschaft, die *kosmopolis,* gilt und von der Natur her alle Menschen gleichstellt. Diese natürliche Gleichheit begründet die stoische Auffassung, nämlich daß jeder Mensch, gleichgültig wie er gestellt ist, die Möglichkeit hat, er selbst, und das heißt auf stoisch „weise", zu werden. Der Weise ist kein Produkt der Umstände, sondern er beherrscht sie.

Daß der Mensch zur Weisheit, wenn auch bei weitem nicht weise, geboren ist, heißt wiederum, daß er von Natur aus nicht nur ein soziales, sondern auch ein Vernunftwesen ist. Gerade die Sozialität und die Vernunft geben dem Menschenwesen, das als schwächstes geboren wird, die Möglichkeit, das stärkste zu werden, und verleihen dem menschlichen Leben ein *moralisches* Ziel: das Tier ist, was es ist, von Natur aus, der Mensch soll es kraft seiner Vernunft erst werden. Hierin liegt ein zweiter wesentlicher Unterschied zwischen Epikur und Zenon, der eng mit dem ersten zusammenhängt: das Ziel des Menschen ist nicht (individuelles) Glück, sondern die moralische Haltung, die auch der menschlichen Gesellschaft, aber nicht jedem zufälligen Staat, zugute kommt.

Weise sein bedeutet für Zenon, sich „in Übereinstimmung befinden",[33] nämlich mit sich selbst und damit mit der Vernunft. Zenons Nachfolger an der Schule in Athen, Kleanthes und Chrysippos, modifizierten den Ausdruck zu „sich in Übereinstimmung mit der Natur befinden" und modifizierten damit auch die Bedeutung dieses alten sophistischen Satzes, den die Kyniker ziemlich anarchistisch praktiziert hatten. Die Natur steht bei den Stoikern nicht für die natürlichen, egoistischen Triebe, sondern für die vernünftige Natur, den logischen Kosmos, mit dem sich der Mensch kraft seiner Vernunft in besserer Übereinstimmung befinden kann als die anderen, unvernünftigeren Geschöpfe. Für Zenon und seine Nachfolger war es einleuchtend, daß das Universum zweck- und vernunftbestimmt ist, und es war ihnen ein Ärgernis, daß dieses Universum durch einen Zufall entstanden sein sollte – dies ist die dritte entscheidende Streitfrage zwischen ihnen und den Epikureern. Nach stoischer Auffassung reagiert der Zufall alles Äußerliche, nicht aber den Weisen. Weise werden heißt, sich von den Umständen befreien und seine Bestimmung erfüllen, die vorherbestimmt ist, – von Gott, vom Schicksal oder der Vernunft oder der Natur, denn all dies ist ein und dasselbe für die Stoiker, die nicht wie die Epikureer Gott außerhalb der Welt, oder wie Platon und Aristoteles über der Welt, ansiedeln, sondern das Göttliche mit dem Natürlichen identifizieren und so einen Monismus (Einheitslehre) an die Stelle des platonischen Dualismus setzen.

Im Laufe der Zeit kam es freilich zu einem Mißverhältnis zwischen der ewigen Bestimmung des Schicksals und den eher willkürlichen menschlichen Bestimmungen, zwischen Natur-Recht und herrschenden Rechtszuständen – man brauchte ja keinen Stoizismus, wenn die Umstände es dem Menschen noch immer leicht machten, er selbst zu werden. Ebenso wie Platon und Aristoteles schrieb auch Zenon einen „Staat", eine *Politeia* (die wie die übrigen Schriften der ersten Stoiker verloren gegangen und nur aus Zitaten und Erwähnungen anderer bekannt ist). Darin verlegt auch er die ideale Gesellschaft an den Anfang, als das Gesetz der Natur noch herrschte und zwischen den Menschen noch keine Unterschiede eingetreten waren. Doch selbst in der fortschreitenden Abweichung der Zivilisation von der Natur besteht noch eine gewisse Übereinstimmung; denn der moralische Verfall ist ein Begleitphänomen des kosmischen Prozesses, der in den Weltenbrand mündet, in dem das Universum sich läutert und von vorn beginnt. Die Ewigkeit liegt nicht wie bei Platon über der Zeit, sondern in ihr, und der Weise trägt sie in sich, wenn er in seiner stoischen Ruhe über die Zeit erhaben in der Zeit lebt. Am Anfang war sich alles gleich, und der Weise ist sich noch immer gleich – nicht umsonst vergleichen die Stoiker den unbeirrten Gang des Weisen oft mit dem Lauf der Himmelskörper.

So konnten Zenon und seine Nachfolger die verschiedenen Fäden der griechischen Philosophie zu einem zusammenhängenden Muster verweben, zu einem Zeitpunkt, als der Zusammenhang sich nicht von selbst ergab. Die stoische Philosophie, die am Ewigen in der Zeit festhielt, tat das insofern mit Erfolg, als sie ein halbes Jahrtausend lang die herrschende Geistesrichtung wurde, nämlich in der Zeit, die man „Hellenismus" zu nennen und als eine Zeit der Auflösung zu verstehen pflegt. Im Altertum verging die Zeit, auch die Auflösungszeit, langsamer. Die großen Katastrophen brachten den Menschen keine neue Auffassung von den Dingen, sondern ließen sie glauben, das Ende sei nahe. Das Christentum, das ziemlich unbeachtet mitten in dieser Zeit, der Zeit Senecas, entstand und in seiner Moralauffassung von der Stoa nicht unberührt war, enthielt nichtsdestoweniger eine neue Natur- und Geschichtsanschauung und führte mit seiner radikalen Trennung von Ewigkeit und Zeit zu dem entscheidenden Bruch mit der primitiven Wirklichkeitsauffassung – und zu der modernen Natur- und Geschichtswissenschaft.

II. Geschichte und Moral

Geschichte und Schicksal

Zwischen den alten Kulturen und der modernen Industriekultur besteht der entscheidende Unterschied, daß die Alten am Alten festhielten, während die Neuen das Neue feiern. „Die Sitten der Väter" waren für die Römer die höchste moralische Qualitätsbezeichnung. Sie suchten in allen Fällen den Präzedenzfall, was insofern seltsam war, als es – trotz Alexander dem Großen – für ihre eigene Welteroberung keinen Präzedenzfall gibt. Die kleine Bauern- und Sippengesellschaft im ältesten Rom breitete sich im Laufe der Zeit über den größten Teil der bekannten Welt aus; dies verlangte von den Römern andere Sitten als die der Vorväter und führte zu inneren Krisen, und als Rom im Jahre 146 v. Chr. seinen letzten ernsthaften Widersacher, Karthago, besiegt hatte, geriet Rom in einen Zwiespalt mit sich selbst. Doch nach Meinung der Römer lag das nicht daran, daß sie die primitive Einstellung der Vorväter beibehalten hatten, sondern daran, daß die Sitten der Vorväter in Vergessenheit geraten waren.

So sehr die Römer auch Geschichte schufen und Geschichte schrieben, auf den Gedanken, daß die Menschen ihre eigene Geschichte schaffen, kamen sie nicht. Zwar gibt es ein paar alte römische Sprichwörter, die besagen, daß jeder seines Glückes Schmied sei und daß dem Kühnen das Glück beistehe, aber sie sagen eben gerade, daß der Mensch durch seine Kühnheit das Glück auf seine Seite bringen kann. Er kann sein Glück schmieden, es jedoch nicht eigenmächtig „machen". So waren die kühnen Römer Werkzeuge des Glücks, der *fortuna*, und ließ das Glück sie im Stich, dann äußerte sich das in fehlender Kühnheit, in versagender Moral.

In der Mitte des 2. Jahrhunderts v. Chr. nahm sich der Grieche *Polybios* vor zu schildern, wie fast die gesamte Welt in weniger als fünfzig Jahren unter die Herrschaft Roms gelangt war. Das lag seiner Meinung nach an der moralischen Überlegenheit der Römer und an ihrer Verfassung, die ihm als die beste der Welt erschien. Doch zu zeigen, wie das alles zugegangen war, bedeutete für ihn, durch „unsere Darstellung den Leser die Lenkung des gesamten Geschehens durch die Tyche ... ineins ... zusammenschauen lassen;" denn das Werk der Römer verstand er als das „schönste und segensreichste Walten der Tyche".[1] („Tyche" entspricht der *fortuna* der Römer.) Polybios meinte den Keim moralischen Verfalls bereits in dem siegreichen Rom zu sehen, aber er erblickte darin keine *Ursache* dafür, daß das Schicksal oder das Glück Rom im Stich lassen würde, sondern eher ein Zeugnis dafür. Daß das Schicksal den Lauf der Geschichte bestimmt, heißt, daß alles in der Geschichte mit der gleichen „natürlichen Notwendigkeit" wie in der Natur abläuft. Alles, was in der Zeit entsteht, muß mit der Zeit vergehen, auch der Staat ist einem „gesetzmäßigen Kreislauf" unterworfen, und wenn er nicht von außen zerstört wird, dann löst er sich von innen her auf, genau dann, wenn er – wie Rom – zu unbestreitbarer Überlegenheit gelangt ist.[2]

Was Polybios als eine allgemeine historische Gesetzmäßigkeit darstellte, meinten die römischen Geschichtsschreiber hundert Jahre später erfahren zu haben. Zur Zeit von Julius Cäsar schrieb *Sallust:* „Indes, als der Staat durch Anstrengung und Gerechtigkeit gewachsen, gewaltige Könige im Krieg bezwungen, wilde Stämme und ungeheure Völker mit Gewalt unterworfen waren, Karthago, die Rivalin des Römischen Reiches, von Grund auf vernichtet worden war, alle Meere und Länder offenstanden, da begann die Schicksalsgöttin (*fortuna*) zu wüten und alles durcheinanderzubringen. Leute, die Strapazen, Gefahren, unentschiedene und harte Lagen leicht ertragen hatten, denen wurden die Muße und der Reichtum, sonst wünschenswerte Dinge, zur Last und zum Unglück. Und so wuchs zunächst die Gier nach Geld, dann die nach der Herrschaft, das war gleichsam der Brennstoff für alles Übel."[3]

Diese Darstellung entstand unter dem Eindruck der Bürgerkriege, die Rom hundert Jahre lang heimgesucht hatten. Aber als Octavian den Bürgerkrieg beendet hatte und zum Augustus erhoben worden war und überall Frieden herrschte, da hielt *Livius* nichtsdestoweniger die Zeit für gekommen zu untersuchen, welche Eigenschaften eigentlich Rom die Weltherrschaft gesichert hatten und wie es zuging, daß die Sitten danach immer schlechter geworden waren, um während seiner Zeit völlig in Auflösung zu geraten. Auch nach Livius' Meinung war es der Reichtum, der die Habgier verschuldet hatte: der Reichtum und die Macht, die man durch die guten Eigenschaften gewonnen hatte, führten sozusagen zu den schlechten, zu Hab- und Machtgier. Dies ist scheinbar eine gute materialistische Erklärung: die Vorväter konnten leicht genügsam sein, solange die Verhältnisse ihnen nichts anderes gestatteten. Der Reichtum, den insbesondere die Eroberungen im Osten während der Zeit der Bürgerkriege nach Rom brachten, veränderte die ökonomische und politische Struktur der römischen Gesellschaft und trug dazu bei, den alten Gemeinsinn zu untergraben. Doch wenn die Geschichtsschreiber wohl auch einen Zusammenhang zwischen Reichtum und moralischem Verfall andeuten konnten, so vermochten sie doch keine andere Ursache für diesen moralischen Verfall zu erblicken, als daß die Sitten allmählich verfallen waren, und das wiederum erklärten sie damit, daß *fortuna* zu rasen begonnen habe. Die Römer besaßen einen so eingefleischten Schicksalsglauben, daß es ihnen nicht einfiel, nach materiellen Ursachen der verderblichen Begierde nach materiellen Gütern, die sie *luxuria* nannten, zu suchen. Seltsam war nach Livius' Meinung nicht, daß die Sitten verfielen, denn das war das Gesetz der Geschichte, sondern daß es so lange gedauert hatte, bis der Verfall in Rom einsetzte: ,,in keinen Staat drang so spät Habsucht und Üppigkeit *(luxuria)* ein; es gab keinen Staat, wo Armut und Sparsamkeit so hoch und so lange in Ehren standen".[4]

Wenn als selbstverständlich gilt, daß das Geschick bestimmt hat, was später geschehen soll, dann liegt es nahe, daß man Auskunft über die Zukunft einzuholen sucht. Vor allen öffentlichen Beschlüssen deutete man in Rom bestimmte Vorzeichen. Die Auguren lasen die Auspizien aus dem Verhalten der Vögel, die Haruspices aus den Eingeweiden der Opfertiere. Natürlich kann derjenige, der sich einen Einblick in die Zukunft verschafft hat, mit größerer Autorität sprechen als derjenige, der sich nur an seine eigene Meinung halten kann, und das Recht der Zukunftsdeutung, das *auspicium,* war denn verständlicherweise auch den höchsten Autoritäten im Staat vorbehalten. Es war ein politisches Machtmittel, und die Römer waren realpolitisch genug, um die heiligen Omina zu manipulieren, wenn es ihnen politische Vorteile verschaffte. Eine Amtsperson konnte so eine Volksversammlung verhindern, indem sie behauptete, sie habe es donnern hören. Dadurch darf man sich jedoch nicht zu der Annahme verleiten lassen, die Obrigkeitsvertreter hätten überhaupt nicht an die Omina geglaubt, die sie zuweilen herbeischwindelten. Kindliche Gemüter, die beim Spiel mogeln, vergessen ihre Mogelei oft und erinnern sich nur noch, daß das Glück mit ihnen war. Sogar der souveräne Julius Cäsar, den man von allen Römern am ehesten in Verdacht haben kann, er habe großzügig über Dinge hinweggesehen, in die andere Großes hineinsahen, glaubte zumindest an sein eigenes Glück, an die *fortuna.*

Romulus und Pythagoras

In dem bedeutenden Augenblick, als die Zwillingsbrüder Romulus und Remus sich an die Gründung von Rom machten, mußten sie natürlich die Auspizien befragen. Remus sah sechs Geier, Romulus zwölf und hielt sich damit für berechtigt, die Stadt zu gründen. Diese zwölf Vögel verstand man später als ein Omen für das Alter der Stadt, Roms Tage waren also von Anfang an gezählt, ungewiß war nur, wie das Rechenexempel aussehen sollte. Als Cäsar den Kalender reformiert hatte, so daß jedes Jahr 365 Tage bekam, meinten einige, jeder Vogel repräsentiere einen Monat in einem ,,Großjahr", und weil Rom 365 Jahre nach der Gründung der Stadt von den Galliern besetzt und nahezu zerstört wurde, nämlich im Jahre 388 v. Chr., konnte man mit Recht für das Ende des zweiten Großjahres, das Jahr 23 v. Chr., eine neue Krise fürchten, vor allem da nach dem Mord an Cäsar im Jahre 44 v. Chr. der Bürgerkrieg erneut ausbrach.

Daß Romulus, während er Rom gründete, seinen Bruder erschlug, war ein schlechtes Omen. Im allgemeinen nahmen die Römer es mit einem

Brudermord mehr oder weniger nicht so genau, doch in der Zeit des Bürger- oder Bruderkrieges, als einige den starken Mann, der den zerrissenen Staat einen konnte, herbeisehnten, andere ihn fürchteten, wurde Romulus zu einer umstrittenen Gestalt. Er war ja noch immer der Gründer der Stadt und ihr erster großer Krieger, aber er war auch König, und nachdem die Römer (um 500 v. Chr.) den letzten König vertrieben hatten, waren sie geneigt, Freiheit als ,,Befreitsein vom König" aufzufassen. Cicero[5] meinte im Todesjahr von Julius Cäsar darauf hinweisen zu müssen, daß Romulus sich zugunsten seiner vermutlichen Interessen über Brüderlichkeit und Menschlichkeit hinweggesetzt habe; daß Remus ihn beleidigt habe, als er über die mickrige Stadtmauer sprang, an der Romulus baute, habe ihm ja nur den Schein des Rechts gegeben. Das Volk des Romulus artete jedoch dem Stammvater nach, war leicht beleidigt und im Zorn schnell bereit zur Selbstjustiz. Der Bürgerkrieg war eine Folge davon.

Der Übergang von der Sippen- zur Bürgergesellschaft, vom Racherecht zum Recht, war schwer für die Römer, die die ganze Zeit über die doppelte Aufgabe hatten, den Frieden im Inneren zu sichern und Krieg nach außen zu führen. Laut Livius sah sich bereits der Nachfolger des Romulus, König Numa, diesem Problem gegenüber. Er entstammte einem anderen Volk und stieß auf die Schwierigkeiten, die ganz natürlich entstehen, wenn mehrere Stämme, die sich bisher bekriegt haben, plötzlich in einer gemeinsamen Gesellschaft miteinander auskommen müssen. Numa wollte, sagte Livius, ,,der Stadt, die durch Waffengewalt errichtet war, durch notwendige Rechte, Gesetze und Sitten noch einmal zum Gründer werden. Aber er sah ein, daß die im Waffendienst der Kriege rauh gewordenen Männer sich nicht daran gewöhnen würden. Darum baute er ihnen an der Gasse Argiletum einen Janustempel als Zeichen von Krieg und Frieden. Er war der festen Meinung, er müsse die Kriegslust seines Volkes durch die Entwöhnung von Waffen mildern. Der geöffnete Tempel solle bedeuten, der Staat sei kriegsbereit, der geschlossene, man lebe mit allen umliegenden Völkern in Frieden. Nach Numas Regierungszeit wurde er dann zweimal geschlossen: Einmal als der Erste Punische Krieg unter dem Konsulat des Titus Manlius zu Ende war, das zweite Mal nach der Schlacht bei Actium. Die Götter haben es unserem Zeitalter vorbehalten, dies mitzuerleben: Da erkämpfte Caesar Augustus als Oberbefehlshaber zu Wasser und zu Lande den Frieden."[6]

König Numa galt als Schüler des griechischen Philosophen *Pythagoras,* und wenn die Chronologie auch nicht stimmt, da Numa um 700 regiert haben soll und Pythagoras im 6. Jahrhundert v. Chr. lebte, so ist es durchaus logisch, wenn man den legendären Friedensfürsten mit Pythagoras in Verbindung bringt,[7] der sich angeblich als erster ,,Philosoph" nannte. Jedenfalls war er einer der griechischen Philosophen, die in der großen Übergangszeit, als ,,das Gesetz König sein sollte" anstelle der eigenmächtigen Könige, eine neue Moral verkündeten. Pythagoras hatte Ägypten und Babylon bereist und war dann in den griechischen Kolonien von Süditalien tätig gewesen. Mehrere der dortigen griechischen Städte führten ihre Gesetzgebung auf ihn zurück. Es gab also einen naheliegenden geographischen Grund dafür, daß Pythagoras der erste Philosoph war, dessen Einfluß sich in Rom bemerkbar machte. Ebenso wie die anderen Philosophen dieser Epoche suchte er das Gesetz in der Gesetzmäßigkeit des Universums zu begründen. Die Beobachtung des Zahlenverhältnisses zwischen Tonhöhe und Länge der klingenden Saite führte zu der Lehre, daß das Universum überhaupt durch Zahlenverhältnisse gelenkt werde. *Mathematici* wurde in Rom zur Bezeichnung für Pythagoräer – und Astrologen.

Daß die Gesellschaft der Sippe die Rechtshandhabung aus der Hand nimmt, führt dazu, daß der Rachemord, zuvor eine Pflicht, jetzt zum Verbrechen wird. Es ist und bleibt jedoch ein Widerspruch, daß es ein Verbrechen sein soll, wenn man einen Mitbürger tötet, aber eine Heldentat, wenn man die Mitglieder anderer Gesellschaften tötet, oder es wäre ein Widerspruch, wenn nicht die Eintracht im Inneren eine Voraussetzung für die Schlagkraft nach außen wäre. Pythagoras war, soweit man weiß, einer der ersten, der zu der epochemachenden Erkenntnis gelangte, daß es unter allen Umständen böse ist, ein Mitgeschöpf zu töten. Da Pythagoras, mit der Seelenwanderungslehre, auch die Tiere zu den Mitgeschöpfen zählte, mußten seine Anschauungen in Rom höchst ketzerisch wirken, wo das Tieropfer und die Deutung der Eingeweide des Opfertieres in der Staatsreligion einen wichtigen Platz einnahmen. Strenggenommen muß eine Moral, die das Töten verbietet, für eine Gesellschaft, die sich ständig auf dem Kriegspfad befindet, tödlich sein.

Nichtsdestoweniger stellte man in der letzten Hälfte des 4. Jahrhunderts v. Chr. auf dem Forum in Rom eine Statue des Pythagoras auf und behauptete sogar, er sei römischer Bürger gewesen. Zu diesem Zeitpunkt waren die Römer dabei, ihre Macht auf ganz Italien auszudehnen, wobei sie dann in engeren Kontakt mit den Griechen (in Süditalien) kamen, für die sie gemischte Gefühle hegten. Die Römer spürten wohl, daß ihr eigener Weg nach oben und der der Griechen abwärts führte, doch die römischen Emporkömmlinge mußten auch erkennen, daß die Griechen etwas hatten, was ihnen selbst abging. Um dem abzuhelfen, verschmolzen sie einfach ihre eigenen phantasielosen Götter Jupiter, Juno, Minerva usw. mit den heitereren griechischen Zeus, Hera, Athene usw. und führten ihre eigene Geschichte auf das Troja zurück, das die Griechen in dem von Homer in der Ilias besungenen Trojanischen Krieg besiegt hatten. Damit bekamen auch sie eine respektable Vergangenheit – und aus einer alten Niederlage wurde ein Sieg.

Rom hatte in der Übergangszeit von der Sippen- zur Rechtsgesellschaft, die in Griechenland die Philosophen auf den Plan gerufen hatte, keinen originalen Denker vorzuweisen. So wie die ersten römischen Gesetze, das

Zwölftafelgesetz von 451, von griechischem Recht geprägt waren, so mußten die Römer auch einen griechischen Rechtsphilosophen importieren. Der Mythos von dem pythagoreischen König Numa stammt aus der Zeit, als die Römer sich eine respektable Vergangenheit schaffen mußten, um es mit den Griechen aufnehmen zu können. So betrachtet war Numa also doch jünger als Pythagoras. Doch die römische Staatsbürgerschaft des Pythagoras war problematisch: Im Jahre 181 v. Chr. wurden einige pythagoreische, König Numa zugeschriebene Schriften auf Senatsbeschluß verbrannt. Selbst Julius Cäsar, der sich sonst vor nichts fürchtete, verbannte den Führer der Pythagoreer. Augustus, Tiberius und Claudius führten diese Linie weiter. Es war wohl eher die astrologische Zukunftsforschung der Pythagoreer als ihr Pazifismus, die die Machthaber besorgt machte. Sie glaubten so felsenfest an die Zukunft, daß sie das Wissen darum für sich behalten wollten.

Racherecht und Recht

Das römische Recht, oftmals als Roms vornehmstes Vermächtnis bezeichnet, wurde erst nach dem Untergang des weströmischen Reiches gesammelt. Auch auf juristischem Gebiet hielten die Römer sich lieber an Präzedenzfälle als an Regeln; die ersten primitiven Gesetze, das Zwölftafelgesetz von 451 v. Chr., waren und blieben die Grundlage des Rechts.

Da das Recht prinzipiell die Macht einschränkt, sind die Machthaber nicht prinzipiell am Recht interessiert und geben Gesetze erst dann, wenn das Volk genug soziale Bedeutung erlangt hat, um Forderungen zu stellen. In Rom wie in Griechenland war es der Handel mit anderen Völkern, der ein anspruchsvolleres Bürgertum hervorbrachte. Roms Entwicklung von einer primitiv bäuerlichen zu einer primitiv städtischen Gesellschaft fand unter etruskischer Herrschaft statt. Als der letzte, etruskische, König von den ältesten Sippen, deren „Väter", die *patres,* im Senat saßen, abgesetzt worden war, verschärfte sich der Gegensatz im Volk so sehr, daß man fortan zwei Wörter für dies Volk brauchte: *populus* für die privilegierten Patriziergeschlechter und *plebs* für den gemeinen Haufen der Handelsleute, Handwerker und kleinen Bauern, die keine politische Macht besaßen. Die staatlichen Götter, Jupiter, Juno, Minerva, die 509 ihren Tempel auf dem Capitol bekamen, waren die Götter der Patrizier, doch die Plebejer waren mächtig genug, um 493 auf dem Aventin einen Tempel für die urwüchsigeren Götter Ceres, Libera, Liber (Demeter, Persephone, Dionysos) errichten zu können. Die Patrizier beherrschten den Senat und die Volksversammlung, die Plebejer bildeten ihre eigene Gegenversammlung und wählten ihre eigenen Vertreter, die Volkstribunen. Als die *plebs* zu einem kritischen Zeitpunkt mit kollektiver Auswanderung drohte, fühlten die Patrizier sich gezwungen, die Volkstribunen anzuerkennen, die das Recht zum Eingreifen erhielten, wenn ein (Patrizier-)Beamter seine Macht über einen Plebejer willkürlich ausübte. Im Laufe der Zeit erhielten sie das Vetorecht bei allen öffentlichen Beschlüssen (ausgenommen waren Beschlüsse über Krieg und Frieden). Es gelang den Volkstribunen, der willkürlichen Machtausübung wirklich die Grenze zu setzen, die die Veröffentlichung des Gesetzes – auf den zwölf Tafeln – darstellte.

Das Zwölftafelgesetz bezeichnet keinen bereits vollzogenen Übergang vom Sippen- und Racherecht zum mehr bürgerlichen Recht, sondern eine Übergangsphase, aus der die Römer nie herauskamen. Vor diesem Hintergrund müssen Senecas humane Rechtsbegriffe verstanden werden. Von alters her besaß der Familienvater uneingeschränkte Gewalt über den gesamten Hausstand, die *familia,* die ursprünglich eine Selbstversorgereinheit darstellte. Viele Angelegenheiten, z. B. die Unzucht weiblicher Familienmitglieder, unterstanden noch zur Kaiserzeit der Jurisdiktion des Familienvaters. Noch bis 374 n. Chr. hatte er das Recht, unerwünschte Kinder auszusetzen. Zu Senecas Lebzeiten konnte ein Sohn gegen seinen Vater einen Prozeß führen,[8] aber Seneca erwähnt auch, daß ein Vater seinen Sohn totpeitschen ließ, was keine andere Strafe bewirkte, als daß sich das *Volk* auf dem Forum auf ihn stürzte, so daß der Kaiser ihn beschützen mußte.[9]

Die Tatsache, daß der römische Staat sich so wenig wie möglich in das Privatleben seiner Bürger einmischte, darf nicht als Ausfluß einer „liberalen“ Ideologie verstanden werden, sondern ist als Beibehaltung der traditionellen Familienjustiz zu sehen. Der Staat hatte keinerlei Machtmittel, keine Polizei, zur Handhabung des Gesetzes. Nach dem Zwölftafelgesetz war private Rache zwar nicht ohne weiteres erlaubt, doch der in seinem Recht Gekränkte konnte seinen Fall einem Beamten vorlegen, der ihm dann die Rache gestatten konnte. Im Prinzip galt das Gesetz der Vergeltung, auch wenn das Gesetz einen Vergleich empfahl. Selbstjustiz war, vor allem wenn es um Verteidigung von Grund und Boden ging, bis weit in die Kaiserzeit hinein erlaubt: „ihren Landbesitz lassen sie von niemandem in Beschlag nehmen, und wenn geringfügiger Streit herrscht über die Grenzziehung, rennt man nach Steinen und Waffen; in ihr eigenes Leben lassen sie andere eindringen, nein, vielmehr holen sie selber sogar dessen künftigen Besitzer herbei,“ schreibt Seneca.[10]

Die juristische Bezeichnung für die Geltendmachung eines Rechtsanspruchs war *vindicare,* was oft ganz einfach „rächen“ bedeutete. Cicero, der ansonsten Grausamkeit unter Bürgern verurteilt, betrachtet nichtsdestoweniger die *vindicatio,* das Bedürfnis, physische Gewalt oder andere Formen der Kränkung zu rächen, als ein natürliches Bedürfnis, so wie Religiosität, Pflichtgefühl, Dankbarkeit, Respekt und Wahrheitsliebe.[11] Es war unter der Würde, *dignitas,* der Römer, eine Beleidigung, eine *iniuria,* hinzunehmen, ein Begriff, der große Bedeutung hatte und im Laufe der Zeit in Rom einen enormen Umfang annahm. Die alten Römer ließen sich anscheinend nur durch Taten kränken, während man die Römer der Kaiserzeit auch durch

Worte beleidigen konnte, so daß sich bei den Schriftstellern der Kaiserzeit nicht die heftigen Angriffe auf Personen finden, die zur Zeit der Republik üblich gewesen waren. Nach dem Zwölftafelgesetz stand auf *iniuria* zwar nur eine Geldstrafe, auf das Singen von Schmähliedern dagegen die Todesstrafe, denn das Absingen von Spottversen vor der Tür eines Beamten war die Art und Weise, in der das Volk sein Mißvergnügen zum Ausdruck bringen konnte.[12] Da das Volk jetzt unter dem Schutz des Gesetzes stand, wurde diese Art der Volksjustiz also streng verboten.[13]

Da die Vollstreckung der Strafe für eine Kränkung dem Verletzten oblag, ist klar, daß es riskanter war, einen großen Mann zu kränken als einen kleinen. Der große Mann konnte sich auch leichter in seiner Ehre gekränkt fühlen. In Wirklichkeit hatte der kleine Mann überhaupt keine Möglichkeit, *sein* Recht geltend zu machen, es sei denn, ein größerer half ihm. Die „Kleinen" der Gesellschaft suchten also als *Klienten* Rechtsschutz bei den „Großen", deren Würde sich unter anderem in der Anzahl ihrer Klienten äußerte. Die römische Gesellschaft war demnach nicht nur horizontal in Klassen, sondern auch vertikal in „Familien" eingeteilt, und während eine Klassensolidarität nicht existierte, war die Familiensolidarität solider, da sie auf gegenseitigem Interesse beruhte. Die Klienten erhielten materielle Unterstützung von ihren „Patronen" und unterstützten dafür diese bei den Wahlen. Dies führte dazu, daß die inneren Konflikte in Rom, nachdem die *plebs* dem *populus* gleichgestellt worden war, nicht so sehr den Charakter eines Klassenkampfs annahmen, sondern eher den eines Kampfs zwischen „Großen", die ihre Würde zu verteidigen und Beleidigungen zu rächen hatten. Julius Cäsars Begründung dafür, daß er die Würfel fallen ließ und gen Rom marschierte, war, daß er in seiner Ehre gekränkt worden sei; er sei, wie er schrieb, absolut nicht gekommen, „um böses Blut zu stiften, sondern nur, um sich gegen die Böswilligkeit seiner Gegner zur Wehr zu setzen ... und um die Freiheit für sich und das römische Volk, das von einer Clique unterdrückt worden sei, zu vindizieren."[14]

Obgleich das Recht zur Selbstjustiz, das die römische Republik untergrub, in der Kaiserzeit eingeschränkt wurde, blieb die Einstellung bei Hoch und Niedrig die gleiche. Parodiert wird sie in Petronius' Roman „Satyricon" aus der Zeit Senecas. Hier beteuert die junge Dame Quartilla, die den Gott Priapus um ein Mittel gegen Erkältung gebeten hat und an die jungen Herumtreiber, die Hauptpersonen des Romans, verwiesen worden ist, daß ein ganzes Regiment „das Unrecht gerächt und ihre Würde verteidigt" hätte (iniuriam meam vindicaret et dignitatem), wenn sie sich nicht entgegenkommend gezeigt hätten.[15] Bessere Leute konnten gegebenenfalls ein ganzes Regiment von Klienten stellen.

Die Klassen

Classis bedeutet ursprünglich Heeresaufgebot und wird danach zur Bezeichnung für diejenigen, die das Recht hatten, dem Ruf Folge zu leisten, denn in Rom war der Heeresdienst ein Privileg. Anfangs war die *plebs* außerhalb der Klasse, später wurde das gesamte Volk nach der Ausrüstung, die es aufbringen konnte, in fünf Klassen eingeteilt. Die Ritter, die zwei Pferde stellten, bildeten die erste Klasse, während diejenigen, die nichts besaßen und nur dazu dienten, durch das Zeugen von Kindern zur Erhaltung der Gesellschaft beizutragen, die *proletarii,* klassenlos waren. Alle Bürger, die im Heer dienten, bildeten die Volksversammlung, die die obersten Beamten, Konsuln und Prätoren wählte. Da diese ,,Ehrenämter", *honores,* unbezahlt waren, war ein gewisses Vermögen die Voraussetzung dafür, daß man sie bekleiden konnte, und da man in der Volksversammlung nach Klassen abstimmte, lag die Entscheidung immer bei den Reichen. Die beste Qualifikation für ein Amt waren für die – auf die Vergangenheit gerichteten – Römer Vorväter, die bereits ein Amt bekleidet hatten. Es waren fast immer die Mitglieder der gleichen Geschlechter, die gewählt wurden und den Senat füllten, in dem die ausgeschiedenen Beamten automatisch einen Sitz erhielten. Formal war der Senat Beratungsorgan für die Konsuln, bei denen die Exekutive, das *imperium,* lag; da aber die Konsuln jährlich zur Wahl standen, während die Senatoren ihre Posten auf Lebenszeit bekleideten, war nur der Senat imstande, eine langfristige Politik zu betreiben. In Kriegszeiten stärkte der Senat seine Macht auf Kosten des Volkes, und da immer Kriegszeiten waren, setzte sich, während Rom die Macht im größten Teil der Welt eroberte, in Rom eine Machtelite durch. Rom war noch immer eine Sippengesellschaft, obgleich jetzt nicht mehr nur Blutsbande, sondern auch die Größe des Vermögens zur Aufnahme in die Rangklassen befähigten.

Rom war im Grunde noch immer eine bäuerliche Gesellschaft, denn Grundbesitz galt als die einzige ehrliche Form des Besitzes, Handel und Handwerk waren weniger würdige Gewerbe. Es war unter der Würde des Senatsadels (und von 218 v. Chr. an auch durch Gesetz verboten, was darauf hindeutet, daß der Adel es mit der Würde so genau nun auch wieder nicht nahm), sich mit Geschäften abzugeben. Die ständige Erweiterung des Reiches erweiterte jedoch auch den Markt und erhöhte den Bedarf an Geschäftsleuten, und da das Vermögen, das die Geschäftsleute verdienten, sie zum Kriegsdienst als Ritter qualifizierte, wurde ,,Ritter" allmählich eine Bezeichnung für das wohlhabende Bürgertum. Die Ritter schlossen sich oft zu einer Art Aktiengesellschaften zusammen, die als staatliche Baufirmen fungierten und die öffentliche Bautätigkeit, den Straßen- und den Bergbau in Pacht übernahmen. Kraft ihrer Verdienste und Beziehungen konnten sich die Ritter auch in den Senat hineindienen, obgleich es für einen ,,neuen

Mann", einen *homo novus,* schwer war, so weit zu kommen. Von den 108 Konsuln der Jahre 200 bis 146 kamen nur acht aus „neuen" Geschlechtern.[16]

Roms Expansion war nicht von Anfang an von imperialistischen Motiven getrieben und, bis zur Zerstörung von Karthago und Korinth im Jahre 146, nur teilweise von ökonomischen Interessen geleitet. Noch im 2. Jahrhundert v. Chr. zeigte sich ein deutlicher Widerwillen gegenüber der Annektierung überseeischer Gebiete. Die Römer waren zufrieden, wenn sie die Feinde zu Bundesgenossen machen konnten, eine Kunst, auf die sie sich besser verstanden als andere Eroberernationen vor und nach ihnen; sie hatten kein Interesse daran, Heere in fremden Ländern zu unterhalten. Ihr Heer bestand aus freien Bauern und konnte also nur auf Kosten der Landwirtschaft verstärkt werden.

Genau das geschah im Laufe des 2. Jahrhunderts. Die Bauern mußten länger im Feld bleiben, der Import von billigem Getreide aus Sizilien und Afrika (die im Jahre 241 bzw. 146 zu römischen Provinzen gemacht wurden) machte den Getreideanbau weniger ertragreich. Die Kriegsgefangenen waren billige Arbeitskräfte für die Gutsbesitzer. Die logische Folge dieser Entwicklung war, daß sie die kleineren Bauernstellen aufkauften und ihre wachsenden Güter durch Sklavenarbeit bewirtschafteten. Anstelle von Getreide bauten sie Wein und Oliven für den Export an und hatten auf diese Weise allmählich ein ökonomisches Interesse daran, ihre Konkurrenten zu bekriegen. Es war ein Großgrundbesitzer, nämlich Cato der Ältere, der im übrigen der Meinung war, daß Karthago zerstört werden müsse. Ein anderer Senator meinte, die Stadt dürfe nicht zerstört werden, weil für die römische Eintracht ein Gegner nötig sei. Auch den Eroberer der Stadt, Scipio Aemilianus, überfielen dunkle Ahnungen vom Untergang Roms beim Anblick des Untergangs von Karthago.

Nach Karthagos Zerstörung begann, wie Sallust sagte, *fortuna* zu rasen. Der Reichtum, der leichter zu erobern als zu erwerben war, ließ das Interesse der Reichen an neuer Expansion und die Zahl der Armen steigen. Der ständige Kriegsdienst hinderte die Bauern an der Bewirtschaftung ihrer Höfe, der Mittelstand von freien Bauern schrumpfte, so daß das Niveau des Heeres sank, das Proletariat in Rom wuchs, Sklavenaufstände in den Provinzen machten deutlich, wie riskant es war, von Sklavenarbeit abhängig zu sein.

Genau vor diesem sozialen Hintergrund schlugen die berühmten Brüder Tiberius und Gajus Gracchus als Volkstribunen eine Ackerverteilung an die Besitzlosen vor, teils durch die Anlage von „Kolonien" in den Provinzen, teils durch die Aufteilung des *ager publicus,* des Staatslandes, das während der Eroberung von Italien annektiert worden war und das die Pächter, Männer des Senatsadels, sich allmählich angewöhnt hatten, als ihren Privatbesitz zu betrachten. Der Widerstand des Senats führte dazu, daß vor allem

Gajus Gracchus eine Aufgabe darin erblickte, die Macht des Senats zu brechen und sie auf die Volksversammlung zurückzuverlagern. Zu diesem Zweck suchte er nicht nur das Volk, sondern auch die Ritter für seine Sache zu gewinnen und sie gegen den Senat aufzuwiegeln. Er drückte ein Gesetz über den Verkauf von verbilligtem Getreide an die armen Bürger von Rom durch, er verschaffte den Rittern Zugang zu den Richterämtern, die bis dahin Senatoren vorbehalten gewesen waren, und er ließ die Gesellschaften der Ritter die Steuereintreibung in den Provinzen in Pacht übernehmen. Diese Maßnahmen überlebten die Gebrüder Gracchus und wirkten gegen ihre ursprüngliche Absicht. Das billige Getreide verringerte das Interesse der Besitzlosen an einer Kolonistenstelle in den Provinzen und lockte ganz im Gegenteil die arme Landbevölkerung nach Rom. Und die Senatoren, die als Provinzstatthalter ihr eigenes Schäfchen ins trockene brachten, erhielten nun Beistand von den Rittern, die in ihrer neuen Amtswürde als Steuereintreiber – sie waren die „Zöllner", die als Sünder in den Evangelien vorkommen – noch weiter zu einer Ausblutung der Provinzen und einer Stimulierung der imperialistischen Politik beitrugen.

Bürgerkrieg um Ehre – und Heere

Den Römern fehlte eine Fortschrittsidee, und schon das macht die Unterscheidung zwischen progressiven und konservativen römischen Politikern schwierig. Das Reformprogramm der Brüder Gracchus war bei Lichte besehen konservativ, da es in letzter Konsequenz eine Rückkehr zu einer Stadtstaatdemokratie bedeutet hätte, mit der man kein Weltreich hätte regieren können. Das schließt nicht aus, daß ihre Kolonisierungsidee weitblickend war, was auch andere einflußreiche Römer erkannten. Doch je größer ihr Einfluß war, um so mehr mußten sie fürchten, daß der Einfluß anderer ihren eigenen übersteigen würde. Da Einfluß auf der Anzahl an Anhängern, Klienten, beruhte, mußte jeder weitblickende Staatsmann, der die Lebensbedingungen des Volkes zu verbessern suchte, in den Verdacht geraten, das Volk auf seine Seite ziehen zu wollen – und deshalb bekämpft werden. Das war das Schicksal der Brüder Gracchus; 133 bzw. 121 wurden sie von den Männern des Senats ermordet.

Es kam zum Gegensatz zwischen denen, die den Senat stärken, und denen, die seine Macht brechen wollten. Die letzteren wurden *populares,* d.h. Demagogen, genannt, von den ersteren, die sich selbst als *optimates,* d.h. die Besten, bezeichneten. Die Begriffe lassen sich auch durch Volks- und Senatspartei „übersetzen", doch in Wirklichkeit ging es bei dem Streit ebenso wenig um Parteien wie um Klassen oder Programme. Vielmehr ging es um die Ehre und den Einfluß von Heerführern und um das Heer, ohne das selbst ein Heerführer nicht auskommen kann.

Ein Römer hatte sich niemals kraft seiner politischen Ideen für ein politisches Amt qualifiziert, sondern immer kraft seiner Zugehörigkeit zu einem bestimmten Geschlecht und durch seine Beziehungen, euphemistisch „Freundschaften" genannt, sowie durch seine moralischen Qualitäten. Es war ein Dogma, daß die Besten regieren sollten (deshalb nannten die Regierenden sich die Besten) und daß Erfolg der Lohn der Tugend sei – wie erwähnt stand das Glück dem Kühnen bei. Die Tugend, *virtus,* war die Kühnheit, die sich für einen Mann, den *vir,* ziemte, und der Erfolg, der Lohn der Tugend, war der Ruhm, die *gloria,* den er im Felde, auf dem Feld der Ehre erntete. Doch bezeichnenderweise erhält *gloria,* das ursprünglich „bekannt für Ruhmestaten" bedeutete, allmählich die Nebenbedeutung von „Ruhmsucht" und schließlich die negative Bedeutung von „Ehrgeiz", so beispielsweise bei Seneca, der von der „grauenhaften, aber bei großen Befehlsgewalten häufig zu findenden Ruhmsucht, die Macht durch Schrekken zur Schau zu tragen",[17] spricht. Dies spiegelt eine sozialpsychologische Entwicklung wider: Die guten alten Römer waren in den Krieg gezogen, um Ruhm im Dienste des Staates zu ernten, jetzt begann die Oberschicht aus reinen Profitgründen einen Krieg nach dem anderen, und die Heerführer, die die Kriege führten, strebten nicht nur nach Ruhm und Kriegsbeute, sondern wollten mit der Kriegsbeute auch das Heer für sich gewinnen. Der Anlaß zum Bürgerkrieg war ein Streit darüber, wer einen Feldzug nach Osten anführen sollte, Gajus Marius, der Kandidat der Volkspartei, oder Cornelius Sulla, der Kandidat des Senats.

Gajus Marius war ein „neuer Mann", der seinen Weg gemacht hatte, indem er als „Zöllner" ein Vermögen verdient und in eines der herrschenden Geschlechter, nämlich das julische, eingeheiratet hatte. Er hatte als Heerführer in Afrika Ruhm geerntet, und als die Kimbern aus Jütland und die Teutonen aus Norddeutschland Rom bedrohten, sah sich der Senat genötigt, ihn mehrere aufeinanderfolgende Jahre hindurch als Konsul zu akzeptieren. Marius wehrte den Angriff der Germanen ab, aber nicht mit einem Heer, das wie die alten römischen Heere aus Grundbesitzern bestand. Er zog die Konsequenz aus der Tatsache, daß diese nicht mehr zahlreich genug waren, um das Heer zu stellen. Er rief das Proletariat zu den Waffen, indem er ihnen Lohn und Landzuteilung nach beendeter Dienstzeit versprach. Durch die Ironie des Schicksals sollten ehemalige Soldaten, Veteranen, die Kolonien bevölkern, die die Gracchen gerade zur Vermeidung dieser Entwicklung hatten anlegen wollen. Sie erwies sich als unausweichlich und fatal: die Soldaten waren nun die Klienten des Heerführers, solidarischer mit ihm als mit dem Staat verbunden.

Sulla hatte den von römischen Bundesgenossen in Italien begonnenen Krieg beendet. Sie waren erbittert darüber, daß sie die Pflicht hatten, für Rom zu kämpfen, aber kein römisches Bürgerrecht erhielten. Sie bekamen schließlich ihr Bürgerrecht, doch ohne realen Einfluß. Ein Volksstamm, die Samniten, wollte die Bedingungen nicht akzeptieren und kämpfte während des Bürgerkriegs auf der Seite von Marius. Als Sulla gesiegt hatte, lockte er mit dem Versprechen des freien Geleits 7000 Samniten nach Rom. Seneca berichtet über ihr Schicksal: „Als er in der Nähe ... sitzend, das Geschrei so vieler Tausende unter dem Schwert Stöhnender hörte, sagte er, als der Senat entsetzt war: Kommen wir zur Sache, Senatoren und Beigeordnete, einige wenige Aufrührer werden auf meinen Befehl hingerichtet. Das log er nicht; Sulla schienen es wenige."[18]

Beide Parteien gingen so grausam vor, daß sie gleich viel zu rächen hatten, wenn sich die Gelegenheit dazu ergab, und das war der Fall, als erst Sulla, dann Marius, dann wieder Sulla in Rom an die Macht kamen. Sulla machte sich durch die Einführung von „Proskriptionen" verdient, Listen von Leuten, die jedermann töten durfte. Doch er war auch hochherzig, er ließ Tausende der gegnerischen Sklaven frei und machte sie zu seinen eigenen Klienten. Er verzichtete als einziger römischer Machthaber freiwillig auf die Macht und gab sie an den Senat zurück, nachdem er die Macht der Volksversammlung und der Ritter gebrochen hatte. Doch die Macht des Senats beruhte auf dem Heer, und das Heer gehörte nicht mehr dem Staat, sondern den Heerführern. Sullas Ordnung wurde von den beiden Generälen Crassus und Pompejus gestürzt, die auf Sullas Seite gekämpft hatten und deren Macht der Senat fürchtete. Deshalb verbündeten sie sich im Jahre 70 v. Chr. mit den Rittern und der Volkspartei, um Konsuln zu werden.

Pompejus hatte als junger Mann ein Heer aus seinen eigenen Klienten aufgestellt. In den sechziger Jahren bekam er mit Hilfe der Volkstribunen und der Ritter eine ganze Reihe außerordentlicher militärischer Befugnisse. In Kleinasien errichtete er zwei neue Provinzen und mehrere Vasallenstaaten. Die Ritter waren mit seinem Vorgänger Lucullus höchst unzufrieden gewesen, dessen Amtsführung als Statthalter zu redlich gewesen war. Pompejus erschloß ihrer Ausbeutung und den Plünderungen der Soldaten weite Gebiete. Als er 62 aus dem Osten heimkehrte, fürchtete der Senat, er werde sich diktatorische Gewalt anmaßen, doch Pompejus zog in Rom als Privatmann ein. Offenbar erwartete er, daß diese Geste ihm von allen Seiten Vertrauen einbringen und man ihm die Macht übertragen werde, die er sich nicht hatte anmaßen wollen. Aber sowohl Senats- als auch Volkspartei begegneten ihm mit Mißtrauen.

In Rom trat Julius Cäsar, in dessen julisches Geschlecht Marius eingeheiratet hatte, als Erbe von dessen Klienten auf. Er versuchte das Volk durch so üppige Veranstaltungen für sich zu gewinnen, daß der Senat ihre Üppigkeit durch Gesetz begrenzen mußte. Auf diese Weise lud er sich gewaltige Schulden auf, die Crassus, Roms reichster Mann, bezahlte. Crassus war zwar Pompejus' „Freund", neidete ihm jedoch seinen Erfolg. Er selbst hatte keinen Ruhm mehr geerntet, seit er im Jahre 71 den letzten großen Sklavenaufstand, den Spartacusaufstand, niedergeschlagen hatte und 6000 Sklaven entlang der Via Appia hatte kreuzigen lassen. Da Pompejus sich vom Senat zurückgewiesen fühlte, suchte er sich mit Cäsar zu verständigen und besiegelte die „Freundschaft" durch seine Heirat mit Cäsars Tochter Julia. Crassus konnte nun nicht anders, als beide großen Männer zu unterstützen. Im Jahre 60 schlossen sie den privaten Bund, den man das erste Triumvirat nennt, und beherrschten so den Staat, doch nicht einander.

Cäsar ließ sich 59 zum Konsul wählen und sicherte sich im darauffolgenden Jahr die Statthalterschaft von Gallien, und damit ein Heer. Mit diesem Heer errang er eine lange Reihe von Siegen über Gallier und Germanen, die er selbst in seinen Berichten über den Gallischen Krieg verewigte. In Rom war das Entsetzen über seinen Erfolg bei Feinden und „Freunden" gleich groß. Crassus versuchte Ähnliches zu leisten und zog gegen die Parther, ein in Persien regierendes persisches Volk. Er erlitt eine schmähliche Niederlage und einen jämmerlichen Tod. Pompejus wagte, obgleich Statthalter von Spanien, Rom nicht zu verlassen, wo die totale Anarchie herrschte. Im Jahre 52 sah sich der Senat schließlich gezwungen, ihm diktatorische Gewalt zu übertragen, um Ruhe und Ordnung herzustellen. Pompejus ließ sein Heer in Rom einrücken, das noch nie in Friedenszeiten die Besetzung durch ein Heer erlebt hatte. Im Vertrauen auf das Heer des Pompejus wagte der Senat, Cäsar herauszufordern, und berief ihn zurück, doch Cäsar wollte sein Heer nur dann abgeben, wenn Pompejus das gleiche tue. Pompejus wollte sich wie gewöhnlich am liebsten gut mit beiden Parteien stehen und beteuerte Cäsar, der Staat sei ihm immer wichtiger gewesen als private Beziehungen. Im ürigen war die private Beziehung zwischen ihnen geschwächt, da Julia 54 gestorben war. Cäsar hatte jedoch das Gefühl, daß man seine großen Verdienste nicht anerkenne. Aus Rücksicht auf seine Würde und die Freiheit des Volkes zog er im Jahre 49 gen Rom. Im Jahr darauf wurde Pompejus bei Pharsalos in Griechenland geschlagen und in Ägypten, wo er Zuflucht gesucht hatte, ermordet. Darauf herrschte Cäsar in Rom als unumschränkter Diktator.

Cäsar und Cato

Cäsars wirklicher Gegenpol war nicht Pompejus, der „tückischer, nicht besser gesinnt war",[19] sondern Cato d. J., ein Senator, der seine Berufung darin erblickte, die Staaten im Staat zu bekämpfen, die die Optimaten mit ihren Klienten darstellten. Den Zustand des Staates charakterisierte er mit Worten, die man auch in neuerer Zeit zur Beschreibung der Wirtschaftslage einer Gesellschaft benutzt hat: „im Staate Armut, zu Hause Üppigkeit", und seine Mitsenatoren redete er laut Sallust folgendermaßen an: Ihr, „die ihr immer eure Häuser, Landgüter, Statuen, Bilder höher gestellt habt als das Gemeinwesen ...".[20]

Sein Gedanke war, daß alle Klienten des Staats sein sollten. Cäsar zog die Konsequenz aus der Tatsache, daß der Staat sich aufgelöst *hatte,* und sah keine andere Lösung als den Sieg eines, nämlich seines eigenen, Willens. Cato verurteilte konsequent alle ungesetzlichen Mittel, Cäsar dagegen nutzte konsequent alle Mittel aus, die seinem einzigen Ziel dienten, und falls Søren Kierkegaard recht hat, wenn er sagt, daß die Reinheit des Herzens darin bestehe, *eins* zu wollen, dann konnte Sallust mit Recht sowohl Cato als auch Cäsar als Männer von „gewaltiger moralischer Kraft" (*virtus*) rühmen – im Gegensatz zu Pompejus, der am liebsten mit gesetzlichen Mitteln ungesetzliche Macht erobert hätte und der im übrigen Catos „Freundschaft" gesucht hatte und *dessen* Tochter hatte heiraten wollen, bevor er sich Cäsar anschloß. Plutarch meint in seiner ansonsten bewundernden Cato-Biographie,[21] daß Cato in diesem einen Punkt weniger kompromißlos hätte sein sollen, um größerem Unheil vorzubeugen, doch Cato mußte als der moralische Hüter des Staates die Verbindung mit einem Mann ablehnen, der zu diesem Zeitpunkt die größte Gefahr für den Staat darstellte.

Zwischen Cato und Cäsar war es zur Konfrontation gekommen, als der Senat über Catilina zu Gericht saß, einen verarmten Aristokraten, der – im Einverständnis mit Cäsar – versucht hatte, Konsul zu werden, und, als er nicht gewählt wurde, eine Verschwörung angezettelt hatte, die der Konsul des Jahres 63, Cicero, vereitelte. Cato trat für die Todesstrafe ein, während Cäsar daran erinnerte, daß man das, was bei anderen Zorn heiße, bei Machthabern Übermut und Grausamkeit nenne,[22] und behauptete, daß diejenigen, die am höchsten gestiegen seien, sich am wenigsten erlauben sollten. Bei dieser Gelegenheit konnte Cato den Senat auf seine Seite bringen, doch als Machthaber folgte Cäsar seinen Worten, ja, machte sie geradezu zu seinem Programm: „Alle andern haben ja infolge ihrer Grausamkeit dem Haß nicht zu entgehen vermocht und ihren Sieg nicht allzu lange aufrecht erhalten können, abgesehen von einem Sulla, und den möchte ich nicht nachahmen. Mit Barmherzigkeit (*misericordia*) und Großmut (*liberalitas*) wollen wir uns sichern; das sei unsere neue Art zu siegen (*ratio vincendi*)."[23]

Cäsars neue *ratio vincendi,* die „neue Siegesvernunft", und seine Milde, *clementia,* überraschten alle. Cicero, der nach einigem Zögern sich seinen Gegnern anschloß, hatte zuvor erkannt, Cäsar sei „der einzige, bei dessen Sieg niemand das Leben verlor, es sei denn im Kampf."[24] Später behauptete er, Cäsar habe seine Gegner durch einen „Anschein von Milde"[25] für sich gewonnen. Doch Cäsar selbst machte aus seiner Milde nichts anderes als das, was sie war. Er hatte – in seinem „Gallischen Krieg" – nicht verhehlt, daß er grausam sein konnte, wenn die Situation es erforderte. Doch Cäsar war anscheinend auch psychologisch gesehen souveräner als die Männer vor ihm, nicht so persönlich nachtragend. Jedenfalls verstand er besser als sie, was der Sieg verlangte, nämlich die böse Kette der Rache zu zerreißen.

Ebenso charakteristisch für die moralischen Römer wie ihr Gekränktsein und ihre Rachlust war jedoch ihre Dankbarkeitsmoral. Seneca schreibt – wenn auch sicher etwas übertreibend: „Es gibt ja Mörder, Tyrannen, Diebe, Hurenknechte, Räuber, Tempelschänder, Verräter, – der Undankbare steht niedriger als sie alle."[26] In Dankbarkeit über empfangene Wohltaten war der Klient an seinen Patron gebunden. Wer einem anderen etwas schenkte, machte ihn zu seinem Schuldner, Dankesschulden waren Ehrenschulden. Indem er seinen Gegnern das Leben schenkte, machte Cäsar sie zu seinen Klienten und verwirklichte damit insofern Catos Idee: daß alle Klienten des Staates sein sollten. Nur: der Staat, das war er, Cäsar. Die begnadigten Feinde konnten sich nicht gegen ihn auflehnen, ohne in eine Kategorie mit Mördern und Verrätern zu geraten. Niemand erkannte das tiefer als Cato. Nach der Niederlage des Pompejus war er mit dem Rest des Heeres nach Afrika übergesetzt. Als Cäsar es im Jahre 46 bei Thapsus besiegt hatte, beging er in Utica Selbstmord: „Ich mag aber diesem Tyrannen für seine Übertretungen des Gesetzes nicht auch noch Dank schuldig sein. Er übertritt das Gesetz, indem er in der Form eines Gebieters Leute begnadigt, über die ihm gar keine despotische Gewalt zusteht."[27]

Es gab andere, die es mit der Moral nicht ganz so genau nahmen. Doch Cato wurde durch seinen demonstrativen Selbstmord zum Märtyrer der Freiheit und zu einer moralischen Herausforderung für die Republikaner, die die neue Ordnung der Dinge akzeptiert hatten, besonders für seinen Neffen und Schwiegersohn Marcus Brutus, der bei Pharsalos an der Seite von Pompejus gekämpft und sich von Cäsar hatte begnadigen lassen. Er schrieb ein Buch über Cato, und Cäsar muß in diesem Cato-Kult eine Gefahr erblickt haben, denn er nahm sich die Zeit, einen Anti-Cato zu schreiben. Das konnte jedoch nicht verhindern, daß Cato, der sich zum Stoizismus bekannte und sich für die Senatssitzungen durch die Lektüre der stoischen Klassiker zu rüsten pflegte, zum Vorbild der späteren römischen Stoiker, zum Bild des stoischen Weisen wurde.

Der Stoizismus war in Rom um die Mitte des zweiten vorchristlichen Jahrhunderts von Panaitios, dem Führer der stoischen Schule in Athen, eingeführt worden, der in einflußreichen Kreisen um Scipio Aemilianus, den Besieger von Karthago, großen Einfluß gewann. Panaitios vertrat in seiner Staatsphilosophie die gleiche Auffassung wie der etwas ältere Historiker Polybios, der, wie erwähnt, die römische Verfassung für die beste der Welt hielt, weil sie durch die Aufteilung der Macht unter Konsuln, Senat und Volksversammlung monarchische, aristokratische und demokratische Elemente in sich vereinte. Platon hatte in *seinem* großen Werk über den Staat gezeigt, wie die Regierung der Besten zur Oligarchie, diese wiederum zum Regime der Vielen und dies zur Tyrannei verfällt. Auch Polybios fand den „gesetzmäßigen Kreislauf" der Verfassungen in der Ordnung der Natur. Doch da die Verfassung sich immer dann zum Schlechteren verändert, wenn eines der staatlichen Elemente das Übergewicht erhält, ist der beste Staat genau der „gemischte Staat", *res publica mixta,* zu dem Panaitios und nach ihm Cicero sich deshalb bekannten. Eine Menschenmenge wird zur

Staatsgemeinschaft durch ihre Übereinstimmung in der Auffassung von Recht und gesellschaftlichem Nutzen. Cicero wollte den Staat, die *res publica,* als die „Sache des Volkes"[28] verstanden wissen: *Ihr* haben die Führer des Staates zu dienen.

Ein klassischer stoischer, erstmals von König Antigonos von Makedonien (276–239), einem Schüler Zenons, formulierter Gedanke ist, daß der Größte den Geringsten dienen soll, daß Herrschaft „erhabene Knechtschaft" ist. Panaitios zeichnete ein Fürstenideal, das sich durch Gerechtigkeit, Großmut und Milde gegenüber besiegten Feinden auszeichnete. Da Cäsar mit seiner „neuen Siegesvernunft" eben ein solches Programm entworfen hatte, kann man es nur als blutige Ironie bezeichnen, daß sich der „Ideologe" der Verschwörung gegen ihn, Marcus Brutus, zur Stoa bekannte.

Doch das natürliche Recht des Volkes zum Tyrannenmord gehörte ebenfalls zum Gedankengut der Stoa. Für die Verschwörer, die allerdings nicht dem Volk, sondern dem beleidigten Senatsadel angehörten und von zwei Prätoren, nämlich Brutus und Cassius, geführt wurden, war Cäsar nicht der Diener des Volkes, sondern dessen Tyrann. Daß sie nach dem Mord an ihm, an den Iden des März 44, nichts unternahmen, um selbst die Macht zu ergreifen, zeigt, daß sie – jedenfalls Brutus – nicht die Absicht hatten, in Cäsars Fußstapfen zu treten, es zeigt aber auch, daß sie – jedenfalls Brutus – nicht eingesehen hatten, daß die Republik nicht erst durch Cäsar, sondern durch die Staaten im Staat in Auflösung geraten war. Brutus, der sich der Sache des Pompejus angenommen hatte, übernahm auch dessen Inkonsequenz: Es lag ein Widerspruch darin, den Tyrannen zu stürzen und seine Maßnahmen weiterhin gelten zu lassen, so als seien *sie* nicht tyrannisch, sondern gesellschaftlich nützlich gewesen.

Seit den Iden des März 44 hat man leidenschaftlich diskutiert, ob Cäsar eine große politische Vision gehabt habe, deren Verwirklichung ihm nicht mehr vergönnt gewesen sei. Erik Wistrand hat sehr treffend gesagt, daß Cäsar, wenn er denn eine solche Vision gehabt habe, dies mit keinem Wort verraten habe, obgleich er seine Sache sonst so energisch kommentierte: „Alles deutet darauf hin, daß das Ziel seiner Politik seine eigene *dignitas* und *gloria* waren, die traditionellen Ziele des Strebens römischer Aristokraten."[29] Doch selbst wenn Cäsars Politik im übrigen nur ein Mittel zu diesem Zweck war, so mußte sie doch darauf abzielen, den Staat wieder funktionsfähig zu machen. Cäsar mußte in erster Linie die Macht des Senatsadels brechen, was er im Prinzip dadurch tat, daß er allen Bürgern Zugang zum Senat gab, die Ausbeutung der Provinzen begrenzte, die Grenzen sicherte sowie den Soldaten und dem Proletariat Land verschaffte. Cäsars Maßnahmen waren zum großen Teil das, was die Situation, und nicht nur der Tyrann, verlangte. Die Cäsarmörder mußten bald einsehen, was ihr Sympathisant Cicero in einem Brief vom 9. April 44 ausdrückte, nämlich daß die Wiedergewinnung der Freiheit nicht automatisch die Wiederaufrichtung der Republik bedeutet habe – es bedeutete in der Tat erneute Anarchie.

Brutus suchte zu einer Verständigung mit Cäsars Mitkonsul Marcus Antonius zu gelangen, der anfangs auch versöhnlich schien. Da trat Cäsars Adoptivsohn und Haupterbe, der achtzehnjährige Octavian, auf den Plan und meldete seinen Anspruch auf Cäsars Vermögen an, das Antonius sich zum Teil angeeignet hatte. Cicero, der sich in der kritischen Epoche, als Brutus und Cassius Rom hatten verlassen müssen, zum Führer des Senats gemacht und Antonius in einer Reihe von Reden angegriffen hatte, meinte, der Senat könne Octavian gegen Antonius ausspielen, doch Octavian durchschaute das Spiel und suchte eine Verständigung mit Antonius, so wie seinerzeit Pompejus mit Cäsar. Im Jahre 43 bildeten sie, zusammen mit Lepidus, einem von Cäsars Offizieren, das zweite Triumvirat und griffen zu den von Sulla eingeführten Proskriptionen. Unter den vielen Opfern war Cicero.

Cicero und die Humanitas

Cicero, der große Redner, der in den Reden gegen den Statthalter Verres zu Beginn seiner Karriere die Ausbeutung der Provinzen durch die herrschenden Klassen angegriffen und seine Karriere als Führer des Senatsadels beschlossen hatte, war nicht umsonst Anhänger eines ,,gemischten" Staates. Er war und blieb in allen Lebenslagen ein ,,neuer Mann", versnobt und egozentrisch. Er rühmte sich immer, im Jahre 63 als Konsul den Aufstand des Catilina niedergeschlagen zu haben – ,,nicht ohne Grund, aber ohne Ende", meint Seneca.[30] Doch zugleich war er besessen von seiner Arbeit für einen Staat, in dem ein neuer Mann sich Geltung verschaffen *konnte* und persönliche Verdienste schwerer wogen als Geburt und ,,Freundschaften" und Vermögen. ,,Keine Form des Staates ist häßlicher als jene, in der die Reichsten für die Besten gelten",[31] schrieb er in seiner Schrift über den Staat, und an anderer Stelle: ,,Wer sich dem Kreis der Optimaten und Anführer preisgegeben hat, der verliert jenen ernsten und würdevollen Ton seiner Stimme und seines persönlichen Gewichts".[32]

Er selbst verlor zuweilen den würdevollen Ton, doch nie die persönliche Leidenschaft. Die größte Schwäche des ehrgeizigen Cicero war sein Wunsch, selbst den Staat lenken zu können, obgleich er kein Staatsmann war, doch sein höchster Ehrgeiz war, dem Staat eine neue moralische Grundlage zu geben. Im Zeitalter des Imperialismus und des Positivismus galt es als unfein, das Politische im Moralischen begründen zu wollen. Niemand ist in diesem Jahrhundert so lächerlich gemacht worden wie Cicero, von Forschern, die mehr Sinn für den souveränen Cäsar als für den schwankenden Cicero hatten. Im Verhältnis zu Cäsar war Cicero freilich der „neue“ und der kleine Mann, und sein Jubel bei Cäsars Tod wirkt peinlich, Cäsar aber war souverän genug, um es besser zu wissen als die Cäsarianer des 20. Jahrhunderts: „Wie viel größer ist es, das Reich des römischen Talentes als das der römischen Macht erweitert zu haben“,[33] sagte er – über Cicero. Die Römer hatten ihr Imperium erweitert, ohne sich zu fragen wozu. Die Geschichtsschreiber konnten bedauern, daß die Moral der Vorväter, die *virtus,* die das Reich geschaffen hatte, nicht lebendig genug war, um es zu erhalten. Cicero aber dämmerte die Erkenntnis, die Seneca dann klarer kam, daß es einer völlig anderen Moral bedürfe, und in seinen Schriften tritt *virtus* brüderlich vereint mit einem neuen Begriff, der *humanitas,* auf.

Unter Cäsars Diktatur, als Cicero sich politisch kaltgestellt fühlte, schrieb er eine lange Reihe philosophischer Werke, in denen er sich um eine Vermenschlichung der römischen Kriegerideale bemühte. Zur gleichen Zeit, zu der er seine wütenden Reden gegen Antonius verfaßte, schrieb er sein Buch „Über die Freundschaft“ und versuchte dem Begriff *amicitia,* der in Rom ja allmählich das gleiche bedeutete wie „Interessen-Verbindung“, die ursprüngliche Bedeutung von gegenseitiger Sympathie zurückzugeben. Obgleich Cicero sich nicht zu einer einzigen philosophischen Richtung bekannte, sondern sich mit imponierendem Überblick über die griechische Philosophie das Beste davon aussuchte, so war es doch vor allem die stoische Lehre von der natürlichen Sympathie als der Grundlage des Staates, die die Grundlage seiner eigenen Staatsauffassung bildete. Über Cicero fand die stoische Idee von den natürlichen Rechten des Menschen ihren Weg in die amerikanische Unabhängigkeitserklärung. Cicero nimmt keinen hervorragenden Platz in der Geschichte der Philosophie ein, wo die großen, leicht versponnenen Systeme am eindrucksvollsten wirken, aber er hat nichtsdestoweniger einen größeren Einfluß gehabt als die meisten anderen Philosophen, – wohlgemerkt nicht wegen seiner moralischen Schwächen, sondern kraft seiner moralischen Inspiration.

Oft taucht bei den römischen Schriftstellern der Gedanke auf, daß ein Staat, der nur auf Macht aufbaut, sich nicht von der Gesellschaft der wilden Tiere unterscheide. Die Stoiker, die ein Leben „in Übereinstimmung mit der Natur“ verkündeten, legten genauer dar, daß die Natur des Menschen nicht wie die des Tieres naturgegeben, sondern ihm als moralische Aufgabe gestellt sei. Erst in der Arbeit an der Lösung dieser Aufgabe, an der Formung oder Bildung des Charakters, entsteht die *humanitas,* die den Mann, *vir,* zum Menschen, *homo,* macht, und nicht nur zum Krieger. Der Komödiendichter Terenz hatte nach dem Griechen Menander im 2. Jahrhundert den berühmten Satz formuliert, der vermutlich bereits stoisch beeinflußt ist: *Homo sum, humani nil a me alienum puto* – Ich bin ein Mensch, nichts Menschliches sei mir fremd.[34] Dieser Humanismus, zu dessen Fürsprechern Cicero und Seneca sich machten, und nicht das Römische Recht, ist Roms vornehmstes Vermächtnis an die Nachwelt.

Vergil und das goldene Zeitalter

Im Jahre 42 schlugen Octavian und Antonius Cassius und Brutus bei Philippi in Makedonien. So sagt man gern, leicht verkürzt; es würde zu weit führen, wollte man die Namen aller Soldaten nennen, und die Namen sind auch nicht bekannt. Aber trotz ihrer Anonymität hatten die Soldaten im Bürgerkrieg viel zu sagen. Bei mehreren Gelegenheiten weigerten sie sich, Schlachten zu schlagen, und das dringlichste Problem der Sieger von Philippi war die Beschaffung von Land und Sold für über hunderttausend Soldaten. Octavian konfiszierte in Italien weite Landgebiete für sie. Die ehemaligen Besitzer wurden vertrieben. Im ersten seiner Hirtengedichte, der *Bucolica,* die Vergil um 40 v. Chr. schrieb, sieht man einen mit seiner Herde davonziehenden Hirten im Gespräch mit einem anderen, der von Octavian selbst die Erlaubnis zum Bleiben erhalten hat. Anscheinend legt Vergil größeren Wert auf das Glück des letzteren als auf das Unglück des ersteren, obgleich er selbst das Land seiner Väter in Mantua verlassen mußte. Das Opfer war nicht zu groß für den Frieden, der nun eine Realität zu sein schien.

Einer der Soldaten, die bei Philippi auf der falschen Seite gekämpft hatten, bekam später einen berühmten Namen – Horaz. Er schrieb ein bitter ironisches Gedicht, die sogenannte 16. Epode, in dem er seine Mitbürger dazu auffordert, Rom aufzugeben, das unter seinen eigenen Kräften zusammenbreche, in See zu stechen und die Inseln der Seligen zu finden, wo Kronos, der Herrscher des goldenen Zeitalters, den die Römer Saturn nannten, der Sage nach noch immer herrschte. Vermutlich wurde das Gedicht nach dem erneuten Bruch des Friedens geschrieben und bevor Antonius und Octavian im Jahre 40 in Brundisium (Brindisi) wieder Frieden schlossen. Der Bund wurde, wie es der Brauch war, durch die Ehe zwischen Octavians Schwester, Octavia, und Antonius besiegelt, obwohl Antonius bereits mit Königin Kleopatra von Ägypten zusammenlebte.

Möglicherweise stellte Vergil sich vor, daß eine Frucht dieser Ehe den Frieden in alle Ewigkeit sichern sollte, möglicherweise war der Friedensschluß an sich mirakulös genug, um Vergil auf mythische Gedanken an den Friedensfürsten zu bringen, von dem auch im Osten prophezeit wurde. Sein berühmtes viertes Hirtengedicht über das Erlöserkind wirkt wie eine Antwort auf den Vorschlag von Horaz, Rom abzuschaffen: auch Vergil träumte davon, daß das goldene Zeitalter das eiserne ablösen sollte, aber er stellte dies nicht als bitteren Spaß, sondern als erhabenen Ernst dar. Man muß dabei immer bedenken, daß Roms Tage von Anfang an gezählt waren und daß das zweite „Großjahr" sich seinem Ende zuneigte, daß der Bürgerkrieg und der moralische Verfall als Symptom des Endes aller Zeiten erlebt wurde, auf das auch die Prophezeihungen verwiesen, die man der Sibylle von Cumae, einer Priesterin des Apollo, zuschrieb, an die man sich in kritischen Situationen um Rat wandte. Vor diesem Hintergrund ist die unendliche Erleichterung zu sehen, die der Frieden von Brundisium hervorrief. Vergil brach in Gesang aus und widmete ihn dem einen der Konsuln dieses denkwürdigen Jahres 40, dem Asinius Pollio:

,,Musen des Hirten und Sängers, Höheres lasset uns singen!
Jeden erfreut nicht Gebüsch und ein niedriger Strauch Tamarisken:
Singen von Wäldern wir, seien die Wälder des Herrschers auch würdig!

Nun ist gekommen die letzte Zeit nach dem Spruch der Sibylle;
Neu entspringt jetzt frischer Geschlechter erhabene Ordnung.
Schon kehrt wieder die Jungfrau, Saturn hat wieder die Herrschaft;
Schon steigt neu ein Erbe herab aus himmlischen Höhen.
Sei nur dem nahenden Knaben, mit dem die eisernen Menschen
Enden, und allen Welten ein goldenes Alter erblühet –
Gnädig sei ihm, du Helferin, Reine! schon herrscht dein Apollo!

Während du, o Pollio, führest, beginnt dieses Aeons
Herrlichkeit, fangen an die hohen Jahre zu schreiten,
Die unsres Frevels Spuren, wenn solche noch blieben, vernichten,
Die aus unaufhörlichen Ängsten erlösen die Länder.

Jener empfängt das Leben der Gottheit, schauet die Götter
An und Heroen vereint, wird selber von ihnen geschauet.
Friedlichen Erdkreis regiert er mit Kraft, vom Vater ererbet."[35]

In den dreißiger Jahren festigte Octavian seine Stellung in Italien, Antonius die seine im Osten. Octavian bereitete die bevorstehende Abrechnung durch eine Propagandaaktion vor, die an das italische Nationalgefühl appellierte: Es gelte den Westen gegen Antonius zu verteidigen, der – wie es hieß – sich in Kleopatras Macht befinde, die Hauptstadt nach Alexandria verlegen und freie römische Bürger zu Untertanen einer orientalischen Despotie machen wolle. In jenem Jahrzehnt schrieb Vergil sein großes Gedicht, die *Georgica,* zu Lob und Preis der Landwirtschaft, des ländlichen Lebens und Italiens. So wie er in seinem Adventsgedicht Hesiods goldenes Zeitalter und seine Göttin Gerechtigkeit, *Dike,* zur Unzeit zurückkehren ließ, so richteten sich seine *Georgica* teilweise gegen Hesiods ,,Werke und Tage": die Arbeit an der Erde ist in Vergils Darstellung kein Fluch, sondern auch eine Arbeit am Menschen, die dessen Tugenden zur Entfaltung bringt. Am moralischen Verfall der Stadt hat der Bauer keinen Anteil, über seinem Leben liegt, trotz der Plackerei des eisernen Zeitalters, noch immer der Glanz des goldenen.

Da der moralische Verfall Symptom des Endes aller Zeiten war, bildeten die noch lebendigen Bauerntugenden der Vorväter ein Argument für die Möglichkeit eines Neubeginns, – Vergil soll sein Gedicht Octavian vorgelesen haben, als dieser nach der endgültigen Abrechnung mit Antonius in der Seeschlacht von Actium im Jahre 31 als Sieger heimkehrte.

Octavian, dem der Senat im Jahre 27 den Ehrennamen Augustus verlieh (das Wort ist verwandt mit *auctoritas* und kann verstanden werden als „der, der (höhere) Autorität hat"), sah sich nun der gleichen Aufgabe gegenüber wie der mythische König Numa, nämlich rauhe Krieger in ein friedliches Volk verwandeln zu müssen. In der Zwischenzeit war das Reich so groß geworden, daß der Weltfrieden zu einer innenpolitischen Notwendigkeit geworden war, sollte sich das Reich nicht wieder im Kampf der Heerführer auflösen. So lag es nahe, den Frieden, die *pax romana,* die für Rom eine Notwendigkeit war, als Roms besondere zivilisatorische Aufgabe zu verkünden. Und Vergil war es, der sie in seinem Heldengedicht, der *Äneis,* formulierte:

„Du aber, Römer, gedenke mit Macht der Völker zu walten,
Dies sei deine Berufung – des Friedens Gesetze zu ordnen,
Schon den, der sich gefügt, doch brich den Trotz der Rebellen!"[36]

Die Äneis ist der Bericht darüber, wie Äneas, der Sohn der Göttin Venus (eine Abstammung, deren auch Julius Cäsar sich rühmte), nach vielen Kämpfen und Qualen das römische Geschlecht begründete. Den endgültigen Kampf um das Land in Latium ficht er gegen Turnus, der die ursprüngliche Bevölkerung, aber auch die alten römischen Kriegertugenden vertritt. Er ist wild und ehrliebend, sucht eben die Bestätigung seiner *virtus* in der *gloria,*[37] und es ist kein Zufall, daß Vergil diese beiden traditionell zusammengehörigen Begriffe nur in der Schilderung des edlen, doch primitiven Turnus in Beziehung zueinander setzt. Der Sieger ist ganz anderer Art, er heißt immer *pius* Äneas, was man in der christlichen Tradition oft mit „der fromme Äneas" übersetzt, doch diese Frömmigkeit besteht darin, daß man das Allgemeine über das Private stellt, seine eigenen Wünsche den Forderungen der größeren Ganzheiten zuliebe zurückstellt, so wie Äneas seine Liebe zu Dido aus Rücksicht auf seine vom Schicksal bestimmte Aufgabe aufgeben muß. *Pietas* bedeutet also Familiengefühl, Sohnesrespekt u. ä., doch bei Vergil bezieht sich die Pietät auf das römische Geschlecht. Ein Geschlecht gerade soll Äneas ja begründen, das Geschlecht nämlich, das sich im eisernen Zeitalter in Geschlechter aufgelöst hatte und im goldenen wieder eins werden soll.

Mit der Äneis verfolgte Vergil seine Prophezeihung vom goldenen Zeitalter weiter und ließ die Geschehnisse der Gegenwart nicht nur eine Folge der vergangenen, sondern sogar deren Zweck sein: *Augustus* war der, der da kommen sollte, das war bereits dem Stammvater des Geschlechts klar:

„Dies ist der Mann, er ist's, der so oft vom Schicksal verheißne
Caesar Augustus, des Göttlichen Sohn, der das goldene Alter
Wieder nach Latium bringt, dort, wo vor Zeiten Saturnus
König gewesen."[38]

Es ist nicht weiter verwunderlich, daß ein Dichter einem Machthaber schmeichelt, das hat es auch vor und nach Vergil gegeben. Erstaunlicher ist, daß ein so inspiriertes Gedicht wie die Äneis alles fassen konnte, was ein Machthaber begehren konnte (das könnte dem Dichter Skrupel eingebracht haben – wollte er möglicherweise deshalb das unvollendete Gedicht bei seinem Tode vernichtet sehen? Dies ist das Thema von Hermann Brochs großem Roman „Der Tod des Vergil") – und das nicht, weil Vergil gefallen oder den Wünschen des Machthabers nachkommen wollte, denn so etwas hat nie sonderlich inspirierend gewirkt, sondern einfach deshalb, weil Augustus der „mythischen" Bereitschaft der Zeit entgegenkam: Für das Volk und für die Dichter *war* er der, der da kommen sollte. Auch Horaz, der anfangs die Räumung von Rom zugunsten der glückseligen Inseln vorgeschlagen hatte, lokalisierte das goldene Zeitalter schließlich in Rom. Der Frieden mußte auf eine Generation, die nie etwas anderes als Krieg erlebt und ein „mythisches" Entsetzen vor dem sich nähernden Ende aller Zeiten gehegt hatte, wie ein Wunder wirken.

Vergil läßt in der Äneis Jupiter selbst die Theorie dementieren, wonach Roms Tage gezählt seien:

„Diesem setze ich weder ein Ziel noch Frist für die Herrschaft.
Reich ohne Grenzen sei ihm beschieden."[39]

Kein Evangelium konnte Augustus willkommener sein. Er verstand es, den Zeitgeist zu nutzen. Im Jahre 17 v. Chr., sechs Jahre nachdem Roms zweites Großjahr zuende gegangen war, fand er es an der Zeit, den Beginn des neuen Weltalters zu feiern. Dies geschah in einem zwölf Tage dauernden „Jahrhundertfest", an dem ganz Rom teilnahm. Vielleicht gelang es hier zum ersten und letzten Mal, das gesamte römische Geschlecht um einen geistigen Inhalt zu vereinen, so wie das bei den Festen der Sippengesellschaft der Fall gewesen war. Zu dieser Gelegenheit – zwei Jahre nach Vergils Tod – war es Horaz, der die Adventshymne, *carmen saeculare,* verfaßt hatte. Gesungen wurde sie von einem Doppelchor römischer Jungen und Mädchen, die den Wunsch ausdrückten, die goldene Zeit möge noch goldener werden und ewig dauern. Rom, dessen Tage von Anbeginn an gezählt waren, hieß von nun an die Ewige Stadt.

Die Religion

Eine große Gesellschaft kann nur schwer den Charakter geistiger Gemeinschaft bewahren, der die kleine Gesellschaft kennzeichnet. Darin lag eine der Ursachen für die wachsenden inneren Schwierigkeiten des wachsenden römischen Reiches. Die Schwierigkeiten, das Problem des mythischen Königs Numa, beginnen bereits dort, wo mehrere Stämme in einer Gesellschaft zusammenleben sollen, die auf Recht und Gesetz, und nicht auf Verwandtschaftsgefühl, beruht. Wenn die ursprünglichen Selbstversorgerfamilien allmählich in eine stärker durch Arbeits- und Klassenteilung geprägte Gesellschaft eingehen, erhöht sich die gegenseitige Abhängigkeit aller von allen – aber der Zusammenhalt wird schwächer. Es ist kein Zufall, daß die ersten Tempel für die Götter des Staates in den ersten Jahren der Republik gebaut wurden: die Staatsreligion war in Rom ein politisches Mittel, um den Staat zusammenzuhalten. Niemand hat das klarer und zynischer ausgedrückt als Polybios:

,,Der größte Vorzug des römischen Gemeinwesens aber scheint mir in ihrer Ansicht von den Göttern zu liegen, und was bei anderen Völkern ein Vorwurf ist, eben dies die Grundlage des römischen Staates zu bilden: eine beinahe abergläubische Götterfurcht. Die Religion spielt dort im privaten wie im öffentlichen Leben eine solche Rolle und es wird so viel Wesens darum gemacht, wie man es sich kaum vorstellen kann. Vielen wird das wahrscheinlich seltsam erscheinen, ich glaube indessen, daß es um der Masse willen geschieht. Denn wenn man ein Staatswesen bilden könnte, das nur aus Weisen besteht, würden solche Methoden wohl nicht nötig sein. Da jedoch die Masse immer leichtfertig und voller gesetzwidriger Begierden ist, geneigt zu sinnlosem Zorn, zu Leidenschaften, die sich in Gewalttaten entladen, bleibt nichts übrig, als sie durch dunkle Angstvorstellungen und eine gut erfundene Mythologie im Zaum zu halten. Die Alten scheinen mir daher die Vorstellungen von den Göttern, den Glauben an die Unterwelt nicht unüberlegt, sondern mit kluger Überlegung der Menge eingeflößt zu haben, und es scheint mir im Gegenteil höchst unbedacht und unverständig, wenn man ihr jetzt diesen Glauben austreibt.''[40]

Die Staatsreligion war in der Auflösungszeit der Republik vernachlässigt worden, was gerade darauf hindeutet, daß es sich dabei eher um die Sache der Machthaber als um die der bedrängten Bürger handelte, die in diesen unruhigen Zeiten ihre Zuflucht zu östlichen Friedensreligionen oder zum Stoizismus und Neupythagoreismus nahmen. Doch obgleich sich die intellektuelle Elite zu den traditionellen Göttern etwas ironisch verhalten und sich zu ihnen mit einer ähnlichen Zurückhaltung bekennen konnte, wie es in Ovids Worten: ,,Götter sind nützlich für uns: drum laßt an Götter uns glauben'',[41] angedeutet wird, so ist es nicht richtig, wenn zuweilen behauptet wird, daß die Religion während der Kaiserzeit überhaupt ihre Macht über die Gemüter eingebüßt habe. Alle uns bekannten Römer, von den plumpen Ex-Sklaven im Roman des Petronius bis zu Ovid selbst, hatten sich ein ursprüngliches Gefühl dafür bewahrt, daß es *etwas hinter* den Dingen gebe, wenn sie sich auch verschiedene Vorstellungen von diesem Etwas machten.

Die altrömischen Götter waren Personifikationen oder eher Abstraktionen alltäglicher, insbesondere bäuerlicher Tätigkeiten und gruppierten sich vor allem um die Übergangssituationen im Leben: Geburt, Hochzeit, Tod, für die die mythische Phantasie immer eine Vorliebe gehabt hat. Laut John Ferguson[42] traten bei einer Geburt neunzehn Götter in Funktion, die nur in dieser einen Funktion existierten. Mit allen ihren Spezialgöttern für dies und jenes hatten die Römer die primitive Erlebnisweise sozusagen formalisiert und die Gottesfurcht organisiert, so daß sie zur Furcht vor einer Nichteinhaltung der Regeln wurde. Die juristische Pedanterie ist charakteristisch für den römischen Kult, Möglichkeiten der Ekstase gab es darin nicht. Viele der Feste der primitiven bäuerlichen Gesellschaft lebten in mehr oder weniger entstellter Form weiter. Das Saturnalienfest, das man am 17. Dezember feierte, war ein altes Neujahrsfest und bezeichnete, ebenso wie die Feste der Stammesgesellschaft, eine Rückkehr in die Vorzeit, in das goldene Zeitalter, als Saturnus regierte und alle gleich waren. Die sozialen Normen wurden außer Kraft gesetzt, das furchtbare Chaos des Beginns brach durch als eine Mahnung an das Willkürliche aller menschlichen Einrichtungen. Doch die Saturnalien, die dem Individuum die Möglichkeit gaben, seine soziale Rolle zu verlassen (der Sklave wurde zum Herrn und der Herr zum Sklaven), stellten die alten Stammesfeste eigentlich auf den Kopf, da das Individuum in ihnen gerade seine überindividuelle soziale Rolle realisiert hatte. Sie trugen eher den Charakter von Zerstreuung und Zügellosigkeit als von Sammlung und Ekstase, und das gleiche galt für die blutigeren Volksfeste, die ihre Blütezeit während der Kaiserzeit erlebten.

Augustus, der ja nicht jedes Jahr ein Jahrhundertfest veranstalten konnte, versuchte auf viele andere Weisen die Römer um Roms Idee und Aufgabe und um sich selbst zu scharen. Eine seiner ersten Initiativen war die Wiederherstellung der Staatsreligion. Er wiedereröffnete 82 Tempel und unterstrich seine Nachbarschaft zu den Göttern, indem er neben seiner eigenen Residenz auf dem Palatin einen Tempel des Apollo bauen ließ, so wie er einen Venustempel auf Cäsars Forum baute, denn das julische Geschlecht stammte ja von Venus ab, und einen für Mars auf seinem eigenen Forum, denn Mars war der Vater des Romulus und damit der Vater des römischen Volkes.

Überall im Reich verehrte man die Göttin *Roma* zusammen mit *Vesta,* der Göttin des häuslichen Herdes und des heiligen Herdfeuers. Dazu kam nun der *genius* oder Schutzgeist des Kaisers. So wie die einzelne Familie den Genius des Familienvaters (und die *juno* der Familienmutter) verehrte, so sollte das ganze römische Geschlecht den Genius des *Vaters des Vaterlandes* verehren, ein Ehrentitel, den der Senat Augustus im Jahre 2 n. Chr. verlieh. „Vater des Vaterlandes haben wir ihn genannt", schreibt Seneca, „damit er wisse, daß ihm eine väterliche Gewalt verliehen ist, die am gemäßigtsten ist, da sie für die Kinder sorgt und das Eigene ihnen hintansetzt."[43]

Die Hintanstellung eigener Interessen zugunsten derjenigen des Geschlechts, das genau ist die *pietas,* die Vergil an dem Stammvater des Geschlechts, dem „frommen Äneas" gerühmt hatte. Auf dem Ehrenschild von Augustus, den man in der Volksversammlung aufstellte, war seine *virtus* spezifiziert als *clementia, iustitia, pietas:* Milde, Gerechtigkeit, Gemeinsinn.

Augustus

Nach der Machtübernahme durch Augustus gab es, wie bei Cäsar, Leute, die den Verlust der Freiheit beklagten. Doch das war nicht das Volk, das seit mehr als hundert Jahren keine Freiheit und Geborgenheit mehr gekannt hatte – das waren die vornehmsten Geschlechter. Augustus suchte sich anfangs seine Mitarbeiter in anderen Kreisen, heiratete jedoch bereits im Jahre 38 durch eine Ehe mit Livia in eines der ältesten Geschlechter, das claudische, ein. Er wiederholte Cäsars souveränen Irrtum des Begnadigens und Beleidigens nicht, sondern jagte den Mächtigen am Anfang einen Schreck ein und stimmte sie danach versöhnlich durch die Revision von Cäsars Senat und die Rückgabe der Privilegien an den Senatsadel. Bereits im Jahre 27, vier Jahre nach dem Sieg über Antonius, konnte er es wagen, den Staat, *res publica,* der ja genauso *hieß* wie die Republik, für wiederhergestellt zu erklären und seine außerordentlichen Machtbefugnisse abzugeben – nur um sie unter anderen Namen vom Senat zurückzuerhalten. Danach konnte er behaupten, er habe keine größere Macht, sondern – als Augustus – nur größere Autorität als andere. Er besaß nicht den Titel eines Kaisers – Cäsar war ja sein Name –, sondern den Status als erster Mann des Senats, als *princeps,* woher die Bezeichnung der Römer für das Kaisertum, das Prinzipat, kommt.

Bis 23 v. Chr. war Augustus jedes Jahr von der Volksversammlung zum Konsul gewählt worden. Als er in jenem Jahr die Wahl ausschlug, rief das im Volk, das den Konsultitel offenbar für entscheidend hielt, Unruhe hervor. Für das Volk hieß es noch immer: Augustus oder Chaos. Deshalb schien es nicht ganz so sinnlos, wie es eigentlich war, daß Augustus dafür die Wahl zum Volkstribun auf Lebenszeit annahm. Formal schützte er in dieser Stellung das Volk vor Machtmißbrauch, real verlieh ihm die Tribunengewalt die Macht über die gesamte Gesetzgebung.

Im Jahre 27 hatte der Senat ihm zudem das *imperium,* d. h. die oberste zivile, militärische und richterliche Gewalt, in allen Grenzprovinzen übertragen. Das war nur eine formale Bestätigung der Tatsache, daß die Macht des Augustus sich auf das in den Grenzprovinzen stationierte Heer gründete. Augustus hatte vor der Auseinandersetzung mit Antonius das Heer einen persönlichen Treueeid leisten lassen. Da eine Hauptursache des Bürgerkriegs darin zu suchen war, daß die Heere allmählich zu groß wurden und zu eng an ihre Führer gebunden waren, war es eine dringliche Aufgabe, sie auf ein Mindestmaß zu begrenzen und das enge Verhältnis zwischen den Legionen und ihren Offizieren zu verhindern. Letzteres strebte Augustus durch zeitlich begrenzte Ernennungen und häufige Versetzungen an, ersteres machte eine Grenze der Expansion an den natürlichen Grenzen erforderlich. Einige haben gemeint, Augustus sei in seinen Bemühungen um die Reduzierung des Heeres und seiner Macht geradezu zu weit gegangen; in einer prekären Situation, wie sie während eines Aufstands in einigen östlichen Provinzen im Jahre 6 n. Chr. vorliegen sollte, habe „sich das Fehlen einer starken zentralen Truppenreserve als nahezu verhängnisvoll" erwiesen.[44]

Die Erinnerung an das Heer, das Pompejus seinerzeit in Rom hatte einrücken lassen, wirkte abschreckend. In Rom wollte man die Illusion bewahren, daß die Autorität des Friedensfürsten sich nicht auf das Heer stütze. Doch da das Fehlen einer Ordnungsgewalt in Rom sich ebenfalls als fatal erwiesen hatte, ließ Augustus die kaiserliche Prätorianergarde in der Umgebung der Stadt in Garnison gehen. In Rom selbst befehligte ein Stadtpräfekt, der bei Abwesenheit des Kaisers als dessen Stellvertreter auftrat, die drei „Stadtkohorten", eine Art Militärpolizei, und ein zweiter Präfekt, der *praefectus vigilum,* ein Feuerwehr- und Wächterkorps. Die Präfekten kamen aus dem Ritterstand und unterstanden dem Kaiser direkt. Das galt auch für den Präfekten von Ägypten, das im Gegensatz zu den übrigen Provinzen die „private" Domäne des Kaisers war. Die kaiserlichen Grenzprovinzen wurden von Augustus' persönlichen Legaten verwaltet, während die übrigen Provinzen unter die Zuständigkeit des Senats fallen und von Statthaltern, in der Regel ehemaligen Konsuln, verwaltet werden sollten, die – im Gegensatz zu früher – hoch bezahlt wurden, so daß sie auf die Ausbeutung ihrer Provinzen nicht ganz so versessen waren. Da Augustus die Verwaltung der Senatsprovinzen außerdem durch seine persönlichen Prokuratoren überwachen ließ, den Zöllnern das Recht der Steuereintreibung nahm und es den lokalen Beamten überließ, wurde die Ausblutung der Provinzen begrenzt, und ihr Wohlstand erhöhte sich, der Zustand des Reiches verbesserte sich zusehends, die meisten fühlten sich geborgener, die wenigsten fühlten sich weniger frei.

Die politische Genialität des Augustus bestand darin, daß er an den alten Formen festhielt und sich mit einer Veränderung der Realitäten „begnügte". Obwohl der Senat dem Kaiser unterlegen war und die Volksversammlung keinerlei Macht besaß (und unter Tiberius völlig aufhörte zu existieren), funktionierten die alten Institutionen wieder; offiziell war nicht nur der Staat, sondern auch die Republik wiedererrichtet worden. Diese Zweideutigkeit war der Grund dafür, daß man sich unter Augustus durchaus erlauben konnte, „Pompejaner" zu sein, und daß die Erinnerung an Julius Cäsar zwar in Ehren, aber allmählich auch etwas im Hintergrund gehalten wurde. Als Cäsar zum Gott erhoben und seiner *clementia* ein Tempel gewidmet worden war, hatte Octavian den Namen *Divi filius,* Sohn des Göttlichen, angenommen und auf diese Weise seinen rechtmäßigen Anspruch auf Cäsars Kraft und Klientel betont. Doch als Augustus distanzierte er sich in seinem ganzen Lebensstil von seinem Vorgänger: waren Cäsar und der Staat identisch gewesen, so repräsentierte Augustus die Institution des Staates oder war derjenige, der zugunsten des Staates bescheiden beiseite trat. Er betonte dies, indem er die Residenzstadt, ehemals eine Stadt aus Ziegeln, zu einer Stadt aus Marmor machte, ohne daß er seine eigene Residenz auf dem Palatin in einen Palast verwandelte.

Im Alltag renommierte Augustus nicht mit kaiserlichem Pomp und Gepränge, sondern trat lieber als altrömischer Familienvater auf, ein Vorbild auf dem Pfade der Tugend zurück zu den Sitten der Vorväter, ernsthaft beschäftigt mit der Schaffung häuslicher Zucht in der römischen Familie, was er mit seinen Gesetzen gegen Unzucht und Luxus zu erreichen suchte. Er gebot den römischen Männern auch, eine Familie zu gründen; wollten die römischen Bürger ihre Privilegien in Verwaltung und Heer bewahren, dann mußte es genug römische Bürger geben (in bezug auf das Heer mußte man das Problem dadurch lösen, daß man den Soldaten in den Legionen ganz einfach das römische Bürgerrecht verlieh). Augustus, der die Aristokraten entthront hatte, war selbst eher ein Bürger als ein Fürst, und es mag verwundern, daß er in den Augen der Untertanen gleichzeitig göttlich war. Es gehörte wohl sehr viel Geschick dazu, bürgerliche Prunklosigkeit mit göttlicher Gewalt zu vereinen.

Am letzten Tag seines Lebens im Jahre 14 n. Chr., in dem Monat, der nach ihm benannt wurde, soll er seine Freunde gefragt haben, ob er seine Rolle nicht gut gespielt habe. Darin möchten einige ihre Auffassung bestätigt sehen, daß Augustus sich seiner politischen Rolle bewußt gewesen sei, jedoch nicht an seine göttliche Sendung geglaubt habe. Wenn es so wäre, müßte Augustus hoch über die Vorstellungswelt seiner Zeitgenossen erhaben gewesen sein, und nichts deutet darauf hin, daß er so souverän war. Ronald Syme, von dem das klassische Werk über *die* römische Revolution[45] stammt, die zum Prinzipat führte (die seiner Meinung nach eine Klassenrevolution war, da sie den Senatsadel entmachtete – freilich übernahm keine andere Klasse die Macht), ist so sehr darum bemüht, das so wenig Souveräne an Augustus zu betonen, dem er seine Schwächlichkeit sogar übel zu nehmen scheint, daß es völlig unbegreiflich wird, wie dieser schwächliche, heuchlerische Mensch in dieser harten Welt überhaupt etwas habe leisten, geschweige denn den Grundstein zu einem Weltreich legen können, das mit seinen angeborenen Schwächen doch immerhin ein halbes Jahrtausend überdauerte. Syme muß zu der unwahrscheinlichen Erklärung greifen, dies habe auf einer Reihe unwahrscheinlicher Glücksfälle beruht.

Auch wenn dies die Erklärung sein sollte, so war das Glück, *fortuna,* für den Römer eine Schicksalsmacht, die dem Kühnen beistand; Glück stand nicht im Gegensatz zu persönlichem Verdienst, sondern war dessen Lohn. Die Grenze zwischen menschlich und göttlich war im Altertum nicht so wissenschaftlich bestimmt wie in neuerer Zeit. Wer Großes schuf, der tat dies nach der Bestimmung des Schicksals, mit der Billigung der Götter und kraft des Göttlichen in ihm selbst, deshalb wurden Cäsar und Augustus nach ihrem Tode zu Göttern erhoben. Augustus glaubte wohl kaum, daß es nur sein eigenes Verdienst gewesen sei, daß bei der Schaffung des Friedens das Glück auf seiner Seite gestanden hatte, nicht umsonst wurde auf dem Marsfeld in Rom, dem Zentrum der Bautätigkeit des Augustus, nicht nur ein Altar für den Frieden, sondern auch einer für das Glück, die *fortuna,* errichtet. Augustus hatte Glück bei der Friedensstiftung; das war sein Verdienst und der Wille des Schicksals, deshalb konnte er sich in aller Bescheidenheit als Werkzeug der Götter fühlen, und das tat er sicher auch.

Ovid und die neue Zeit

Doch die Haltung zum Frieden und zur *fortuna* änderte sich mit der Zeit.

Ist der Frieden erst eine Realität, kann er auf die Dauer nicht die gleiche Begeisterung wecken wie am Anfang. Während es wie eine Befreiung wirken kann, daß aus schlechten Zeiten gute werden, mag es als eine Selbstverständlichkeit erscheinen, daß gute Zeiten besser werden. Das wirtschaftliche Aufblühen des Reiches ließ sich ebenso schwer mit der Genügsamkeit der Vorväter vereinen wie der Frieden mit ihren kriegerischen Tugenden. Nicht weiter verwunderlich, daß Augustus mit seinem Freund Mäcenas eine bewußte Kulturpolitik führte und die Dichter zu engagieren versuchte, damit sie das Volk in Atem und in Stimmung hielten, was Horaz mit seinen Römischen Oden, die die alten römischen Tugenden priesen, auch tat. Es ist jedoch ein Widerspruch, weiterhin die Vergangenheit zu preisen, wenn die Gegenwart den offiziellen Status des goldenen Zeitalters hat, und es gab einen jüngeren Dichter, nämlich Ovid, der sich nicht engagieren ließ, sondern völlig neue Töne anschlug:

,,Lobe das Alte, wer will. Ich preis' es als Glück, daß ich jetzt erst
  Lebe; nach Art und Sinn passen wir: ich und die Zeit.
Nicht weil jetzt das geschmeidige Gold aus der Erde gewühlt wird,
  Weil man Perlen sich holt von dem entlegensten Strand,
Nicht weil Feld und Gebirg durch Marmorbrüche man abträgt,

Weil man durch Molen des Meers bläuliche Fluten vertreibt:
Nein, weil Bildung herrscht, und der Ahnherrn bäurische Sitte
Nicht mehr dauert und nicht unserer Zeit sich vererbt."[46]

Augustus konnte seine Freude haben an einem Poeten, der sich so für seine Zeit begeisterte, doch seine Freude war nicht ungetrübt. Es war unerhört, daß man so respektlos von den Bauerntugenden der Vorväter sprach, die Vergil gerühmt hatte, und das noch dazu in einem Gedicht, das „Liebeskunst" hieß und ebenso gut „Verführungskünste" hätte heißen können und keineswegs von der gleichen Tendenz geprägt war wie die Sittengesetzgebung des Augustus. Zwischen Vergil und Ovid, der ein Jahr nach Cäsars Tod geboren wurde, bestand ein Generationsunterschied. Vergil verkündete das goldene Zeitalter, Ovid freute sich darüber, daß man das Gold aus der Erde holte, Vergil verankerte die Geschichte im Mythos, Ovid löste die Mythen in Psychologie auf. Er war humoristisch, wo Vergil pathetisch war, und verhielt sich auch ironisch zu den alten römischen Festen, den *Fasti,* die er in seinem so betitelten Gedicht beschrieb.

Ovid interessierte sich eher für das Glück und Unglück des Individuums als für die Moral der Gesellschaft. In seinem Werk herrschte ein anderer Geist als der römische, den Augustus mit Hilfe der Dichter wiedererwecken wollte. Zwar schließt sein Hauptwerk, die „Metamorphosen", eine kunstfertig gefügte Reihe griechischer und römischer Mythen mit Verwandlungsmotiv, mit der Apotheose Cäsars und mit dem Wunsch, daß es noch lange dauern möge, ehe auch Augustus als Gott gen Himmel fahre, doch daran schließt Ovid eine Prophezeiung an, die sich nicht mit der Ewigkeit Roms, sondern mit der seines Gedichts beschäftigt, – bei Ovid verfolgt nicht nur das Individuum seine eigenen Interessen, auch die Kunst ist selbstherrlich geworden, für sie ist Rom ein Thema wie jedes andere. Roms mythische Geschichte fließt in die „Metamorphosen" genauso ein wie alle anderen Mythen, und die Person, die in den Gesängen über Rom den meisten Platz einnimmt, ist weder Äneas noch Augustus, sondern Pythagoras, bei dem König Numa der Sage nach Auskunft suchte. An Pythagoras (der nicht namentlich genannt wird, die Pythagoreer nannten ihn nur Er) ist es, die ernste Moral des humoristischen Gedichts auszusprechen, nämlich daß alles sich in alles verwandelt, Menschen in Tiere, Tiere in Menschen, und daß es ein Verbrechen ist, seine Mitgeschöpfe zu opfern, was in Rom ja eine kultische Handlung war. Pythagoras' Erklärung für die Tatsache, daß auf der Erde kein goldenes Zeitalter mehr herrsche, ist die, daß der Mensch Geschmack am Fleisch gewonnen habe, was ihn zur Tötung von Tieren veranlasse, und daß tierische Nahrung den Menschen tierisch gemacht habe.

Es ist üblich, den Verfasser der „Liebeskunst" leichtfertig und oberflächlich zu nennen, aber in seinen „Metamorphosen" steckt eine tiefere Psychologie als in irgendeinem anderen römischen Gedicht. In der ,,Liebeskunst" verhält Ovid sich ironisch zu den moralischen Normen, in den ,,Metamorphosen" sind es die tragischen Konflikte zwischen Trieben und Normen, die zu den Verwandlungen führen: der Mensch, der seinen Platz in der Ordnung der Gesellschaft nicht finden kann, geht in den Naturprozeß ein. Es liegt eine gewisse Konsequenz darin, daß Ovid, deutlich pythagoreisch inspiriert, vom Individualismus der ,,Liebeskunst" in eine größere Gemeinschaft oder Bruderschaft als die des Staates flüchtet – in beiden Fällen ging er nach Augustus' Geschmack zu weit. Augustus verbannte ihn nach Tomi (Konstanza) am Schwarzen Meer. Die offizielle Begründung war seine unsittliche ,,Liebeskunst", die jedoch acht Jahre zuvor erschienen war, aber es gab darüber hinaus einen verborgeneren Grund: Ovid hatte einer Sache beigewohnt, der er nicht beiwohnen durfte, möglicherweise war er bei einer pythagoreischen Séance[47] zugegen gewesen, in der man sich astrologisches Wissen über die Kaiserfamilie zu verschaffen suchte. Was immer die Ursache auch gewesen sein mag: der Geist von Ovids Werk ist ein Symptom dafür, daß etwas nicht gelungen war; Augustus verbannte das Symptom.

Das goldene Zeitalter ist als Bezeichnung für die Literatur unter Augustus im Gedächtnis geblieben. Ovid war der letzte der großen römischen Dichter, und in seinem Werk ist die eigentlich römische Inspiration verstummt. Eigentümlicherweise kehrte er, der in der ,,Liebeskunst" eine unzeitgemäße Gegenwartsbegeisterung ausgedrückt hatte, zu Beginn der ,,Metamorphosen" zu Hesiods altem Geschichtsschema zurück. Seneca, der an einer Stelle[48] zustimmend Ovids Charakteristik des eisernen Zeitalters zitiert (vgl. S. 244), verriet ein halbes Jahrhundert später die gleiche Unschlüssigkeit. Zuweilen konnte er – sogar mit Wonne – feststellen, daß die Vorväter auch nicht so viel besser gewesen seien (denn nicht die Zeiten, sondern die Menschen sind schuld am Bösen),[49] und auch er machte den Versuch, das goldene Zeitalter in der Gegenwart anzusiedeln, verlegte es aber schließlich doch in die graueste Vorzeit.

Die Geschichtsschreiber und die Idee des Verfalls

Es wurde zur offiziellen römischen Ideologie, daß der jeweilige Kaiser, wer immer das war, das goldene Zeitalter inauguriert und Frieden und Wohlstand geschaffen habe. Sinn hatte dies genau genommen nur dann, wenn dem ein eisernes Zeitalter vorausgegangen war, und es ist begreiflich, daß man einem neuen römischen Kaiser mit um so größerer Begeisterung huldigte, je schlimmer sein Vorgänger gewesen war. Da dies oft der Fall war, strahlte die Erwartung des goldenen Zeitalters immer wieder vor einem immer dunkleren Hintergrund auf. Die vorherrschende Stimmung der Kaiserzeit war düster; die alte Vorstellung vom moralischen Verfall war *die* Vorstellung in den Werken der Geschichtsschreiber. Einer von ihnen schrieb:

„Die erste Kindheit erlebte Rom unter Romulus, seinem Gründer und gleichsam Nährvater. Das Knabenalter legte es unter den anderen Königen zurück. Als es sich erwachsen fühlte, ertrug es die Knechtschaft nicht mehr; es zog vor, den Gesetzen zu gehorchen statt den Königen. Diese Jünglingszeit endete mit dem Punischen Krieg. Rom erstarkte und trat in sein frühes Mannesalter ein. Als Karthago, das ihm lange die Herrschaft streitig gemacht hatte, weggefegt war, dehnte Rom seine Macht zu Land und Meer über die ganze Welt aus. Bis es endlich, als alle Könige und Völker unterworfen waren ... von seiner Kraft schlechten Gebrauch machte und sich selbst schwächte. Sein Alter begann, als es, zerrissen von Bürgerkriegen ..., abermals in die Monarchie zurücksank wie in eine zweite Kindheit. Als es die Freiheit verlor, die es unter der Führung des Brutus verteidigt hatte, alterte es so, als könnte es sich nicht mehr aufrecht erhalten, wenn nicht gestützt auf die Monarchen."[50]

Dies schrieb Senecas Vater, der ebenfalls Seneca hieß, in hohem Alter zur Zeit des Kaisers Caligula, was seine negative Haltung, wenn nicht zu Roms Alter, so doch zum Kaisertum erklärt. Die Schwäche des von Augustus begründeten Systems war, daß es auf einem Mann und seinem Heer ruhte. Trotz aller Formalitäten besaß der Kaiser absolutistische Macht, und die sah der alte Seneca in Caligulas rabiater Herrscherwillkür nicht so sehr *ad absurdum* geführt, als vielmehr bis zur äußersten Konsequenz getrieben.

Die Willkür des Kaisers machte es schwieriger, Glück und Erfolg als Lohn für moralische Verdienste aufzufassen, vor allem, da unter Tiberius und Caligula Schurken zum Gipfel der Ehre gelangten. Bei Seneca ist *fortuna* zu einem negativen Begriff geworden, der als Bezeichnung für alle die äußerlichen Umstände, auf die der Mensch keinen Einfluß hat, in einen Gegensatz zu *virtus* tritt, das gleichzeitig seine Bedeutung ändert und allmählich die moralische Kraft bezeichnet, mit der der Mensch – z. B. Cato – in seinem Kampf gegen das Unrecht Leiden auf sich zu nehmen vermag.

Für den großen Geschichtsschreiber der Kaiserzeit, Cornelius Tacitus, der noch immer den altrömischen Idealen anhing, bedeutete das Fehlen der *virtus,* die auf dem Felde der Ehre Ruhm erntet, daß Rom das Glück nicht mehr auf seiner Seite hatte und seinem Untergang entgegenging. Für ihn wie für den älteren Seneca war die Monarchie an sich schon ein Symptom des moralischen Verfalls.[51] Trotz seiner Aversion gegen die Monarchie und seiner Sympathie für die Republik betrachtete er diese als ein überstandenes Stadium.

Für Tacitus ist es noch immer klar, daß die Geschichte schicksalsbestimmt ist, aber er stellt die seinerzeit aktuelle Frage, ob *alles,* auch die Sympathie und Antipathie des Kaisers, vorherbestimmt sei oder ob des Menschen eigene Haltung und Handlung einen Einfluß darauf habe, ob er sein Leben ohne Katastrophen zuende führen könne, wenn er die rechte Mitte zwischen hartnäckiger Aufsässigkeit und jämmerlicher Untertänigkeit finde.[52] – Tacitus verhehlt nicht, daß er selbst, der unter dem Tyrannen Domitian (im Jahre 88 n. Chr.) Senator und Prätor gewesen war, sich zu einer ihm widerstrebenden Folgsamkeit gezwungen gesehen hatte – ein Beispiel dafür, wie schwer es gerade den führenden Männern des römischen Reiches fallen konnte, ihre persönliche Würde zu bewahren. So wie Cäsars Marsch auf Rom gekränkte Würde zugrunde lag, so ahnt man gekränkte Würde hinter Tacitus' indignierter Schilderung der römischen Kaiser und ihrer Gefolgsleute. Diesen Hintergrund sollte man im Gedächtnis behalten, da seine Annalen oder Jahrbücher eine Hauptquelle für das Folgende bilden. Für die Römer war und blieb das Moralische (und Unmoralische) die Triebfeder der Geschichte, deshalb waren und blieben die Geschichtsschreiber Moralisten. Das trifft auch auf die zweite Quelle zur Geschichte der Kaiserzeit zu, auf Sueton, wenn er sich auch keine Gedanken über den Lauf der Geschichte machte oder irgend etwas im Zusammenhang sah. Er war lange Zeit hindurch Kabinettssekretär bei Kaiser Hadrian und betrachtete in seinen Kaiserbiographien (von etwa 120) die Kaiser aus der Kammerdienerperspektive. Wenn es Tacitus schwer fiel, vor lauter Kaisern das Reich zu sehen, so fiel es Sueton schwer, vor lauter Unternehmungen und Eigenschaften und besonders Lastern die Kaiser zu erblicken. Auf diese Weise wurde die Geschichte der Kaiserzeit vor allem als die Geschichte kaiserlicher Laster überliefert.

LEBEN, WERK UND ZEIT

III. Ausbildung und Karriere

Die Familie Annäus und die Rhetorik

Lucius Annäus Seneca wurde ungefähr 4 v. Chr. in Corduba geboren. Er war also Spanier, worauf die Spanier immer noch Wert legen. 1965 luden sie anläßlich seines 1900sten Todesjahres zu einem Philosophiekongreß[1] ein und zogen Verbindungslinien von der Philosophie Senecas zur späteren spanischen Philosophie. Das praktisch-politische Interesse, den Humor und die plaudernde Form hat Seneca in der Tat mit den besten spanischen Denkern gemein, sei es nun, daß sie von Seneca beeinflußt oder psychisch mit ihm verwandt waren. Einen gewissen – spanischen? – Stolz kann man Seneca auch nicht absprechen, der selbst jedoch weder seine spanische Herkunft erwähnt noch irgendeine Form des Lokalpatriotismus verrät. In Corduba, das seit 197 v. Chr. die Hauptstadt der Provinz Baetica war und dessen Bürger auch römische Bürger waren, sprach man ein ebenso gutes Latein wie in Rom. Senecas Vater, der genau die gleichen drei Namen führte wie er, hatte im übrigen zumindest einen Teil seiner Jugend in Rom verbracht und wollte auch sein Alter dort verleben. Er zog mit der ganzen Familie nach Rom, als Seneca noch so klein war, daß er sich in den Armen seiner Tante transportieren ließ.

Der ältere Seneca wurde um die Mitte des letzten Jahrhunderts v. Chr. geboren und wurde fast 90 Jahre alt. Er hatte den Todeskampf der Republik miterlebt und schrieb eine (an anderer Stelle bereits zitierte, jedoch nicht vollständig erhaltene) Geschichte Roms mit republikanischer Tendenz. Seneca schrieb als Einleitung zu diesem Werk die Biographie des Vaters, die ebenfalls verlorengegangen ist. An anderen Stellen spricht er von seinem Vater mit großem Respekt, erwähnt jedoch auch dessen ,,konservative Starre", die schuld daran gewesen sei, daß die Mutter, Helvia, keine Möglichkeit bekommen habe, ihre geistigen Interessen zu pflegen: ,,Hätte doch wenigstens der Männer Bester, mein Vater, weniger den Anschauungen der Vorfahren unterworfen, gewünscht, du solltest nach den Lehren der Weisheit lieber erzogen als nur flüchtig eingeführt werden!"[2]

Seneca war der mittlere von drei Brüdern, und der Vater zog vermutlich vor allem aus Rücksicht auf die Ausbildung und die Karriere der Söhne nach Rom. Ein öffentliches Schulwesen gab es zwar in Rom ebensowenig wie in Corduba. Der allerelementarste Unterricht wurde in den guten alten Tagen, als es genügte, lesen, schreiben und rechnen zu können, vom Familienvater selbst oder einem ,,Pädagogen" aus dem Sklavenstand verabreicht. Doch die Arbeitsteilung in den letzten paar Jahrhunderten der Republik hatte es auch zu einem besonderen, wenn auch nicht sonderlich angesehenen Gewerbe gemacht, den Kindern ihre Schulweisheiten einzutrichtern; nachdem die Römer im zweiten Jahrhundert Griechenland unterworfen hatten und die griechische Kultur dafür Rom zu prägen begann, eröffnete man auch höhere Privatschulen, in denen Griechisch und Latein unterrichtet wurde. Eigentliche Schulbücher benutzte man nicht. Man las die besseren Schriftsteller, zu Senecas Zeit vor allem Homer und Vergil, und erwarb sich so die Kenntnisse, die man zum Textverständnis brauchte – und keine anderen. Schulfächer und Fachlehrer kannte man nicht, der *grammaticus* schaffte alles.

Der griechische Einfluß war am ausgeprägtesten auf der dritten Stufe der Ausbildung, in den Rhetorik-Schulen, wo der Unterricht anfangs ausschließlich auf griechisch vor sich ging. Die Redekunst besaß natürlich eine große Bedeutung in einer Gesellschaft, in der alle öffentliche Diskussion mündlich stattfand, in der eine politische Begabung sich ohne Rednergaben nicht durchsetzen konnte und in der die Anwälte sich das Ansehen und die Popularität verschaffen konnten, die für eine Wahl zu den politischen Ämtern notwendig waren. In den griechischen Stadtstaaten, die von Volksversammlungen regiert wurden, verfolgte der Redeunterricht also ein praktisches Ziel. Im alten Rom hatten die Väter ihre Söhne mit zum Forum genommen, wo die gerichtlichen Handlungen stattfanden, damit sie rechtzeitig von den großen Rednern lernen konnten. Auf den Rhetorik-Schulen ging man theoretischer vor, und anfangs, im 2. Jahrhundert, machte sich heftiger altrömischer Widerstand gegen das griechische Unwesen bemerkbar.

Auf den Rhetorik-Schulen mußten die Schüler, die das Alter von Oberstufenschülern des Gymnasiums hatten, teils schriftlich Reden ausarbeiten, die mythische oder historische Gestalten in entscheidenden Situationen hätten gehalten haben können, teils mündlich *suasoriae* vorlegen, d. h. Argumente für oder gegen eine Entscheidung (und wieder waren dies Entscheidungen, die mythische oder prähistorische Helden hatten treffen müssen: Sollte Agamemnon z. B. seine Tochter opfern, um die Götter zu versöhnen?), und Anklage- und Verteidigungsreden in Rechtsstreitigkeiten, die *controversiae,* halten, nicht so, wie sie in der Wirklichkeit vorkamen, sondern so, wie man sie sich ausdenken konnte, um dem Scharfsinn und der Spitzfindigkeit besonders großen Spielraum zu verschaffen.

Der ältere Seneca hatte während seiner Jugend in Rom die großen Redner aus der letzten Zeit der Republik gehört und selbst erlebt, wie die Redekunst ihr politisches Forum verlor und zu Redeübungen, zur ,,Deklamation" degenerierte. Im Alter schrieb er auf Aufforderung seiner Söhne seine Erinnerungen an die Redner jener Zeit und ihre *suasoriae* und *controversiae*. Sein Gedächtnis war nämlich so hervorragend, daß er imstande war, 2000 Namen in der richtigen Reihenfolge und 200 Verse rückwärts aufzusagen! In den Redekontroversen ging es um ungeheuer dramatische Dinge. Man sagt zuweilen, die Hauptthemen der Kunst seien Liebe und Tod; die der Redekunst waren Vergewaltigung und Mord. Die römische Brutalität verleugnete sich auch in der Redekunst nicht. Im Mittelalter, als man keinen Sinn für die Geschichte hatte und den älteren und jüngeren Seneca im übrigen für ein und dieselbe Person hielt, betrachtete man die fiktiven Konflikte als historische Ereignisse und bearbeitete sie für das Volk unter dem Titel *Gesta Romanorum,* die Taten der Römer, ein unterhaltsames Volksbuch, das viel gelesen wurde und Stoff für viele spätere Dichtungen lieferte.

Als Beispiel sei hier in einer Zusammenfassung aus dem 4. Jahrhundert eine Kontroverse angeführt, die sich zumindest ein reales Problem stellt, nämlich: Kann man einen Menschen allein aufgrund seiner Gedanken, und nicht erst aufgrund seiner Taten, verurteilen? Bei der Angeklagten handelt es sich um eine der Vestalinnen, deren Aufgabe es war, das heilige Feuer der *Vesta* auf dem Herd der Stadt zu hüten, und die sich zur Führung eines keuschen Lebens verpflichtet hatten. War eine Vestalin der Unzucht schuldig, mußte sie nach dem Gesetz lebendig begraben werden, was jedoch seit 216 v. Chr. nicht mehr vorgekommen war.

„Eine Vestalin schrieb diesen Vers:

Glücklich die Braut! Darauf möchte ich sterben, daß Hochzeit schön ist.

Sie wurde der Unzucht angeklagt.

Die eine Partei: Glücklich die Braut, sagt, wer zu sein es begehrt; darauf möchte ich sterben, sagt, wer es beteuert; Hochzeit ist schön: entweder schwörst du bei dem, was du kennst, oder du schwörst einen Meineid auf eine Sache, die du nicht kennst, keines von beiden gehört sich für eine Priesterin. Vor dir senken die Beamten ihre *fasces*[3], dir weichen Konsuln und Prätoren aus. Ist das ein geringer Lohn für deine Jungfräulichkeit? Eine Vestalin sollte selten schwören, und wenn, dann nur bei Vesta. Ich möchte sterben, – wohl weil das ewige Feuer ausgegangen ist? Ich möchte sterben, – wohl weil du zur Ehe aufgefordert worden bist? Ich rufe dich, Vesta, um die höchste Strafe an, damit du dich so grausam zeigen kannst, wie du deiner Priesterin verhaßt bist. Lies dein Gedicht vor, damit ich hören kann, was das für Zeug ist. Mußt du absolut ein Gedicht schreiben, deine Worte zierlich in Versfüße bringen und mit deinen Versrhythmen die Strenge brechen, die du deinem Tempel schuldig bist? Wenn du unbedingt die Ehe preisen willst, dann erzähl von Lukretia[4], schreibe über ihren Tod, bevor du bei deinem eigenen schwörst. Wie würdig bist du nicht der höchsten Strafe, du, für die es Freudigeres gibt als deine eigene Priesterschaft! Es ist schön: Wie klare Worte, wie kommen sie aus der Tiefe der Seele, wenn auch aus einer Seele, die sich eher auf etwas ihr Unbekanntes als über etwas ihr Bekanntes freut. Unkeusch ist auch, wer ohne Unzucht nach Unzucht begehrt.

Die andere Partei: Einen einzigen Vers wirft man ihr vor, und noch nicht einmal den ganzen. Aber, so sagt ihr, es ziemt sich überhaupt nicht, ein

Gedicht zu schreiben. Groß ist der Unterschied zwischen dem, was man tadeln, und dem, was man strafen kann. Niemanden kann man wegen Unzucht verurteilen, wenn nicht der Körper geschändet worden ist. Glaubt ihr vielleicht, die Dichter schreiben, was sie selbst vertreten? Sie hat ehrbar gelebt und keusch. Ihre Lebensführung ist nicht zu ausschweifend gewesen, ihr Gespräch mit Männern nicht zu ausgelassen. Eines Verbrechens jedoch, das gestehe ich, ist sie schuldig: Sie hat Phantasie! Weshalb sollte sie nicht Cornelia[5] beneiden, weshalb nicht die, die Cato gebar, weshalb nicht diejenigen, die Kinder bekommen, die dann Priesterinnen werden?'"[6]

Wichtig in der Kontroverse war der *color,* das unterschiedliche Ausmalen des Konflikthintergrunds durch die unterschiedlichen Redner. Ein erfinderischer Kopf konnte zuweilen die ganze Sache in einem anderen Licht erscheinen lassen, wenn er den streitenden Parteien andere Motive zuschrieb. Das kann natürlich den Sinn für Effekte, möglicherweise aber auch das psychologische Gespür geschärft haben. Seneca fragt an einer Stelle, wieviel man davon habe, daß man Knoten löse, die man selbst gebunden habe, aber er gesteht doch, daß es zuweilen lustig sein und Scharfsinn und Aufmerksamkeit anregen kann.[7] Eine Nachwelt, die unter Unterricht vor allem die Mitteilung von – oft unnützem – Wissen verstanden hat, nahm jedoch Abstand von der römischen Erziehung zur Redefertigkeit und wunderte sich darüber, daß die praktisch veranlagten Römer keine praktischer angelegte Ausbildung anzubieten hatten. Einer der großen Kenner des alten Rom, der französische Historiker Jérôme Carcopino, der alles an der römischen Schule, auch die Tatsache, daß Jungen und Mädchen in den unteren Klassen gemeinsam unterrichtet wurden, verwerflich findet, erblickte merkwürdigerweise die Ursache des wenig praxisorientierten Unterrichts in dem „überentwickelten praktischen Sinn" der Römer: „Immer auf der Jagd nach sofortigem Profit, sahen die Römer nie den langfristigen Vorteil zweckfreier Forschung."[8] Ursprünglich hatte der griechische Redeunterricht zwar den praktischen Zweck gehabt, die römischen Beamten dazu zu befähigen, es mit den Griechen, die sie regieren sollten, aufnehmen zu können. Und die lateinische Rhetorik, die zu Beginn des ersten Jahrhunderts v. Chr. eingeführt wurde, war anfangs in den Augen der Machthaber deshalb suspekt, weil sie das Privilegium der Redefertigkeit immer weiteren Kreisen zugänglich machte. Doch das freie Wort verlor allmählich immer mehr an Bedeutung, als die Volksversammlungen dahinsiechten und der Senat dem Kaiser nach dem Munde redete. Die Redekunst wurde zum Selbstzweck „und entbehrte allmählich jeglichen substantiellen Inhalts", schreibt Carcopino.[9]

Merkwürdigerweise war diese weltfremde Rhetorik ungeheuer beliebt. Die großen Redner wurden in Rom sehr bewundert und erregten überall, wohin sie kamen, Aufsehen; wenn sie auf dem Forum sprachen, strömte das große Publikum herbei. Das lag nicht nur daran, daß der Unterricht der

Grammatiker, der nicht nur für die Kinder der Ober-, sondern auch für die der Mittelschicht von Nutzen oder Schaden gewesen war, das Publikum eine gute Formulierung schätzen gelehrt hatte, sondern auch daran, daß die Rhetoren sich vom Publikum hatten belehren lassen: „Der Grammatiker prägte seine Schüler, entwickelte ihren Geschmack, versorgte ihr Gedächtnis; kurz, er schuf das große Publikum, das das literarische Leben der Zeit verstehen und an ihm teilhaben konnte. Der Rhetor unterwarf sich der Tyrannei des Publikums, arbeitete nach seinen Befehlen und richtete sich nach seinen Anforderungen. Seine Gefügigkeit hatte wichtige Konsequenzen. Die römische Literatur hatte von Anfang an die Tendenz, sich innerhalb der intellektuellen Kreise zu isolieren... Mit der Deklamation betritt das große Publikum die Bühne und schafft sich die Literatur, von der es träumt... Es brauchten nur einige Genies aufzutauchen, die dies begriffen und es, während sie ihm seine Befriedigung verschafften, gleichzeitig über sich selbst erhoben, und man hatte die Erneuerung der Literatur. ... Eines dieser Genies war Seneca. Man kann nicht sagen, ob dieser raffinierte Stoiker ... bewußt für das Durchschnittspublikum schrieb. Aber da auch er mit der Milch der Deklamation genährt war, existierte zwischen ihm und diesem Publikum eine Art prästabilierte Harmonie", – so schreibt A.-M. Guillemin.[10] Und Tatsache ist, daß die beiden Schriftsteller, die man oft für die am meisten von der Rhetorik geprägten hält, nachdem diese in der Kaiserzeit zum Selbstzweck geworden war, nämlich Ovid und Seneca, die beliebtesten waren. Ovids Beliebtheit wird von ihm selbst beteuert und durch Inschriften in Pompeji bestätigt, Senecas Verbreitung und Einfluß bezeugen viele Grabsteine, für die er Trost- und Weisheitsworte lieferte, und im übrigen die späteren Schriftsteller, die dies bedauerten. Beispielsweise erinnert sich der Rhetorikprofessor Quintilian gegen Ende des ersten Jahrhunderts, daß Seneca seinerzeit der einzige Schriftsteller gewesen sei, den die jungen Leute gelesen hätten, und das habe natürlich an dessen Unarten gelegen: seiner Verachtung für die gute alte Normalprosa (Ciceros), seinem sprunghaften Stil und seinem Hang zu einprägsamen Sentenzen.[11]

Was Quintilian gegen die Redner der Kaiserzeit einzuwenden hatte, das hatte bereits der ältere Seneca eingewandt. Er rühmte die Redner aus der Zeit der Republik, vor allem Cicero, den er leider nicht selbst gehört habe, nicht weil er nicht alt genug gewesen sei (bei Ciceros Tod war er ungefähr 12 Jahre alt), sondern weil der Bürgerkrieg ihn zu Hause in Corduba festgehalten habe.[12] „Alles, was die römische Beredsamkeit dem großsprecherischen Griechenland entgegenzusetzen oder über dieses Griechenland zu setzen hat, blühte um Cicero auf; alle die Begabungen, die Glanz auf unser Geistesleben geworfen haben, wurden damals geboren", schreibt er und malt weiter den Verfall der Sitten aus: Tag für Tag ist es schlimmer geworden, mögen daran nun die luxuriösen Zeiten schuld sein – „denn nichts ist so tödlich für begabte Geister wie Überfluß (*luxuria*)"[13] – oder ein ewiges

Gesetz, wonach das Höchste in das Niedrigste umschlägt. Es scheint ein ewiges Gesetz zu sein, daß Väter die Kulmination des Geisteslebens in ihre eigene Jugendzeit verlegen, aber der Konservatismus des älteren Seneca hatte Zukunft: Seine und Quintilians rhetorische Ideale beherrschten die spätere Kaiserzeit. Den jüngeren Seneca schätzten die Schriftsteller des 2. Jahrhunderts nicht sehr hoch. Sie sprachen von seinem „gewöhnlichen Stil",[14] der den Unkundigen gefalle. Positiver wird er erst wieder bei den ersten christlichen Schriftstellern beurteilt.

Als der ältere Seneca seine rhetorischen Erinnerungen schrieb, hatte der jüngere allem Anschein nach sein philosophisches Werk noch nicht begonnen, wohl aber seine Karriere als Redner. Eine mögliche Unstimmigkeit wird an einer Stelle angedeutet, wo der Vater an seine Söhne schreibt: „Ihr nehmt sicher keinen Anstoß an dem ungeschliffenen Stil und der zerbrochenen Komposition, bevor ihr in mein Alter kommt. Vorerst zweifle ich nicht daran, daß euch selbst die anstößigen Unarten Vergnügen bereiten."[15] Ganz jung waren die Söhne zu diesem Zeitpunkt nicht mehr. Aus den Vorreden des Vaters zu seinen Büchern geht hervor, daß die beiden ältesten ihre öffentliche Laufbahn angetreten hatten, und um das erste Amt auf der Rangleiter, das Amt als Quästor, bekleiden zu können, mußte man 25 Jahre alt sein. *Mela,* der jüngste Sohn, hatte keine Ambitionen. Dafür sei er der Begabteste, meint der Vater, der an ihn einige besonders väterliche Worte richtet: Er will ihn nicht zu etwas drängen, wozu er keine Lust hat. Er ist zufrieden damit, daß Mela mit dem (Ritter-)Rang des Vaters zufrieden ist, und da der Weg, den seine großen Brüder eingeschlagen haben, hoffnungs- und gefahrenvoll ist, ist er froh darüber, den jüngsten in einem sicheren Hafen zu wissen. Aber er spornt ihn nun trotzdem an, sich auf die Redekunst zu verlegen, da sie den Weg zu allen anderen Künsten bahne.[16]

Aus dem Trostbrief, den Seneca einige Jahre später an seine Mutter schreibt, geht hervor, daß der älteste Bruder, *Novatus,* in der Zwischenzeit zu Amt und Würden gelangt ist, während Mela, der Jüngste, so weit auf dem Wege der Weisheit gelangt ist, daß er beschlossen hat, nicht Karriere zu machen. Seneca schmeichelt seiner Mutter damit, daß Novatus ihr Ehre machen und Mela um so mehr Zeit für sie haben werde,[17] und das war sicher nicht nur Schmeichelei, denn das Familiengefühl war auch in der Familie Annäus stark. Tacitus meint allerdings zu wissen, daß Mela mehr an Geld als an Ehre interessiert gewesen sei und daß er gemeint habe, er könne mehr als kaiserlicher Prokurator (aus dem Ritterstand) denn als Senator verdienen.[18] Im übrigen bewahrte er die Verbindung zu Corduba und wurde dort Vater des *Marcus Annäus Lucanus,* der sich später als Dichter hervortat. Novatus wurde irgendwann von dem Redner Junius Gallio adoptiert und übernahm dessen Namen. Die römische Adoption sollte nicht etwa elternlosen Kindern Eltern, sondern kinderlosen Familien – oft erwachsene – Söhne sichern. Unter dem Namen Gallio wurde Novatus Konsul und im

Jahre 52 Prokonsul (Statthalter) der Provinz Achaea (Griechenland). Kraft dieses Amtes wurde er nach dem Bericht der Apostelgeschichte[19] mit dem Apostel Paulus konfrontiert, den die Juden von Korinth angeklagt hatten, doch Gallio sagte, er gedenke darüber nicht Richter zu sein.

Seneca äußert an mehreren Stellen seine Zuneigung zu seinen Brüdern, vor allem zu Novatus-Gallio, an den er zwei seiner Schriften richtete und den er in einer dritten[20] wegen seiner Unempfänglichkeit für Schmeicheleien rühmte. In einem Epigramm bringt er den Wunsch zum Ausdruck, seine Brüder möchten ihn überleben, nur über seinen Tod trauern und nur in Liebe miteinander wetteifern – und der kleine Marcus, der sie jetzt mit seiner lieben Kindersprache erfreue, möge einmal mit seinen Redner-Onkeln in der Beredsamkeit wetteifern.[21]

Von der Philologie zur Philosophie

Es mag verwunderlich erscheinen, daß die Rhetoriker ausgerechnet Seneca vorwarfen, er bewerte die Form höher als den Inhalt, denn kein Römer hat den Rhetoren das gleiche mehr vorgeworfen als Seneca, – was der Grund ihrer Aversion sein mag. Seneca übernimmt die gute alte Sokratische Unterscheidung zwischen den Künsten, die die Leute (vielleicht) *für etwas* besser geeignet machen, und der Lebenskunst, der Philosophie, der Liebe zur Weisheit, die allein den Menschen besser machen kann. Er hat es auf alle Fachleute abgesehen, die erstaunlicherweise das Fach, das sie selbst ernährt, für das alleinseligmachende halten, und besonders abgesehen hat er es auf Grammatiker und Philologen, die die Wirklichkeit zu Worten, und nicht die Worte zu Wirklichkeit machen. Es könne nützlich sein, wenn der Grammatiker in Homer und Vergil unterrichte, denn wieviel Gutes stehe nicht bei Homer und Vergil. Doch wenn Vergil schreibe: „Unwiderruflich flieht die Zeit",[22] dann lasse das den Grammatiker nicht daran denken, daß er seine Zeit nicht verschwenden sollte, sondern es veranlasse ihn zu der Beobachtung, daß Vergil, wenn er von der Zeit spricht, immer den Ausdruck „flieht" gebraucht. Daß ein Grammatiker und ein Philologe nicht das gleiche von Ciceros „Staat" haben wie ein Philosoph, ist nicht ungewöhnlich (denn „jeder sucht sich aus demselben Stoffgebiet das für seine Studien Geeignete heraus: auf derselben Wiese holt die Kuh Gras, der Hund den Hasen, der Storch die Eidechse"[23]), seltsamer ist, daß die Philosophen oft nicht mehr davon haben als die Philologen oder Grammatiker. Das liegt daran, daß die Philosophen auch gern richtige Fachleute sein möchten „und ... hinter den Grammatikern, hinter den Mathematikern nicht zurückbleiben" wollen. „Was bei deren Wissenschaften überflüssig war, haben sie getreulich in ihre übernommen. Und was ist der Erfolg? Sie verstehen besser zu reden als zu leben."[24]

Von Anbeginn an, von Natur aus, haben die Schüler einen starken Hang zum Guten, doch bei ihren Lehrern wird ihr Intellekt, nicht ihre Seele geformt – ,,so ist denn aus der Philosophie im Grunde die reinste Philologie geworden",[25] ein Satz, den Nietzsche umkehrte, als er in seiner Antrittsvorlesung als Philologieprofessor in Basel im Jahre 1869 Philologie zu Philosophie machen wollte.[26] Seneca sammelt seine gesamte Kritik des römischen Unterrichts in dem berühmten Satz, der auch gern umgedreht wird, wenn man ihn zitiert: ,,Nicht für das Leben, sondern für die Schule lernen wir."[27]

Seneca selbst wandte sich in seiner Jugend von den Philologen zu den Philosophen und zitiert seine Lehrmeister an verschiedenen Stellen in den Briefen an Lucilius, die er während seiner letzten Lebensjahre schrieb. Einer dieser Lehrmeister, *Papirius Fabianus,* ,,nicht einer von diesen theoretisierenden Philosophen, sondern von den wahren und alten"[28], hatte selbst die Redekunst zugunsten der Philosophie aufgegeben. Senecas Vater, der mit dieser Entwicklung nicht gerade einverstanden war, erwähnt ihn dennoch als Beispiel dafür, daß die Redekunst zu allen Künsten führen kann. Seneca selbst nennt ihn einen ,,in seiner Lebensweise, in der Wissenschaft und, was weniger wichtig ist, auch in der Beredsamkeit hervorragenden Mann."[29]

Eine von seinem Briefpartner Lucilius geäußerte Kritik an Fabianus' Stil beantwortet Seneca damit, daß Fabianus nicht Worte, sondern Seelen habe formen wollen, seine Worte seien gewählt, aber nicht gesucht gewesen, und wenn er als Redner nicht vollkommen gewesen sei, so habe er doch die Fähigkeit besessen, seine Schüler anzufeuern und zur Nachahmung anzuspornen, ohne sie von vornherein mutlos zu machen.[30]

Seine philosophische Erweckung scheint Seneca jedoch dem Stoiker *Attalus* zu verdanken. Wenn er ihn von den selbstgeschaffenen Plagen der Menschheit sprechen hörte, dann fühlte er sich von Mitleid mit der ganzen Menschheit ergriffen – und von Bewunderung für den Philosophen, der über all das erhaben ist, dem andere unterliegen. Von Attalus lernte Seneca zwischen den natürlichen und den unnatürlichen Bedürfnissen zu unterscheiden und Austern und Pilze, Salben und Parfums, heiße Bäder und weiche Betten zu meiden.[31] Auch von den Neupythagoreern lernte Seneca in seiner Jugend. Von *Quintus Sextius,* den er zwar nicht gehört, aber mit Begeisterung gelesen hatte, hatte er die pythagoreische Sitte gelernt, den Tag mit einer Erforschung des Gewissens zu beschließen.[32] *Sotion,* der Schüler von Sextius, hatte ihn gelehrt, daß Grausamkeit bei dem, der Tiere tötet, zur Gewohnheit wird und daß tierische Nahrung für Körper und Seele schädlich ist. Von der Seelenwanderungslehre war er wohl nicht völlig überzeugt worden, doch Sotion war liberal gewesen und hatte gesagt, daß es immer von Nutzen sei, wenn man genügsam lebe und sich anderer Ernährungsgewohnheiten befleißige als Löwen und Geier, auch wenn man des Meisters Glauben nicht teile, daß man ehemalige Menschen verzehre, wenn man Tiere esse. ,,Auf Grund dieser Belehrung", schreibt Seneca,

„enthielt ich mich von da an der tierischen Nahrung; nach Verlauf eines Jahres war es eine leichte und auch angenehme Gewohnheit. Meine geistige Elastizität kam mir größer vor, und ich möchte heute nicht entscheiden, ob es so war oder nicht. Weshalb ich aufgehört habe? Meine Jugend fiel in die Anfangszeit der Regierung des Kaisers Tiberius: damals entfernte man alle fremdländischen Gottesdienste, aber auch das Nichtverzehren gewisser Tiere galt als Beweis des Aberglaubens. Daher nahm ich auf Bitten meines Vaters, der zwar keine verleumderische Anklage fürchtete, aber die Philosophie haßte, meine frühere Gewohnheit wieder auf; es wurde ihm nicht schwer, mich zu besserem Essen zu bereden."[33]

Im Jahre 17 n. Chr., als Seneca ungefähr 20 Jahre alt war, wurden einige Neupythagoreer, die sich astrologischer Zukunftsforschung schuldig gemacht hatten, verbannt. Im Jahre 19 verbannte der Senat die Anhänger der ägyptischen und jüdischen Religion, sofern sie sich nicht innerhalb einer gewissen Frist von ihrem Aberglauben lossagten. Neben der Angst davor, unrömischer Umtriebe angeklagt zu werden, hatte Seneca noch einen anderen Grund, bessere Mahlzeiten einzunehmen, er litt nämlich viele Jahre hindurch an Tuberkulose:

„Anfangs kümmerte ich mich nicht darum, noch jung genug, diese Beschwerden zu ertragen und den Krankheiten Trotz zu bieten. Später mußte ich mich darein schicken und kam so weit herunter, daß ich völlig abmagerte und sozusagen selbst zu Schnupfen wurde. Wiederholt nahm ich Anlauf, mein Leben zu beenden; was mich hielt, war der Gedanke an meinen hochbetagten, grundgütigen Vater. Ich zweifelte nicht an meinem Mut zum Sterben, eher an seiner Kraft, meinen Verlust zu ertragen ... Was mich damals tröstete, will ich Dir sagen. Doch zuvor die Bemerkung, daß die Mittel zu meiner inneren Beruhigung zugleich Medizin für meine äußere Krankheit waren. Ein Trostwort, das sich hören läßt, ist Arzenei, und was den Geist aufrichtet, nützt auch dem Körper: unsere Studien hielten mich. Der Philosophie verdanke ich, daß ich mich wieder aufrichtete, daß ich genas. Ich danke ihr mein Leben, und das ist das Geringste, was ich ihr zu danken habe."[34]

Seneca konnte nicht nur der Philosophie für seine Besserung danken, sondern auch seiner Tante: „Unter ihrer liebevollen und mütterlichen Obhut bin ich, lange Zeit krank, wieder zu Kräften gekommen".[35] Sie war mit einem römischen Ritter verheiratet, der ungefähr von 16 bis 31 n. Chr. Präfekt in Alexandria war. (Ägypten hatte eine Sonderstellung im römischen Imperium inne. Es war die private Domäne des Kaisers und wurde von einem kaiserlichen Beamten des Ritterstands verwaltet.) Seneca war offenbar in den letzten Jahren von dessen Amtszeit zur Erholung in Ägypten. Er erzählt, daß der Onkel auf der Heimreise gestorben sei und er selbst Zeuge gewesen sei, wie die Tante alles daran gesetzt habe, seine Leiche zu retten[36] – vermutlich sollte die Leiche während eines Unwetters den Wellen überantwortet werden, wie es der Aberglaube verlangte. Sonst erzählt Seneca nichts von seinem Aufenthalt in Ägypten, anscheinend dem einzigen fremden Land, das er besucht hat, aber Plinius führt in der Literaturliste zu seiner Naturgeschichte ein Werk von Seneca ,,Über die Geographie und die religiösen Sitten Ägyptens" sowie ein entsprechendes Werk über Indien an. Auch über Minerale, Fische und Erdbeben hat Seneca in seiner Jugend geschrieben, vielleicht während seines Aufenthalts in Alexandria. Alle diese Schriften sind verlorengegangen, aber ihre Titel zeugen zumindest von seinem Interesse für die Natur und möglicherweise auch für die Weisheit des Ostens.

Rom unter Tiberius

Als alter Mann (in seinem 49. Brief) schrieb Seneca: ,,Was geschieht nicht ‚eben erst', wenn man sich in Erinnerungen verliert? ‚Eben erst' saß ich als Knabe zu den Füßen des Philosophen Sotion, ‚eben erst' habe ich angefangen, als Anwalt Prozesse zu führen, ‚eben erst' hatte ich die Lust dazu verloren, ‚eben erst' die Fähigkeit."[37] Viel mehr hat Seneca über seine ereignisreiche Karriere als Redner nicht zu berichten. Über seine politische Karriere als Quästor, Ädil, Prätor, Konsul, Kaisererzieher und Mitregent hat er nichts gesagt. Man weiß auch nicht, ob er wegen Krankheit von dem sonst obligatorischen Militärdienst befreit war, den Söhne von Senatoren und Rittern als Offiziere (Tribunen) im Laufe eines halben Jahres ableisten konnten. Seneca benutzt in seinen Schriften zuweilen martialische Bilder, sonderliches Interesse am oder Erfahrung aus dem Soldatenleben verrät er jedoch nicht. Vielleicht verbot Senecas spanischer Stolz ihm die Erwähnung seiner eigenen Meriten – hierin bildet er einen absoluten Gegensatz zu Cicero –, aber darüber hinaus hätte es auch gefährlich sein können, wenn Seneca zu viel über das politische Leben gesagt hätte, das er aus nächster Nähe miterlebte.

Senecas Karriere als Redner begann im letzten Teil der Regierungszeit des Kaisers Tiberius. Tiberius, der vom Tod des Augustus im Jahre 14 n. Chr. bis 37, d. h. von seinem 56. bis zu seinem 79. Lebensjahr *princeps* war, trug schwer an seinem Erbe. Dadurch daß Augustus seine Mutter Livia geehelicht hatte, war er der Stiefsohn des Augustus geworden. Tiberius hatte sich als Feldherr ausgezeichnet, sich jedoch nicht die gleiche Volksgunst erworben wie sein Bruder Drusus. Auch mit seinen Ehen hatte er Pech gehabt, während der Sohn von Drusus, Germanicus, im Feld wie in der Ehe das Glück auf seiner Seite gehabt hatte: Mit der Enkelin des Augustus, Agrippina, hatte er drei Söhne und drei Töchter. Gerüchten zufolge hatte Augustus selbst Germanicus zu seinem Nachfolger machen wollen, Livia jedoch die Kandidatur ihres eigenen Sohnes durchgesetzt, wohlgemerkt zu einem Zeitpunkt, als die ersten vier von Augustus bestimmten Thronnachfolger gestorben waren. Tiberius hatte sich jahrelang übergangen gefühlt und nahm diese Bitterkeit mit auf den Thron. Sein Anrecht auf den Thron beruhte auf seiner Adoption durch Augustus, gegen den er eine Abneigung hegte und dessen Format ihm fehlte. Er reagierte auf den Kaiserkult, den man mit Augustus getrieben hatte, und wollte eine größere Selbständigkeit des Senats, fühlte sich aber gleichzeitig gekränkt, weil man ihm nicht mit größerer Ehrerbietung begegnete.

Im Jahre 19 starb Germanicus eines – wie man heute vermutet – natürlichen Todes, aber Gerüchten zufolge hatte Tiberius ihn vergiften lassen. Sein Tod rief so große und erbitterte Trauer hervor, daß Tiberius und Livia es nicht für geraten hielten, an den Trauerfeierlichkeiten teilzunehmen, was das Volk noch mehr vor den Kopf stieß. Das Bedürfnis des Volkes, zu lieben und zu hassen, bildete im Rom der Kaiserzeit einen politischen Faktor. Für die Großen der Gesellschaft galt ein unbarmherziges Entweder-Oder: man hielt sie entweder für Über- oder für Unmenschen. Augustus, der das neue goldene Zeitalter geschaffen hatte, war nach seinem Tode zum Gott erhoben worden, über Tiberius dichtete der Volkswitz:

„Du hast die Zeiten Saturns, die goldnen, Cäsar, verwandelt.
Denn solange du lebst, werden sie eiserne sein.“[38]

Als sich Tiberius, der Schmeichelei der Großen überdrüssig und des Hasses der Vielen leid, im Jahre 26 nach Capri zurückzog, da liefen Gerüchte über seine unglaublichen Ausschweifungen um, über die man bei Sueton nachlesen kann. Tiberius hatte Grund genug, menschenfeindlich und mißtrauisch zu sein, aber sein Mißtrauen lieferte ihm immer noch mehr Gründe dafür. Wer allen mit Mißtrauen entgegentritt, der wird sein Zutrauen leicht einem einzelnen, und oft dem Unwürdigsten, schenken. So ließ sich der sonst pedantisch gewissenhafte Tiberius in Rom durch den gewissenlosen Gardepräfekten Sejanus vertreten, der seine Macht demonstrierte, indem er die Garnison der Prätorianer direkt nach Rom verlegte, und seine Macht dazu benutzte, die Reihen der engsten Familienmitglieder des Kaisers zu lichten. Agrippina und ihr ältester Sohn mit Germanicus, Nero, wurden verbannt, während der zweitälteste Sohn, Drusus, auf der Kaiserburg gefangengehalten wurde. Nero starb unter zweifelhaften Umständen, Sejanus übernahm seine Witwe und wurde, obgleich „neuer Mann“, Konsul und de facto Thronfolger. Er wollte jedoch den Tod des Kaisers nicht abwarten, und als Tiberius die Gefahr endlich erkannte, besaß Sejanus so große Macht, daß er geradezu durch einen Putsch gestürzt werden mußte. Für Seneca war Sejanus ein gutes Beispiel für das Schicksal des Machtgierigen: „An jenem Tag, da ihn der Senat noch geleitet hatte, zerriß ihn das Volk in Stücke.“[39] Das geschah im Jahre 31, dem Jahr, als Seneca aus Ägypten zurückkehrte.

Der Fall des Sejanus führte jedoch nicht zu einer Veränderung. Tiberius, der sein Vertrauen getäuscht sah, brachte nun niemandem mehr Vertrauen entgegen, am allerwenigsten seinen eigenen Verwandten. Drusus ließ er im

Gefängnis umkommen. Gajus, den jüngsten Sohn des Germanicus, jetzt dem Thron am nächsten, hatte er mit sich nach Capri genommen, um nichts zu riskieren. In Rom herrschte weiterhin das Schreckensregiment. Seneca, der an einer Stelle die erste Zeit der Regierung des Tiberius positiv erwähnt, schreibt so über die letzte Zeit: ,,Unter dem Kaiser Tiberius war die Versessenheit darauf, Leute in den Anklagestand zu versetzen, häufig und fast allgemein, und das setzte den Bürgern, ohne daß sie die Waffen gegeneinander erhoben, schwerer zu als aller Bürgerkrieg. Man fing die Aussagen von Betrunkenen auf und die unschuldigsten Scherze. Nichts war sicher; jede Gelegenheit zum Wüten kam gelegen. Und man war auf das Schicksal der Angeklagten nicht mehr begierig, da es nur *eines* war.“[40]

Gerichtswesen

Geht man an das kaiserliche Rom mit den üblichen Klischees über das Römische Recht im Kopf heran, dann muß man stutzig werden, weil die Tatsachen ein ganz anderes Bild vermitteln. Das sogenannte Römische Recht, *corpus juris civilis,* wurde erst nach dem Untergang des Weströmischen Reiches im 6. Jahrhundert n. Chr. gesammelt und hatte größeren Einfluß auf die Nachwelt, als es in der Vergangenheit gehabt hatte. Die Römer hielten sich lieber an Sitten und Gebräuche als an Gesetze und hatten beispielsweise keine geschriebene Verfassung. Der Staat regelte nicht alle Dinge, erließ beispielsweise kein Ehegesetz, sondern überließ so viel wie möglich den Bürgern selbst. Diese staatliche Zurückhaltung, im Prinzip lobenswert, hatte jedoch die Schwäche, daß in Rom das Recht das Recht des Stärkeren nie so richtig zu brechen vermochte. Zu den üblichen Klischees über die Römer gehört die Vorstellung, daß nicht Macht und Eroberungen und Reichtum ihre eigentliche Leidenschaft gewesen seien, sondern Recht und Gesetz,[41] jedenfalls zur Zeit der Republik – aber in der letzten Zeit der Republik jedenfalls war es das eifrige Bemühen der Großen darum, *Recht zu bekommen,* das zu rechtlosen Zuständen führte und den Boden für das Prinzipat bereitete. Wenn auch der Kaiser die Großen erniedrigte, so erhöhte er dafür doch nicht die Kleinen. Der kleine Mann konnte noch immer nur als Klient eines Großen zu seinem Recht gelangen. Charakteristisch für das römische Rechtswesen waren und blieben die Ungleichheit vor dem Gesetz und die private Initiative.

Es gab in Rom keinen Staatsanwalt, keinen öffentlichen Ankläger, dafür aber um so mehr private. Die Bürger konnten nicht nur in ihrem eigenen Namen, sondern auch im Namen des Kaisers klagen. Wenn einem Anwalt eine Verurteilung wegen Majestätsbeleidigung gelang, wurde er belohnt, wurde die Klage abgewiesen, wurde er bestraft. Mit der Sache war also ein Risiko verbunden, das die braven Leute nicht eingehen konnten, aber auch ein Gewinn, der die Beschäftigung als privater Berufsanwalt zu einem einträglichen Geschäft machte, besonders da die Großen der Gesellschaft diese Ankläger, die *delatores,* gebrauchen konnten, um ihre persönlichen Feinde zu treffen.

Über diese Fälle saß der Senat zu Gericht, und dieser fürchtete, die Majestät zu beleidigen, wenn er Angeklagte nicht wegen Majestätsbeleidigung verurteilte, die normalerweise mit dem Tode bestraft wurde. Natürlich war der Kaiser selbst oberste Rechtsinstanz; zur Zeit der Republik konnte ein jeder römische Bürger an das Volk appellieren, während der Kaiserzeit konnte er (wie das Beispiel des Paulus zeigt)[42] an den Kaiser appellieren. Formal war es seine Volkstribunengewalt, die den Kaiser zu einer Art ,,universalem Ombudsmann“[43] machte. Es gibt auch Beispiele dafür, daß der Chef selbst liberaler war als der Senat und die Statthalter, denen die richterliche Gewalt in den Provinzen oblag – aber Tiberius pflegte nicht zu begnadigen.

Für das Zivilrecht waren zwei der jährlich gewählten Prätoren zuständig. Der eine kümmerte sich um Fälle zwischen römischen Bürgern, der andere um die Fälle derer, die dem Reich unterstanden, ohne das römische Bürgerrecht zu besitzen. Die Prätoren hatten jedoch keine richterliche Gewalt. Ihre Aufgabe bestand darin, die streitenden Parteien anzuhören und die Streitfrage in einer ,,formula“ zu präzisieren, und damit gingen die Parteien dann zum Richter. Sie konnten ihren Richter selbst wählen, konnten sie sich jedoch nicht einigen, dann benannte der Prätor einen oder mehrere Richter aus der jährlichen Liste, zu der Vermögen und Ritterrang qualifizierten. Seneca begründet seinen Widerstand gegen einen Vorschlag, wonach Undankbarkeit kriminalisiert werden sollte, damit, daß nur ein Weiser über die Gesinnung eines Mannes richten könne, und von einem Richter verlange man ja nicht Weisheit, sondern nur Vermögen.[44]

Auch eine juristische Ausbildung verlangte man von einem Richter nicht. Die richterlichen Gewalten: der Kaiser, der Senat, der Stadtpräfekt von Rom, die Statthalter und die privaten Richter, konnten einen Rat juristischer ,,Assessoren“ (Beisitzer) beiziehen, aber dieser hatte eben nur beratende Funktion. Jurist zu sein war eher ein Hobby als ein Beruf, doch als die kaiserliche Bürokratie wuchs und erstarrte, wurde eine juristische Ausbildung allmählich zu einer ausgezeichneten Qualifikation für Ämter innerhalb der Staatsverwaltung.

Ebensowenig wie die Richter waren die Anwälte von Beruf aus Juristen. Sie waren ausgebildete Redner, Rhetoren, und während der Kaiserzeit, als die Volksversammlung dahinsiechte und der Senat in der Regel dem Kaiser nach dem Munde redete, konnte sich ein rhetorisches Talent nur im Gerichtssaal entfalten, vor allem in der *Basilica Julia* auf dem Forum, wo die ,,hundert Männer“, die *centumviri,* aus denen im Laufe der Zeit 180 wurden, über die mondäneren Fälle zu Gericht saßen. Nach einem alten Gesetz, der *Lex Cincia,* war es verboten, Prozesse gegen Bezahlung zu führen, und wenn dieses Verbot natürlich auch umgangen wurde, so zeigt es doch, daß die Anwaltstätigkeit hoch geachtet war: Mitglieder der Senatsfamilien konnten es sich erlauben, als Anwälte aufzutreten; für Mitglieder ,,neuer" Familien war eine Karriere als Gerichtsredner der sicherste Weg nach oben.

Seneca verrät keinen sonderlichen Respekt vor der Anwaltstätigkeit, die er eine Zeitlang selbst ausübte: ,,Diese vielen Tausende, die zum Forum schon am frühen Morgen eilen – wie schändliche Händel, um wieviel schändlichere Anwälte haben sie! Einer klagt gegen die Entscheidungen seines Vaters, derer sich würdig zu erweisen besser gewesen wäre, ein anderer streitet mit seiner Mutter, ein dritter kommt als Denunziant eines Verbrechens, dessen offenkundig eher er schuldig ist, und einen Richter, der verurteilen wird, was er selber getan hat, wählt man, und die Zuhörer nehmen Partei für eine schlechte Sache, verleitet durch des Anwalts Rede."[45]

Das Publikum spielte eine große Rolle bei den großen Prozessen, die zu den öffentlichen Lustbarkeiten zählten. Abgesehen von dem Denunziationskoller, von dem das kaiserliche Rom zeitweise ergriffen wurde, scheint die Stadt das ganze Jahr hindurch von einem Prozeßkoller geplagt gewesen zu sein: So wie die Redner sich nicht politisch, sondern nur juristisch entfalten konnten, so konnten die Bürger, die nur schwer politischen Ruhm zu ernten vermochten, wenigstens auf ihrer Würde bestehen und ihr Recht vor Gericht suchen.

Vergil hatte dies als die Mission der Römer gesehen: mit dem Recht zu herrschen und das Gesetz des Friedens zu geben. Die römischen Geschichtsschreiber verraten zuweilen ihr Entsetzen über die gräßlichen Sitten der barbarischen Völker, Sitten, die die Römer oft verboten.[46] In den Provinzen waren Todesurteile dem Statthalter vorzulegen, wofür der Prozeß gegen Jesus ein Beispiel liefert. Die Römer waren sich sozusagen ihres besseren Rechtes bewußt, zwangen aber ihre eigenen Gesetze den besiegten Völkern nicht auf. Es war selbstverständlich, daß die Menschen nicht gleich waren, nicht nur in den verschiedenen Gesellschaften, sondern auch innerhalb der einzelnen Gesellschaft. Man hatte in Rom höchst unterschiedliche Rechte und Pflichten, je nachdem, ob man einer Konsuln-, Senatoren- oder Ritterfamilie entstammte, ob man ein Freigeborener oder ein Freigelassener war. Die Sklaven hatten überhaupt kein Recht, und bei dem Verhör eines Sklaven war Folter obligatorisch. Das gleiche Verbrechen führte nicht zu gleicher Strafe: Einfache Leute wurden zu Zwangsarbeit oder zum Tod in der Arena verurteilt (vgl. S. 134), während vornehme Leute für die gleichen Verbrechen verbannt wurden oder den Befehl bekamen, sich umzubringen. ,,Ist's auch recht bei euch, einen römischen Menschen ohne Urteil und Recht zu geißeln?", fragt der Apostel Paulus und erschreckt auf diese Weise den Militärtribunen, der verrät, daß er selbst sich das römische Bürgerrecht für eine hohe Summe erkauft hat (was zwar verboten, unter Claudius aber möglich war).[47]

Das römische Bürgerrecht verlieh Rechte, die andere Leute nicht hatten: die konnte man ohne weiteres geißeln, und die konnten nicht an den Kaiser appellieren. Das Bürger-Recht, *ius civile,* unterschied sich auf diese Weise als priviligiertes Recht vom *ius gentium,* das für alle Völker innerhalb des Römischen Reiches galt und eine Bezeichnung für die von den Römern akzeptierten Sitten war, zu denen z. B. das Menschenopfer nicht gehörte. Während das Recht der Völker, das *ius gentium,* also enger gefaßt war als das *ius civile* der Bürger, erfährt es im Laufe der Zeit eine erweiterte Bedeutung und wird im 17. Jahrhundert zur Bezeichnung für das Völker-Recht. Aber bereits die von der Stoa beeinflußten römischen Schriftsteller benutzen ,,das Recht der Völker" zuweilen im Sinne von ,,Recht, das für alle Lebewesen gilt" *(ius animantium)*[48] – das in keiner Gesellschaft galt, das die Stoiker in ihren Schriften aber geltend gemacht hatten.

Seneca schreibt in seiner ersten (erhaltenen) Schrift, daß der Zufall *(fortuna)* die gemeinsamen Güter schlecht verteilt und unter gleichem Recht Geborene anderen unterstellt habe,[49] und betonte immer, daß das Wesentliche nicht die soziale Stellung, sondern die moralische Einstellung sei. Ob man aber eine der großen Stellungen, die Ehrenämter, *honores,* wie sie hießen, weil sie unbezahlt waren und nur von vermögenden Leuten bestritten werden konnten, zu erreichen vermochte, das hing nicht von der moralischen Einstellung ab, sondern eben von der Größe des Vermögens, dem angeborenen Rang und besonders den ,,Freundschaften". Vielleicht lag es nicht nur an seiner Krankheit, sondern auch an seinen philosophischen Skrupeln, daß Seneca so lange brauchte, bevor er die öffentliche Laufbahn einschlug, die man mit 25 betreten konnte – Seneca war mehr als zehn Jahre älter, als er endlich so weit kam. Gerade weil der Einfluß, den man durch ein Amt ausüben konnte, begrenzt war, befriedigte es vor allem den Ehrgeiz – oder tat gerade das nicht, denn das erste Amt, die Quästur, qualifizierte für die Prätur, und diese wiederum für das Konsulat, und man empfand es nahezu als Schande, wenn man nicht als Konsul die Spitze der Leiter erklomm und ein Jahr nach einem benannt wurde. Seneca erwähnt die Amtsrangleiter mehrere Male als Beispiel für das Eitle im menschlichen Streben.

Sein großer Bruder Novatus hatte jedoch den Weg geebnet; es hatte ihm sicher weitergeholfen, daß er vom Senator Junius Gallio adoptiert worden war, der allerdings Tiberius' Zorn auf sich gezogen hatte. Aber Seneca hatte andere Beziehungen, er hatte besonders die Schwester seiner Mutter, die ja die Witwe eines kaiserlichen Präfekten war: ,,Sie hat für meine Wahl zum Quästor ihren Einfluß geltend gemacht und, die nicht einmal eines Gespräches und einer feierlichen Begrüßung Kühnheit ertrug, für mich aus Zuneigung besiegt ihre Scheu." Sie wurde ,,für mich sogar ehrgeizig."[50] Ambitiös wäre in diesem Zusammenhang das richtigere Wort: *ambitiosus* bedeutet

„einer, der herumgeht" und ein Wort für sich selbst oder seinen Schützling einlegt; so erhält das Wort allmählich die Bedeutung von ehrgeizig und gefallsüchtig.

Senecas Tante gefiel dem richtigen Zuständigen, Seneca wurde Quästor (Finanzbeamter) und damit, nach dem Ende seiner Amtszeit, auch Senator. Zu diesem Zeitpunkt war Caligula Tiberius auf den Thron gefolgt, und Rom war vom Regen in die Traufe geraten.

IV. Der Tyrann und der Weise

Der Gott Caligula

Als Caligula auf Tiberius folgte, atmeten alle erleichtert auf. Der Philosoph Philon, der ein paar Jahre nach der Thronbesteigung als Wortführer einer Gesandtschaft von Juden aus Alexandria, die angeklagt waren, ihn nicht als Gott verehren zu wollen, beim Kaiser vorgelassen wurde, erzählt in seinem Bericht über die höchst seltsame Audienz, daß das goldene, das Saturnische Zeitalter nicht mehr als Mythos verstanden wurde, ,,gab es doch Wohlstand und Überfluß, Freiheit von Sorge und Furcht, häusliche und öffentliche Volksfeste bei Tag und Nacht, die ohne Unterbrechung die ersten sieben Monate fortwährend stattfanden".[1]

Noch einmal war das eiserne Zeitalter in ein goldenes umgeschlagen. Obgleich Philon kein zuverlässiges Bild vom tatsächlichen Zustand des Reiches liefert, vermittelt er doch einen Eindruck von einer vorherrschenden Stimmung, von der Bereitschaft der Vielen, den Einen anzubeten. Für ein Volk, das an der Macht nicht teilhat, ist die Identifikation mit den Mächtigen die einzige Art und Weise, sich mächtig zu fühlen. Um diesem Bedürfnis nach Zusammengehörigkeit entgegenkommen zu können, mußte der Fürst jedoch entweder eine respekteinflößende Vatergestalt oder ein hoffnungsvoller Jüngling sein. Mit dem unzugänglichen und unberechenbaren Tiberius hatte sich das Volk nicht identifizieren können. Um so mehr hatte es Anteil genommen an den Unglücksfällen, die Germanicus und dessen Familie betroffen hatten. Als nun der letzte und jüngste Sohn des Germanicus, der 25jährige Gajus, den das Volk bei seinem Kosenamen Caligula nannte, die Kaisermacht erhielt, empfand man das als einen Sieg der Gerechtigkeit und den Beginn einer neuen Zeit. Caligula wurde – noch immer mit den Worten Philons – als ein Erlöser und Wohltäter betrachtet, der Quellen von Wohltaten über Asien und Europa ergießen werde. Um so größer war das Entsetzen, als der Kaiser nach den ersten sieben Festmonaten in schwere Krankheit verfiel: ,,Alle Teil der bewohnten Welt wurden mit Gaius krank. Sie jedoch litten unter einer schwereren Krankheit als die, die ihn niederwarf. Denn diese hatte allein seinen Körper befallen, die Krankheit der Menschheit aber ergriff alles, ihr seeliches Wohlbefinden, ihren Frieden, ihre Hoffnungen, ihre Teilnahme am Wohlstand und dessen Genuß. Sie vergegenwärtigten sich nämlich, wieviel gefährliche Übel aus einer Anarchie entstehen: Hunger, Krieg, Zerstörung der Pflanzungen, Verwüstung der Felder, Plünderungen des Besitzes, Entführungen, die verzweifelte Furcht vor Knechtschaft und Tod. Für sie gebe es keinen Arzt, nur ein Heilmittel: die Wiederherstellung des Gaius."[2]

Die Teilnahme war, so erzählt Sueton, so groß, daß einige für die Genesung des Kaisers mit der Waffe in der Hand kämpfen wollten und andere gelobten, ihr eigenes Leben für das seine zu opfern – ein Gelöbnis, das Caligula nach seiner Genesung eingelöst sehen wollte.[3] Man weiß nicht, an welcher Krankheit Caligula litt und ob sie einen Teil der Erklärung für das ungewöhnliche Verhalten, das er danach zur Schau stellte, liefern kann, doch auch ohne diese Erklärung erscheint es nicht völlig unerklärlich. Er war im Lager seines Vaters als der Liebling der Soldaten aufgewachsen. Weil er als Kind die Kleidung eines Soldaten mit Stiefeln *(caligae)* trug, wurde er Caligula genannt. Er hatte als Fünfjähriger nach des Vaters Sieg in Germanien an dessen Triumph und als Siebenjähriger an dem Trauerzug nach dessen Tod teilgenommen, der auch zu einem gegen Tiberius gerichteten Demonstrationszug geworden war. Man hatte ihn daran gewöhnt, sich als ein besonders ausgezeichnetes, aber auch Gefahren besonders ausgesetztes Wesen zu betrachten: Er sah, wie seine Mutter verbannt wurde und hörte von dem Tod seiner Brüder, während er selbst auf der Kaiserburg in Rom in einer Art Gefangenschaft gehalten wurde, so wie später auf Capri, und er mußte erwarten, daß die Reihe auch an ihn kommen werde. Er war Zeuge von Tiberius' Überdruß angesichts der Schmeicheleien, die aber doch nötig waren, wenn man nicht in Ungnade fallen wollte. Er selbst überlebte durch seine Untertänigkeit und seine Fähigkeit, seine Rachegelüste zu verbergen. Dem Redner Passienus Crispus zufolge war er der beste aller Sklaven – und der schlechteste aller Kaiser. Als Kaiser zog er die Konsequenzen aus seinen Erfahrungen am kaiserlichen Hof und machte sich selbst zur Hauptperson in einer grauenhaften Farce, einem absurden Drama, dessen Spannung und Komik darauf beruhte, daß jeder einzelne Rolleninhaber jeden Augenblick sein Leben verlieren konnte. Es ist absurd, daß *ein* Mensch uneingeschränkt über alle anderen herrscht, eine solche Macht kommt sonst nur den Göttern zu, und in gewisser Weise war es logisch, daß Caligula sich selbst und im übrigen auch seine Schwester Drusilla, mit der er die Ehe einging, zum Gott erhob: ,,Die Herdenführer vierbeiniger Lebewesen, Rinder-, Ziegen- und Schafhirten, sind weder Rinder, noch Ziegen, noch Schafe, sondern Menschen, vom Schicksal ausgestattet mit höherer Bestimmung und Anlage. Genauso muß man auch bei mir als dem Herdenführer der bedeutendsten Herde, der des Menschengeschlechts, im Unterschied zu dieser mein Wesen für nicht menschenartig halten, vielmehr im Besitz einer höheren, göttlichen Bestimmung sehen."[4]

Caligula empfing die Juden aus Alexandria in einer großen Parkanlage, deren Gebäude er gerade näher in Augenschein nahm. Sie begrüßten ihn als Augustus, und er beantwortet ihren Gruß ,,so höflich und leutselig, daß wir nicht nur an unserer Sache, sondern auch an unserem Leben verzweifelten". Der Kaiser sagte: ,,Ihr seid also die Gottesverächter, die nicht glauben, ich sei ein Gott, ich, der ich schon bei allen anderen anerkannt bin, sondern ihr glaubt an den für euch unbenennbaren Gott!" Die Juden antworteten, daß sie bei seiner Thronbesteigung große Opfer gebracht hätten. „Das mag wahr sein", antwortete der Kaiser, „ihr habt geopfert, aber einem anderen Gott, wenn es auch für meine Person gewesen ist. Was hilft das, ihr habt ja nicht mir geopfert." Caligula ging in ein anderes Gebäude, und die Juden mußten ihm folgen. „Treppauf, treppab, wobei uns unsere Prozeßgegner verhöhnten und verspotteten, gerade so, wie es in Theaterpossen geschieht. Denn tatsächlich war auch die ganze Angelegenheit Stoff für eine Posse. Der Richter hatte die Rolle des Anklägers übernommen, die Ankläger die Rolle eines schlechten Richters, der sein Augenmerk auf Feindseligkeit, nicht aber auf das Wesen der Wahrheit richtet"; die Ankläger folgten nämlich der Prozession und taten lauthals ihren Beifall kund, wenn Caligula den Juden ihre Lebensweise vorwarf. In einem müßigen Augenblick stellte er eine sehr wesentliche und feierliche Frage: „Warum enthaltet ihr euch des Genusses von Schweinefleisch?", und während die Gegner jubelten, versuchten die Juden zu sagen, daß verschiedene Völker verschiedene Sitten hätten und daß einige auch kein Hammelfleisch äßen. „Und das mit Recht", antwortete der Kaiser, „denn es schmeckt nicht." Als sie in ihrer Erklärung fortfuhren, stürzte er in ein neues Zimmer, wo er den Befehl gab, durchsichtige Steine in die Fenster einzusetzen. Dann fiel seine Aufmerksamkeit wieder auf die Juden, und er fragte: „Was sagt ihr da?", und sobald sie anfingen etwas zu sagen, ging er in einen anderen Raum, wo er befahl, die Gemälde aufzuhängen. Doch zuletzt ließ er sich besänftigen und sagte: „Sie scheinen mir weniger schlechte als armselige Menschen zu sein, Dummköpfe, die nicht glauben wollen, daß mir eines Gottes Natur gehört."[5]

Trost im Tode – der Tod als Trost

Philon ist der eine der beiden Zeitgenossen, die Caligula geschildert haben, Seneca der andere. Seneca war ein beliebter Redner geworden, aber Caligula, der sich für den größten aller Redner hielt, mochte ihn nicht und sagte mit einem architektonischen Bild von ihm, er baue lauter Fugen im Mauerwerk und sein Sand sei ohne Kalk.[6] Götter mögen es nicht, wenn Menschen mit ihnen wetteifern, und Caligula war ja ein Gott: „Lucius Annaeus aber, der alle Römer seiner Zeit und viele andere an Weisheit übertraf, hätte beinahe ohne irgend eine Verschuldung, oder auch nur den Schein davon, sein Leben verloren, weil er in seiner Gegenwart eine Rechtssache mit Geschicklichkeit durchgeführt hatte. Schon hatte er den Befehl zu seiner Hinrichtung ausgefertigt, gab ihn aber wieder frei, weil ihm eine von den Weibern, mit denen er Umgang pflegte, sagte, daß er schwindsüchtig sei und ohnedies nicht mehr lange leben werde."[7] Vielleicht ist es diese Episode, auf die Seneca in einem Brief anspielt, in dem er von seiner Krankheit erzählt und die andernfalls dunklen Worte hinzufügt: „Bei vielen hat Krankheit den Tod verzögert, und es wurde ihre Rettung, daß es so schien, als sollten sie sterben."[8]

Unter so unsicheren Umständen konnte es notwendig sein, sich philosophisch gegen den Tod zu rüsten; Senecas erste (erhaltene) Schrift ist ein Trostbrief an eine Frau, *Marcia,* die den Verlust eines Sohnes nicht verwinden konnte, der doch eines natürlichen Todes gestorben war. Seneca sagt in seiner umständlicheren philosophischen Art ungefähr das gleiche wie Hans Christian Andersen in seiner „Geschichte einer Mutter": Wir kennen unser Los nicht, einige werden zum Glück, andere zum Unglück geboren, und selbst derjenige, der wie Marcias Sohn ein glückliches Leben geführt hat, ist vor den Launen des Zufalls nicht sicher. Gerade derjenige, der am allerglücklichsten gestellt ist, mag den allerbesten Grund haben, sich den Tod zu wünschen – ein Gedanke, den wir ebenfalls von Hans Christian Andersen kennen, der seinen „Lykke-Peer" im höchsten Glück sterben läßt. Doch diese allgemeinen Bedingungen sind noch weiter verschärft, denn „wen immer kannst du finden, heute, dessen Verhältnisse so gut geordnet und gegründet sind, daß er nichts beim Fortschreiten der Zeit zu fürchten hat?"[9] Seneca nimmt Abstand von den Mythen über das Totenreich und seine Qual und verweilt statt dessen bei den Qualen, die Menschen nach allen Regeln der Kunst anderen Menschen zufügen (obgleich im Prinzip „nur" Sklaven): „Ich sehe dort Marterhölzer, nicht *einer* Art allein freilich, von den einen so, von den anderen anders hergestellt: mit dem Kopf zur Erde schlagen manche ans Kreuz, andere treiben einen Pfahl durch die Schamteile, andere breiten am Kreuz die Arme aus; ich sehe Folterseile, ich sehe Geißeln; und für die Glieder, für die Gelenke haben sie einzelne Werkzeuge erfunden. Aber ich sehe auch den Tod."[10] Was wäre ein so bedrohtes Leben wert ohne das Bewußtsein, daß es einmal ein Ende nimmt! Das Leben kann man lieben, *weil* es aufhört. Nur auf *eine* Art und Weise kann man intensiv leben, nämlich indem man sein Leben ausfüllt.

Der Trostbrief, *consolatio,* war eine beliebte Gattung in der Philosophie des Altertums, die sich ja in den schwierigsten Situationen bewähren sollte. Seneca verfährt nach einem alten Muster, wenn er zuerst auf Marcias Situation eingeht und die Berechtigung ihrer Trauer anerkennt, um ihr danach allmählich den Boden zu entziehen, da die Trauer dem Toten nicht nützt, sondern nur den Lebenden schadet. Von Übel ist dabei nicht die erste unmittelbare Gemütsbewegung, denn diese ist nicht dem Willen unterworfen, doch hinter der anhaltenden, verhärteten Trauer kann sich ein trotziger Wille verbergen, und ein unglücklicher Mensch kann geradezu Trost und Genuß in seinem Leiden suchen. Hinzu kam, daß in Rom, wo Klageweiber bei Todesfällen obligatorisch waren, das Tragen von Trauer als pietätvoll galt, so daß die Konvention – vor allem von der Frau – mehr Tränen forderte als der Verlust. Doch Seneca gibt in diesem Zusammenhang ein

Beispiel für den Unterschied zwischen der Konvention und dem „Gesetz der Natur": Die Trauer des Tieres ist groß, doch von kurzer Dauer, und wenn Frauen leichter weinen als Männer und Barbaren leichter als zivilisiertere Völker, so kann das seinen Grund nicht in der Natur haben, denn das Natürliche ist nicht „verschieden".

Für Seneca äußert sich die *virtus* vor allem als Widerstandskraft, und während die altrömische *virtus* dem Mann *(vir)* vorbehalten war, betont Seneca in Übereinstimmung mit der stoischen Tradition, daß zwischen Frau und Mann kein wesentlicher Unterschied bestehe: die Frau besitze ebensogroße moralische Kraft. Unter den Beispielen, die Seneca zur Nachahmung empfiehlt, befinden sich mehrere römische Heldinnen, ja, Seneca kann sogar Marcia selbst nennen, die sich in einer unglücklichen Lage Respekt erworben und erkannt hatte, daß der Tod besser sein kann als das Leben. Ihr Vater, Cremutius Cordus, hatte die Geschichte des Bürgerkriegs geschrieben und war unter dem Regime des Sejanus angeklagt gewesen, Brutus gelobt und Cassius den letzten Römer genannt zu haben – dies war, schreibt Tacitus, ein bisher unbekanntes, neuerfundenes Verbrechen.[11] Cremutius starb eines freiwilligen Hungertodes, Marcia versuchte nicht, ihn daran zu hindern, sondern rettete sein Werk für die Nachwelt. Caligula, der gegen den literarischen Geschmack seiner Vorgänger reagierte und die Büsten von Vergil und Livius entfernt sehen wollte, gestattete dafür, daß das Werk des Cremutius Cordus erschien.

Unter seinen Trostgründen führte Seneca an, daß der Mythos nicht einmal die Götter von der Trauer ausnehme und das Unglück auch die Kaiser nicht verschone, „daß sie auch auf diese Weise dem Menschengeschlecht nützlich seien, indem sie zeigen, daß nicht einmal diejenigen, die von Göttern gezeugt sein und Götter zeugen sollen, so ihr eigenes Schicksal in ihrer Gewalt haben wie fremdes."[12] Die bisherigen Kaiser, den göttlichen Cäsar und seinen Sohn Augustus und Tiberius nennt er als Beispiele für Männer, die den Verlust ihrer Familie gefaßt haben ertragen können. Caligula wird nicht erwähnt, doch das Schweigen ist beredt. In einer etwas späteren Trostschrift spricht er von ihm als dem „Mann, der ebensowenig Schmerz wie Freude in kaiserlicher Haltung empfinden konnte";[13] als seine Schwester, Kaiserin und Göttin Drusilla gestorben war, ordnete er Landestrauer an und bestrafte alle, die nicht traurig aussahen, während er selbst seine Zuflucht zu leeren Zerstreuungen nahm.

Das Recht zum Aufstand

Daß Caligula in dem Trostbrief an Marcia nicht erwähnt wird, zeigt, daß der Brief vor seinem Tode im Jahre 41 geschrieben und vermutlich auch veröffentlicht wurde; denn in den späteren, und besonders in den direkt darauf folgenden Schriften drängte Caligula sich immer wieder als Beispiel für das Schlimmste auf, das Seneca sich vorstellen konnte: einen Menschen, der nicht nur seine Affekte nicht beherrschen konnte, sondern dem es sogar Vergnügen bereitete, wenn er sie an anderen auslassen konnte. Er konnte die Steuereinnahmen aus drei Provinzen für eine einzige Mahlzeit verschwenden,[14] kümmerte sich aber nicht um die Lebensmittelzufuhr nach Rom. Er konnte sich wünschen, das gesamte römische Volk möge nur einen Hals haben, damit man alle seine Verbrechen mit einem Schlag ausrotten könne, da das aber nicht der Fall war, ließ er die Köpfe einzeln rollen und schaffte eine ansehnliche Anzahl. Der ,,zuweilen so liebenswürdige und zuvorkommende junge Kaiser" konnte sich gegenüber den Familien der Hingerichteten so rücksichtsvoll zeigen, daß er sie bereits am Hinrichtungstag zu seiner Tafel einlud und darüber wachte, daß sie sich auch richtig amüsierten;[15] er konnte sie auch hinrichten lassen, um sie ihrer Trauer zu entheben. ,,Geschlagen hatte er mit Geißeln Senatoren: er selbst hat bewirkt, daß man sagen kann: ‚Üblich ist das'; gefoltert hat er mit allem, was in der Welt das Abstoßendste ist, mit Stricken, Fußeisen, Folterbank, Feuer – seinem Gesicht."[16] Sueton erzählt, daß Caligula sich darin übte, die Leute durch sein bloßes Äußeres völlig zu verschrecken, und vor dem Spiegel wilde Grimassen einstudierte,[17] was nach Senecas Meinung überhaupt nicht notwendig war: er war abschreckend genug durch seinen lauernden Blick, seine fahle Gesichtsfarbe, seinen Greisinnenkopf mit dem dünnen Haar, seine mageren Beine und enormen Füße.[18] Man durfte ihn weder Caligula noch Gajus nennen, und Nichtigkeiten empfand er als Majestätsbeleidigung, aber er liebte es, die wunden Punkte bei anderen zu treffen – was sich schließlich rächte. Der Gardetribun[19] Cassius Chaerea hatte eine etwas feminine Stimme; Caligula deutete an, daß er auch ein etwas feminines Sexualleben habe, und gab ihm Parolen wie ,,Venus" und ,,Priapus", – Chaerea wurde der Anführer der Verschwörung, der Caligula zum Opfer fiel: Er war es, der dem Kaiser den Kopf abschlug. Caligula versuchte bis zuletzt, den Feind zum Narren zu halten und sagte, als er starb: Ich lebe noch.

In seinen beiden nächsten Schriften – ,,Über den Zorn" und ,,Von der Standhaftigkeit des Weisen" – schrieb Seneca darüber, daß es verkehrt sei, sich zu Zorn und Rache aufstacheln zu lassen, und über die Unempfänglichkeit des Weisen für Kränkungen. Aber eigentümlicherweise erwähnt er in diesem Zusammenhang *Chaerea,* der sich ja zu Zorn und Rache hatte aufstacheln lassen und für Kränkungen empfänglich war, positiv: ,,Eben dies wird ein Trost sein, auch wenn unsere Umgänglichkeit auf Rache verzichtet hat, es werde einen geben, der den Unverschämten, Hoffärtigen und Ungerechten straft, Fehler, die sich niemals an *einem* Menschen oder bei *einer* Kränkung erschöpfen."[20] Anscheinend ist die Umgänglichkeit, die Fügsamkeit *(facilitas),* von der hier die Rede ist, nicht positiv gemeint. Die heikle politische Frage, ob es unter allen Umständen weise ist, sich alles gefallen zu lassen, stellt Seneca nicht direkt, und das war in Anbetracht der Umstände wohl auch nur schwer möglich; doch Cato tritt nicht nur als das Muster des Weisen, der sich nicht kränken läßt, auf, sondern auch als Vorbild eines Widerstandskämpfers, der sich nicht tyrannisieren läßt. Herkules, der alle möglichen Greuel bekämpfte und besiegte, galt deswegen der stoischen Philosophie als ein mythisches Vorbild des Weisen, doch was Herkules im Mythos tat, tat Cato in Wirklichkeit: ,,Cato hat ... weder Ungeheuer mit Feuer und Schwert beseitigt, noch ist er in ein Zeitalter geraten, in dem man glauben konnte, der Himmel laste auf den Schultern eines einzigen, denn schon war der alte, unbefangene Glaube dahin und die Zeit zu höchstem geistigem Raffinement fortgeschritten. Mit der politischen Intrige zusammengeraten, dem vielgestaltigen Übel, und mit der maßlosen Gier nach Macht, die der ganze Erdkreis, unter drei Männer verteilt, nicht sättigen konnte ... stand er allein; ... weder nämlich lebte Cato nach dem Tode der Freiheit weiter, noch die Freiheit nach dem Tode Catos."[21] Wie sollte man diesem Vorbild unter Caligula nacheifern, dessen Machthunger durch die *ganze* Welt nicht zu stillen war – unter ,,diesem Menschen, der dazu geboren war, die Sitten einer freien Gesellschaft persischer Knechtschaft weichen zu lassen"?[22]

Seneca schreibt nicht, daß die Leute sich gegen einen Tyrannen erheben *sollen,* sondern daß sie es tun *werden,* wenn er es lange genug so getrieben hat. ,,Aber während nützlich ist für Dienende: ihrer Leidenschaften – und zumal dieser besonders wütenden und entbrannten – Beherrschung, ist sie nützlicher für Könige: untergegangen ist alles, sobald, was der Zorn rät, die Stellung ermöglicht, und nicht lange kann Macht, die unter vieler Elend ausgeübt, bestehen: sie gerät nämlich in Gefahr, sobald die, welche einzeln stöhnen, gemeinsame Furcht verbunden hat. Die meisten haben sie daher bald einzeln getötet, bald gemeinsam, wenn sie ihren Zorn zu vereinen der allgemeine Schmerz gezwungen hatte."[23] Ähnliches sagen die umgänglicheren Männer in Senecas Tragödien zu den Tyrannen (vgl. S. 261 f.), und die Tyrannen antworten ungefähr mit den gleichen Worten, wie sie Caligula gegenüber dem Senat gebrauchte: Diese fügsame Versammlung habe erst einem Sejanus, dann einem Tiberius gehuldigt und sie dann beide verhöhnt, wieviel Gewicht könne er, Gajus, dann darauf legen, daß der Senat jetzt *ihm* huldige? Tiberius habe, so behauptete Caligula, ihm folgendermaßen geraten: Du ,,darfst ... keinen von ihnen lieben oder schonen. Alle hassen dich, alle wünschen deinen Tod und werden dich ermorden, wenn sie es vermögen ... du bist in deinem vollen Recht, wenn du selbst einzig nur an dein Vergnügen und deine Sicherheit denkst. Denn so widerfährt dir kein Übel, wird dir jeglicher Genuß zuteil, und du lässest dich dann von ihnen ehren, sei's ihnen Ernst oder nicht. Im andern Falle gehst du leer aus, erntest bloß eiteln Ruhm, und gewinnst nicht nur nichts, sondern stirbst ruhmlos ein Opfer ihrer Tücke. Von freien Stücken gehorcht keiner einem andern: so lange er fürchtet, tut er dem Mächtigern schön, und sobald er sich ein Herz faßt, läßt er's den Schwächeren entgelten."[24]

Die Senatoren waren entsetzt. Sie konnten sich nicht damit trösten, daß dies ein schlechter Spaß des launischen Kaisers sei, er hatte einfach unangenehme Wahrheiten beim Namen genannt: Er mordete in Notwehr – und *ihre* einzige effektive Notwehr bestand darin, ihn zu ermorden. Vielleicht hatte Caligulas Rachelogik einen Fehler: Wenn es der grausame Fürst ist, der die große Gefahr für seine Untertanen darstellt, dann ist er es auch – und nicht der gütige Fürst –, der sich *in* der größten Gefahr befindet. Seneca sollte später Nero einschärfen, daß Güte der beste Schutz eines Fürsten ist, aber für Caligula gab es keinen Weg zurück zur Stellung als „Erlöser und Wohltäter", und für seine Untertanen gab es keinen Weg nach vorn, der nicht über seine Leiche geführt hätte.

Agrippina und ihre Mitverschworenen

Die Säuberungsaktionen innerhalb der kaiserlichen Familie hatten dazu geführt, daß Caligula keinen nahen Verwandten besaß, der ihm den Rang streitig machen konnte. Nur seine drei Schwestern hatten überleben dürfen, denn die konnten ja nicht Kaiser werden. Caligula hatte anfangs ein gutes Verhältnis zu seinen Schwestern; Sueton weiß zu erzählen, daß er mit allen dreien auch ein sexuelles gehabt habe.[25] Er ließ seine Leute bei sich und seinen Schwestern schwören und die Konsuln alle Reden mit einem Segenswunsch für die gleichen hohen Personen beginnen. Später ließ er sie nur bei der Gottheit der Drusilla schwören, und die beiden anderen Schwestern, *Agrippina* und *Julia Livilla,* fühlten sich möglicherweise übergangen, vor allem, da Caligula während seiner Krankheit Drusilla zur Erbin seines gesamten Vermögens einsetzte.

Drusilla war zu diesem Zeitpunkt noch mit *M. Ämilius Lepidus* verheiratet. Dieser war von altem Adel und konnte sich durch seine Ehe Hoffnungen auf den Thron machen. Caligula enttäuschte seine Hoffnungen, indem er sich von seiner Krankheit erholte und Drusilla zur Frau nahm. Aber als Caligula sich immer unmöglicher machte, versuchte Ämilius Lepidus seine Möglichkeiten zu nutzen. Konnte Drusilla ihm den Weg zum Thron nicht ebnen, dann konnte es möglicherweise Agrippina.

Agrippina war im Jahre 28 als etwa Zwölfjährige mit *Cn. Domitius Ahenobarbus* verheiratet worden und hatte ihm am 15. Dezember 37 einen Sohn geboren, den sie Lucius Domitius Ahenobarbus nannten und der später den Namen Nero erhielt. Der Sage nach weissagte man Nero, daß er Kaiser werden, aber seine Mutter ermorden werde; Agrippina habe voller Mutterliebe geantwortet: Soll er mich ermorden, wenn er nur Kaiser wird. Doch das klingt nicht sehr wahrscheinlich, denn so selbstlos war Agrippina nicht. Zwar ebnete sie ihrem Sohn den Weg zum Thron, aber damit ebnete sie ihn auch für sich selbst. Da sie als Frau nicht zur höchsten Macht gelangen konnte, brauchte sie die Hilfe der Männer, und die wußte sie sich zu verschaffen. Sie besaß nicht nur Intelligenz und Schönheit, sondern war ohne Zweifel auch im Besitz eines unerschütterlichen Bewußtseins von ihrem Recht, dem Recht ihres Blutes auf den Thron: sie war Enkelin sowohl von Augustus als auch von Livia (die keine gemeinsamen Kinder hatten). Das war Caligula zwar auch, doch da er durch sein absonderliches Verhalten die Familie zum Ärgernis machte, mußte es ganz natürlich an ihr sein, die Ehre und Würde der Familie wieder herzustellen. Obgleich Agrippina selbst kein noch so unmoralisches Mittel scheute, um ihr Ziel zu erreichen, war sie moralisch entrüstet, wenn ihre vornehmen Verwandten ihre Würde nicht zu bewahren vermochten – nach außen hin.

Es kam zu einem Einverständnis und sogar zu einer sexuellen Beziehung zwischen Agrippina und Ämilius Lepidus. Tacitus meint, sie habe sich ihm wohl eher aus Machtgier als aus Begierde hingegeben.[26] Agrippina versuchte immer – und vermochte es in der Regel auch –, ihre männlichen Werkzeuge in der effektivsten Weise an sich zu binden.

Im Jahre 39 zog Caligula, der ja immerhin der Sohn des Germanicus war, in den Krieg gegen die Germanen. Dieser Kriegszug hatte kein militärisches Ziel oder Ergebnis. Sueton erzählt, daß Caligula einige von seinen germanischen Leibwächtern sich auf der anderen Seite des Rheins verstecken ließ, worauf er auf sie losgezogen sei und tapfer die Zweige von den Bäumen gehauen habe.[27] Der Kaiser hatte jedoch Ämilius Lepidus und seine beiden Schwestern mit in den Krieg genommen, was darauf hindeutet, daß er damit dennoch ein Ziel verfolgte und daß er sich seltsam benahm, um den Feind zum Narren zu halten. Der Feind, das waren nicht die Germanen, sondern das war *Cornelius Lentulus Gaetulicus,* der zehn Jahre lang die Truppen im oberen Germanien befehligt hatte und eine so starke Stellung einnahm, daß er die Anklage hatte abweisen können, mit Sejanus unter einer Decke gesteckt zu haben. Jetzt steckte er allem Anschein nach mit Lepidus und Agrippina unter einer Decke, und Caligula hatte Wind davon bekommen. Der Feldzug endete damit, daß Lepidus und Gaetulicus geköpft und Agrippina und Julia Livilla verbannt wurden. Als Beweis ihrer Schuld wurde ihr Briefwechsel veröffentlicht.

Seneca erwähnt Gaetulicus an einer Stelle, wo er den Lucilius rühmt, an den er seine Briefe schrieb, und ihm diese Worte in den Mund legt: „Gajus hat mich nicht dazu vermocht, meine Freundschaft für Gaetulicus zu verraten."[28] Er erwähnt auch Lepidus in einem seiner Briefe und erinnert sich 23 Jahre nach der Verschwörung noch an den Namen des Militärtribunen Dexter, der ihn geköpft hatte. Man kann daraus schließen, daß Senecas enger Freund Lucilius in die Sache verwickelt war, und vermuten, daß auch Seneca es gewesen ist. Das ist zwar eine Vermutung, die man bisher noch nicht vorgebracht hat, aber man hat bisher auch noch keine Erklärung für das andernfalls höchst seltsame Faktum gegeben, daß Seneca, der keinem vornehmen Geschlecht entstammte, ein enges Verhältnis zu Caligulas Schwestern entwickelte – und ein so enges zu Julia Livilla, daß er später angeklagt wurde, mit ihr ein unzüchtiges Verhältnis gehabt zu haben. Die angemessenste Erklärung ist, daß Agrippina in ihrem Versuch, den Bruder zu stürzen, nach Bundesgenossen gesucht hat, und das natürlich unter seinen Feinden. Und Caligula war ja insbesondere den bekannten Rednern feindlich gesinnt. Zu ihnen gehörte auch jener Passienus Crispus, der von Caligula sagte, er sei der beste aller Sklaven und der schlechteste aller Kaiser, und den Agrippina nach dem Tode ihres ersten Mannes heiratete.

Da Caligula die Reihen der Intellektuellen kräftig lichtete, hatten sie ein Interesse an seinem Sturz, ein Interesse, das sich mit der stoischen Philosophie rechtfertigen ließ. Die traditionelle Erklärung dafür, daß Gaetulicus, der trotz seiner militärischen Karriere Dichter und Historiker war, hingerichtet wurde, lautet, daß Caligula ihn wegen seiner Beliebtheit bei den Soldaten fürchtete und eine Verschwörung zum Vorwand nahm, ihn zu treffen. Wahrscheinlicher ist jedoch (was auch Caligulas Verteidiger J.P.V.D. Balsdon[30] meint), daß er in der Verschwörung von Agrippina und Lepidus eine zentrale Stellung einnahm und daß Caligula in den Krieg zog, um einem Aufstand zuvorzukommen, vor allem, da er vor seinem Aufbruch beide Konsuln ausgewechselt hatte.

Das Sonderbare daran, daß Seneca eine Schrift über die Weisheit der Haltung, die sich nicht von Kränkungen beeinflussen läßt, mit den tröstenden Worten abschließt, es werde schon einer kommen und uns rächen, wird weniger sonderbar, wenn man bedenkt, daß Seneca nicht klar und eindeutig für einen Tyrannenmord eintreten, sondern nur andeuten konnte, daß unsere „Fügsamkeit" Grenzen haben muß. Seneca sympathisierte mit Chaerea und hatte allem Anschein nach mit Gaetulicus, Agrippina und Julia Livilla mehr als sympathisiert – und das sollte ihm zum Verhängnis werden.

Der Schriftsteller und seine „Bücher"

Senecas drei Bücher „Über den Zorn" *(De ira)* stellen sein erstes größeres Werk dar. Es entstand ganz deutlich unter dem Eindruck von Caligulas Regime: Caligula drängt sich immer wieder auf, so daß Seneca an einer Stelle sich selbst daran erinnern muß, daß er ja nicht die Verrücktheit des Gajus, sondern den Zorn zu beschreiben beabsichtige,[31] wenn die Grausamkeit des Gajus auch in hohem Maße zur Sache gehöre. Das erste Buch ist vermutlich noch in Caligulas Todesjahr, 41, erschienen, doch *wissen* wir nichts über das Erscheinungsdatum von Senecas Werken und darüber, wie sie aufgenommen wurden, und wir kennen sie nur aus mittelalterlichen Handschriften, von denen die ersten aus dem 8. Jahrhundert nach Christus – und also auch nach Seneca – stammen.[32]

Hier, zu Beginn von Senecas schriftstellerischer Karriere, muß erwähnt werden, daß einem Römer als Schriftsteller keine finanzielle Karriere offenstand. Er besaß keinerlei Urheberrechte an seinem Werk, jeder konnte es abschreiben und verkaufen, aber in der Regel verkaufte es der Autor an einen Buchhändler, der es äußerst effektiv vervielfältigte: ,,Zwanzig Schreiber, die mehrere Stunden am Tag arbeiteten, konnten ohne weiteres in einem Bruchteil der Zeit, die heutzutage zur Veröffentlichung auch des kleinsten Buches benötigt wird, tausend Abschriften herstellen, was damals schon eine ganz hübsche Auflage war."[33] Der Text wurde nach Diktat auf die Papyrusbogen niedergeschrieben, die man zu einer Rolle zusammenklebte *(volumen),* durch die man sich beim Lesen langsam hindurchrollte und aus der sich schwer vorlesen ließ, wenn man dabei auch mit den Armen fuchteln wollte, was die Römer gern taten. Schwierig konnte es auch sein, wenn man sich zu einem Zitat vorrollen wollte. Deshalb zitieren die Römer oft ungenau, aus dem Gedächtnis. Großere Werke waren in ,,Bücher" eingeteilt, die oft eine Rolle für sich füllten. Senecas ,,Bücher" haben in der Regel eine Länge von 30–40 Druckseiten.

Die Autoren konnten ihre Werke auch veröffentlichen, indem sie sie selbst vorlasen. Das konnte entweder vor einer Zuhörerschaft von besonders geladenen Gästen geschehen, die es offensichtlich als eine der Pflichten und Plagen des gesellschaftlichen Lebens betrachteten, als literarisches Publikum auftreten zu müssen, oder der weniger etablierte Dichter konnte mit den Armen fuchteln und seine Stimme überall dort erheben, wo er Zuhörer witterte, auf dem Marktplatz oder in der Badeanstalt: zum römischen Straßenlärm gehörte auch Poesie. Seneca dürfte kaum versucht haben, seine Werke auf diese Weise zu verbreiten, doch auch er mußte sich gelegentlich zu Lesungen einfinden: ,,Da kommt ein Vorleser, hat einen gewaltigen, ganz eng beschriebenen und fest zusammengehefteten Packen Blätter unter dem Arm und liest einen beträchtlichen Teil davon vor. Dann erklärt er: ,Ich höre sofort auf, wenn ihr wollt', – und alle, die im Stillen den Wunsch haben, er möchte endlich den Mund halten, rufen wie aus einem Munde: ,Lies weiter, lies weiter!'"[34]

,,Über den Zorn"

Es ist verlockend, Senecas *ira* durch eine Übersetzung in ,,Aggression" zu aktualisieren, um so mehr, als es kein besseres lateinisches Wort für Aggression gibt (obgleich das Wort von *aggredi,* hinzugehen, angreifen, kommt). Seit Konrad Lorenz 1963 sein Buch ,,Das sogenannte Böse" veröffentlichte, streitet man sich darüber, inwieweit Aggression natürlich für den Menschen und zu etwas gut sei, was sie nach der Ansicht von Lorenz ist. Die Aggressivität, notwendig für die Tierarten in ihrem Überlebenskampf, hypertrophiert beim Menschen und richtet sich gegen die Art selbst, nachdem sie die anderen Tierarten bezwungen hat. Der Krieg zwischen Menschenstämmen muß eine extreme Züchtung aller sogenannten „kriegerischen Tugenden“, mit anderen Worten der *virtus,* bewirkt haben. Aber nach der Auffassung von Lorenz kann man nun nicht einfach die kriegerischen Tugenden abschaffen und die anderen beibehalten, und bei den Römern bezeichnete *virtus* ja auch nicht nur die Kriegermoral, sondern die Moral überhaupt. „Das ‚Aggredi‘ – schreibt Lorenz – im ursprünglichsten und weitesten Sinne, das Anpacken einer Aufgabe oder eines Problems, ... würde wahrscheinlich mit der Ausschaltung des Aggressionstriebes aus dem menschlichen Leben verschwinden.“[35]

Erstaunlicherweise polemisiert Seneca gegen diese Auffassung, die er Aristoteles zuschreibt: „Schlaff ist die Seele, die frei von Zorn ist.“ „Zutreffend ist es“, antwortet Seneca, „wenn sie nicht hat, was stärker als Zorn. Nicht braucht man Räuber zu sein, nicht Beute, nicht mitleidig noch grausam: jenes Seele ist zu weich, dieses zu hart; ausgeglichen sei der Weise, und zu energischerem Handeln wende er nicht Zorn an, sondern Kraft.“[36] Der Zorn ist keine brauchbare Waffe im Dienste des Guten, denn er läßt sich nicht wie andere Waffen einfach nur beiseite stellen. Selbst gewöhnliche Waffen wird man ja ungern erregten Menschen anvertrauen: in Gladiatorenkämpfen und im Krieg kämpft der am besten, der sich seine Vernunft und seine Urteilskraft bewahrt.

Hier wird *ira* dennoch mit „Zorn“ übersetzt. Aggression klingt wohl gewalttätiger und wissenschaftlicher, aber Zorn klingt menschlicher oder, wenn man so will, unmenschlicher: Es ist ein moralischer Begriff. Und Senecas Psychologie, die Psychologie des Altertums überhaupt, ist immer eine moralisch wertende. Ihr Hauptthema sind die Affekte, die die Gemütsruhe stören – und dies nicht tun sollten. Die vielen Porträts historischer Gestalten, mit denen Seneca seine Begriffe veranschaulicht, sind keine psychologischen Porträts, sondern moralische Schreck- und (selten) Vorbilder. Das Verstehen ist eine Tugend, aber nur, wenn das Verständnis zu moralischerem Verhalten führt. Eine objektive Erkenntnis der Ursachen dafür, daß ein Mensch nicht anders handeln kann als er handelt, konnten oder wollten die Philosophen des Altertums nicht liefern. Senecas *theoretisches* Verständnis der Tatsache, daß unter den Menschen angeborene psychologische und nicht nur Standesunterschiede bestehen, so daß man nicht von allen das gleiche erwarten, geschweige denn verlangen kann, beschränkte sich auf die Lehre von den vier Temperamenten: Da die Natur aus vier Elementen besteht, nämlich Erde, Wasser, Luft und Feuer, muß auch der Mensch aus ihnen zusammengesetzt sein, und je nachdem, ob das trockene, das nasse, das kalte oder das heiße Element überwiegt, ist die Natur des Menschen melancholisch, phlegmatisch, sanguinisch oder cholerisch. Da der Zorn der schlimmste der die Gemütsruhe störenden Affekte ist, ist der Choleriker am meisten davon bedroht, diese Gemütsruhe zu verlieren – und die größte Gefahr für andere.

Da der Zorn zudem moralisch verwerflich ist, folgt daraus, daß Seneca den Tieren die Möglichkeit des Zorns absprechen muß, da sie ja nicht anders handeln können, als sie handeln. Wollte man *ira* mit „Aggression“ übersetzen, würde man also den Tieren Aggression absprechen müssen. Doch das Problem könnte man wohl überwinden durch die Unterscheidung zwischen *iracundia,* Aggressivität als unwillkürlichem Antrieb, den Tier und Mensch gemeinsam haben, und *ira,* das die Aggression bezeichnet, deren sich nur der Mensch schuldig machen und die nur der Mensch beherrschen kann. Und genau so unterscheidet Seneca: Der Zorn ist nicht unmittelbar, sondern reflektiert, er setzt eine Vorstellung davon voraus, daß einem Unrecht geschehen sei, er wird – von Seneca – geradezu als die Lust zur Rächung einer erlittenen Kränkung definiert. Doch daß der Zorn nur eine mögliche Eigenschaft des Menschen ist, heißt nicht, daß er eine natürliche Eigenschaft ist. Der Mensch unterscheidet sich vom Tier durch seine Vernunft, und während das Tier unwillkürlich und instinktiv reagiert, handelt der Mensch willentlich und überlegt. Daß beim Menschen die Vernunft an die Stelle des Instinkts tritt, führt dazu, daß dort, wo die Vernunft fehlt, überhaupt keine Affektbeherrschung vorliegt, keine – wie wir heute sagen würden – „instinktive Hemmung“ gegenüber Artgenossen. Wenn der Mensch sich nicht beherrschen kann und wenn solche unbeherrschten Menschen herrschen, dann ist die Gesellschaft eine Ansammlung von wilden Tieren, „außer daß jene [die Tiere] untereinander friedlich sind und ihre Artgenossen nicht beißen, diese an gegenseitigem Zerfleischen sich sättigen. Einzig dadurch unterscheiden sie sich von den zur Sprache nicht fähigen Tieren, daß jene zahm werden gegenüber ihren Ernährern, der Menschen Raserei eben jene verschlingt, von denen sie genährt worden ist.“[37]

Daß der Mensch völlig die Gewalt über sich verlieren kann, liegt daran, daß er nicht bis zu einem gewissen Grade vernünftig und bis zu einem gewissen Grade unvernünftig ist, sondern entweder das eine oder das andere: Von Natur aus befindet sich der Mensch nämlich nicht im Zwiespalt mit sich selbst. Platon und Aristoteles hatten den Gegensatz und den Konflikt zwischen den edlen und den weniger edlen Bestandteilen der Seele betont. Die Stoiker hoben dagegen die Einheit der Seele hervor. Sie ist die (erkenntnis)theoretische Voraussetzung der praktischen Möglichkeit des Weiseseins, der Souveränität, und erklärt, weshalb der Mensch so bar jeder Vernunft sein kann, wie es tatsächlich der Fall ist. Die Vernunft und die Triebe sind keine natürlichen Gegensätze: richtig gesehen und genutzt sind die natürlichen Triebe oder Triebkräfte vernünftig: „Nicht nämlich hat die Seele einen Platz für sich und beobachtet von außen die Leidenschaften in der Weise, daß sie diese nicht weiter als nötig sich entwickeln läßt, sondern in Leidenschaft verwandelt sie sich selber, und deshalb kann sie jene nützliche und heilsame Kraft, wenn sie bereits preisgegeben und geschwächt, nicht zurückrufen. Nicht nämlich, wie ich sagte, haben Seele und Leidenschaften ihre gesonderten und getrennten Sitze für sich, sondern Leidenschaft und Vernunft sind Wandlung der Seele zum Besseren und Schlechteren."[38] Die Wandlung zum Schlechteren ist insofern die Schuld der Seele selbst: sie folgt in diesem Falle nicht natürlichen Antrieben, sondern verkehrten Vorstellungen, z. B. – wenn der Affekt Zorn ist – der Vorstellung einer Kränkung.

Aber wenn einem wirklich Unrecht geschehen ist, dann ist die Vorstellung von Unrecht ja nicht verkehrt. Seneca will auch nicht bestreiten, daß Unrecht geschieht, sondern nur, daß es weise sei, sich kränken zu lassen. An das Gekränktsein knüpft sich so großer Genuß, daß man es bekämpfen muß, bevor es zu sehr erstarkt. Der Würde, *dignitas,* der Römer konnte man allem Anschein nach sehr schnell zu nahe treten; sie waren leicht beleidigt, indigniert. Seneca unterscheidet nicht zwischen gerechter und ungerechter Entrüstung, nicht zwischen eigenem Gekränktsein und der Erbitterung und Empörung über Unrecht, sondern verwirft beides, denn ,,wenn du den Weisen so viel zürnen lassen willst, wie es Erbitterung über Verbrechen nahe legt, müßte er nicht zürnen, sondern rasen".[39]

Gleichzeitig verrät Seneca selbst eine ungeheure Empörung, insbesondere über die Untaten der Großen. Wer gezwungen ist, Beleidigungen zu schlucken, wird kein so großer Schurke wie der, der es sich immer erlauben kann, seinen Eingebungen zu folgen. Deshalb tritt der Zorn besonders deutlich hervor ,,bei Reichen und Adligen und hohen Beamten . . .: wenn etwas Unbedeutendes und Nichtiges in ihrer Seele war, erhebt es sich bei günstigen Umständen."[40] Ihnen wird der Zorn so sehr zur Gewohnheit, daß es überhaupt keiner (Majestäts-)Beleidigung bedarf, ihn hervorzurufen, ganz im Gegenteil, sie provozieren Kränkungen und gaukeln sie vor, um einen Anlaß zur Raserei zu haben, und nicht aus Rachsucht lassen sie Menschen auspeitschen und zerreißen, sondern aus Wollust. So ist der Zorn, der an sich akut ist, chronisch und damit zur Grausamkeit geworden. Und da Grausamkeit keine Kränkung braucht, braucht sie auch nicht Ausdruck der Erbitterung zu sein: ,,Sie lachen also, amüsieren sich, genießen großes Vergnügen und haben in den wenigsten Fällen den Gesichtsausdruck von Zornigen, zum Zeitvertreib grausam."[41] Das war ja bei Caligula der Fall, obgleich an dieser Stelle nicht er, sondern der traditionelle Römerfeind Hannibal als Beispiel angeführt wird. So sind die Großen große Beispiele dafür, daß der Zorn bekämpft werden sollte, bevor er groß wird: Wenn man es nicht selbst tut, werden andere sich ihm widersetzen.

Sich über Unrecht zu erzürnen ist nicht weise, weise aber auch nicht, sich mit Unrecht abzufinden. Bekämpft werden muß es, aber ohne Zorn, ohne Aggression, denn mit Bösem wird Böses nicht vertrieben, sondern verstärkt. Und was für den einzelnen gilt, daß er nämlich durch seine Rache Anlaß zu neuem Unrecht und neuem Zorn gibt, das gilt in noch höherem Maße für die Gesellschaft und ihre Obrigkeit. Racherecht ist Unrecht: der Zweck der Strafe ist nicht die Befriedigung des Strafenden, sondern die

Verbesserung des Bestraften. Einem Menschen soll man nicht „Schaden antun, weil er gefehlt hat, sondern damit er nicht fehlt, und niemals wird auf Vergangenes, sondern auf Künftiges Strafe sich richten; nicht nämlich zürnt sie, sondern beugt vor."[42]

Diese Worte haben andere vor mir zitiert. Der dänische Rechtsphilosoph Alf Ross schreibt, sie seien bis zur Bewußtlosigkeit als Weisheit zitiert worden, obgleich der von Seneca aufgestellte Gegensatz Blödsinn sei, „der nur möglich ist, weil man nicht begriffen hat, daß die Verbindungsglieder ‚weil' und ‚damit' völlig verschiedene Relationen bezeichnen": Man straft ja sowohl *weil* gefehlt worden ist als auch *damit* nicht gefehlt werden soll, das eine ist der Grund, das andere der Zweck der Strafe.[43] Das ist logisch betrachtet ganz richtig, aber doch nicht völlig richtig, wenn man die Sache mehr historisch und völkerpsychologisch betrachtet, denn es braucht viel Verständnis, bevor man wie Alf Ross versteht, daß es sich um zwei völlig verschiedene Relationen handelt und daß deshalb zwischen Rache und Strafe ein Unterschied besteht. Die Römer, die in ihrer Sprache nicht so genau zwischen Rache und Strafe, Kränkung und Unrecht unterschieden, waren in ihrer Rechtserkenntnis noch nicht so weit. Sie verlangten, daß man die Mörder in der Arena Mördern vorwerfe, nicht um vor einem Mord abzuschrecken, sondern um ihre Blutrünstigkeit gestillt zu sehen. Seneca begnügte sich nicht mit der Feststellung, daß dort, wo viele Verbrechen begangen werden, viel gestraft wird, sondern sah tief genug, um hinzufügen zu können, daß das Umgekehrte ebenfalls der Fall sei. Er betrachtete die strengen Strafen gerade nicht als abschreckende, sondern als schlechte Beispiele, die „auf die zurückwirken, die sie geben" – und Zorn und Rachsucht verstärken. „Wenn du über *eines* Charakter urteilst, denk an die Allgemeinheit",[44] schrieb er und betonte auf diese Weise, daß der Zustand der Gesellschaft ursächlich zum Verbrechen beiträgt, und dieser wiederum läßt sich nicht durch strenge Strafen verbessern, die ganz im Gegenteil die Gesellschaft brutalisieren. Über das Strafrecht schreibt Seneca im übrigen ausführlicher in seiner Schrift über die Milde als in der über den Zorn. Wenn Seneca sich gegen Vergeltung und Rache aussprach, – „ein unmenschliches Wort ..., freilich als gerecht aufgefaßt",[45] dann schwebten ihm nicht verschiedene logische, sondern verschiedene mitmenschliche Relationen vor. Der Teufelskreis von Rache und Verbrechen läßt sich nicht durch Rache und Strafe durchbrechen, sondern nur durch Vergebung; wollte man alle Sünder bestrafen, dann würde niemand der Strafe entgehen, auch wir selbst nicht: Seneca sagt wie Paulus, daß wir alle Sünder sind, und fordert uns wie Jesus auf, niemanden zu richten. In Anbetracht dessen, daß Senecas gesamte Betrachtungsweise eine moralisch wertende ist, mag das als eine überraschende Moral erscheinen, aber Seneca sagt selbst, daß man den Täter nicht zu verurteilen brauche, weil man die Untat verurteile, – an seiner Stelle hätten wir uns möglicherweise der gleichen Tat schuldig gemacht.

Gerade die Stoiker, die verkündeten, daß der Mensch sich zum Herrn über die Umstände machen *kann,* forderten dazu auf, die anderen nicht zu verurteilen, die ihnen unterliegen. Es wäre ein Widerspruch, wenn man denn zuerst die anderen und nicht sich selbst verbessern wollte und wenn man nicht eben gerade in erster Linie den Zorn und die Rachsucht bei sich selbst und anderen bekämpfen wollte. Man selbst befreit sich jedoch nicht von den Umständen, indem man sich über sie aufregt, und gegenüber anderen ist Zorn die denkbar schlechteste Pädagogik. Einem Kind zürnen wir ja auch nicht ob seiner Unwissenheit, aber ,,größer ist die Entschuldigung und gerechter, Mensch zu sein als Knabe".[46]

Doch wie der Zorn sich am besten bekämpfen läßt, bevor er groß geworden ist, so läßt sich auch die Neigung zum Zorn am besten bekämpfen, bevor ein kleiner Mensch groß geworden ist. Die gute Erziehung muß die Aggressivität zu hemmen suchen, ohne das natürliche Temperament zu hemmen, was seine Schwierigkeiten haben kann, vor allem, wenn das Temperament von Natur aus cholerisch ist. So gilt es, den rechten Mittelweg zu finden: Der Geist wird vom Zwang erdrückt und entfaltet sich in Freiheit, aber eine zu nachgiebige Erziehung schafft irritable Menschen; Lob kann Selbstvertrauen einflößen, doch unbesonnenes auch übermütig machen. Senecas Gedanken über Kindererziehung lassen sich noch immer als ein Beitrag zur aktuellen Diskussion lesen. Zwar betont er als Römer, daß das Kind zum Respekt vor den Älteren erzogen werden müsse, aber er fügt hinzu, daß sich die Älteren den Respekt des Kindes auch verdienen müßten und es weder verziehen noch demütigen dürften. Vor allem legt er Wert darauf, daß die Erziehung dem Standesdünkel vorbeugen müsse, da aus großzügigeren Verhältnissen oft auch ein größerer Zorn folge. Das Kind soll dem Pädagogen gegenüber, der ja dem Sklavenstand entstammte, nicht immer recht bekommen, und es muß unter den gleichen Bedingungen aufwachsen wie seine Altersgenossen: ,,Nicht wird zürnen, daß einer sich ihm vergleicht, wen du von Anfang an vielen auf gleiche Stufe gestellt hast."[47]

Uns Älteren bleibt nichts weiter, als uns selbst dazu zu erziehen, daß wir es vermeiden können, uns zu vergessen. Sind wir noch nicht so weit, daß wir jede Situation meistern können, dann sollten wir Situationen, die wir nicht meistern können, vermeiden: zu hohe Ämter, zu große Anstrengungen, schlechte Gesellschaft, peinliche Themen – alles was Körper und Seele ermüdet, macht irritabel. Ein großer Teil des dritten Buches besteht aus solchen mentalhygienischen Vorschriften.

Weise ist, wer jede Situation meistern kann. Nur wer die menschlichen Schwächen hinter sich gelassen hat, hat das Recht, über sie zu richten, – und gerade er verspürt keinen Hang dazu. Obgleich es nur so wenigen gelingt, zur Weisheit zu gelangen, daß man seine Zweifel haben kann, ob der stoische Weise etwas anderes sei als ein reines Ideal, kann Seneca paradoxerweise dennoch betonen, daß Weisheit zu praktizieren die leichteste Sache der Welt sei, denn es koste weniger Mühe, seinen eigenen Kräften zu gebieten, als sie gegen sich zu haben. In einer Schrift, die 30–40 Jahre später liegt als Senecas Schrift über den Zorn, steht das Jesuszitat: ,,Der Weg ist schmal, der zum Leben führt; und wenige sind ihrer, die ihn finden",[48] und 700 Jahre zuvor hatte Hesiod gesagt, daß der Weg zur Tugend lang und steil sei.[49] Seneca sagt dagegen: ,,Die Natur selber hilft uns, die wir zum Rechten geboren sind, wenn wir uns bessern lassen wollen. Und nicht, wie es manchen vorgekommen, ist steil und rauh der Weg zu sittlicher Vollkommnung: auf ebener Bahn kommt man dahin. Nicht als Gewährsmann einer nichtigen Sache komme ich euch. Leicht ist der Weg zum glücklichen Leben: geht ihn nur unter guten Vorzeichen und mit der Götter selber guter Hilfe. Viel schwieriger ist, das zu tun, was ihr tut. Was ist sorgloser als Seelenruhe, was anstrengender als Zorn? Was gelassener als Milde, was ruheloser als Grausamkeit? Muße hat die Keuschheit, Genußsucht bleibt keine Zeit. Aller sittlichen Vollkommenheit Sicherung ist leicht, Charakterschwächen werden um einen hohen Preis unterhalten. Es muß der Zorn beseitigt werden (das geben zum Teil auch die zu, die erklären, er sei zu mindern): gänzlich werde er entlassen, keinerlei Nutzen wird er bringen. Ohne ihn wird man leichter und richtiger Verbrechen beseitigen, Schlechte bestrafen und auf den Weg bringen zum Besseren. Alles, was er muß, wird der Weise ohne irgendeiner schlechten Sache Hilfe ausführen, und nichts wird er beimischen, dessen Bemessung er in größerer Sorge beobachten müßte."[50]

Der Weise und der Menschenstaat

,,Über den Zorn" gehört zu denjenigen von Senecas Schriften, die unter der Bezeichnung ,,Dialoge" überliefert sind. Es sind keine Gespräche wie Platons und Ciceros philosophische Dialoge, sondern nur Dialoge in dem Sinne, daß sie sich an einen Mitmenschen wenden, den Seneca Einwände erheben läßt, die er dann widerlegt. ,,Über den Zorn" richtet sich an Senecas älteren Bruder Novatus. Da er ihn im übrigen als über alle Laster erhaben preist, mag es überraschen, ihn in der Rolle eines Verteidigers des Zorns zu sehen. In diesem Fall ist jedoch zu unterscheiden zwischen dem Novatus, dem die Schrift aus verwandtschaftlichen Gründen gewidmet ist, und dem fiktiven Gesprächspartner, den Seneca um der Argumentation willen benötigt.

Anders verhält es sich mit dem Dialog, der die Gedanken von ,,Über den Zorn" weiterführt: ,,Über die Standhaftigkeit des Weisen" *(De constantia sapientis)*. Gerichtet ist die Schrift an einen jüngeren Freund und Verwandten Senecas, Annäus Serenus, der später in Rom ein hohes Amt bekleidete; sie richtet sich gegen die von Serenus tatsächlich geltend gemachten Einwände gegen den Stoizismus, die im übrigen allgemein verbreitet waren.

Der Dialog scheint aus mehreren Diskussionen zwischen Seneca und Serenus hervorgegangen zu sein, denn man liest, Serenus ,,pflege" zu sagen, daß der stoische Weise niemals existiert habe. Daraufhin pflege Seneca Cato als Beispiel anzuführen. Doch dann, sagt Serenus, verstehe er nicht, daß gerade Cato sich von der Menge auf dem Forum habe beleidigen lassen. Er habe sich nicht beleidigen lassen, antwortet Seneca, nicht Cato solle einem leid tun, sondern der Staat, die Republik, die von seinen Gegnern zu Fall gebracht wurden. Cato hätten sie nicht schaden können, denn der Weise sei über Beschimpfungen erhaben. Doch Serenus kann diese stoische Argumentation schon nicht mehr hören. Ihr behauptet, sagt er, ein Weiser sei nie arm und nie Sklave und unempfänglich für Kränkungen, aber ihr müßt zugeben, daß er zuweilen nichts besitzt und in den Diensten eines anderen stehen kann und daß er Schimpf und Schande ausgesetzt sein, gepeinigt und geplagt, getadelt und getötet werden kann. Es ist zwar ein Unterschied, ob man gekränkt *wird* oder sich gekränkt fühlt – wird man lange genug gekränkt, kann man sich daran gewöhnen –, aber warum soll *das* Weisheit heißen? Ihr versprecht Wunder und ändert an den Dingen doch nur deren Namen. Wenn du sagst, es sei weise, sich alles gefallen zu lassen, dann kann jedes Schaf weise sein, doch wenn du sagst, der Weise sei in dem Sinne über das Unrecht erhaben, daß niemand wage, ihm etwas anzutun, dann möchte ich Stoiker werden, sagt Serenus, der vorerst eher naseweis als weise ist.

Wir behaupten nicht, antwortet Seneca, daß ein Weiser nie geschlagen wird und nie etwas merkt, sondern nur, daß er sich nicht aus der Bahn schlagen und sich nichts anmerken läßt. Nicht verletzt zu werden erfordert mehr Kraft als nicht getroffen zu werden, und es gehört nicht viel dazu, etwas zu ertragen, was man nicht fühlt. Der Weise ist aus Fleisch und Blut, nicht aus Stein oder Eisen, er lebt ja nicht unter Weisen, sondern unter Menschen; er kann ihnen nicht verbieten, Unrecht zu tun, aber er kann sich dem Unrecht widersetzen, indem er es *nicht* vergilt, und sie nur durch sein Beispiel verbessern. Und es stimmt nicht, daß die Stoiker an den Dingen nur die Namen ändern – sie nennen die Dinge bei ihrem rechten Namen und können deshalb an den Dingen etwas ändern, von denen andere sich beherrschen lassen, besonders die Begüterten und Verwöhnten, die alles beschäftigt, weil sie nichts haben, womit sie sich beschäftigen könnten, und die alles im schlechten Sinne auslegen, weil sie keinen anderen Stolz besitzen als den, der gekränkt wird. Der Weise hat seine Würde im Innern, nicht im Äußeren, er tobt ebensowenig über seine Mitmenschen wie der Arzt über die Tobsüchtigen, er ist wie der Arzt unter den Kranken, wie der Erwachsene unter Kindern. Die meisten Erwachsenen, die Geldstücke sammeln und Häuser aus Stein bauen, die eine Gefahr für ihr Leben darstellen (da Häuser in Rom täglich einstürzten), sind ja nichts weiter als Kinder, die

Nüsse sammeln und am Strand Sandburgen bauen und Richter und Amtspersonen spielen, – das Marsfeld, das Forum und der Senat sind ja auch eine Art Spielplatz. Und diejenigen, die in Toga und Purpur einherstolzieren (die Beamten trugen Purpursäume an der Toga, der obligatorischen Fest- und Friedenstracht), zeigen nur einen falschen Schein von Stärke und sind in den Augen des Weisen nur Schwächlinge, die nicht einmal sich selbst beherrschen können.

Senecas Geringschätzung der Obrigkeit ist in dieser Schrift so auffällig, daß eine Erklärung notwendig ist (im nächsten Kapitel); sonst vermied er kritische Äußerungen über den Senat. Weniger auffällig ist, daß Seneca die Großen nicht mag, die sich durch die bewunderungswürdige Kunst des Zerstörens von Städten auszeichnen und viele Völker unter sich haben, aber nur durch gegenseitige Furcht, die sie selbst dazu zwingt, in starken Festungen zu wohnen. Allein im Gemüt des Weisen herrscht Friede, selbst in Kriegszeiten, sein kleines Haus hat keine Türwächter, sondern steht allen offen, nur nicht der *fortuna;* daß es einen Unbesiegbaren gibt, gegen den das Schicksal nichts vermag, das liegt im Interesse des Menschenstaates.

Der Menschenstaat oder der Staat des Menschengeschlechts *(res publica generis humani)*, das ist Senecas Bezeichnung für die *andere* Ordnung, die die griechischen Naturphilosophen in der Ordnung der Natur suchten und in der die Stoiker die menschliche Gleichheit begründeten. Diese Formulierung am Schluß der Schrift über den Weisen betont, daß seine Sache die gemeinsame Sache ist, die der Staat nach Ciceros Auffassung darstellte. Der Menschenstaat ist keine Utopie im Sinne von ,,das Land, das es nicht gibt", das aber wünschenswert ist, der Menschenstaat bezeichnet die natürlichen menschlichen Beziehungen, die nicht zu ihrem Recht kommen in der Gesellschaft, in der die Affekte dominieren, was heißt, daß der Zwiespalt über das Ganze herrscht: Der Mensch sucht das Menschliche, im Affekt sucht man nur den Eigennutz.

Nichts kann ruhmvoller *(gloria)* sein, als Zorn in Freundschaft zu verwandeln, schreibt Seneca in ,,Über den Zorn" und fährt fort: ,,Was wäre heute das Reich, wenn nicht heilsamer Weitblick Besiegte verschmolzen hätte mit Siegern?"[51] Seneca sprach nicht nur, wie Vergil, vom römischen, sondern vom Menschengeschlecht: das römische Reich als Menschenstaat – das war das Ziel. Doch *das* war eine Utopie.

V. Das lange Exil und das kurze Leben

Claudius, Messalina und Julia

Caligulas Tod schaffte Befreiung – und Verwirrung. Die Römer besaßen keine schriftliche Verfassung, und das Seltsame an dem verfassungsmäßigen Status des Kaisers trat deutlich hervor, als es plötzlich keinen Kaiser mehr gab. Die beiden ersten Kaiser hatten, wenngleich mit Mühe, ihre Nachfolger benannt. Caligula hatte keinen so großen Weitblick besessen. Es gab Senatoren, die die Gelegenheit zur Wiedererrichtung der Republik nutzen wollten, aber auch wenn der Senat sich einig gewesen wäre, hätte er seinen Willen nur mit Hilfe der Prätorianergarde durchsetzen können. Deren Lager hatte Sejanus, weitsichtig wie er war, direkt nach Rom verlegt. Und die Prätorianer handelten schneller als die Senatoren.

Ein einfacher Gardist namens Gratus war es, der Caligulas Nachfolger fand, als er nach dessen Mörder suchte. Claudius hatte sich auf der Kaiserburg hinter einem Vorhang versteckt, doch seine Füße guckten hervor. Als Gratus ihn hinter dem Vorhang hervorzog, glaubte Claudius, daß er nun auch ermordet werden sollte. Doch die Gardisten führten ihn zu ihrem Lager, legten den Eid auf ihn ab – und schufen damit einen Präzedenzfall. Von nun an brauchte ein Kaiser vor allem die Anerkennung des Heeres. Claudius dankte den Soldaten mit Geldgeschenken, und alle späteren Kaiser taten das gleiche.

Obgleich es anscheinend ein Zufall war, daß Claudius in dieser kritischen Situation hervorgeholt wurde, war er in der Tat der engste männliche Verwandte des verstorbenen Kaisers, und ein anderes Kriterium gab es nicht. Obwohl Bruder von Germanicus und Onkel von Caligula, hatte Claudius bis dahin keine Gelegenheit gehabt, sich hervorzutun. Man hatte ihn abseits gehalten, da er keine gute Figur abgab. Er stotterte, war wacklig auf den Beinen, sein Kopf zitterte, man hielt ihn für leicht geistesschwach – und aus diesem Grund nur für geistige Arbeit geeignet. Er wurde ein gelehrter Mann, studierte die Etrusker und schrieb historische Werke. Tiberius hatte ihn mit Verachtung behandelt. Erst Caligula, der daran gedacht hatte, sein Pferd zum Konsul zu machen, erhob seinen Onkel zu dieser Würde. Claudius behauptete, daß er, um überleben zu können, sich dümmer habe stellen müssen, als er eigentlich war, und obgleich einige es für unmöglich hielten, bewies er als Kaiser Klugheit und Urteilsvermögen. Freilich fühlte er sich souveräner, wenn er in Prozessen den Richter spielen konnte – was ihm zur Manie wurde –, als wenn er in Regierungsangelegenheiten zu entscheiden hatte. Die Furchtsamkeit, die man ihm eingebleut hatte, nahm er mit sich auf den Thron, und die Angst, ermordet zu werden, die er im ersten Augenblick seiner Erhebung empfunden hatte, folgte ihm auch weiterhin.

Da man Claudius vom politischen und gesellschaftlichen Leben ferngehalten hatte, hatte er sich seine eigene Gesellschaft suchen müssen; dazu gehörten auch die Sklaven, und ein gelehrter Mann hatte gelehrte Sklaven (der ungelehrte im übrigen auch oft, um gelehrt zu scheinen). Es war üblich, daß man die tüchtigsten Sklaven freiließ. Sie bekleideten dann besondere Vertrauensposten bei ihrem ehemaligen Herrn, der nun ihr ,,Patron" war. Als Claudius Kaiser wurde, übernahmen seine freigelassenen Sklaven den größten Teil der Staatsverwaltung. Auf diese Weise konnte der furchtsame Claudius sich hinter seinen Freigelassenen verstecken und sich auf dem Thron heimisch fühlen, er konnte aber auch andere Gründe für diese Maßnahme haben: der Senat war kein sonderlich effektiver Verwaltungsapparat, und Büroarbeit war unter der Würde von Freigeborenen. Die Folge davon war, daß die Freigelassenen des Claudius, ohne jegliche verfassungsmäßige Grundlage, nur in ihrer Eigenschaft als persönliche Berater des Kaisers, die mächtigsten Männer vom Rom wurden.

Die Mächtigsten unter ihnen waren *Narcissus,* der Kabinettssekretär, und *Pallas,* der die kaiserlichen Finanzen, und damit zum großen Teil die Reichsfinanzen, verwaltete. (Pallas' Bruder Felix wurde Prokurator von Judäa und tritt als solcher in der Apostelgeschichte[1] auf, Narcissus wird in Paulus' Brief an die Römer, 16.11, erwähnt, wo er Grüße an diejenigen von dessen Gesinde aufträgt, die im Herrn sind.) Auch *Polybius* ist erwähnenswert. Neben seiner Arbeit als Sekretär des Claudius hatte er sich verdient gemacht, indem er Homer ins Lateinische und Vergil in griechische Prosa übersetzte. Jetzt wurde er Chef des Petitionsamts. Er genoß oft die Ehre, zwischen den beiden Konsuln gehen zu dürfen, sagt Sueton entrüstet, und er sagt auch, daß Claudius ,,in der Hörigkeit dieser Menschen und seiner Frauen ... nicht die Rolle eines Fürsten, vielmehr die eines Dieners" gespielt habe.[2]

Claudius war, als er Kaiser wurde, fast fünfzig, dreimal so alt wie seine (vierte) Frau *Messalina.* Messalina gehört, so wie Cäsar und Maecenas, zu den verhältnismäßig wenigen historischen Personen, die sich so stark bemerkbar gemacht haben, daß ihr Eigenname zu einer Gattungsbezeichnung geworden ist. Ihr blieben nur sieben oder acht Jahre, in denen sie sich bemerkbar machen konnte, aber ihre Stellung bei Hofe war eine gute Ausgangsposition für eine Messalina, d.h. eine ,,genußsüchtige, zügellose Frau".[3] Während Agrippina ihre Gelüste offenbar nur befriedigte, um ihren Machthunger zu befriedigen, war Macht für Messalina ein Mittel, mit dem sie ihre anderen Lüste verfolgen konnte. Messalinas Mutter, Domitia Lepida, war die Schwester von Agrippinas erstem Mann, Domitius Ahenobarbus, und also Tante von Domitius (Nero), um den sie sich während der Zeit gekümmert hatte, als Agrippina verbannt war. Auf diese Weise war Messalina eine Art Pflegeschwester Neros gewesen, in dem sie später einen Rivalen für ihren eigenen Sohn, Britannicus, erblicken sollte. Wenn Blutsverwandtschaft mit Augustus die beste Qualifikation für die Kaiserwürde darstellte, dann stand Agrippinas Sohn dem Thron näher als der Sohn Messalinas: Nero war „Julier", Britannicus nur „Claudier".

Abgesehen davon, daß Claudius Caligulas Mörder hinrichten ließ, damit sie nicht auf den Gedanken verfielen, *ihn* zu ermorden, erließ er bei seiner Thronbesteigung eine Generalamnestie; alle Verbannten konnten zurückkehren, und unter ihnen befanden sich auch Agrippina und Julia Livilla. Der Frauenfreund Claudius war angetan von seinen schönen und begabten Nichten. Messalina sah ihre Position bedroht. Dio Cassius berichtet: Messalina „war böse auf seine Schwestertochter Julia, weil sie ihr nicht genug Ehre erwies und schmeichelte, auch weil sie ausnehmend schön und mit Claudius oft allein zusammen war und dadurch ihre Eifersucht erregte. Sie wußte es daher durch allerlei Beschuldigungen, namentlich des Ehebruchs ... dahin zu bringen, daß ihr die Stadt verboten wurde, und ließ sie bald darauf ums Leben bringen."[4]

Wenn Agrippina mit heiler Haut davonkam, dann sicher, weil sie schlauer war und es verstanden hatte, den „Finanzminister" Pallas für sich zu gewinnen. Die Hilfe der Minister schien notwendig, wollte man beim Kaiser etwas erreichen, – und Messalina hatte sich mit Narcissus verbündet. Seneca gehört zu den Zeugen: Seinem Freund Lucilius, den er rühmte, unter Caligula seine Freundschaft mit Gaetulicus nicht verraten zu haben, legt Seneca auch diese Worte in den Mund: „Auch gegenüber Personen, für die Sympathie zu hegen gefährlich sein konnte, haben Messalina und Narcissus, die Feinde der Gesellschaft waren, bevor sie einander feind wurden, meine Haltung nicht zu ändern vermocht."[5] Unter diesen Personen war Seneca. Er und Julia Livilla wurden der gemeinsamen Unzucht angeklagt und auf zwei verschiedene Inseln verbannt, Seneca nach Korsika.

Die Sittengesetze des Augustus, die verschiedene Formen des nichtehelichen sexuellen Umgangs kriminalisierten und auf diese Weise eine Hebung der gesellschaftlichen Moral bezweckten, wurden bald zum Werkzeug privater Rachegelüste. Wollte man zwei treffen, dann war es bequem, wenn man dies auf einen Streich erledigen konnte, indem man behauptete, die beiden hätten etwas miteinander. Doch wären ein Mitglied des kaiserlichen Geschlechts und ein führender Mann nicht wegen Unzucht verurteilt worden, wenn sie nicht aus anderen Gründen in Ungnade gefallen wären. Dio Cassius erwähnt, daß noch andere Anklagepunkte vorgelegen hätten, sagt aber nicht, welcher Art sie waren. Die Anklagen waren wahrscheinlich nur Vorwände für Messalina, die es auch schaffte, daß ein anderes Mitglied der kaiserlichen Familie verbannt und getötet wurde.

Seneca, der zu diesem Zeitpunkt verheiratet war, muß seine Bekanntschaft mit der schönen Julia erneuert haben, als sie nach Rom zurückkehrte, und da er zuvor ihr und Agrippinas Mitverschworener gewesen war, konnte man darin, wenn man wollte, etwas Verdächtiges erblicken. Auffällig ist, daß die Geschichtsschreiber, die sich sonst in diesem Punkt nicht zurückhielten, nicht berichten, daß sie die Ehe gebrochen hätten, sondern nur, daß man sie dessen beschuldigt habe. Es liegt nahe, in den folgenden Worten Senecas eigene Version der Sache zu sehen: ,,Jenes auch bedenke: für Ungerechtigkeiten bietet sich überaus reiche Gelegenheit in den Situationen, wo man uns zu gefährden sucht, z. B. mit vorgeschicktem Ankläger oder mit falscher Beschuldigung oder mit gegen uns aufgebrachtem – der Mächtigen – Haß, oder was es sonst unter Bürgern für andere Gemeinheiten gibt.“[6]

Die Worte stehen in der Schrift über die Standhaftigkeit des Weisen, die wahrscheinlich aus der Korsikazeit stammt und sich also als Senecas eigener Versuch, standhaft zu sein, lesen läßt. Sein jüngerer Freund Serenus hat sich insofern nicht nur im Namen von Cato, sondern auch in Senecas Namen entrüstet. Unter den Widrigkeiten, die selbst einem Weisen widerfahren können, nennt Seneca ,,Herabsetzungen, Wechsel des Wohnortes, Sterben von Kindern, unfreiwillige Scheidungen“,[7] wobei die Stoiker den ,,Wechsel des Wohnortes“ als Euphemismus für Exil benutzten, und Seneca hatte drei Wochen vor seiner Verbannung einen kleinen Sohn verloren. Wenn er schreibt, daß das Häuschen des Weisen allen außer der *fortuna* offenstehe, so schwebten ihm dabei möglicherweise seine bescheideneren Verhältnisse auf Korsika vor, denn ansonsten wohnte er nicht in kleinen Häusern. Und wenn er hinzufügt, daß, wer gegen die *fortuna* gewappnet sei, sich nicht von den Menschen unterkriegen lasse, die nur Werkzeuge der *fortuna* seien, dann kann man darin eine Anspielung auf die Identität des Werkzeugs sehen: ,,So große Unvernunft hält manche Menschen in Bann, daß sie meinen, Beleidigung könne ihnen widerfahren von einer Frau. Was kommt es darauf an, welcher Frau sie sich nähern, wieviele Sänftenträger sie hat, wie von Schmuck beschwert ihre Ohren, wie bequem ihr Sessel? Ein unterschiedslos unverständiges Wesen ist sie und wenn nicht Wissen hinzukommt und viel Erziehung ein wildes Tier, seiner Begierden nicht mächtig.“[8] So hart spricht Seneca sonst nicht über die Frauen – über Julia hätte er kaum so gesprochen. Die Zeitgenossen müssen in diesen Worten eine Anspielung auf Messalina gesehen haben. Wenn ,,Über die Standhaftigkeit des Weisen“ während der Verbannung von Seneca veröffentlicht wurde, dann zeigte es, daß er sich von der *fortuna* nicht hatte niederschlagen lassen – jedenfalls nicht vom ersten Schlag.

Seneca verrät selbst, daß es nicht Claudius war, der ihn ins Unglück stürzte, im Gegenteil, der Kaiser hielt seinen Fall auf und ließ ihn nach Korsika schicken: ,,Fürbitte hat er für mich vor dem Senat geleistet und das Leben mir nicht nur geschenkt, sondern sogar erbeten.“[9] Der Senat, in dem Seneca selbst saß und den er in ,,Über die Standhaftigkeit des Weisen“ mit einem Spielplatz vergleicht, hatte ihn also zum Tode verurteilen wollen, und das, obwohl Unzucht nicht mit dem Tod, sondern gerade mit Verbannung und zuweilen der Konfiszierung des halben Vermögens bestraft wurde. Bei Angehörigen der höheren Stände forderte man die Todesstrafe in der Regel nur für politische Fälle.

Sueton berichtet, daß die Angeklagten keine Gelegenheit zur Verteidigung erhalten hätten.[10] Tacitus berichtet nichts von Senecas Prozeß (da seine „Jahrbücher" der Jahre 37–47 verloren gegangen sind), aber was er über einen anderen Prozeß erzählt, kann möglicherweise Licht in die Angelegenheit bringen. Messalina ließ den Denunzianten Suillius, der später auch in Senecas Leben eine Rolle spielte, einen Mann namens Asiaticus, dessen Parks sie gern übernehmen wollte, anklagen. Suillius beschuldigte ihn der Beteiligung an dem Mord an Caligula – und außerdem der Unzucht. Asiaticus mußte sich das Leben nehmen.[11]

In Senecas und Julias Fall hatten ebenfalls Denunzianten, *delatores,* ihr Spiel getrieben. Ein Epigramm, das aus der Korsikazeit stammen muß, deutet an, daß es Leute in Rom gebe, die daran arbeiteten, Senecas schlechten Ruf lebendig zu erhalten. Das Gedicht spielt auf die Drohungen gegen Grabschänder an, mit denen man Grabsteine zuweilen versah. Hier richtet sich die Warnung an diejenigen, die aus dem Unglück anderer Vorteil ziehen:

„Wer du auch seist (leicht zwingt mich der Schmerz, daß gar ich dich nenne),
 Der du mit feindlichem Sinn auch noch die Asche mir drückst,
Der du nicht an dem gräßlichen Sturz, dem jähen, genug hast,
 Nein, auf das tote Haupt zückest dein blutig Geschoß:
Glaub, es gab die Natur den Gräbern einige Macht selbst,
 Und der Schatten bewacht rächend sein eigenes Grab.
Glaub es, o Neid, als sprächen zu dir die Himmlischen selber,
 Und als riefe mein Geist jetzo die Worte dir zu:
Achte den Leidenden heilig, und taste du nimmer mein Los an,
 Gräber schonet ja doch selber die frevelnde Hand."[12]

Seneca auf Korsika

Kann der Mensch unter allen Umständen seine Fähigkeiten zur Entfaltung bringen? Wenn ja, dann hat er bestimmt die Fähigkeit zur Weisheit. Seneca war der Auffassung, daß der Mensch dies kann und daß Freiheit darin besteht, über Kränkungen erhaben zu sein und die Quelle seiner Freude in sich selbst zu tragen. Er bezeichnete auch weiterhin das Exil als Ortsveränderung, so als bedeute der „Ort" nichts, machte aber im übrigen die Umstände, von denen er sich nicht beeinflussen lassen durfte, nicht besser als sie waren:

,,Fremdes Corsisches Land, von jähen Felsen umschlossen,
Schauerlich, menschenleer starrt dein ödes Gebiet;
Nicht bringt Früchte dein Herbst, nicht ziehet Ernten dein Sommer;
Und dein Winter voll Reif kennet nicht Pallas Geschenk;
Nicht ein erfreulicher Lenz streut hier erquickende Schatten,
In dem unseligen Land wächst nicht ein Gräschen empor;
Nicht die Gabe des Brot's und des Quells, nicht die letzte des Feuers,
Zwei, die Verbannung nur, und der Verbannte, sind hier."[13]

Doch selbst diese öde Insel mit ihrer abschreckenden Lage und ihrem rauhen Klima hat ein Volk nach dem anderen aufgesucht, was Seneca als Beispiel dafür anführt, daß Ortsveränderung nicht so schlimm sei. Erst kamen die Griechen, dann die Ligurer, dann die Spanier – das konnte Seneca noch immer an der Haartracht und am Schuhwerk der Korsen sehen. Und schließlich kamen dann die römischen Kolonisten von Marius und Sulla. Korsika war zusammen mit Sardinien bereits seit dem Ende des ersten Punischen Krieges (238) eine römische Kolonie, doch römisch war die Insel nie geworden; die Römer hausten in den beiden großen Kolonien Aleria und Mariana an der Ostküste und wurden von den Eingeborenen als Fremde betrachtet. Seneca hat es sich kaum so unbequem gemacht, daß er nicht unter seinen Landsleuten an der Ostküste wohnen blieb. Freilich vermittelt er den Eindruck, als höre er nur barbarische Zungen, und ein Turm bei Luri am nördlichen Ende der Insel heißt von alters her ,,Senecas Turm"; doch der Turm stammt nicht aus der Antike, und die Gegend ist schwer zugänglich. Jedoch, der Weg zur Weisheit nimmt sich von weitem her ebenfalls steil und verschlungen aus. Kommt man näher, wird der unzugängliche Gipfel zu Abhängen und Pfaden. Mit diesem plastischen Bild beginnt Seneca seine Schrift über die Standhaftigkeit des Weisen, die noch immer von größerer Standhaftigkeit als von Weisheit zeugt und vor allem als programmatische Schrift wirkt. In seinen Schriften aus Korsika spricht Seneca weniger von seiner äußeren Lage als von seinen Bemühungen, sich davon loszumachen – deshalb wissen wir nicht, ob Seneca jemals bis zu Senecas Turm hinausgelangte –, aber seinem Weg zur Weisheit können wir folgen, wenn auch leider nicht bis zum Ende.

Nachdem er gegenüber Serenus seine philosophische Standhaftigkeit demonstriert hatte, fand Seneca in der mehrfach zitierten Trostschrift an seine Mutter, *Consolatio ad Helviam,* Worte für sanftere Gefühle. Helvia hatte im Laufe weniger Monate ihren Mann und, außer Senecas eigenem Sohn, noch zwei Enkel verloren; nun hatte sie durch Senecas Verbannung auch noch einen Sohn eingebüßt. Seneca fordert sie auf, sich um so mehr über die zu freuen, deren Gesellschaft sie noch genießen kann, ihre Schwester, ihre Söhne und Enkel, Novatilla und Marcus. ,,Mögen sie uns überleben, möge das Schicksal sich an uns ausrasen!", bricht es aus Seneca heraus, als ahnte er, daß Marcus zu seiner Zeit das gleiche Schicksal ereilen würde wie ihn.

Bevor Seneca jedoch zu den persönlicheren Trostgründen vordringt, hat er die eher philosophischen abgehandelt. Helvia hatte ihre Söhne nie als Stützen betrachtet, sondern umgekehrt lieber ihnen eine Stütze sein wollen. Es war ihr immer schwerer gefallen, das Unglück ihrer Nächsten zu ertragen als ihr eigenes. Seneca muß also seine Mutter davon zu überzeugen suchen, daß er nicht unglücklich ist. Zwar hat er mit diesem Brief so lange gewartet, weil er anfangs genug damit zu tun hatte, sich selbst zu trösten, erst jetzt fühlt er sich so stark, daß er auch andere trösten kann. Nicht daß er Weisheit erlangt hätte, in diesem Fall würde er sich nicht nur für nicht unglücklich, sondern geradezu für den glücklichsten aller Menschen halten. Aber in seiner Schwäche hat er Stärke bei den Starken gesucht und fordert nun seine Mutter dazu auf, ein Gleiches zu tun. In diesem Zusammenhang bedauert er, daß nach Auffassung des Vaters Philosophie nichts für Römer und schon gar nichts für römische Frauen sei.

Der Starke läßt sich natürlich durch seine Umgebung nicht beeinflussen, aber Seneca betont in diesem Fall, daß der Schwache besonders schlechten Einflüssen einer verschwenderischen Umgebung ausgesetzt sei. Was über das Notwendige hinausgeht, setzt unserer Begierde keine Grenzen, sondern stimuliert sie nur bis ins Unendliche. Seneca, der in *De ira* eine der sieben Todsünden der späteren Christenheit angegriffen hatte, richtet von seiner Klippe aus harte Angriffe auf drei andere, denen er bis dahin weniger Aufmerksamkeit geschenkt hatte: *avaritia, gula, luxuria* – Geiz, Gefräßigkeit und Begierde, und er formuliert in diesem Zusammenhang den bekannten Satz über das süße Leben von Rom: *vomunt ut edant, edunt ut vomant* – „Sie speien, um zu essen, sie essen, um zu speien“.[14] Und sie essen nicht das, was am besten schmeckt, sondern das, was am teuersten ist. Sie vernichten die Wälder, um Schiffe zu bauen für den Transport der teuren Dinge, die ihre Mägen nicht aufnehmen können; ihr Geldbeutel ist voll und ihre Seele leer. All dies entbehren müssen ist nur dann ein Unglück, wenn die Vorväter, die den Grundstein des Reiches legten, ein unglückliches Leben geführt haben.

Nachdem Seneca alle Bedrängnisse eingeteilt und durch Argumente besiegt hat, läßt er seine Mutter dagegen einwenden, daß Unglück, Exil, Armut und Schande ja in Wirklichkeit immer auf einmal kommen. In Wirklichkeit überwindet man sie auch auf einmal, antwortet Seneca – in Übereinstimmung mit der stoischen Theorie, wonach der Mensch nicht Vernunft und Affekte zugleich ist, sondern entweder das eine oder das andere. Und damit haben die Stoiker und Seneca sicher recht, aber das macht es nicht leichter für den, der noch nicht weise ist. Näher besehen schreibt Seneca, daß *der Weise* sich von dem Unglück, das ihm widerfährt, nicht unterkriegen lasse, aber er schreibt nicht, daß er selbst weise sei.

Über die Ursache seines eigenen Unglücks, der Schande, in die er geraten ist, hat er nichts weiter zu sagen, als daß niemand verächtlich ist, es sei denn, er verachte sich selbst zuerst. Die Auffassung, die andere von einem haben, kann einen nicht ändern: „Das hat getan, glaube mir, er, wer immer der Schöpfer des Alls gewesen ist, sei es jener Gott, der Mächtigste von allen, sei es die körperlose Vernunft, ungeheurer Werke Schöpferin, sei es der göttliche Geist, alles Größte und Kleinste mit gleichmäßiger Absicht durchdringend, sei es das Geschick und die unveränderliche Kette der Ursachen, die voneinander abhängig: dafür sage ich, ist gesorgt, daß nach fremder Willkür, außer gerade dem Wertlosesten, nichts sich zuträgt. Was immer am besten für den Menschen ist, das liegt außerhalb menschlicher Macht; weder gegeben noch entrissen werden kann es."[15]

Hier, wie in der Trostschrift an Marcia, münden die zuweilen ein wenig spitzfindigen Trostgründe letztlich in die Weltvernunft. Die Welt, die Natur, ist vernünftig eingerichtet, und der Mensch ist es von Natur aus ebenfalls. Darin liegt der eigentliche Grund, weshalb er sich von „menschlicher Macht" nicht unterkriegen zu lassen braucht. Die Uneinigkeit der Philosophen in bezug auf die letzten Dinge kümmerte Seneca nicht weiter: Ob die Welt nun nach der Lehre der Aristoteliker, der Stoiker oder Epikureer oder von einem allmächtigen Gott gelenkt wird, gelenkt *wird* sie, und die Himmelskörper geben davon erhabenes Zeugnis. Zu ihnen erhob er in niedergeschlagener Gemütsverfassung den Blick, ihnen in ihrem unverrückbaren Kurs vergleicht er den unerschütterlichen Weisen; in der Betrachtung und im Studium der göttlichen Natur findet er Trost auf dem sonst so trostlosen Korsika. Er studiert, berichtet er seiner Mutter, die Erde und ihre Stellung in der Welt, die Meere mit ihren Gezeiten, den Raum zwischen Himmel und Erde, der so viele Schrecken bringt, Donner und Blitz, Regen und Wind, Schnee und Hagel, und den Himmel selbst: „Seiner Ewigkeit eingedenk, dringt er (der Geist) in alles ein, was gewesen ist und sein wird zu allen Zeiten."[16]

Seneca bekennt sich hier zu Platons Lehre von der Präexistenz und der Unsterblichkeit der Seele. In seiner Trostschrift an Marcia ließ Seneca Marcias verstorbenen Sohn im Himmel von seinem berühmten Großvater Cremutius empfangen werden und ließ Cremutius die höchsten Trostgründe anführen: daß die Seelen nicht sterben, sondern in die ewigen Regionen zurückkehren, aus denen sie kommen. Doch der Weltenbrand setzt der Unsterblichkeit eine Grenze, denn er löst letztlich alles in die ersten Elemente auf. Das ist das gemeinsame Schicksal – und wahrhaftig, Seneca führt auch *das* zum Trost für Marcia und nun, auf Korsika, auch für sich selbst an:

„Alles greift mit verzehrendem Zahn die gefräßige Zeit an,
  Alles rückt sie vom Platz, läßt es nicht lange bestehn.
Ströme versiegen, das weichende Meer legt trocken die Ufer,
  Berge verflachen, herab stürzet das höchste Gebirg.

Doch was red' ich vom Kleinen? des Himmels ganzes Gewölbe
Schnell in lodernder Glut brennet das Herrliche hin.
Alles heischet der Tod. Gesetz ist Sterben, nicht Strafe,
Und von der Welt, die du siehst, wird es einst heißen: sie war!"[17]

Die gefräßige Zeit hat passenderweise den Anfang von Senecas dritter und letzter Trostschrift verzehrt, der Trostschrift an *Polybius,* den mächtigen Minister, der zuweilen die Ehre genoß, zwischen den beiden Konsuln gehen zu dürfen. So hat die Zeit bewirkt, daß das Schreiben mit dem Gedanken beginnt, daß alles in das Dunkel und Chaos des Anfangs zurückkehren wird: Wie kann man erwarten, daß das Schicksal den einzelnen verschone, wenn dies das gemeinsame Geschick aller ist! Polybius hatte einen jüngeren Bruder verloren. Seneca bringt nun seine philosophischen Trostgründe und historischen Vorbilder an; letzteres lag in diesem Fall um so näher, als Polybius ja der Sekretär des Historikers Claudius war. Polybius bedurfte des Trostes sicherlich etwas weniger als die beiden Mütter Marcia und Helvia, der Anlaß wirkt gesuchter, der Ton ist weniger persönlich – und privater. Seneca wollte den Minister für Bittschriften wohl kaum in erster Linie trösten, sondern vor allem sich selbst in Erinnerung bringen.

Es nimmt nicht weiter wunder, daß die Worte in diesem verkappten Gesuch gesuchter wirken, denn wie kann man, wenn man in Wirklichkeit darum ersucht, sein „Häuschen" gegen ein größeres eintauschen zu dürfen, einen Großen im Hause des Kaisers dazu auffordern, großzügige Verhältnisse einfach großzügig abzutun! Nichtsdestoweniger schmeichelt Seneca Polybius, indem er ihn erhaben sein läßt über die Dinge, die Menschen einander neiden können: Geld und Macht und Ehre, alles das, wovon Polybius genug hatte, aber augenscheinlich nicht genug kriegen konnte. Polybius konnte man nur in diesem einen Punkt treffen, behauptet Seneca: Nur *ein* Verlust könne größer sein als der Verlust des Bruders, nämlich der Verlust des Kaisers; daß *er* lebt, muß in dieser Situation der größte Trost sein! Außerdem sind besonders große Ämter mit besonders großen Pflichten verbunden, die Großen sollen die Diener der Kleinen sein, und das gilt ja besonders für Polybius. Er, auf den alle Unglücklichen schauen, kann sich nicht erlauben, selbst unglücklich zu sein. Aber in noch höherem Maße gilt das für den Kaiser selbst, der durch seine Milde die Wunden heilt, die seine Vorgänger dem Reiche schlugen. Die Milde, *clementia,* des Kaisers preist Seneca aus guten Gründen, denn der Kaiser war es ja, der im Senat für ihn gebeten hatte. Noch der Verbannte ist unter Claudius besser aufgehoben als selbst die Mächtigsten unter Gajus, aber Seneca hofft ja dennoch, daß der Kaiser in seiner Gnade noch weiter gehen und seinen Fall näher untersuchen werde: „Beides wird mir in gleicher Weise aus seinen Händen eine gute Wohltat sein, mag er, daß ich unschuldig bin, wissen, mag er es wollen."[18] Claudius hat ja gezeigt, daß das Reich besser mit Wohltaten als mit Waffen zu regieren ist – was ein zweifelhaftes Kompliment für den nicht sonderlich tatkräftigen Kaiser sein konnte, wenn nicht gleichzeitig betont wurde, daß er vor dem Gebrauch der Waffen nicht zurückschreckte. Der Feldzug gegen England hatte (im Jahre 43) gerade begonnen, Claudius stand im Begriff, sich an die Front zu begeben, um als Triumphator heimkehren und den Beispielen seines Vaters und seines Bruders Germanicus folgen zu können. In solchen großen Augenblicken waren die Herrscher üblicherweise gnädig gestimmt, und Seneca hat das in Rechnung gestellt: vermutlich hat er ein förmliches Gesuch an den Kaiser geschickt und im Bewußtsein der Tatsache, daß es Claudius schwer fiel, seine eigenen Beschlüsse zu treffen, das Gesuch mit diesem Schreiben an einen – Kollegen untermauert.

Denn in *Consolatio ad Polybium* rühmt ein berühmter Schriftsteller einen weniger berühmten und fordert ihn dazu auf, sich gegen seine Trauer mit den Waffen des Geistes zu wappnen, um so mehr, als unter allen Denkmälern nur die literarischen von Bestand seien. Polybius sollte seine Erinnerungen an den Bruder schreiben und festhalten, was er habe, anstatt zu beweinen, was er verloren habe. Er sollte über die Taten des Kaisers schreiben und sich ihn zum Vorbild nehmen. Vielleicht sollte er auch äsopische Fabeln schreiben, eine Gattung, an der sich der römische Geist noch nicht versucht habe (entweder kannte Seneca Phaedrus nicht, oder er sah für den vorliegenden Fall von ihm ab). Polybius habe ja die Fähigkeit, durch seine Beredsamkeit große Dinge klein und kleine groß erscheinen zu lassen.

Letzteres konnte leicht wie verkappte Ironie klingen. Seneca geht in seinen Lobpreisungen von Polybius und Claudius zuweilen so hart bis an die Grenze der Parodie, daß es ihm selbst aufgefallen sein muß. Ein bedingtes Kompliment ist es auch, wenn er sagt, Polybius sei am kaiserlichen Hofe wohl der einzige, dessen Freundschaft man eher aus Neigung denn aus Interesse suche – eine Betrachtung, die im übrigen kaum in Senecas Interesse liegen konnte, denn Polybius war nicht der Einflußreichste bei Hofe.

War es Selbsterkenntnis, die Seneca diese Trost- und Bittschrift mit einer Entschuldigung dafür schließen ließ, daß sie nicht von höherer Qualität sei – oder war auch das Taktik? Es ist schwer, anderen Mut zu machen, wenn man selber mutlos ist, schwer, gutes Latein zu schreiben, wenn einem barbarische Töne in den Ohren klingen, bekennt Seneca, obwohl ein Weiser sich ja durch die zufälligen äußeren Umstände nicht beeinflussen lassen sollte. Doch er hatte ja auch vom strengen Stoizismus Abstand nehmen müssen: diejenigen, die meinen, Trauer und Schmerz seien unter ihrer Würde, sind nie selbst auf die Probe gestellt worden. Unglück nicht zu fühlen ist unmenschlich, es nicht ertragen zu können unmännlich.

Seneca war ein Mensch, und nicht nur ein Mann, geschweige denn ein weiser Mann. Er mußte, wie Ovid in Tomi, die Entdeckung machen, daß das geistige Leben andere Forderungen stellt als nur das nackte Leben. Der Drang, sich ausdrücken zu müssen, ist zwar ein innerer, angeregt aber wird er von außen – oder gar nicht. Seneca bat um sein geistiges Leben, was ihm von einigen vorgeworfen worden ist. Andere haben ihm die Urheberschaft der Trostschrift an Polybius absprechen, oder eher, ihn davon freisprechen wollen, vor allem aufgrund ihrer geringen Qualität im Vergleich zu Senecas übrigen Schriften. Es besteht weder ein Anlaß zu dem einen noch zu dem anderen: Wo dem Geiste etwas mangelt, mangelt auch dem Stil etwas; Seneca bat um sein geistiges Leben, und seine Bittschrift zeigt, daß das notwendig sein konnte. Seneca war seit zwei Jahren auf Korsika. Auf die Dauer kann es schwer sein, ein Unglück zu ertragen, dessen Ende man nicht absehen kann, und die Strafe war zeitlich unbegrenzt.

Senecas Vorstoß führte jedoch nicht zu dem gewünschten Ergebnis, sei es, daß Polybius es beim Kaiser nicht durchsetzen konnte oder es nicht wollte. Sein Einfluß hatte eben Grenzen, und wenige Jahre später fiel er selbst einer Säuberungsaktion zum Opfer. Seneca mußte noch sechs Jahre auf Korsika bleiben.

Senecas Epigramme

Eine größere Arbeit brachte Seneca während dieser Zeit offensichtlich nicht zustande, wahrscheinlich aber eine Reihe kleinerer. Wir wissen aus seiner Trostschrift an Helvia, daß er sich neben seinem Naturstudium auch mit „leichteren Arbeiten" abgab, und dazu kann man eine Sammlung von Epigrammen rechnen, von denen drei oben bereits angeführt wurden. Zwar sind nur drei von ihnen unter Senecas Namen überliefert, aber sie stehen in einer der Handschriften zusammen mit 69 anderen, die zum großen Teil ebenfalls eine Beziehung zu Seneca und seiner Zeit haben, und insbesondere zu seiner Zeit auf Korsika. Wenn Seneca sie nicht geschrieben hat, dann haben andere versucht, sie so zu schreiben, wie er sie geschrieben hätte. Letzteres erscheint unwahrscheinlicher als ersteres, vor allem, da von Seneca keine anderen Gedichte überliefert sind und es sonst immer heißt, er habe *versiculi* (Plinius)[19] und *poemata* (Quintilian)[20] geschrieben.

Zwei der Gedichte, nämlich Nr. 26 und Nr. 27, handeln davon, daß Monumente vergehen und Lieder bestehen, ein klassisches Thema, das auch in der Schrift an Polybius anklingt und dessen Richtigkeit durch die Tatsache bestätigt wird, daß diese kleinen Gedichte besser erhalten sind als das Forum Romanum. In den nächsten Epigrammen (Nr. 28–34) wird der Englandfahrer Claudius gepriesen, weil er die Stadt *(urbs)* mit der Welt *(orbis)* vereint habe. Derartige Gedichte kann Seneca nur mit einer bestimmten Absicht geschrieben haben, mit der gleichen Absicht nämlich und zur gleichen Zeit wie den Brief an Polybius. Das könnte darauf hindeuten, daß die Gedichte in chronologischer Reihenfolge stehen; da die eher bitteren Gedichte, die vor der Freundschaft der Großen warnen und davor, aus dem Unglück anderer Nutzen zu ziehen, am Anfang stehen, und die fröhlicheren gegen Ende, kann man einen Verlauf in der Sammlung erblicken, die mit dem Bekenntnis zum Glauben an die Vergänglichkeit aller Dinge beginnt und dem Bekenntnis zum Glauben an die Unsterblichkeit der Seele schließt. Dies letzte Epigramm, das auch Senecas Grabschrift genannt worden ist, hat man als christliche Fälschung betrachtet. Es spiegelt jedoch den gleichen Seele-Leib-Dualismus wie die Trostschriften:

,,Lasten und Sorgen und Ruhm, die ich pflichttreu erworben mir habe,
  Werft euch auf andre hiernach, mich laßt zufrieden und gehn.
Mich ruft der Gott jetzt von hinnen; so nimm nun, du gastliche Erde,
  Da meine irdische Tat endet vollbracht, mein Lebwohl.
Leg' nur die Glieder, die dein du erachtest, zur Ruhe im Grabe.
  Gern geb' ich dir mein Gebein, doch meine Seele dem Gott."[21]

Die Sammlung enthält auch Grabschriften auf Pompejus, den traditionellen republikanischen Helden, Cato, den traditionellen stoischen, und auf Alexander den Großen, Senecas bevorzugte Negativfigur, der zu wissen bekommt, daß seine Eroberung der Welt ihn nur in ein frühes Grab geführt habe. Die Tatsache, daß eine andere Negativfigur, der Perserkönig Xerxes, in dreien der Epigramme besungen wird, hat man als Argument dafür angeführt, daß sie nicht von Seneca stammen können. Aber wenn es von Xerxes heißt, er habe die Ordnung der Natur verändert und Wasser und Land vertauscht, und wenn die großen Worte, mit denen der große Mann besungen wird, in der Feststellung gipfeln, daß ,,die Welt bestimmt nicht mehr von Jupiter regiert"[22] werde, dann fällt es schwer, nicht das Ganze als Ironie zu betrachten. In zwei Epigrammen[23] wird der Bürgerkrieg als Krieg zwischen Brüdern dargestellt: Der Soldat entdeckt, daß der Feind, den er gefällt hat, sein eigener Bruder ist, und erkennt, daß zum Verbrechen geworden ist, was zuvor Heldentat *(virtus)* war, und daß er durch eine moralische Tat *(virtus)* das Brudergefühl *(pietas)* zurückgewinnen muß, das seine (Krieger)moral ihm geraubt hatte, worauf er sich mit der Hand, die den Bruder gefällt hat, selbst tötet. Das Gedicht mündet in ein Gebet an die *fortuna:* Lenke den Bürgerkrieg immer so, daß der Sieger den Besiegten nicht überleben kann! Wie der Zwist zwischen Äneas und Turnus in der Äneis (vgl. S. 53), so hat auch dieser Bruderzwist eine symbolische Bedeutung: Besiegt werden soll nicht der fremde Krieger, der kein Fremder sondern der Bruder ist, besiegt werden soll die kriegerische Mentalität, und siegen soll eine andere Moral als die Kampfmoral.

Familienintrigen in Rom

Unter den persönlicheren Gedichten sind zwei an den bereits erwähnten *Passienus Crispus* gerichtet. In dem einen (Nr. 14) heißt es, daß ihn, Crispus, entbehren zu müssen bereits Verbannung genug sei. Das zweite ist ein bewegtes Gedicht anläßlich seines Todes, in dem er als *praesidium meum:* meine Stütze, bezeichnet wird. Seneca hat offenbar moralische und politische Unterstützung bei Crispus gefunden, der im Jahre 44 zum zweitenmal Konsul war. Doch Senecas Feinde waren noch immer mächtiger als seine Freunde. Das herzliche Verhältnis zu Crispus ist charakteristisch für Senecas eigene „Pietät" gegenüber Älteren und für seine recht ungewöhnliche Fähigkeit, andere vorbehaltlos anerkennen zu können. An einer Stelle nennt er Crispus den scharfsinnigsten Mann, den er je gekannt habe[24], und zitiert seine Bemerkung, wonach er am liebsten von einem Augustus beurteilt und von einem Claudius belohnt sein wolle.[25] Diesem Mißtrauen gegenüber der Urteilskraft des Claudius verlieh Seneca ebenfalls Ausdruck, als er es in seinem Schreiben an Polybius auf das gleiche hinauskommen ließ, ob Claudius ihn für unschuldig halte oder ihn unschuldig haben wolle.

Passienus Crispus ist einer der wenigen Römer, über die römische Schriftsteller nur Gutes zu sagen wußten. Erst Ronald Syme wußte zu berichten, daß er „ein großer Höfling – perfekt in der Kunst der Heuchelei und der Gatte von Fürstinnen" –[26] gewesen sei. Letzteres stimmt, und Syme, der auch vieles andere wußte, wovon niemand vor ihm eine Ahnung gehabt hatte, muß von daher auf die Eigenschaften von Crispus geschlossen haben. Syme schrieb in einem berühmten Buch die Geschichte der römischen Revolution und verstand die gesamte römische Geschichte als die Geschichte von Geschlechtern, in der Tradition, Protektion und Beziehungen mehr für die soziale Stellung bedeuteten als persönliche Verdienste. Dieser sehr richtige Gesichtspunkt ließ ihn völlig von der Möglichkeit persönlicher Verdienste absehen, und in gewisser Weise ist es konsequent, wenn man alle, die irgendeine Stellung erlangen, als Heuchler betrachtet. Passienus Crispus war als Redner für die Centumvirn so stark hervorgetreten, daß man seine Statue in der *Basilica Julia* aufstellen ließ. Er (oder möglicherweise bereits sein Vater) war von Sallustius Crispus adoptiert worden, einem der größten Männer unter Augustus, und war auf diese Weise zu Rang und Reichtum gelangt. Wenn Crispus selbst keinen Eindruck auf die Fürstinnen machen konnte, dann konnte sein Reichtum das sicher, denn die Fürstinnen sollen sehr habgierig gewesen sein.

Die eine war Domitia, die Tante von Nero und Messalina, von der eine böse Zunge behauptete, sie verkaufe ihre gebrauchten Schuhe, und als man sagte, daß dies bei einer so reichen Dame unmöglich der Fall sein könne, antwortete die böse Zunge, es verhalte sich umgekehrt: sie kaufe ihre Schuhe gebraucht.[27] Passienus Crispus führte für sie einen Erbschaftsprozeß gegen ihren Bruder, Agrippinas Mann, Neros Vater, und soll ihnen bei dieser Gelegenheit vorgehalten haben, daß sie ja alles besäßen, was das Herz begehren könne, worauf er mit den Worten schloß: „Nichts fehlt euch ja weniger als das, worüber ihr den Streit führt."[28]

Die zweite war Agrippina, die Crispus der Domitia abspenstig machte.

Ihr erster Mann, der Vater Neros, starb, während sie sich im Exil befand. Als sie nach Rom zurückkehrte, brauchte sie sicher männlichen und ehelichen Schutz. Sie hatte sich, wie wir noch immer vermuten, seinerzeit mit Passienus Crispus und Seneca und anderen bekannten Rednern verschworen und sich dadurch verdächtig gemacht, daß sie sich mit dem Thronprätendenten Ämilius Lepidus einließ. Crispus hatte kein „kaiserliches" Blut in den Adern, besaß aber offenbar die Achtung des Claudius, da er ja im Jahre 44 Konsul wurde. Er konnte also einen guten Pflegevater für Nero abgeben, den Messalina mit scheelen Augen betrachtete.

Im Jahre 47 veranstaltete Claudius ein „Jahrhundertfest", 800 Jahre nach der Gründung der Stadt und 64 Jahre nach dem Jahrhundertfest des Augustus, – Augustus hatte die Daten manipuliert, damit er Gelegenheit bekäme, den Anbruch des neuen Weltalters zu feiern. Zu den Feierlichkeiten gehörten die sogenannten trojanischen Kampfspiele, bei denen die Edelknaben sich zu Pferde auszeichnen konnten. Unter ihnen befanden sich Britannicus, der sechsjährige Sohn des Kaisers, und Agrippinas Sohn, der zehn Jahre alt war und weit stärkeren Beifall erhielt als Britannicus. Das lag daran, sagt Tacitus, daß Nero der letzte männliche Nachkomme des Germanicus war und die Sympathie des Volkes bei Agrippina lag, weil Messalina sie haßte. Und nun haßte sie Agrippina und Nero um so mehr, weil das Volk Sympathie für die beiden empfand. Sie hätte Agrippina sicher auch irgendwelche Verbrechen angehängt und sie anklagen lassen, wenn sie nicht gerade andere Dinge im Kopf gehabt hätte.

Sie hatte sich nämlich einen Mann in den Kopf gesetzt, den C. Silius, und da er der „schönste Jüngling von Rom" gewesen sein soll, ist das begreiflich. Schwerer zu begreifen ist dagegen, daß sie ihn auch heiratete, ohne das vor irgendjemandem zu verhehlen – abgesehen von Claudius.[29] Vielleicht hat Sueton recht, wenn er sagt, Claudius habe Bescheid gewußt, sich aber zu der Annahme überreden lassen, diese Ehe könne ein Unglück von seinem eigenen Haupte abwenden und es statt dessen auf dem Haupte von Silius niedergehen lassen.[30] Auf jeden Fall gab diese seltsame Liebes- und Hochzeitsgeschichte den Anlaß zu Messalinas Fall. Nachdem sie Polybius hatte aus dem Wege räumen lassen, fürchteten die anderen Minister um ihre eigene Haut. Messalinas alter Verbündeter Narcissus gab Claudius zu verstehen, sie sinne darauf, C. Silius auf den Thron zu bringen, was sie sicher nicht tat. Messalina wurde im Jahre 48 hingerichtet.

Zu diesem Zeitpunkt war Passienus Crispus bereits verstorben. Sein Tod kam so gelegen, daß das Gerücht ging, Agrippina habe da etwas nachgeholfen, aber solche Gerüchte gingen ja immer um. Als Claudius nun zum fünften Male sein eheliches Glück versuchen wollte und seine Berater um Rat bat, riet Pallas ihm dazu, Agrippina zu heiraten, da sie ja aus edlem julischen Blut sei und einen Enkel des Germanicus mit in die Ehe bringe. Die Römer pflegten zwar nicht ihre Nichten zu heiraten, doch Claudius ließ sich vom Senat dazu überreden, den Anforderungen der Situation und des Volkes gerecht zu werden. Agrippina begann sofort ihren Einfluß geltend zu machen. Der Freund von Julia und von Crispus auf Korsika war nicht vergessen: Seneca durfte nach acht Jahren Exil nach Rom zurückkehren.

„Über die Kürze des Lebens“

Wenn Seneca über das Luxusleben in Rom schrieb, dann nicht wie der Fuchs über die sauren Trauben. Als er die Stadt nun wiedersah, die zu entbehren ihm zuweilen so schwer gefallen war, da sprang ihm all das, was er immer noch leicht entbehren konnte, nur um so mehr ins Auge: das Gezänk auf dem Forum, wo alle als Ankläger und Zeugen gegeneinander und Richter übereinander auftraten, der Kampf um Ämter – man litt, wenn man sie nicht hatte, und man litt, wenn man sie hatte –, das Bemühen darum, daß man unter den Vornehmen etwas galt und daß man zu ihnen gezählt wurde, die Trauer darüber, daß sie nicht mehr Zeit für einen haben, während man noch weniger Zeit für sich selbst hat, denn man sucht die Gesellschaft ja nicht, um den anderen einen Dienst zu erweisen, sondern um seine eigene loszuwerden. Geht es um Gut und Geld, dann ist man bereit, es mit der Waffe in der Hand, ja mit dem Leben zu verteidigen, geht es um die Zeit, die das Leben *ist,* dann bittet man andere, sich darum zu kümmern. Denn die Zeit ist ja nichts Materielles, und doch ist sie das einzig Wirkliche, was wir besitzen und nicht von anderen bekommen können. Niemand kann uns unsere Jahre, kann uns uns selbst zurückgeben.

Über die stark in Anspruch Genommenen (man denke an die eigentliche Bedeutung von *occupati*), die sich nicht selbst besitzen, sondern sozusagen in Besitz genommen sind, die müßig Emsigen, die ihre Zeit damit verschwenden, keine Zeit zu haben, und die emsig Müßigen, die ihre Zeit damit verbringen, die Zeit herumzubringen, und das Leben damit, das Leben vorzubereiten, über sie schreibt Seneca so heiter wie ein Kierkegaardscher Ästhetiker. Es gibt Leute, die die Zeit bis zu den nächsten Gladiatorenkämpfen am liebsten aufgehoben sähen, die den ganzen Tag beim Barbier zubringen und eine Revolution einer Revolutionierung ihrer Frisur vorziehen würden, die alle Arbeiten den Sklaven überlassen, welche man auf die lächerlichsten Tätigkeiten spezialisiert hat, die sich in ihren Stuhl aus dem Bad tragen lassen und die Sklaven, die die Verantwortung für dieses wichtige Manöver tragen, fragen: „Sitze ich auch?“

Auch die unnütze Gelehrsamkeit, die die Leute in dummen Dingen klüger, und damit dümmer, macht, muß herhalten, so z.B. die Erforschung dessen, wer was zuerst getan hat. Hat es irgendeinen vernünftigen Zweck zu wissen, daß Pompejus der erste war, der Menschen mit Elefanten kämpfen, nein, sie von Elefanten niederwalzen ließ? Bewirkt das nicht vielmehr, daß die Lust anderer großer Männer geweckt wird, die Unmenschlichkeit noch weiter zu treiben? Denn welch große geistige Umnachtung ist nicht mit großen Stellungen verbunden, die einem nie die Muße lassen, auch nur einen vernünftigen Gedanken zu denken: Je höher man kommt, desto besser kommt man – zu Fall! Als Argument dafür, daß man die Gesellschaft der Philosophen suchen sollte, läßt sich auch anführen, daß sie einen nicht zu sterben zwingen, sondern einen das Sterben lehren.

Es war das „existentielle“ Problem, das Problem der Selbstverwirklichung, des Sein-eigener-Herr-Seins, das sich Seneca jetzt stellte, nun, da sein unfreiwilliges Otium Gefahr lief, der freiwilligen Knechtschaft zu weichen. Denn Knechtschaft ist es, wenn man sich in die Dienste anderer begibt, so daß man alles, sogar das Lieben und das Hassen, auf Befehl tun muß. Wie die modernen Existenzphilosophen verknüpfte auch Seneca diese Frage des *Seins* mit dem Problem der *Zeit.* Sein eigener Herr ist man nur, wenn man Herr über seine Zeit ist. Augustus war es nicht, der doch Herr über alles war. In den Dialogen aus der Exilzeit hieß es, die Seele habe teil an aller Zeit, derjenigen, die gewesen ist, wie derjenigen, die sein wird. Nun wird behauptet, der Weise habe die gesamte Vergangenheit in sich aufgenommen, und „ein langes Leben verschafft ihm aller Zeiten Vereinigung zu einer einzigen.“[31] Weisheit besteht ja darin, in der Zeit erhaben über die Zeit leben zu können. Ein sorgloses und ruhiges Gemüt kann sich in allen Phasen seines Lebens frei bewegen.[32] Unsere Vergangenheit ist das einzige, was man uns nicht rauben kann, und wir machen sie noch nicht einmal zu unserer eigenen. Möglich ist uns das natürlich nur, indem wir uns beständig Rechenschaft über unser Leben ablegen, aber „jener, der viel voller Ehrgeiz begehrt, hochmütig verachtet hat, unbeherrscht gesiegt, heimtückisch getäuscht hat, habgierig geraubt, mit vollen Händen verschwendet hat – notwendig muß er seine Erinnerung fürchten“.[33]

Was im Sprachgebrauch der Psychoanalyse „Verdrängung“ heißt, heißt bei Seneca ganz einfach Furcht vor den eigenen Erinnerungen, und mit dieser Formulierung ist betont, daß Freiheit im psychologischen Sinne – sich in allen Phasen seines Lebens frei bewegen zu können – ein moralisches Phänomen ist: Das Leben wird kein Ganzes, wenn man nicht zum Ganzen stehen kann. Derjenige, dessen Leben sich in Teile auflöst, hat nicht wirklich gelebt, sondern ist nur am Leben gewesen. Für denjenigen, der die Vergangenheit vergißt, die Gegenwart vernachlässigt, die Zukunft fürchtet oder nur in der Vergangenheit, der Gegenwart oder der Zukunft lebt, ist das Leben fruchtlos, freudlos, ohne jegliche innere Entwicklung. Für einen stark beschäftigten Menschen, der funktioniert hat, ohne zu existieren, kann es deshalb das Todesurteil sein, wenn man ihn seines Amtes enthebt. So ließ sich *Turannius,* den Caligula aus seinem Amt als Präfekt der Getreideversorgung in den Ruhestand versetzt hatte – dieses Amt bestritt er seit den Tagen des Augustus, und nun war er an die neunzig – auf seinem Bett nieder und ließ sich von seinem ganzen Haushalt als tot beweinen, bis Caligula, der ja

Sinn für Komik besaßt, ihm die Erlaubnis gab weiterzumachen, – er war noch unter Claudius im Amt.

„Über die Kürze des Lebens" *(De brevitate vitae)*, die Schrift, in der Seneca diese Eindrücke seines Wiedersehens mit Rom sammelte, ist an *Pompejus Paulinus,* den Nachfolger von Turannius im Amt des Getreideversorgers, gerichtet. Er wird geradeheraus dazu aufgefordert, sich aus diesem okkupierten Leben zurückzuziehen und sich Zeit zum Leben zu nehmen, solange es noch Zeit sei. Den Getreidepräfekten daran zu erinnern, daß der Mensch nicht vom Brot allein lebt, konnte eine gewisse Pointe enthalten, aber auch etwas anmaßend sein. Man hat deshalb vermutet,[34] Seneca habe Pompejus Paulinus geholfen zu verbergen, daß er sich aus politischen Gründen zurückziehen mußte. In erster Linie ist die Schrift aber natürlich als eine Rechtfertigung zu lesen: Seneca selbst wollte sich nicht mit Beschlag belegen lassen. Er hätte seinen Platz im Senat wieder einnehmen und riskieren können, daß man ihn zum Prätor machte, aber er wollte lieber frei bleiben und bat in einer Bittschrift, die allerdings nicht an eine Amtsperson, sondern an den Gott der schönen Künste, Phoebus Apollo, gerichtet ist, um die Befreiung von solchen Ämtern:

„Phoebus, vergönn' mir Vollendung der Tat, die begonnen ich habe,
Kleines, des Neides nicht wert, der oft die Menge beherrscht.
Reichtum erspar' mir und Prätor auch laß' mir so gerne nur werden,
Wer es begehrt; wen es freut, dem werd' Beliebtheit zuteil.
Gib, wem es ziemt, eine Flotte, und wenn er begehrt nach dem Wilden,
Mach' ihn denn selig, beglück ihn mit der Macht eines Heers.
Laß' ihn Provinzen nur schrecken mit seinen zwölf würdigen fasces.[35]
Laß' ihn empfangen Applaus, dreifach[36] von Publikums Hand.
Gönn' mir ein kleines Stück Erde und Pflege der harmlosen Dichtung.
Laß' einen Bruder den tagtäglichen Umgang mir sein.
Gib ohne Hast mir und Last ein geruhsames, friedliches Leben.
Furcht und Begehr im Gemüt Raum niemals finde bei mir.
Unbekannt laß' mich alsdann, ungeschwächt auch gern sterben an Alter.
Laß' meine Brüder Geleit geben dem irdischen Rest."[37]

Phoebus erfüllte nicht sehr viele dieser Wünsche, die vielleicht auch nicht alle ganz ernst gemeint waren. Jedenfalls hatte Seneca bei allem Respekt vor seinen Brüdern an der brüderlichen Gesellschaft nicht genug, sondern schloß, wie Dio Cassius sagt, eine glänzende Ehe.[38] Seine erste Frau, die in seinem Werk nicht viele Spuren hinterlassen hat, war inzwischen von der Bildfläche verschwunden, sei es, daß sie gestorben oder daß die unfreiwillige Scheidung zu einer freiwilligen geworden war. Eine Scheidung war leicht zu erreichen, auch für die Frau, denn die Ehe war den Römern nicht „heilig" und ging auch den Staat nichts an. Sie stellte, ebenso wie die Adoption, von alters her ein Mittel dar, mit dem Bündnisse zwischen Familien besiegelt wurden, und Scheidungen aus politischen Gründen waren in der Zeit der Republik durchaus üblich gewesen. Ursprünglich unterstand die Frau, die mit ungefähr zwölf Jahren ins heiratsfähige Alter kam, in der Ehe entweder der Autorität ihres Vaters oder der ihres Mannes. Zu Senecas Zeit stand ihr bei der Eheschließung selbst das entscheidende Wort zu, und in der Ehe konnte sie über ihr eventuelles Vermögen verfügen. Ehen schloß man mit einer privaten Zeremonie, die J. Carcopino beschrieben hat[39] und die seiner Auffassung nach das Vorbild der christlichen Kirchenhochzeit war. Die römische Ehe wurde zwar nicht im Himmel geschlossen, aber ein *auspex* stellte doch fest, daß die Auspizien günstig und die Götter also freundlich gestimmt waren. – Senecas zweite Frau hieß *Pompeja Paulina* und war, dem Namen nach zu urteilen, die Tochter (oder Schwester) des Getreidepräfekten Pompejus Paulinus – für Seneca also noch ein Grund mehr, sich an ihn zu wenden.

Seneca und das Erotische

Unter den Epigrammen findet sich eine Sammlung kleiner erotischer Gedichte, die keine Verbindung zu dem haben, was wir sonst von Seneca wissen oder kennen, möglicherweise kann man sie jedoch als einen Ausdruck seiner freudig erregten Stimmung nach seiner Rückkehr nach Rom betrachten, einer Stimmung, von der sowohl die Schrift an Pompejus als auch das Gedicht an Phoebus zeugen. In seinen philosophischen Schriften schreibt Seneca, trotz aller Ausfälle gegen die Geilheit, auffallend wenig über das Erotische und scheint weder die erotische Begeisterung eines Platon noch die Fleischesangst eines Paulus zu kennen. Er hat jedoch über die Ehe, *De matrimonio,* geschrieben, aber was er geschrieben hat, wissen wir nur aus Zitaten bei den Kirchenvätern. Hieronymus zitiert z. B., daß der Weise nicht aus Affekt, sondern mit Vernunft liebe,[40] und in einem Brief schreibt Seneca etwas Ähnliches: Die erotische Leidenschaft gleicht der Freundschaft insofern, als sie ihren Zweck in sich selbst hat, aber solange sie Leidenschaft ist, ist sie eine Art ,,ungesunder Freundschaft". Was die Stoiker als ,,Apathie" anstrebten, war nicht Gefühllosigkeit, sondern eben das Freisein von Leidenschaft *(pathos).* Seneca betont, daß sich das griechische Wort *apatheia* nicht durch ein einzelnes Wort übersetzen lasse (Cicero hatte es mit ,,Gemütsruhe" übersetzt). Die Sprache deutet an, daß die Leidenschaft, die Passion, ein Leiden ist, bei dem der Mensch trotz aller seiner Unrast passiv ist, die Liebe aber ist gerade aktiv, nicht gebunden, sondern frei. Das einzige wirksame Liebesmittel, sagt Seneca, habe der Stoiker Hekaton angewiesen: ,,Willst du geliebt sein, so liebe!"[41]

In seiner Tragödie ,,Phädra" fand Seneca so glühende Ausdrücke für die erotische Passion, daß es unwahrscheinlich erscheint, daß er sie nicht selbst gekannt haben soll. In seinem Brief an Helvia schreibt er, daß die Sinneslust sich durch das Bewußtsein bezwingen lasse, daß sie nur der Fortpflanzung und nicht der Lust zu dienen habe,[42] doch so einfach ist die Sache ja nun auch wieder nicht; jedenfalls ist das nicht Grund genug, um Seneca die zwei, drei eher sinnlichen Epigramme abzusprechen, von denen eines in griechischer Manier an einen Knaben gerichtet ist:

,,Oh, welch ein göttliches Antlitz, des Bacchus, Apollon gleich würdig,
Antlitz, das Mann nicht noch Weib jemals hat straflos erblickt ..."

Dies war im römischen Milieu nicht weiter auffällig, zumal der Verfasser es einer Frau gönnt (oder vielleicht doch mißgönnt), später die Reize des Knaben zu genießen. Schöne Worte für männliche Schönheit fand Seneca auch in seinen Tragödien, nahm aber sonst von der ,,griechischen" Erotik Abstand.

Über Senecas erotisches Leben weiß Tacitus nichts weiter zu berichten, als daß man ihn der Unzucht angeklagt habe. Was er und Sueton und Dio Cassius im 60. Buch[44] seiner römischen Geschichte als Beschuldigungen auffassen, das gibt derselbe Dio Cassius im 61. Buch[45] als Tatsache aus – wenn es sich denn um denselben Dio Cassius handelt. Dio Cassius schrieb seine römische Geschichte zu Beginn des 3. Jahrhunderts, also lange nach Seneca. Außerdem sind die Bücher 61–63, die diese Zeit behandeln, auch noch verloren gegangen und vorwiegend in einer verkürzten Ausgabe aus dem 11. Jahrhundert bekannt, die wir einem Mönch, Xiphilinus, aus Konstantinopel verdanken. Xiphilinus weiß nette Dinge von Seneca zu berichten, daß er nämlich auch mit Agrippina und mit Lustknaben Unzucht getrieben und dies auch Nero gelehrt habe, alles Dinge, die Tacitus und Sueton genüßlich zum Besten gegeben haben würden, hätten sie davon gewußt. Sicher gebührt der Mönchsphantasie des Xiphilinus die Ehre dafür.

Die meisten der erotischen Epigramme sind in Ovidscher Manier geschrieben und richten sich an Mädchen mit hübschen fiktiven Namen: Basilissa, Arethusa, Cosconia und – Delia:

,,Schwatzhaftes Ohr, was bedeutet dies nächtliche Klingen mir, sage?
Wüßte ich nur, wer jetzt so hörbar hier meiner gedenkt.
Oh, du erfragst also, wer in der Nacht dir läßt klingen die Ohren?
Klingen die lieblange Nacht? Delia spricht jetzt von dir.
Delia spricht jetzt von mir, ja, natürlich, schon weicher kommt nun der
Summende Laut, auch gedämpft murmelnd und überaus süß.
Delia pflegt so die Stille der lieblichen Nächte zu brechen.
Und mit der Stimme, die selbst beides, ganz lieblich und still,
Kitzelt sie gern so, die Arme mir weich um den Nacken geschlungen,
Heimlich und flüsternd das Ohr, ganz Ohr bin ich, in der Tat.
Ja, gleich erkannt ist sie nun, und jetzt klingt als ein wahreres Echo
Ihrer so lebhaften Stimm' zärtlicher mir die Musik.

Ach, laß' das Ohr mir nur weiter so zärtlich erklingen und tönen!
Während um dies ich noch bitt' schwindet der Laut mir, oh Gott!"[46]

Basilissa, die sich gern ziert und mit Zierat behängt, bekommt zu hören, daß sie mit ihrem Schmuck und ihrer Schminke die Schönheit verjage – und die Liebe, die das Ausstaffierte scheue und die „kunstlose Natürlichkeit" *(inornata simplicitas)*[47] suche, die Seneca in anderem Zusammenhang auch als wonnevoll bezeichnet.

Gedichte an Pompeja Paulina hat Seneca nicht hinterlassen, jedenfalls nicht unter ihrem Namen, aber in einem seiner letzten Briefe, d. h. während seiner letzten Lebensjahre, schreibt er, daß sie für ihn lebe und er um ihretwillen den noch in dem Greis lebendigen jungen Mann bewahren müsse.[48] Paulina hatte es nämlich, obgleich von Seneca sicher in den Grundprinzipien der Weisheit unterrichtet, nicht gelernt, in ihrer Liebe Mut zu zeigen, was nicht weiter verwunderlich war, da sie mit Seneca kein sonderlich geborgenes Dasein führen konnte. Er, der nun Anfang fünfzig war und angeblich beabsichtigte, Athen, die Stadt der Philosophen, zu besuchen,[49] erhielt statt dessen einen wichtigen Posten im kaiserlichen Rom. Er wurde, trotz seiner Bitte an Phoebus, Prätor – und kaiserlicher Präzeptor. Kurz, er wurde *occupatus* – mit Beschlag belegt.

VI. Seneca und Nero

Seneca am Hof

Als Agrippina Kaiserin geworden war, war – so sagt Tacitus – die Stadt wie verwandelt.[1] Alles richtete sich nach dem Willen dieser Frau. Sie spielte nicht mit dem Staat, wie die leichtfertige Messalina. Ihr Regiment war straff und absolut männlich. Das Männliche klingt bei Tacitus wie ein mildernder Umstand für ihr Regiment. Die Frau, die im Gesellschaftsleben eine große Rolle spielte, spielte im politischen Leben überhaupt keine und konnte sich eigentlich nur zur Geltung bringen, wenn sie Kaiserin wurde. Das mag einen Teil von Agrippinas Ehrgeiz erklären: Zu einer Begabung gehört auch der Drang zu ihrer Entfaltung, und Agrippina war ohne Zweifel eine politische Begabung.

Agrippina begriff sich nicht nur als die Frau des Kaisers, sondern als sein Mitkaiser; sie nahm mit ihm zusammen Huldigungen entgegen, hatte ein Prunkgefährt, in dem sie sogar auf das Kapitol fuhr, wohin man sonst nur zu Fuß ging, und hatte ihre eigene Audienzzeit, die im Staatsanzeiger (*Acta publica diurna,* einer Zeitung mit offiziellen Mitteilungen und Neuigkeiten aus der besseren Gesellschaft) bekanntgegeben wurde. Bei Claudius erreichte sie – teilweise mit der Hilfe von Pallas – alles, was sie wollte. Im Jahr nach ihrer Hochzeit wurde ihr Sohn Lucius Domitius Ahenobarbus unter dem Namen Nero Claudius Drusus Germanicus Caesar vom Kaiser adoptiert und mit dessen Tochter Octavia verlobt. Vermutlich war dies der Anlaß dafür, daß er seinen eigenen Hofstaat und, da er erst zwölf Jahre alt war, einen Präzeptor haben sollte.

Agrippina konnte mehrere Gründe dafür haben, Seneca mit dieser Aufgabe zu betrauen. Es hatte bereits früher eine Beziehung zwischen ihnen bestanden, und durch ihre Ehe mit Passienus Crispus war sie sicher erneuert und gestärkt worden. Seneca war trotz oder vielleicht geradezu wegen seines langen Exils ein bekannter und geachteter Schriftsteller, und er verdankte es Agrippina, daß er sich wieder in Rom befand. Agrippina wiederum brauchte Verbündete in ihrem Kampf, der Nero zum Nachfolger des Claudius machen sollte. Deshalb sorgte sie auch dafür, daß die beiden Präfekten der Prätorianergarde entlassen und durch *Afranius Burrus* abgelöst wurden, der sich als Militärtribun und kaiserlicher Prokurator Verdienste erworben hatte. Doch seine Beförderung zum Prätorianerpräfekten war eine Blitzkarriere, für die er Agrippina dankbar sein mußte. Agrippina hatte die Rolle der Prätorianer bei der Thronbesteigung des Claudius noch im Gedächtnis, und sie wußte außerdem, wie wichtig es ist, das Wort zu beherrschen, wenn man andere beherrschen will. Der Gardepräfekt Burrus und der Redner Seneca waren also die Richtigen für Neros Erziehung – zum Kaiser.

Seneca konnte es wohl kaum ablehnen, sich von einer Kaiserin engagieren zu lassen, der er Dank schuldete, und er konnte sich wohl auch aus philosophischen Gründen dem „Engagement" in öffentlichen Angelegenheiten kaum entziehen, wozu die Klassiker der Stoa aufgefordert hatten. Man sollte „nicht nur, was man tun müsse, überlegen, sondern auch einmal die Hand üben und das, was man gedacht hat, verwirklichen", schrieb Seneca selbst später.[2] Jetzt hatte er die Möglichkeit, auf einen jungen Menschen einzuwirken, der größere Macht über andere Menschen haben würde als irgend ein anderer, wenn Agrippinas Politik Erfolg hatte. Sie erwartete, daß Seneca ihr bei der Durchführung dieser Politik beistehen werde.

Seneca war dem Sohn der Agrippina, dem Stiefsohn des Crispus, dem Neffen der Julia – der freilich auch der Neffe des Caligula war – sicher von vornherein sympathisch gestimmt. Sueton erzählt, man erzähle sich, daß Seneca in der Nacht nach seiner Ernennung zum Prinzenerzieher geträumt habe, daß er Caligula habe erziehen sollen.[3] Es ist schon verständlich, daß man sich so etwas erzählte. Caligula war ja in jeder Beziehung so, wie ein Herrscher nach Senecas Meinung nicht sein sollte; hätte dieser „zuweilen so liebenswürdige und zuvorkommende junge Mann" von einem Seneca zu einem besseren Fürsten erzogen werden können? Wie viel vermochte ein Fürstendiener in dem lebensgefährlichen Hofmilieu? Bei Hofe war der „mythische" Bruderkonflikt noch immer aktuell. Während Claudius anscheinend nicht gemerkt hatte, daß er durch die Adoption von Nero seinen eigenen Sohn benachteiligte, hatte dieser, Britannicus, das anscheinend gemerkt: er nannte Nero auch weiterhin Domitius, so als sei er nicht adoptiert worden. Nero beklagte sich bei seiner Mutter, diese beklagte sich bei ihrem Mann, der seinem Sohn andere Lehrer beigab, die ihm die Flötentöne beibringen sollten.

Senecas Traum bestätigte sich bald, sagt Sueton: Nero ließ seine unmenschliche Natur durchblicken. Sueton berichtet zwar auch, daß seine Erziehung bis dahin vernachlässigt worden sei und er bei seiner Tante Domitia Lepida einen Tänzer und einen Barbier zu Hofmeistern gehabt habe.[4] Da Nero zu diesem Zeitpunkt, während des Exils seiner Mutter, zwei bis drei Jahre alt war, kann man jedoch kaum den Schluß ziehen, daß diese seinen Hang zum Theaterspielen und seine Lust zur Selbstdarstellung geweckt hätten. Nero, der von Kindesbeinen an charmant und als der Enkel des Germanicus beliebt war, gewöhnte sich schnell daran, öffentliche Huldigungen als eine Selbstverständlichkeit zu betrachten, und da Agrippina jede Gelegenheit nutzte, Nero vor dem Volk glänzen zu lassen, während sie *ihn* gleichzeitig „straff und männlich" lenkte, legte sie wahrscheinlich den Grundstein zu seinem Grund- und Milieuschaden. Seneca hätte dem entgegenwirken können, hätte er seine Vorstellungen von Kindererziehung aus

„Über den Zorn" verwirklichen können, aber er war ja von Anfang an daran gehindert, Nero „auf gleiche Stufe mit vielen" zu stellen. Dagegen konnte er wohl verhindern, daß der Schüler seinem Lehrer gegenüber immer recht bekam. Er verstand es, wie Neros späteres Verhältnis zu ihm zeigt, sich sowohl sein Vertrauen als auch seinen Respekt zu erwerben.

Nero war vielseitig künstlerisch begabt: „Er meißelte, malte, betätigte sich als Sänger oder Wagenlenker. Und manchmal zeigte er beim Abfassen von Gedichten, daß er elementare Kenntnisse besaß", schreibt Tacitus,[5] und Sueton ergänzt: „In seiner Jugend hatte sich Nero mit fast allen Wissenschaften beschäftigt, nur von der Philosophie hielt ihn seine Mutter fern; denn diese sei, wie sie bemerkte, für einen künftigen Herrscher nur schädlich. Von der Lektüre der alten Redner lenkte ihn sein Lehrer Seneca ab, um ihn desto länger in der Bewunderung für sein eigenes Rednertalent zu erhalten."[6] Agrippinas böse Worte über die Philosophie dürften einem späteren Zeitpunkt angehören, als nämlich deutlich geworden war, daß Seneca die ihm von ihr zugedachte Rolle nicht spielen wollte. Jedenfalls hatte sie nicht verhindert, daß Nero auch einen stoischen Philosophen, Chaeremon von Alexandria, zu seinen Lehrern zählte. Seneca hatte sich als Redner und nicht als Philosoph zum Prinzenerzieher qualifiziert, und die Rhetorik war ja das römische Hauptfach. Seneca konnte andere Motive als persönliche Eitelkeit haben, wenn er Nero nicht mit den Deklamationen der alten Redner behelligen wollte. Nero sollte nicht für die Schule, sondern für das Leben lernen, und er hatte unleugbar mehr zu sagen als die Schüler der Rhetorschulen, die sich Reden für erdachte Situationen ausdenken mußten. Vorerst war es Seneca, der seine öffentlichen Reden schrieb. Die früheren Kaiser hatten selbst die Worte zu fügen verstanden, schreibt Tacitus,[7] ohne zu beachten, daß sie sich noch nicht in so jungen Jahren an die Öffentlichkeit gewandt hatten. Im Senat debütierte Nero als Sechzehnjähriger mit einer Rede auf griechisch, in der er dem Senat empfahl, Ilium Steuerfreiheit zu gewähren, und diese Empfehlung auch durchsetzte. Da nach allgemeiner Auffassung Ilium in Kleinasien mit dem Troja identisch war, aus dem Äneas, der Stammvater der Römer und insbesondere der Julier, stammte, hatte er gleichzeitig Gelegenheit, sein eigenes Geschlecht zu rühmen; die „ideologische" Begründung von Agrippinas Machtkampf für Nero war ja, daß er im Gegensatz zu Britannicus Julier sei.

Seneca war in den Machtkampf bei Hofe einbezogen, dessen Opfer er zuvor gewesen war. Es mußte ihm leicht fallen, für seinen eigenen hoffnungsvollen Schüler und gegen seinen alten Feind Narcissus Partei zu ergreifen, der bald in einen offenen Streit mit Agrippina geriet und nun Britannicus protegierte, – dessen Mutter er hatte hinrichten lassen. Seneca hatte sich in seiner Hoffnung getäuscht gesehen, daß Claudius Milde werde walten lassen. Auch Claudius verfiel mit den Jahren in die kaiserliche Willkür, durch die Caligula geglänzt hatte: Er verurteilte, zuweilen aus Zerstreutheit, eine lange Reihe von Senatoren und Rittern zum Tode, er wollte mit eigenen Augen die alte Strafe für Vatermord – man wurde in einen Sack mit einer Schlange und anderen Tieren eingenäht und in einen Fluß geworfen – vollstreckt sehen, und ebenso eifrig verfolgte er die Todeskämpfe der Gladiatoren. Vielleicht versuchte er sich so dafür zu rächen, daß Agrippina ihn in Wirklichkeit entthront hatte, ihn und seinen Sohn! Nero hatte seine Tochter geheiratet und alle die formalen Machtbefugnisse erhalten, die Augustus seinerzeit seinen designierten Nachfolgern verliehen hatte. Claudius soll seine Heirat mit Agrippina und die Adoption Neros bereut haben, und das wiederum soll Agrippina zum Handeln veranlaßt haben.

Tod und Apotheose des Claudius

Im Oktober 54 starb Claudius nach einer Pilzmahlzeit. Die alten Geschichtsschreiber sind sich darin einig, daß er von Agrippina vergiftet wurde und verraten ein so eingehendes Wissen über ihr Vorgehen, daß es einen skeptisch stimmen muß. Das Gerücht von seiner Ermordung wäre auch aufgekommen, wenn er eines natürlichen Todes gestorben wäre, was aber andererseits kein Beweis dafür ist, daß er nicht ermordet wurde. Jedenfalls starb er zu einem passenden Zeitpunkt: Narcissus war zur Kur; Agrippina konnte die Situation für ihren Sohn und – wie sie meinte – auch für sich nutzen. Noch bevor die Nachricht vom Tod des Claudius durchgesickert war, wurde Nero der Garde als sein Nachfolger vorgestellt, die ihm als Imperator huldigte. Der Senat schloß sich an, und das Volk war ebenso begeistert wie bei Caligulas Thronbesteigung.

Es oblag Nero, die Grabrede zu halten. Er rühmte das Geschlecht des Verstorbenen, wie das bei solchen Gelegenheiten üblich war; alle hörten respektvoll von seinen wissenschaftlichen Verdiensten und von dem Frieden nach außen, der während seiner Regierungszeit geherrscht hatte, doch niemand konnte ernst bleiben, als Nero von Claudius' Umsicht und Weisheit sprach, ,,obgleich die von Seneca aufgesetzte Rede kunstvoll aufgemacht war, wie es der den Ohren der Zeit angepaßten Begabung jenes Mannes entsprach", schreibt Tacitus[8] mit einem charakteristischen Vorbehalt. Hatte bereits die Rede von der Weisheit des Claudius das allgemeine Gelächter herausgefordert, wie herausfordernd mußte es dann wirken, daß der Senat den verstorbenen Kaiser zum Gott erhob, eine Ehre, die bis dahin nur Cäsar und Augustus zuteil geworden war und die Caligula parodiert hatte, indem er Zeugen dafür anführte, daß seine Schwester Drusilla gen Himmel gefahren sei. Irgendein witziger Kopf schrieb denn auch eine böse Satire auf die Apotheose des Claudius, und das war möglicherweise sogar Seneca. Ihr Titel, *Apocolocyntosis,* d.h. Erhebung, nicht zum Gott, sondern zum Kürbis, ist freilich nur aus Dio Cassius bekannt, der erzählt, daß Seneca eine Satire auf Claudius geschrieben habe[9]. Es ist nicht sicher, ob sie mit der erhaltenen identisch ist, die nicht zusammen mit anderen von Senecas Werken überliefert ist und in der nichts von einem Kürbis steht, wohl aber, Claudius habe eines gemeinsam mit einem kugelrunden stoischen Gott (der ja mit der Welt identisch war), nämlich daß ihm Kopf und Gehirn fehlten. Der Ton dieser Satire ist unleugbar ein anderer als in den uns sonst bekannten Werken Senecas, doch die moralischen Argumente, die man zum Beweis dafür angeführt hat, daß er sie nicht geschrieben haben könne,[10] zeugen von einer etwas banalen Auffassung von Senecas Psyche, einer etwas naiven Überzeugung, die davon ausgeht, daß derjenige, der Claudius in der Trostschrift an Polybius gerühmt hatte, ihn nach seinem Tode nicht habe schlechtmachen können. Daß er sich erniedrigt hatte, indem er vergeblich an die Milde des Claudius appellierte, mag schon ein Motiv für die Erniedrigung des erhobenen Claudius gewesen sein, der im übrigen, ebenso wie Tiberius und Caligula, besser begann, als er endete.

Hat man Seneca von der Schrift an Polybius wegen ihrer geringeren stilistischen Qualität freisprechen wollen, so kann man das im Falle der *Apocolocyntosis* jedenfalls nicht aus diesem Grund tun. Sie ist grobe Satire, die sich nicht nur gegen die göttliche Würde des Claudius, sondern auch gegen seine menschliche Gebrechlichkeit richtet, und sie enthält alberne Einfälle. Stilistisch ist sie jedoch von hoher Qualität und literaturgeschichtlich besonders interessant, weil wir hier das einzige vollständig überlieferte Beispiel einer römischen *satura* haben, was ursprünglich nicht Satire, sondern ein Sammelsurium von Stilarten bedeutete. Hier springt man vom Possenhaften zum Hochtrabenden, vom Vulgären zum Subtilen, vom Vers zur Prosa; hier werden die Pedanterie der Geschichtsschreiber und das Pathos der Tragödiendichter parodiert; die Taten der Helden werden durch griechische Zitate belegt, die Schicksalsgöttin Clotho flucht ,,bei Herkules", und Herkules selbst, sonst der mythische Held der Stoiker, tritt als dummer August auf.

Die Handlung ist ganz kurz folgende: Claudius, der sein ganzes Leben über so getan hat, als sei er am Leben, landet nach seinem Tod auf dem Olymp. Die Götter sind verblüfft über dieses seltsame Geschöpf, meinen aber, daß es sich um eine Art Mensch handeln müsse. Herkules, an den Umgang mit Ungeheuern gewöhnt, kümmert sich um ihn und veranlaßt den alten Gott Diespiter, der jetzt – so wie einige der Freigelassenen des Claudius (vgl. S. 80f.) – vom Verkauf von Bürgerrechten lebt, vorzuschlagen, daß Claudius, der ja alle an Weisheit übertreffe, in den Kreis der Götter aufgenommen und dieser Akt den ,,Metamorphosen" des Ovid hinzugefügt werden solle. Doch da ergreift Augustus, der ansonsten seit seiner Vergöttlichung den Mund nicht aufgemacht hat, das Wort und fragt, ob er denn wohl dafür den Frieden zu Lande und zu Wasser wieder aufgerichtet habe: ,,Der Mann hier, Senatoren, der – so scheint's euch –

keine Fliege scheuchen konnte, ließ die Köpfe rollen wie die Würfel aus dem Becher."[11] Augustus muß sich auf die Nennung seiner eigenen Verwandten beschränken, er nennt sowohl Julia als auch Messalina, die nie eine Gelegenheit zur Verteidigung erhielten, und stellt zuletzt den Antrag, Claudius, der sich so lange unter *seinem* Namen versteckt habe, solle den Himmel innerhalb von dreißig und den Olymp innerhalb von drei Tagen verlassen. Der Göttersenat nimmt den Antrag an, Merkur begleitet Claudius in die Unterwelt. Auf dem Weg dorthin sieht er seinen eigenen Leichenzug und begreift, daß er gestorben ist; in der Unterwelt wird er von Narcissus und Polybius und anderen alten Freunden empfangen. Er wird vor den Richterstuhl des Aeacus gestellt, für schuldig befunden, den Tod von 35 Senatoren, 221 Rittern und unzähligen anderen römischen Bürgern verursacht zu haben, und darauf dazu verurteilt, mit einem Würfelbecher ohne Boden zu würfeln. Caligula macht Ansprüche auf ihn als Sklave geltend, da er beweisen kann, daß er ihn wie einen solchen behandelt habe, hat aber keine Lust, ihn zu behalten, und Claudius, der Sklave seiner Freigelassenen, endet als Gerichtsdiener bei den Freigelassenen des Aeacus. Claudius war am Richteramt ebenso fanatisch interessiert gewesen wie am Würfelspiel.

Konnte eine solche Schmähschrift auf den vergöttlichten Kaiser unter seinem Nachfolger und Adoptivsohn veröffentlicht werden, und das von Seneca, seinem Lehrer? Seneca hatte ja Caligula unter *dessen* Nachfolger angegriffen und darauf gehofft, Claudius werde die Wunden heilen, die sein Vorgänger dem Reich geschlagen hatte. Nun hoffte er darauf, daß Nero sich von Claudius distanzieren werde, erwähnt aber Claudius in seinen späteren Schriften nur zweimal,[12] und das beherrscht kritisch. Doch was er sich in seinen ernsteren Schriften nicht erlauben konnte, das konnte er gerade in einer *satura* tun. Es gab eine römische Tradition, wonach das Satirische auf das Pathetische folgte: beispielsweise wurden die Triumphatoren im Triumphzug selber von ihren Soldaten schlechtgemacht, und dem Trauerzug des Kaisers Vespasian folgte ein Mann, der den verstorbenen Kaiser parodierte, wie er leibte und lebte. Die Tatsache, daß derjenige, der in der Begräbnisrede für Claudius (die einige freilich auch Nero selbst und nicht Seneca haben zuschreiben wollen)[13] gut von ihm gesprochen hatte, ihn hinterher schlechtmachte, konnte die Römer nicht entrüsten. Auf diese Weise war das Gleichgewicht wieder hergestellt, die Wahrheit über Claudius war in der Mitte zu suchen.

Doch die *Apocolocyntosis* wurde nicht nur als Gegengewicht oder aus Spaß geschrieben. Sieht man genauer hin, dann ist die Frage, die Herkules mit einem Homerzitat an Claudius stellt:

„Wer, wes Volkes bist du? und wo ist deine Geburtsstadt?"[14]

genau die Frage, die Claudius gelehrt genug ist, mit einem anderen Zitat zu beantworten:

,,Gleich von Ilion trieb mich der Wind zur Stadt der Kikonen",[15]

doch der nächste Vers der Odyssee (,,Da verheert' ich die Stadt und würgte die Männer") wäre passender gewesen, sagt der Erzähler,[16] denn daß Claudius von Troja herstammen sollte, so wie Äneas, der Stammvater der Julier, das wird ja gerade bestritten. Die Fiebergöttin, die Claudius in den Himmel begleitet hat, versichert, er komme aus Lugdunum (Lyon). Claudius wird so wütend, daß er sie, ganz nach seiner Gewohnheit, hinrichten lassen will. Lugdunum in Gallien, die Geburtsstadt des Claudius, heißt ,,die Stadt des Marcus (Antonius)": M. Antonius, der den Anspruch erhob, von Herkules, dem Fürsprecher des Claudius bei den Göttern, abzustammen, war der Großvater des Claudius. Octavia, die Schwester des Augustus war freilich seine Großmutter, deshalb macht Augustus in seiner Rede an die Götter die ansonsten dunkle Bemerkung: ,,Wenn auch meine Schwester nichts davon versteht, ich kenne doch das griechische Sprichwort: ,Näher als die Wade ist das Knie!'"[17] Dieses griechische Sprichwort heißt soviel wie: Nero ist mir näher als Britannicus. Da Diespiter die Götterkandidatur des Claudius mit dessen Verwandtschaft mit Augustus begründet, gibt das Wort des Augustus den Ausschlag, denn die Götter verstehen natürlich einen Wink mit dem Zaunpfahl. So verstanden ist die *Apocolocyntosis* eine ,,Propagandaschrift in einer politischen Auseinandersetzung, bei der es letztlich um den Thron geht."[18]

Die Propaganda für Nero ist deutlich genug. Wesentlich war ja nicht, was im Himmel geschah: Der Autor behauptet, er habe das Ganze von dem, der Drusilla gen Himmel habe fahren sehen; die Wahrhaftigkeit hat also ihre Grenzen. Alle dagegen waren Zeugen der Vorgänge auf Erden. Der Todestag von Claudius war ja auch der Geburtstag einer neuen Zeit; in seiner Freude darüber kann man sich schon ein paar Freiheiten herausnehmen, jetzt, wo einem die Freiheit nicht mehr genommen werden kann. Während die Parzen, die Schicksalsgöttinnen, den Lebensfaden des Claudius zerreißen, spinnen sie den seines Nachfolgers immer länger. Er ist aus Gold, als Zeugnis des kommenden goldenen Zeitalters. Phoebus Apollo, der Schutzgott des Augustus, ist bei ihrer Arbeit selbst zugegen:

,,O macht kein Ende, ihr Parzen, (so singt Phoebus) er soll das Maß des irdischen Daseins
Stolz besiegen, mir ähnlich im Antlitz, ähnlich an Schönheit,
Und nicht schlechter beim Klange des Lieds. Glückselige Zeiten
Wird er den Schwachen bringen und brechen das Schweigen des Rechtes.
Gleichwie Lucifers Strahl die fliehenden Sterne verscheuchet,

Oder wie Hesperus steigt beim Wiederkehren der Sterne,
Gleichwie Helios – wenn das Dunkel lösend Aurora
Pupurrot den Tag heraufführt – leuchtend die Erde
Anschaut und das frische Gespann aus den Schranken hervorlenkt:
Solch ein Kaiser ist da, so wird jetzt Rom seinen *Nero*
Schauen! Es leuchtet der strahlende Blick in milderem Glanze,
Und das üppige Haar umwallt den stattlichen Nacken!"[19]

Die Worte waren schmeichelhaft für Nero, konnten aber auch Ausdruck einer aufrichtigen Ergriffenheit und eines Glaubens an bessere Zeiten sein. ,,Ich würde lieber durch Wahrheiten Anstoß erregen als durch Schmeicheleien gefallen",[20] schreibt Seneca an Nero in seiner Schrift ,,Über die Milde", in der er den schmeichelhafteren warnende Worte hinzufügt und nicht nur für seinen Schüler Propaganda macht, sondern ihn auch öffentlich bei dem von ihm gegebenen Wort zu nehmen versucht. Auch in der *Apocolocyntosis* konnte sich hinter den groben Späßen eine ernste pädagogische Absicht verbergen: Verdient man es, ein Gott zu werden, durch die bloße Tatsache, daß man Kaiser ist – oder nur durch kaiserliche Taten? ,,Daß er ein Gott ist, glauben wir nicht wie Leute, denen es befohlen wurde",[21] schrieb Seneca über Augustus mit einem deutlichen Hieb auf die gesetzlich befohlene Göttlichkeit des Claudius. Da der Senat seine theologische Initiative sicher im Einverständnis mit Agrippina ergriffen hatte, die auch die Priesterin des neuen Gottes wurde, darf man vermuten, daß Nero an der Satire auf die Apotheose des Claudius größeres Vergnügen gefunden hat als sie.

Agrippina und Seneca. Neros Programm

Agrippina hatte sofort nach dem Tod des Claudius Narcissus und einen älteren Angehörigen des kaiserlichen Geschlechts, der in den Augen einiger Leute zum Regieren besser taugte als der knapp siebzehnjährige Nero, aus dem Weg räumen lassen. Der eine Mord war hinter Neros Rücken geschehen, der zweite gegen seinen Willen. Aber sie hätte so weitergemacht, sagt Tacitus, wenn Seneca und Burrus sich ihr nicht in den Weg gestellt hätten. Burrus war Gallier, Seneca Spanier, und es war bis dahin noch nie vorgekommen, daß Bürger aus den Provinzen am Hofe eine so hohe Stellung bekleidet hatten. Es lag ein Widerspruch in der Tatsache, daß Agrippina sich ihre Handlanger nach moralischen Qualifikationen ausgesucht hatte: der strengen Lebensführung des Burrus, Senecas liebenswürdigem und respekteinflößendem Wesen (*comitas honesta*); die beiden waren ganz einfach zu starke Charaktere, um nur Steine im Hofspiel abzugeben. Sie ,,waren – eine Seltenheit bei gemeinsamer Machtausübung – unter sich einig ..., wobei sie einander in die Hände arbeiteten, um so den Princeps in seinem noch nicht gefestigten Alter, falls er den Weg der Tugend verschmähen würde, durch Zugeständnisse bei sinnlichen Genüssen leichter zu zügeln. Beide hatten nur einen gemeinsamen Kampf gegen das unbeherrschte Wesen Agrippinas durchzufechten, die, von der ganzen Leidenschaft einer schlimmen Herrschsucht entbrannt, Pallas auf ihrer Seite hatte."[22]

Neros künstlerische Interessen zählte Tacitus nicht zu den Tugenden, und mit den „sinnlichen Genüssen" meinte er allein die erotischen. Nero hatte seine erste Liebe einer jungen Hofdame, einer Freigelassenen namens Acte, geschenkt, was Agrippina entrüstete, die das unter seiner Würde fand. Doch die Diskrepanz zwischen dem Jungen, den seine Mutter nicht ließ, und dem Kaiser, dem alle huldigten, war zu groß geworden. Agrippina erreichte nur, daß Nero sich noch mehr von ihr distanzierte und sich Seneca anvertraute, der natürlich viel zu klug war, um zu moralisieren. Die moralische Entrüstung darüber, daß Nero seine zwölfjährige Kaiserin Octavia „betrog", wie sie bei Tacitus und vielen späteren Historikern zum Ausdruck kommt, diese Entrüstung teilte er nicht. Er ließ sogar Annäus Serenus, für den er seinerzeit „Über die Standhaftigkeit des Weisen" geschrieben hatte und der in der Zwischenzeit *praefectus vigilum,* Chef des Wach- und Feuerwehrkorps von Rom, geworden war, nach außen als Anbeter Actes und als Mittelsmann zwischen ihr und Nero auftreten.

Anfangs erschien Agrippina sowohl auf den Münzen, die auch Propagandamittel waren, als auch in der Wirklichkeit beständig an der Seite Neros. Sie ließ sich gemeinsam mit ihm in der Sänfte tragen, was in Rom natürlich Anlaß zu Gerüchten geben mußte, denn was in aller Welt konnten sie darin nicht machen! Doch als sie beim Empfang einer armenischen Gesandtschaft Anstalten machte, sich an Neros Seite auf dem Thron niederzulassen, gelang es Seneca, sie in ihre Schranken zu verweisen. Er ließ Nero seiner Mutter entgegen gehen und sie aus dem Saal geleiten. Durch die Laune des Zufalls hatte Seneca von seinem alten Feind Narcissus die Rolle als Hauptgegner Agrippinas übernommen. Wenn in der Gesellschaft „Milde walten" sollte, dann durfte Agrippina *nicht* walten. Seneca konnte aus Neros persönlichem Hang zur Emanzipation und aus seiner Volkstümlichkeit Nutzen ziehen und bestärkte ihn in einer Haltung, die nicht gerade die Agrippinas war: Er „ließ keine Gelegenheit ungenutzt, seine Freigebigkeit, seine Milde, ja selbst seine Leutseligkeit ins rechte Licht zu setzen", schreibt Sueton,[23] und bei Tacitus heißt es: „Seine Milde beteuerte er in häufigen Reden, die Seneca zum Beweise, welch edle Lehren er ihm erteile, oder um sich mit seiner Begabung zu brüsten, durch den Mund des Princeps verbreitete."[24]

Über Senecas Politik wissen die Geschichtsschreiber weniger zu berichten als über seine Rolle in dem Machtspiel bei Hofe; auffällig ist jedoch, daß sie über die Regierung während der fünf Jahre, in denen Nero sich in seinem Kampf gegen Agrippina auf Seneca stützte, nur Gutes zu berichten haben. Kaiser Trajan soll gesagt haben, daß sämtliche Kaiser von den ersten fünf

Jahren unter Nero übertroffen würden,[25] und man sollte bemerken, daß die oft zitierten Worte des Apostels Paulus über die Obrigkeit, die von Gott ist, während der ersten Zeit von Neros Regierung an die Gemeinde in Rom geschrieben wurden: „Denn die Gewaltigen sind nicht den guten Werken, sondern den bösen zu fürchten. Willst du dich aber nicht fürchten vor der Obrigkeit, so tue Gutes, so wirst du Lob von ihr haben. Denn sie ist Gottes Dienerin dir zugut. ... Derhalben müßt ihr auch Schoß geben; denn sie sind Gottes Diener, die solchen Schutz sollen handhaben. So gebet nun jedermann, was ihr schuldig sein: Schoß, dem der Schoß gebührt; Zoll, dem der Zoll gebührt; Furcht, dem die Furcht gebührt; Ehre, dem die Ehre gebührt."[26] Die Gesellschaft der Christen war zwar nicht von dieser Welt, befand sich aber zu jenem Zeitpunkt auch nicht im erklärten Gegensatz zur Gesellschaft dieser Welt.

Sein Programm hatte Nero in seiner Antrittsrede vor dem Senat vorgestellt, die Tacitus kurz referiert. Nachdem er betont hatte, daß er zu jung sei, um Bürgerkrieg und innere Zerwürfnisse miterlebt haben zu können, und daß er keinerlei Haß, Kränkungen und Rachsucht mit sich auf den Thron nehme, nahm Nero, der sich auf diese Weise als guter Schüler des Verfassers von „Über den Zorn" gezeigt hatte, insbesondere Abstand von allem, „was eben erst zu heftiger Erbitterung geführt" hatte. Er wolle nämlich nicht in allen Fällen den Richter spielen, so daß die Mauern eines Hauses in sich Ankläger und Angeklagte einschlössen und die Macht einiger weniger Personen wüte. In seinem Hause sei nichts käuflich, und es sei dem Buhlen um Gunst nicht zugänglich. Getrennt voneinander seien sein Haus und das Gemeinwesen. Der Senat solle seinen alten Aufgabenbereich behalten. An den Amtssitz der Konsuln sollten sich Italien und die Staatsprovinzen wenden, und die Konsuln deren Vertretern den Zugang in den Senat verschaffen. Er für seine Person werde für die ihm anvertrauten Heere sorgen.[27] Sueton begnügt sich mit der Feststellung, daß der Kaiser öffentlich erklärt habe, „daß er nach den politischen Grundsätzen des Augustus regieren wolle".[28]

Die Quintessenz dieser Rede war, daß die Macht, die die persönlichen Berater des Claudius ausgeübt hatten, an den Senat zurückgehen solle, dessen selbständige Initiativen unter Neros Vorgängern vor allem den Charakter von Kaiserbeweihräucherung getragen hatten. Der Senat beharrte auf seiner Untertänigkeit, doch Nero meinte, er sei reichlich jung für den Ehrentitel „Vater des Vaterlands", und wies auch andere Ehrenbezeigungen mit der Begründung zurück, daß er sie noch nicht verdient habe. Die Autorität des Senats war auch unter Augustus eher formaler als realer Art gewesen, aber von Tacitus wissen wir, daß der Senat zu Beginn von Neros Regierungszeit eine Reihe selbständiger Entscheidungen treffen konnte.[29] Das war im übrigen keine Garantie für größere Humanität. Im Prinzip konnte der Senat ein Gegengewicht zu einem strengen Fürsten bilden, aber in Wirklichkeit erlaubte überhaupt nur ein milder, daß er seinen Einfluß geltend machte.

Einen Beleg für den Willen der Regierung, die Würde des Senats zu erhöhen, findet man darin, daß die Münzen in „Neros Jahrfünft", das also auch das Senecas war, oftmals die Inschrift *Ex S(enatus) C(onsulto)*, auf Senatsbeschluß, tragen. Die Goldmünze *aureus* und die Silbermünze *denarius* trugen auf der Rückseite den Eichenkranz, der Soldaten für die Rettung eines Mitbürgers verliehen wurde und dem Seneca gleichzeitig in „Über die Milde" eine erweiterte Bedeutung zumaß: „Kein Schmuck ist würdiger des Firstes des Princeps und schöner als jene Krone für die Rettung von Bürgern: nicht Feindeswaffen, die man den Besiegten abgenommen hat, nicht Kampfwagen, vom Blut der Barbaren triefend, noch im Krieg errungene Beute. Das ist göttliche Macht: scharenweise und öffentlich zu retten. Viele zu töten und ohne Unterschied ist Macht, die auch Brand und Zerstörung haben".[30] – Auch Seneca machte Propaganda für seine Politik auf den Münzen, von denen Agrippinas Bild verschwand. Andere Münzen aus diesen fünf Jahren verewigen den Hafen von Ostia, der unter Nero vollendet wurde, sowie den Fleisch-, Fisch- und Gemüsemarkt von Rom, der 56 eröffnet wurde.

Die Gladiatorenkämpfe

Agrippina hatte versucht, sich die Herrschaft über den Senat zu sichern, indem sie ihn die Sitzungen in der Kaiserburg abhalten ließ und ihnen hinter einem Vorhang versteckt beiwohnte. Das hinderte den Senat nicht daran zu beschließen, daß die designierten Quästoren nicht, wie von Claudius bestimmt, zur Veranstaltung von Gladiatorenkämpfen verpflichtet sein sollten. Begründet wurde dieser Beschluß vermutlich damit, daß dies zu große finanzielle Ansprüche an die Quästoren stellen würde, da aber Nero außerdem seinen Provinzbeamten durch ein Edikt aus dem Jahre 57 die Abhaltung von Kampfspielen mit der Begründung verbot, sie könnten zur Bestechung der Bevölkerung dienen, die das Recht hatte, den Statthalter wegen schlechter Amtsführung anzuklagen, so kann man in diesen Erlassen vielleicht einen Ansatz zu Versuchen erblicken, dieser brutalen Form der Volksbelustigung Grenzen zu setzen. Seneca ist der erste bekannte Römer, der die Kampfspiele verurteilt hat. Daß dies unter seinen Zeitgenossen bekannt war, geht aus folgender Inschrift an der Gladiatorenkaserne von Pompeji hervor: „Der Philosoph Annaeus Senecas ist der einzige römische Dichter, der die blutigen Kampfspiele verurteilt."[31] Senecas ist die griechische Version des Namens, und der betreffende Gladiator war sicherlich auch ein Grieche.

Es ist zu jeder Zeit schwer, sich vorzustellen, daß alles oder auch nur etwas anders sein könnte. Da Seneca in so vielen Punkten Ansichten geäußert hat, die später üblich wurden, vergißt man leicht, daß sie zu seiner Zeit nicht so üblich waren, und wirft ihm schnell vor, daß er seine Ideen nicht in die Tat umgesetzt habe, als sei er in seiner Eigenschaft als kaiserlicher Berater allmächtig gewesen und als gäbe es nicht genug Belege dafür, daß er im Gegensatz zu den meisten anderen Philosophen doch wenigstens *etwas* tat. Seneca hat wohl kaum die Abschaffung der Kampfspiele für möglich gehalten, wahrscheinlich ist aber, daß er ihre Brutalität zu begrenzen suchte und daß er in diesem Punkt in Nero einen gelehrigen Schüler besaß. Nero interessierte sich fanatisch für das andere große römische Volksvergnügen, die Zirkusspiele, nicht aber für die Gladiatorenkämpfe. Zwar ließ er anstelle des alten ein neues Amphitheater aus Holz errichten (erst nach Nero wurde zu diesem Zweck das beständigere Colosseum erbaut), aber bei seiner Einweihung im Jahre 57 „ließ er keinen Gladiator umbringen, auch keinen von den Verbrechern, die zu diesen Kämpfen verurteilt worden waren".[32]

Das kann nicht populär gewesen sein – bzw. nur ein sehr populärer Kaiser konnte sich so etwas erlauben. Das große Publikum kam, weil es Blut sehen wollte, wollte jeden Gladiator, der keine gute Figur abgegeben hatte, getötet sehen und verlieh diesem Wunsch durch lautes Gebrüll Ausdruck. Nur in dieser extremen Situation hatte das „Volk" etwas zu sagen, und der Kaiser pflegte sich nach der Stimme des Volkes zu richten, wenn er seinen Daumen, auf den alle Augen gerichtet waren, nach oben oder nach unten kehrte. Bei den Kampfspielen hatte das Volk Gelegenheit, so ein Gefühl der Zusammengehörigkeit mit dem Kaiser zu entwickeln, und der Kaiser stachelte es noch an, indem er Mengen von Geschenken verteilte. Was empfand das Volk, wenn sich der Kaiser nicht nach seinen Wünschen richtete? Konnte es auch fühlen, daß die wahre göttliche Macht darin bestand, scharenweise und öffentlich zu retten – und fühlen, daß es an dieser Macht teilhatte?

Seneca spöttelte über diejenigen, die die Zeit bis zu den nächsten Gladiatorenkämpfen aufgehoben sehen wollten, und wenn es auch zu viel behauptet wäre, wollte man sagen, die Römer hätten nur für diese Gemetzel gelebt, so ist doch sicher, daß sie im Rom der Kaiserzeit eine wichtige sozialpsychologische und politische Funktion erfüllten. Die Römer hatten sie von den Etruskern übernommen, die ursprünglich ihren eigenen gefallenen Kriegern Kriegsgefangene opferten (Belege für diesen Brauch kann man sowohl in der Ilias wie in der Äneis finden) und später das Religiöse mit dem Unterhaltsamen verbanden und die Gefangenen einander bekämpfen und töten ließen. Auch in Rom wurden die Spiele anfangs zum Begräbnis prominenter Männer veranstaltet. Im Jahre 105 v. Chr. zeichneten zum ersten Male die höchsten Beamten des Staates, die beiden Konsuln, als Veranstalter: Es oblag dem Staat, strenge Exempel zu statuieren und der griechischen Verweichlichung entgegenzutreten, die jetzt in Rom um sich griff. In den letzten Tagen der Republik hielten vor allem die großen Feldherren Schauspiele ab, um sich selbst zu feiern und das Volk für sich zu gewinnen.

Pompejus war bekanntlich der erste, der dem Publikum Elefanten präsentierte. Julius Cäsar tat sich auf diesem Gebiet ebenfalls besonders hervor: Er veranstaltete eine ganze Schlacht mit Fußvolk, Reitern und Elefanten. Im Jahre 65 v. Chr. hatte er so viele Gladiatorenkämpfe angekündigt, daß seine Gegner ein Gesetz im Senat durchsetzten, das die Zahl der Gladiatoren auf 320 begrenzte.

In Anbetracht der Beliebtheit, die die Schauspiele genossen, waren die Kaiser daran interessiert, ihre Abhaltung durch Privatleute einzuschränken. Laut Gesetz aus dem Jahre 22 v. Chr. durften die Prätoren (nach dem Gesetz des Claudius die Quästoren) nur zweimal im Jahr Spiele mit höchstens 120 Teilnehmern abhalten. Das hinderte natürlich die Kaiser nicht daran, es bei feierlichen Anlässen selbst zu tun. Augustus teilt in seiner lapidarischen Autobiographie mit, er habe das Volk mit einer Seeschlacht erfreut, in der ungefähr 3000 Mann gekämpft hätten, mit acht Gladiatorenspielen mit ungefähr 10000 Mann und mit Jagden auf wilde afrikanische Tiere, bei denen ungefähr 3500 getötet wurden.[33] Augustus, Caligula und Claudius wohnten derartigen Veranstaltungen mit Vergnügen bei, während sie Tiberius, der wegen seiner Blutrünstigkeit berühmt wurde, widerlich waren. Aus seiner Zeit stammt ein Gesetz, das es den Herren verbot, ihre Sklaven ohne Gerichtsbeschluß zur Arena zu verurteilen.

Die Gladiatoren waren in der Regel Sklaven, Kriegsgefangene oder Verbrecher aus den niedrigen Ständen, die entweder zum Tod in der Arena oder zur Ausbildung an den Gladiatorenschulen verurteilt werden konnten, von denen es in Rom drei gab. Dann mußten sie drei Jahre in der Arena kämpfen – mit einer winzigen Überlebenschance. Aber auch freie Männer, die aus der Gesellschaft aussteigen wollten, konnten sich als Gladiatoren verkaufen und schwören, daß sie bereit seien, sich verbrennen, anketten, auspeitschen und durch das Schwert töten zu lassen. Man brachte den Gladiatoren gemischte Gefühle entgegen: Sie zählten zum Abschaum der Gesellschaft, wurden als Idole verehrt und waren Gegenstand abergläubischer Furcht. Nicht zufällig brach der letzte ernsthafte soziale Aufstand des römischen Reiches unter Gladiatoren aus, die unter der Führung von Spartacus aus der Schule von Capua ausbrachen und Tausende von Sklaven mit sich zogen. In den Gladiatoren, die gepeinigt und gequält wurden, die siegten und frohlockten, betete das Volk sozusagen das Unterdrückte im Volk, seine eigene Erniedrigung und seine eigene Rachsucht an. Die Kampfspiele hatten ihre große Zeit wohlgemerkt während der *pax romana,* als das Reich nicht von äußeren Feinden bedroht und es schwer war, den Kampfgeist hoch und die Aggressivität niedrig zu halten; im Amphitheater konnte sie sich abreagieren und gleichzeitig unter Kontrolle gehalten werden. Wie heftig sie unter der Oberfläche rumorte, geht aus der Tatsache hervor, daß auch die gewöhnlicheren Theatervorstellungen von den Prätorianern überwacht werden mußten. Nero schaffte in seinem ersten Regierungsjahr diese militärische Kontrolle ab, um dem Volk Vertrauen zu zeigen und es selbst für Ordnung sorgen zu lassen. Das führte zu Streitigkeiten unter den „Fans" der verschiedenen Schauspieler und zur Angst vor sozialer Unruhe. Die Soldaten mußten wieder anrücken und in den Theatern für Ruhe und Ordnung sorgen.

Wenn sogar die friedlicheren Schauspiele die Gemüter auf diese Weise erhitzen konnten, um wieviel mehr mußte das dann nicht bei den kriegerischeren und ganz groß angelegten der Fall sein. Die Vorstellung, die den ganzen Tag über dauerte, begann damit, daß die Gladiatoren unter Fanfarenklängen in die Arena gefahren wurden, wo sie die Runde machten und den Kaiser grüßten: *Ave, imperator, morituri te salutant:* Heil dir, Kaiser, die Todgeweihten grüßen dich! Nach einigen harm- und blutlosen Lockerungsübungen machten sich die richtigen Gladiatoren an die Arbeit, oft in unterschiedlicher Ausrüstung, einige beispielsweise mit Schwert und Schild, andere mit Netz und Gabel. Kenner bevorzugten nicht den ebenbürtigen Kampf, sondern die unterschiedlichen Kombinationen. Während der Mittagspause, wenn die meisten zum Essen nach Hause gingen, bot man zuweilen friedliche Schauspiele, man konnte die Zeit jedoch auch ausnutzen, indem man die Verbrecher niedermähte, die man nicht für würdig befunden hatte, sie als Gladiatoren auftreten zu lassen. Seneca wohnte, vermutlich während der Saturnalien im Jahre 62, einer solchen Mittagsvorstellung bei und beschreibt in seinem berühmten 7. Brief die Reaktion des Publikums:

„Nichts aber ist einem guten Charakter so schädlich wie das müßige Dasitzen bei irgendeiner Vorführung. Da schleichen sich nämlich, mit Hilfe des Vergnügens an der Schaustellung, alle Laster leicht ein. Was ich damit meine? Habgieriger, ehrgeiziger, genußsüchtiger komme ich wieder heim. Auch grausamer, unmenschlicher – gerade, weil ich unter Menschen war.

Durch Zufall geriet ich in eine Mittagsvorstellung. Ich erwartete harmlose Spiele, allerlei Scherze, kurz eine Erheiterung, die die Menschen nach dem Anblick von Menschenblut wieder beruhigt – das Gegenteil trat ein. Alle vorigen Kämpfe waren dagegen sanfte Barmherzigkeit: kein bißchen Scherz, der reine Menschenmord! Nichts, womit sich die Kämpfer schützen können. Jedem Hieb am ganzen Körper ausgesetzt, führen sie selbst keinen vergeblich. Das liebt die Masse mehr als die paarweisen, kunstgerechten, sonst immer verlangten Gladiatoren-Kämpfe. Warum auch nicht? Kein Helm, kein Schild fängt den Schwertstreich auf. Wozu noch Schutz? Wozu Fechtkunst? All das verzögert ja nur den Tod. Morgens wirft man den Löwen und Bären Menschen vor, mittags den Zuschauern. Die Mörder wünscht man weiteren Mördern vorgeworfen zu sehen, den Sieger spart man auf für ein neues Gemetzel: das Ende der Kämpfer ist immer der Tod. Feuer und Schwert regieren. So geht's dort zu, bis die Arena ‚leer' ist. ‚Aber der hat doch einen Raub begangen, einen Menschen umgebracht.' – ‚Gut und schön: ist er ein Mörder, so hat er sein Schicksal verdient. Aber –

Unseliger! – was gibt dir das Recht, dabei zuzuschauen?' – ‚Töte, schlag zu, verbrenne ihn! Warum stürzt er sich so angstvoll gegen das Schwert? Warum haut er auf den anderen so zaghaft ein? Warum stirbt er so ungern? Man schlage sie, bis sie sich gegenseitig verwunden! Brust an Brust, und nackt die Brust – so sollen sie beide den Schwertstößen des Gegners sich bieten!' – ‚Aber es ist doch Pause!' – ‚So soll man derweilen den Menschen die Kehle durchschneiden, damit wenigstens etwas geschieht!' – Nein, begreift ihr nicht selbst, daß böse Beispiele auf die zurückwirken, die sie geben? Dankt den unsterblichen Göttern: ihr lehrt den Mann Grausamkeit, der sie anders nicht erlernen kann! Ein zartes Gemüt, im Sittlichen noch nicht genügend gefestigt, muß man vom Volk fernhalten; leicht zieht die Masse es in ihren Bann."

Die Worte über den, der die Grausamkeit anders nicht lernen kann, hat man oft als auf Nero gemünzt verstanden, was zu diesen Zeitpunkt, im Jahre 62, als Nero sich bereits *hatte* belehren lassen, unmöglich der Fall gewesen sein kann. Sie gelten wohl eher Seneca selbst oder überhaupt dem *einen,* der nicht zu einem der vielen wird – was die meisten im Amphitheater wurden. Augustinus erzählt von seinem jungen christlichen Freund, der sich widerwillig mitschleppen ließ und die ganze Zeit über mit geschlossenen Augen dasaß, bis ein Begeisterungsgebrüll über einen tödlichen Hieb ihn die Augen aufschlagen ließ – von diesem Augenblick an folgte er der Vorstellung mit aufgerissenen Augen.[34] Auch Tertullians Schrift „Über die Spiele" zeigt, daß selbst die Christen davon so fasziniert waren, daß Gegenpropaganda notwendig wurde. Auch eine zarte Christenseele muß der Masse entzogen werden, die, wie Seneca an anderer Stelle schreibt, „Beweis für das Schlechteste"[35] ist.

Wie konnte man diese Masse in Menschen verwandeln, in die Menschen, aus der sie ja bestand? Es gibt nicht nur Belege dafür, daß diese Masse, dieser römische Pöbel (das Wort kommt ja vom lateinischen *populus*), Grausamkeitsorgien feierte, sondern auch für seine Begeisterung an moralischen Sentenzen in den Theatern. Seneca erzählt von jenem Vedius Pollio, der allgemein verhaßt war, weil er seine Muränen mit Sklaven fütterte,[36] und von dem römischen Ritter, der seine väterliche Gewalt dazu benutzte, seinen Sohn totzupeitschen – auf ihn warf sich das Volk auf dem Forum.[37] Man machte sich in Rom durch Grausamkeit nicht beliebt, im Gegenteil, Tiberius und Caligula hatten sich unmöglich gemacht. Lag darin nicht ein Fingerzeig? Die einzelnen waren es, die die Grausamkeit nicht lernen konnten, nicht die vielen – konnte der Kaiser durch sein gutes Beispiel die vielen Milde lehren? Sollte ein Kaiser, der so beliebt war, daß er sich erlauben konnte, selbst im Amphitheater Gnade zu zeigen, nicht eher etwas durch die Macht seines Beispiels als durch Macht erreichen können? Jedenfalls in dem erhaltenen Teil der an Nero gerichteten Schrift „Über die Milde" spricht Seneca nicht von Gladiatorenkämpfen, wohl aber von dem Tyrannen Alexander (dem Großen), der Menschen vor die Löwen warf. Doch diese Unsitte, „zu töten, zu wüten, sich am Klang der Ketten zu ergötzen und die Köpfe der Bürger abzuhauen, wohin man kommt, Massen von Blut zu verströmen“, die Seneca an den Tyrannen verurteilt, war ja gerade Sitte bei den Spielen in Rom, wo das Volk tyrannisch auftrat. Und vor dem Hintergrund eben dieses sozialpsychologischen Zustands, von dem die Massengemetzel zeugen, ist diese humanistische Programmschrift zu verstehen: „Würde das Leben anders sein, wenn Löwen und Bären König wären? Wenn den Schlangen und gerade den schädlichsten Lebewesen gegen uns Macht gegeben würde?“[38] – abgesehen davon, daß die Tiere im Gegensatz zu den Menschen keine Freude daran empfinden, ihre Artgenossen zu töten.

„Über die Milde“

Seneca beginnt sein *De clementia,* „Über die Milde“, das sich an den achtzehnjährigen Nero wendet, damit, daß er dem Kaiser die große Masse vor Augen führt, die er zügellos oder geradezu aufrührerisch nennt. Das sind harte Worte an einen Fürsten. Seneca kehrt dreimal[39] zu der Gefahr zurück, die dem Tyrannen beständig droht: ein Volk, das lange genug tyrannisiert worden ist, wird sich unweigerlich auflehnen. Der einzige Schutz gegen diese Gefahr ist nicht Waffengewalt, sondern Milde, die wahre fürstliche Tugend. Der Unterschied zwischen einem Tyrannen und einem König liegt nicht in der Quantität der Macht, sondern in der Qualität der Machtausübung.

So etwas hätte man in den Tagen des Augustus nicht gern gehört. Die Stoiker pflegten zwar den König im Gegensatz zum Tyrannen darzustellen, doch die Römer konnten das Wort König, *rex,* einfach nicht hören und neigten dazu, sich als frei zu betrachten, solange ihnen ein König erspart blieb. Die Gerüchte, denen zufolge Julius Cäsar sich die Königswürde anmaßen wollte, lösten die Verschwörung gegen ihn aus, und Augustus bestand darauf, daß er als *princeps,* der „Erste“, nicht mehr Macht, sondern nur mehr Autorität besitze als andere. Seneca läßt Nero die Realitäten der Macht bei ihrem richtigen Namen nennen: „Ich bin für die Völker Herr über Leben und Tod“, und legt ihm sogar so große Worte in den Mund, als sei er tatsächlich ein Tyrann aus einer von Senecas Tragödien: „Welche Städte einstürzen, welche entstehen sollen, ist mein Rechtsspruch.“[40] Doch Seneca verhehlt auch nicht, wie riskant eine solche Alleinherrschaft ist: „Ein großes Glücksspiel begann für das römische Volk, als noch unbestimmt war, in welche Richtung deine edle Anlage gehen würde.“[41] Stand es überhaupt in menschlicher Macht, so große Macht menschlich auszuüben? Seneca hatte selbst erlebt, wie Tiberius, Caligula, Claudius, die als „Könige“ begonnen hatten, als Tyrannen endeten. Nur Augustus, der – was Seneca ebenfalls nicht verhehlt – als Tyrann begonnen hatte, endete als ,,König": waren das Argumente genug für ein König- oder Kaisertum?

Das Kaisertum stand in diesem ,,Fürstenspiegel" (die Bezeichnung des Mittelalters für derartige Anleitungen für Fürsten, die möglicherweise auf Senecas Worte zurückgeht, daß er Nero sich selbst wie in einem Spiegel zeigen wolle) natürlich nicht zur Diskussion, man braucht jedoch nicht daran zu zweifeln, daß Seneca meinte, was er schrieb, wenn er den Verlust des Kaisers als ,,das Ende des römischen Friedens"[42] bezeichnete. Er wäre die Auflösung des Reiches. Die blutigen Spuren des Bürgerkriegs schreckten noch immer, hundert Jahre nach dem Mord an Julius Cäsar.

Auffällig ist, daß Seneca Cäsar in *De clementia* überhaupt nicht erwähnt, obgleich Cäsars Tempel in Rom seiner *clementia* geweiht war und obwohl er in ,,Über den Zorn" Cäsar gepriesen hatte, weil dieser seinen Sieg im Bürgerkrieg so milde ausgenutzt hatte.[43] Es mochte etwas Unheilverkündendes darin liegen, einen Mann, der ermordet worden war, als Beispiel zur Nachahmung auftreten zu lassen, und es wäre eine schlechte Pädagogik, die die These, daß Milde sich immer lohne, am Beispiel Cäsars illustrieren wollte. Ausgeprägte Sympathie empfand Seneca im übrigen weder für Cäsar noch für Pompejus, die beide darum gekämpft hatten, ,,den Staat zu besitzen",[44] aber trotz seiner Bewunderung für Cato, der die Freiheit nicht überleben wollte, hegte er auch keine Sympathie für Cäsars Mörder, die sich doch ebenso wie Cato zum Stoizismus bekannt hatten. Marcus Brutus, heißt es in einer etwas späteren Schrift, ,,mag im übrigen ein großer Mann gewesen sein, doch darin scheint er mir einen großen Irrtum begangen und überhaupt nicht nach der stoischen Lehre gehandelt zu haben, daß er entweder den Namen König fürchtete, obgleich unter einem gerechten König der Staat in der besten Verfassung ist, oder die Hoffnung hegte, die Freiheit könne dort einen Platz finden, wo sich sowohl beim Herrschen als beim Dienen so viel gewinnen ließ, oder wähnte, der Staat könne wieder in die frühere Verfassungsform gebracht werden, obgleich die alten Sitten nicht mehr lebendig waren, oder es werde da gleiches Recht für die Bürger herrschen, und die Gesetze würden ihren Platz behaupten, obgleich er bereits mit eigenen Augen gesehen hatte, daß so viele tausend Menschen miteinander im Streit lagen, nicht darüber ob, sondern darüber wessen Sklaven sie sein sollten ..."[45]

Seneca war nicht der Ansicht, daß die Gesellschaft auf ihren früheren Zustand zurückgeführt werden könne, und befand sich in Übereinstimmung mit der stoischen Lehre, wenn er meinte, die Gesellschaft sei unter einem gerechten König am besten aufgehoben und Tyrannenmord sei gerechtfertigt. Aber Cäsar war ja nicht von einem tyrannisierten Volk, sondern von Freunden getötet worden: ,,Nicht hatte er erfüllt ihre Hoffnungen, ihre unerfüllbaren."[46] Und alle begehrten sie *das,* was nur ein einzelner haben konnte.

Die Gesellschaft braucht *einen* Willen. Die Republik ging zugrunde an den vielen widersprüchlichen Willen. Doch wenn der Fürst nicht den Willen des Volkes personifiziert, wird das Volk sich ihm widersetzen, und das mit Recht, denn der Staat gehört nicht ihm, sondern er dem Staat. Seneca vergleicht die Gesellschaft mehrmals mit einem Körper, dessen Kopf der Kaiser ist. Der Vergleich war nicht aus der Luft gegriffen: Die vielen erlebten tatsächlich einen Zusammenhang zwischen dem Zustand des Kaisers und dem des Reiches und begriffen alle seltsamen Geschehnisse als Warnungen im Hinblick auf Ereignisse im Kaiserhaus. Sie gaben dem Kaiser die Ehre für alles Gute und die Schuld an allem Schlechten. Wenn man die römischen Geschichtsschreiber der Kaiserzeit auch kritisieren kann, weil sie die Geschichte der Kaiserzeit auf die Geschichte der Kaiser reduzierten und sich mehr für die Moral als für die Politik der Kaiser interessierten, so ist doch nicht zu bestreiten, daß der moralische Habitus der Kaiser Rom prägte. Die Macht des Kaisers war in Wirklichkeit unbeschränkt, begrenzen ließ sie sich nur von seiner Selbstbeherrschung und bekämpfen nur mit Gewalt. Die Verschwörung gegen Caligula wurzelte in der Unzufriedenheit mit dem Kaiser, nicht mit dem Kaisertum; für den Militäraufstand gegen Nero fand M. Rostovtzeff, der die Sozial- und Wirtschaftsgeschichte des römischen Reichs schrieb, vor allem moralische Ursachen.[47] Vor diesem Hintergrund bekommen Senecas moralische Appelle und Warnungen an Nero einen ,,realpolitischeren" Charakter, als man gemeinhin glaubt.

Verkehrt ist nicht, daß *ein* Mann die Macht hat, denn das Volk braucht einen Sammlungspunkt, sondern daß er sie verkehrt, tyrannisch und nicht königlich, gebraucht: Macht braucht nicht zu korrumpieren, ,,wenn sie nach dem Gesetz der Natur eingerichtet wird".[48] Daß die Monarchie ,,natürlich" ist, läßt sich mit Beispielen aus dem Leben der Tiere, insbesondere dem der Bienen belegen: Der Bienenkönig (die Römer wußten leider nicht, daß es eine Königin ist) unterscheidet sich in Farbe und Größe ja deutlich von den gemeinen Bienen, außerdem aber auch durch das Fehlen eines Stachels! Doch auch die gemeinen Bienen lassen den Stachel in der Wunde stecken – man stelle sich vor, das gleiche wäre beim Menschen der Fall, ,,daß die Zorneswut zusammen mit der Waffe gebrochen würde"![49] Seneca kommt hier auf den Unterschied zwischen Tier und Mensch zurück, auf den er auch in ,,Über den Zorn" eingegangen war: Das Tier lebt unmittelbar in Übereinstimmung mit seiner tierischen Natur, der Mensch muß eine moralische Anstrengung machen, um in Übereinstimmung mit seiner menschlichen Natur leben zu können – und *das* ist die vornehmste Leistung des Fürsten: der gewöhnliche Bürger kann nur begrenzt Böses tun, doch ,,das Wüten der führenden Männer ist Krieg". Die Majestät vermag auch besser als andere großzügig über Beleidigungen hinwegzusehen, obwohl sie in ihrem Fall Majestätsbeleidigungen sind, denn wenn kleine Leute sich mit Beleidigungen abfinden, dann riskieren sie weitere und außerdem Verachtung, der Fürst aber bekommt einen besseren Ruf, wenn er die Macht nicht anwendet, in deren Besitz ihn alle wissen.[50] Nichts ist rühmlicher, als Majestätsbeleidigungen ungestraft zu lassen, „die dem Fürsten bitterer zu sein pflegen als Verletzungen seiner Rechte".[51] Majestätsbeleidigungen waren unter den früheren Majestäten ja mit dem Tode bestraft worden, obwohl es fürstlicher ist, das an anderen begangene Unrecht ernster zu nehmen als das Unrecht, das an einem selbst begangen wird.

Milde definiert Seneca als Selbstbeherrschung in der Macht zu strafen, Grausamkeit als einen unbändigen Hang dazu, Strafe über jemanden zu bringen (ungefähr so wie der Zorn in „Über den Zorn", wo Grausamkeit als die Lust, Leid über jemanden zu bringen, definiert wurde). Beide Definitionen gehen ganz deutlich auf die Obrigkeit, die das Recht und oft auch einen Grund hat zu strafen, und die tyrannisch werden würde, wollte sie so oft strafen, wie sie eigentlich Grund hätte. Schau dir diese Stadt an, schreibt Seneca, wo der Menschenstrom unentwegt die breitesten Straßen füllt und wo drei Theater (mit ungefähr 60000 Plätzen) gleichzeitig voll sind, und dann denke daran, wie menschenleer, wie unheimlich und öde sie wäre, wenn nur diejenigen auf freiem Fuß belassen würden, die ein strenger Richter freispräche. Wollte man die Gesellschaft gegen Verbrechen sichern, indem man die Verbrecher aus dem Weg räumte, wieviel von der Gesellschaft wäre dann noch übrig? Der Zweck des (Straf-)Gesetzes ist die Verbesserung des Verbrechers und der Gesellschaft, so daß Verbrechen weitestgehend vermieden werden können. Die Übeltäter „wirst du ... leichter durch eine geringere Strafe bessern. Umsichtiger lebt nämlich der, dem etwas Unangetastetes verblieben ist ... Den sittlichen Zustand der Bürgerschaft bessert mehr die Sparsamkeit der Ahndungen. Die Menge der sich Vergehenden bewirkt nämlich eine Gewohnheit, sich zu vergehen, und weniger lastet der Tadel, den die Masse der Verurteilungen erleichtert, und Strenge verliert, was sie als wirksamstes Heilmittel hat, die Autorität, durch Gewöhnlichkeit."[52] Je weniger man kriminalisiert, um so geringer die Kriminalität, – Seneca nennt als Beispiel den strengeren Kurs des Claudius gegenüber Vatermördern, der die Anzahl der Vatermorde nicht gerade verringert hatte. Dieser Kurs beruhte laut Sueton vor allem auf Claudius' eigenem Wunsch danach, die barbarische Strafe vollstreckt zu sehen.[53] Wenn Seneca Nero preist, weil er die Gesetze aus dem Dunkel geholt habe und ihnen selbst verantwortlich sei, dann ist das ein deutlicher Seitenhieb auf Claudius: jetzt ist Schluß mit Grausamkeit und Willkür, – und selbst Sueton bestätigt, daß Nero äußerst gewissenhaft war, wenn er richtete.[54]

Die Moral der ganzen Sache ist die, daß abschreckende Beispiele nicht abschrecken, sondern Widerstand hervorrufen, und daß das Beispiel des Kaisers unter allen Umständen ein Beispiel zur Nachahmung abgibt. Deshalb werden an ihn höhere moralische Ansprüche gestellt als an alle anderen. Seneca vergleicht sein Verhältnis zu seinen Untertanen mit dem Verhältnis des Vaters zu seinen Kindern, dem des Lehrers zu seinen Schülern, dem des Arztes zu seinen Patienten. Nero hatte mit anderen Worten gegenüber seinem Volk die gleiche Aufgabe zu erfüllen wie Seneca gegenüber Nero.

An einer Stelle erhält Nero Gelegenheit zu dem Einwand: ,,Das ist Knechtschaft, und nicht Herrschaft."[55]

Ja, aber siehst du denn nicht ein, antwortet Seneca, daß Herrschaft für dich eine erhabene Form der Knechtschaft bedeutet? Die Idee der erhabenen Knechtschaft ging auf Zenons Schüler Antigonos Gonatas (im 3. Jahrhundert v. Chr.) zurück und war die Formel für das stoische Herrscherideal, das auch Jesus mit den Worten formulierte: ,,So jemand will unter euch gewaltig sein, der sei euer Diener; und wer da will der Vornehmste sein, der sei euer Knecht."[56]

,,Wieviel ist dir *nicht* erlaubt, was uns durch deine Wohltat erlaubt ist", fährt Seneca fort, ,,ich kann in jedem beliebigen Teil der Stadt allein ohne Furcht einhergehen, obwohl kein Begleiter folgt, kein Schwert daheim, keines an meiner Seite ist; du mußt in deinem Frieden bewaffnet leben. ... Unsere Bewegungen spüren wenige. Uns ist es erlaubt, auszugehen, zurückzukehren und die Erscheinung zu wechseln ohne öffentliches Bemerken: dir wird es ebensowenig wie der Sonne zuteil, verborgen zu bleiben."[57]

Gerade weil der Fürst unter allen Umständen einen Nachruhm bekommen wird, sollte er besonders daran denken: Grausame Herren werden verabscheut, Untaten der Fürsten niemals vergessen: ,,Um wieviel besser aber wäre es, nicht geboren, als zu denen gerechnet zu werden, die zum allgemeinen Unglück geboren sind?"[58]

Konnte Seneca ahnen, daß er dies an einen – Nero schrieb? War es nur stoische Dogmatik, die bewirkte, daß in dieser Schrift über – Neros – Milde ebensosehr von Grausamkeit die Rede ist und auch vor dem Mitleid gewarnt wird? Die Stoiker pflegten zwischen Milde oder Barmherzigkeit als einer Stärke und Mitleid *(misericordia)*, dem ängstlichen Beschäftigtsein des Gemüts mit dem Elend anderer, als einer Schwäche zu unterscheiden. Seneca selbst hatte in ,,Über den Zorn" nebenbei das Mitleid unter den kleineren Lastern erwähnt. Später rechnete er es jedoch zu den Tugenden, und es ist nicht völlig undenkbar, daß er den empfindsamen Nero mit Absicht vor beidem warnte: Grausamkeit und Mitleid.

Es stand, wie gesagt, viel auf dem Spiel für das römische Volk, als es noch nicht wußte, wie Neros – bewegliche oder edle – Natur sich äußern würde (*mobilis* oder *nobilis?* Das erste ergibt in diesem Zusammenhang den besten Sinn, das zweite ist schmeichelhafter). In seinem ersten Regierungsjahr hatte Nero sich in Wort und Tat milde geäußert. Als er zum erstenmal ein Todesurteil unterschreiben sollte, das ihm von Burrus vorgelegt wurde, rief er aus: ,,Hätte ich doch nie schreiben gelernt!" Seneca wollte es der Öffentlichkeit und Nero selbst sozusagen schriftlich geben, daß sein Anfang gut gewesen sei, wollte ihn auf seine guten Worte und Taten verpflichten, damit das, was jetzt noch Natur und Impuls war, durch die Vernunft gestärkt werden konnte. Es werde schwierig sein, den großen Erwartungen zu entsprechen, die er geweckt hatte, „wenn dein Gutsein dir nicht angeboren wäre, sondern nach den Umständen angenommen. Niemand nämlich kann lange eine Maske tragen. Vorgespieltes sinkt schnell in seine wahre Natur zurück. Was von wahrem Wesen gestützt wird und was, wenn ich so sagen darf, aus festem Boden entsteht, entwickelt sich gerade mit der Zeit zum Größeren und Besseren hin."[59]

Diese Formulierungen deuten darauf hin, daß Seneca Neros Milde weder für angenommen noch für solide in ihm verankert hielt. Vorläufig beruhte sie eher auf Impulsivität und war vielleicht „nur" Mitleid? Daß Nero als Achtzehnjähriger mehr impulsiv als weise war, überrascht zwar nicht, denn kein Mensch wird weise geboren, aber in diesem Fall stand viel auf dem Spiel, weil das Reich nicht mit Impulsen (wie das Beispiel Caligula zeigte), sondern nur mit Weisheit regiert werden konnte. Deshalb wollte Seneca „wie in einem Spiegel" Nero nicht nur zeigen, wie er war, sondern auch, was er werden sollte. „Über die Milde" schließt sich als philosophische Programmschrift an die politische Programmerklärung im Senat an, in der Nero gesagt hatte, er wolle nach den politischen Grundsätzen des Augustus regieren: auch hier wird Augustus als Vorbild, als Friedensfürst dargestellt. Wenn man auch behaupten kann, Seneca habe ihn geradezu erschaffen, „diesen konventionellen Augustus, den Typ des idealen Fürsten, von den historischen Tatsachen ziemlich weit entfernt, ein Bild, das durch das gesamte Mittelalter bis in unsere Zeit hinein erheblichen Erfolg gehabt hat,"[60] so ist dagegen doch einzuwenden, daß Augustus selbst es verstanden hatte, sich ein Image als Friedensfürst zu schaffen, insbesondere, da er tatsächlich Frieden geschaffen hatte, und Seneca verrät ausgezeichnete Kenntnisse über die tatsächliche Geschichte des Augustus. Die Pointe in der Erhebung des Augustus zum pädagogischen Vorbild lag darin, daß selbst er, der sich in seiner Jugend durch Grausamkeit ausgezeichnet hatte, zu irgend einem Zeitpunkt einsah, daß er durch Milde mehr erreichte – und das war nicht einmal gelogen. Einerseits wollte Seneca „eine ermüdete Grausamkeit"[61] nicht wahre Milde nennen, andererseits muß „der Wille zu wüten ... vorher aufhören als der Grund dazu".[62] Daß Nero das Reich unter friedlicheren Umständen übernommen hatte, war eher ein Vorteil als ein Verdienst, oder das Verdienst lag eher bei Augustus als bei Nero. Nero konnte dort beginnen, wo Augustus aufgehört hatte, und das von Augustus verkündete goldene Zeitalter, das seine Nachfolger zum eisernen gemacht hatten, zur Wirklichkeit, zum „glücklichen und reinen Zeitalter"[63] werden lassen.

Seneca war nicht der einzige, der die Hoffnung ausdrückte, die Unschuld der Anfangszeiten möge zu diesem Geschlecht zurückkehren. Von einem Calpurnius Siculus sind sieben Eklogen erhalten, in denen dem Waldgott

Faunus die Prophezeiung in den Mund gelegt wird, daß ein neues goldenes Zeitalter, eine neue saturnische Ära, eine neue Friedenszeit wie die unter Numa wiederkehren, daß die Milde die wütenden Schwerter entwaffnen werde und daß der Jüngling, der in *seinen* Zügen die von Apollo und Mars vereine, als Gott über die Völker regieren solle. Zwei junge Hirten finden im Wald die Verse des Faunus, ergänzen sie selbst und hoffen, daß Meliboeus, der Zutritt zu Phoebus selbst hat, ihnen den Weg zum Schloß bahnen werde. Da es von dem Mäzen Meliboeus heißt, er habe Einblick in die Phänomene der Natur, könne Verse machen und habe von der Muse die Gaben des Bacchus geschenkt bekommen (Bacchus war ja der Gott der Tragödie), liegt es nahe, in ihm ein Bild Senecas zu erblicken.

Der Tod des Britannicus

Neros Milde hatte sich zu Beginn seiner Regierungszeit darin geäußert, daß er Pallas in Gnaden entließ. Pallas war der letzte der mächtigen Minister des Claudius, und im Unterschied zu seinen Kollegen gelang es ihm, sich von seinem hohen Posten herunter-, sein Leben und sogar sein großes Vermögen zu retten. Agrippina aber hatte ihre letzte Stütze am Hofe verloren und fühlte sich kräftig zurückgesetzt. Wie bereits Claudius forderte sie das Schicksal heraus, indem sie daran erinnerte, daß Britannicus der rechte Thronerbe sei. Ihn wolle sie den Prätorianern empfehlen, die ja Kaiser auszurufen pflegten, freilich aber Burrus als Chef hatten. Dann „solle man auf der einen Seite des Germanicus Tochter anhören, auf der anderen Seite den verkrüppelten Burrus und den verbannten Seneca, die ja, der eine mit verstümmelter Hand, der andere in schulmeisterlichem Tone, die Lenkung des Menschengeschlechtes sich anmaßten“.[64] Diese Worte, die Tacitus Agrippina in den Mund legt, enthalten einen deutlichen Seitenhieb auf Senecas Humanismus: er will nicht nur den Staat, sondern die Menschheit lenken; er selbst hatte ja vom „Menschenstaat“ gesprochen. Und er schrieb Neros Reden, die Agrippina so scharf kritisierte, daß Nero verlauten ließ, er wolle abdanken![65] Das war wohl auch der Zeitpunkt, zu dem Agrippina Nero begreiflich zu machen versuchte, daß Philosophie nichts für einen Kaiser sei.

Die Frage war jedoch noch immer, von wem Nero am meisten gelernt hatte, von seiner Mutter oder von seinem Schulmeister. Diese Frage wurde an einem Abend im Februar 55 an der kaiserlichen Tafel auf das Unheimlichste gestellt, in Gegenwart von Agrippina, aber nicht von Seneca. Britannicus, der unter Agrippinas Regiment Stiefkind am Hofe gewesen war, nahm nun an den Festen und Mahlzeiten des Hofes teil. Bei dieser Gelegenheit bekam ihm die Mahlzeit nicht, er erbrach sich, blieb aber doch noch fünf Stunden bei Tisch sitzen. Die Geschichtsschreiber wissen zu berichten, wie Nero während der Mahlzeit mit augenblicklich tötenden Giften experimentierte. Nach dem ersten vergeblichen Versuch gelang der zweite fünf Stunden später: Britannicus wurde hinausgetragen, Nero sagte, es sei nur einer seiner üblichen epileptischen Anfälle. Die unwahrscheinliche Geschichte ist vielleicht nicht unwahrscheinlich, alle glaubten das Schlimmste, und alle, abgesehen von Agrippina und Octavia, fanden sich leicht damit ab, „da sie wußten, daß die Zwietracht unter Brüdern eine alte Geschichte und der Königsthron unteilbar sei."[66]

Was tat Seneca? Entweder hat er an die offizielle Erklärung zum Tod des Britannicus geglaubt oder so getan, als glaube er daran. Den Mord verurteilen und gleichzeitig seinen Einfluß bewahren konnte er nicht, und war ersteres moralisch eher zu verantworten als letzteres, in Anbetracht dessen, was man nun von Nero zu fürchten hatte? Die römischen Geschichtsschreiber, die ansonsten keine Gelegenheit zum Moralisieren ungenutzt lassen, haben Seneca in diesem Punkt nichts vorzuwerfen. Neuere Historiker haben ihm dafür um so mehr vorzuwerfen gehabt, sogar Mittäterschaft an dem Mord. Doch Senecas moralisch-politisches Dilemma war unter allen Umständen schwerwiegender als das seiner moralischen Kritiker. Mehrere seiner späteren Schriften zeugen davon, nicht aber „Über die Milde". Einige haben deshalb gemeint, sie müsse vor dem Tod von Britannicus geschrieben worden sein, andere haben darin eine unverzeihliche Heuchelei gesehen. Am wahrscheinlichsten ist, daß Seneca gutgläubig war, oder es sein wollte.

„Es gibt psychologische Unmöglichkeiten, die stärker sind als alle sogenannten direkten Zeugnisse von Schriftstellern, die nicht einmal als Zeitgenossen, geschweige denn als Augenzeugen, nur nach Quellen zum Theil sehr unlauterer Art berichten. Der schüchterne junge Kaiser, der vor seiner Mutter Drohungen zitterte, war schwerlich der Mann, der sich einer That wie diese vermaß", schreibt einer von denen, die den Brudermord in Zweifel gezogen haben.[67] Nichtsdestoweniger ist die psychologische Begründung für eine solche Tat in Neros Furchtsamkeit zu suchen. Nero konnte sich nicht gleichzeitig als höchste Autorität der Welt und als unmündiger Sohn fühlen, ohne daß es zu Entladungen kommen mußte. Weil Agrippina psychische Macht über ihn besaß, schrieb er ihr größere reale Macht zu, als sie eigentlich hatte, und nährte eine irrationale Angst vor ihr. Das zeigt seine Reaktion bei einer anderen Gelegenheit. Er hatte Agrippina aus der Kaiserburg ausziehen lassen und ihr die Leibwache genommen. Da sie deutlich genug in Ungnade war, scheuten alle ihre Gesellschaft, und einige fanden es opportun, sie zu beschuldigen, einen Rubellius Plautus (aus altem Adel) heiraten und ihm den Weg zum Thron ebnen zu wollen. Als dies – natürlich mitten in der Nacht – Nero zugetragen wurde, wollte er seine Mutter und Plautus sofort hinrichten lassen und Burrus absetzen, der seine Stellung ja Agrippina verdankte. Es gelang Seneca, den Kaiser zu beruhigen; Burrus verblieb in seiner Stellung, Agrippina erhielt Gelegenheit, sich zu verteidigen, und konnte sehr überzeugend darlegen, daß ihr Leben, mehr als das aller anderen, von dem Neros abhing: Was hatte sie nicht alles um seinetwillen getan, das niemand anderer ihr würde vergeben können? Agrippina entging weiterer Anklage. Sie zog sich ins Privatleben zurück und schrieb ihre Memoiren, die leider verloren gegangen sind.

Daraufhin wurde auch Pallas beschuldigt, er wolle mit Hilfe der Garde einen Cornelius Sulla (aus altem Adel) auf den Thron bringen. Die Freigelassenen von Pallas waren als seine Mitverschworenen mitangeklagt. Seine Verteidigung bestand u. a. in der Mitteilung, daß er sich nie mit seinen Freigelassenen bespreche, sondern nur durch Kopf- oder Handbewegungen oder schriftlich Befehle an sie erteile. Er machte einen so schlechten Eindruck, daß alle ihn gern verurteilt sehen wollten, aber er wurde freigesprochen. Dagegen wurden seine Ankläger und die Agrippinas bestraft; als Denunziant aufzutreten war kein gutes Geschäft mehr.

Politik, Wirtschaft und Moral

Vorläufig kam Nero den Versprechen nach, die er in seiner Thronrede gegeben hatte. Bis zum Jahre 62 – dem Jahr, in dem Seneca sich aus dem Staatsdienst zurückzog – wurde die ,,Politik des Gleichgewichts" genauestens befolgt. ,,Es war" – so schreibt einer von Neros neuesten und nüchterneren Biographen – ,,ein Ergebnis der Harmonie zwischen dem Senat und Nero und dessen Ratgebern, daß unsere Quellen während eines großen Teils seines Prinzipats über nicht sehr viel zu klagen haben, abgesehen von Neros Verbrechen und Dummheiten im Privatleben, und eben diese Harmonie ermöglichte es dem Senat, darüber hinwegzusehen."[68] Nero konnte kraft seiner Tribunengewalt im Senat das Vetorecht ausüben, griff aber nur vereinzelte Male ein, und da auch nur, um harte Strafen abzuwehren.

Die Wirtschaft des Staates ließ sich ohne Pallas lenken. Noch im Jahre 62 konnte Nero seine Vorgänger kritisieren, weil sie die Ausgaben des Staates hatten seine Einnahmen übersteigen lassen. Er selbst konnte sich rühmen, dem Staat jährlich ein Geschenk von 60 Millionen Sesterzien gemacht zu haben. Das konnte er tun, weil Kaiser und Staat ihre Steuereinnahmen aus getrennten Kassen und verschiedenen Provinzen holten. Unter Claudius war die Senatskasse von Quästoren verwaltet worden, unter Nero waren erfahrenere Ex-Prätoren dafür zuständig, die der Kaiser selbst ernannte. Auf diese Weise wurde die versprochene Trennung von Hof und Staat im finanziellen Bereich nicht völlig eingehalten, aber zwei völlig getrennte Verwaltungsapparate konnten die Finanzen des Reichs nur schwer zusammenhalten.

Die Entwicklung tendierte zu einer Übernahme der gesamten Staatsverwaltung durch die kaiserliche Bürokratie und zu einer Übernahme der Verwaltung des gesamten Reiches durch den Staat hin. Doch wurde Rom in seiner Blütezeit nicht durch die Bürokratisierung geprägt, die von der fortschreitenden Wirtschaftskrise im 3. Jahrhundert n. Chr. verursacht wurde und diese wiederum verursachte. Die Blüte war im Gegenteil dadurch bedingt, daß sich der Staat nicht unnötig in die Angelegenheiten der Stadtgemeinden in Italien und den Provinzen einmischte. Außerhalb Roms kam der Bürger nur selten in direkte Berührung mit dem Staat. Die Wahlpropaganda an den Häusern von Pompeji zeigt, daß die Einwohner hier noch immer ihr Stimmrecht geltend machten, das die Bürger in Rom schon längst verloren hatten. Doch auch in Pompeji, das kein großes arbeitsloses Proletariat besaß und nicht die lebensgefährlichen Mietskasernen, in denen der größte Teil von Roms Millionenbevölkerung wohnte, konnte es zu gefährlichen Entladungen kommen: Bei einem Gladiatorenkampf im Jahre 59 gerieten auch die Zuschauer in Streit. Das ging zu Lasten einiger Gäste aus dem nahegelegenen Nuceria, mehrere Menschen kamen ums Leben, die Überlebenden beschwerten sich beim Kaiser. Dieser überließ die Angelegenheit dem Senat, und die Konsuln verboten in Pompeji Gladiatorenkämpfe für einen Zeitraum von zehn Jahren. Von daher kann man vermuten, daß die zitierte Gladiatoreninschrift aus Pompeji (S. 132) aus Neros Jahrfünft stammt, wenngleich nicht sicher ist, daß das Verbot die ganzen zehn Jahre über aufrecht erhalten wurde. Hier haben wir aus dieser Zeit eines der wenigen Beispiele, wo der Staat in lokale Angelegenheiten eingriff, ein Beispiel, das übrigens mit der Politik übereinstimmte, die den Statthaltern die Veranstaltung von Gladiatorenkämpfen verbot.

Die Statthalter konnten des Machtmißbrauchs angeklagt werden, der oft in wirtschaftlicher Ausbeutung bestand, doch die Amtsführung von Senatoren wurde vom Senat beurteilt – und dieser verurteilte nicht gern einen Kollegen. – ,,Daß Provinzen ausgeplündert werden und das bestechliche Gericht der einen Partei recht gibt, nachdem es sich das Angebot beider Parteien angehört hat, ist nicht weiter seltsam, da es ja Völkerrecht *(ius gentium)* ist, zu verkaufen, was man gekauft hat", schreibt Seneca,[69] der also dem Problem nicht blind gegenüber stand; es zeugt kaum von größerem Machtmißbrauch, sondern eher von einem stärkeren Willen zu dessen Begrenzung, daß während der Zeit, als Seneca Einfluß besaß, zwölf Statthalter angeklagt und sechs verurteilt wurden. Nach 62 hatten die Statthalter Neros Segen zur Ausbeutung der Provinzen, und man hört nichts mehr von weiteren Prozessen.

Augustus hatte, wie erwähnt (S. 58), den privaten Gesellschaften das Recht zur Eintreibung der direkten Steuern entzogen und dies den Beamten der Städte überlassen, doch die indirekten Steuern, die Abgaben und der Zoll wurden noch immer von *publicani* erhoben, den ,,Zöllnern", die im ganzen Reich verhaßt waren. Die beständigen Beschwerden über die Zöllner brachten Nero auf den Gedanken, die Zöllner durch die Abschaffung jeglichen Zolls völlig überflüssig zu machen. Der Senat lobte diesen großmütigen

Gedanken, wandte aber ein, daß dann auch die Forderung nach einer Abschaffung der direkten Steuern erhoben werden würde, von denen die römischen Bürger sowieso befreit waren. Nero erließ daraufhin ein Edikt, das eine Reihe Möglichkeiten des Mißbrauchs abschaffte und Richtlinien für die Zuständigkeiten der Zöllner und für die Beschwerden über sie festlegte. Da den Haushalt betreffende Gesetze sonst vom Senat erlassen wurden, gab Nero mit diesem Edikt deutlich zu erkennen, wer das Wohlergehen der Völker vor Augen hatte und ihre Dankbarkeit verdiente.

Im Vergleich mit den Abgaben, die früher jeder Stadtstaat den Kaufleuten abverlangt hatte, bedeutete der Zoll der Römer (2 oder 2,5%) an den Grenzen der Provinzen keine große Behinderung des Handelsverkehrs, und man hat das römische Reich als ,,das größte Freihandelsgebiet, das jemals existiert hat",[70] bezeichnet. Da Nero Häfen anlegte und ausbaute, Kanalarbeiten in Gang setzte und die Kornimporteure von der Schiffssteuer befreite, haben einige auch in dem Vorschlag zur Abschaffung des Zolls ein bewußtes Bemühen von Neros – und möglicherweise Senecas – Seite zur Stimulierung des Handels und der wirtschaftlichen Entwicklung sehen wollen. Doch nach der Auffassung von Rostovtzeff besteht nicht der geringste Grund zu der Annahme, es habe während des ersten Jahrhunderts von seiten des Kaisers eine Wirtschaftspolitik gegeben.[71] Wahrscheinlicher ist, daß Nero über die Zöllner ehrlich aufgebracht war und sich gern beliebt machen wollte. Und wenn Seneca als Staatsmann auch andere Aufgaben zufielen denn als Philosoph, so kann man sich nur schwer vorstellen, daß er, der auf Korsika gefragt hatte, wozu dieser Handel, diese Verwüstung der Wälder, dieses Durchsuchen der Meere dienen solle,[72] jetzt geradezu seine Aufgabe in einer Erweiterung des Handelsverkehrs hätte sehen sollen. Ein Chor in seiner Tragödie ,,Medea" besingt den Verkehr, dem ,,das erste Schiff", die Argo (die thessalische Fichte), den Weg bereitet hatte, nicht gerade positiv:

,,Unsere Ahnen sahen lichte Jahrhunderte, da Betrug weit entrückt war. Jeder, seßhaft an seinen eigenen Gestaden und auf väterlicher Flur Greis geworden, mit wenigem reich, kannte keine Schätze außer denen, die der heimische Boden hervorgebracht hatte. Die Satzungen einer zu ihrem Heil getrennten Welt zog in eine einzige zusammen die thessalische Fichte, und sie befahl, daß die See Ruderschläge ertrage und auch ein fernes Meer uns fürchten mache . . .

Nun hat sich schon das Meer ergeben und duldet alle Gesetze . . .

jeder beliebige Kahn durchirrt die hohe See; alle Grenzsteine sind entfernt, und Städte haben ihre Mauern in einem neuen Land errichtet; nichts ließ am Ort, wo es gewesen, der den Schiffen nun überall zugängliche Erdkreis: der Inder trinkt den eisigen Araxes, die Elbe trinken die Perser und den Rhein."[73]

Diese konservativen Ansichten sind Bürgern von Korinth in den Mund gelegt worden (die im übrigen gute historische Gründe dafür haben konnten, die Segnungen der Entwicklung zu bezweifeln, da Rom in Korinth eine Konkurrentin gesehen und die Stadt im gleichen Jahr wie Karthago zerstört hatte), sie stimmen aber mit Senecas Auffassung überein. Die Verwirklichung seines „Menschenstaates" stellte er sich nicht als Freihandelsgebiet vor. Eher hatte er, so wie Platon in den „Gesetzen", die Vorstellung einer „zu ihrem Heil getrennten Welt" von Selbstversorgergebieten – eine Vorstellung, die ihre Wurzeln in der Erde hatte. Für die Römer waren nicht Industrie und Handel, sondern die Landarbeit die Quelle allen Reichtums; in ihrer Wirtschaftspolitik mußte es vor allem darum gehen, der Landwirtschaft aufzuhelfen. Während des römischen Friedens blühten die Provinzen auf. In Nordafrika waren weite Gebiete, die später Jahrhunderte hindurch als Wüste brachlagen, kultiviert und dicht bevölkert. Es wurde bereits erwähnt, daß die Großgrundbesitzer in der Epoche des Handelsimperialismus, als Karthago und Korinth zerstört wurden, Wein und Oliven für den Export angebaut hatten. Jetzt konnten die Provinzen sich selbst versorgen und obendrein noch exportieren. Die Folge davon war ein Verfall der Landwirtschaft in Italien selbst. Da man große Mengen billigen Getreides aus Ägypten, Afrika und von Sizilien importierte, da Sklaven in der friedlichen Kaiserzeit eine knappere und teuerere Ware und die „freien" Arbeitskräfte billig wurden, übergaben die Gutsbesitzer ihr Land an kleine Pächter, die wiederum hauptsächlich Getreide für den Eigenbedarf anbauten.

Aus Neros Zeit gibt es ein Werk in zwölf Büchern „Über die Landwirtschaft" *(De re rustica)* von *Columella,* einem der vielen Spanier, die in der lateinischen Literatur zur Geltung gelangten. Er erinnert in der Vorrede zum ersten Buch an die guten alten Tage, als die höchsten Staatsbeamten selbst an der Feldarbeit teilnahmen, und bedauert, daß die Römer sich jetzt hinter den Mauern von Städten verbergen würden, ihre Hände vor allem im Zirkus rührten (beim Klatschen!) und sich glücklich priesen, weil sie nie einen Sonnenauf- oder -untergang zu sehen bekämen. Den Getreideimport vergäben sie durch Ausschreibung bei öffentlichen Auktionen, das saturnische Land Latiums ließen sie verfallen. Nicht die Erde sei unfruchtbar geworden (wie man zu behaupten pflegte und bereits in Lukrez' Lehrgedicht „Über die Natur" aus dem ersten Jahrhundert v. Chr. nachlesen konnte),[74] nein, man bearbeite sie einfach unqualifiziert! Es gebe ja Lehrer für alle möglichen und unmöglichen Wissenschaften, sogar für das Gerede (!), aber nicht für die Landwirtschaft. Es lag zwar aus alten Zeiten, der Zeit des älteren Cato, eine reichhaltige römische Literatur über die Landwirtschaft vor, aber eben nicht aus neuerer. Columella will versuchen, das Versäumte wettzumachen, aber erst die praktische Übung mache den Meister. Deshalb solle der Gutsbesitzer sich selbst um die Bewirtschaftung kümmern – das Normale war, daß der Besitzer weder für das Gut, noch auf dem Gut, sondern nur von dem Gut lebte. Doch als Beispiel dafür, daß es in Italien noch immer fruchtbares Land und eine vernünftige Landwirtschaft gebe, nennt Columella das Gebiet um *Nomentum* (im Sabinerland), das zu seiner Zeit berühmt war, und vor allem, wie er sagt, der Teil, der Seneca gehöre, den er als einen Mann von hervorragender Einsicht und Gelehrtheit bezeichnet, auf dessen Weinfeldern ein jedes *iugerum* angeblich oft bis zu acht Säcken eingebracht habe (d. h. ungefähr 1000 Liter auf einen Morgen Land).[75] Auch Plinius d. Ä. erwähnt in seiner „Naturgeschichte" (aus den siebziger Jahren) das berühmte Gut, das der Grammatiker Remmius Palaemon für 600000 Sesterzen gekauft und zehn Jahre später für das Vierfache an Annäus Seneca verkauft hatte, einen „Mann von ebenso hoher Bildung als großem Einfluß (dessen Übermaß freilich ihm selber endlich verderblich wurde)".[76]

Mit dem Einfluß kam der Reichtum. Seneca hatte nach dem Tod des Britannicus seinen Anteil an den claudischen Besitztümern erhalten. Einige meinten, schreibt Tacitus, daß ehrwürdige Männer sich wie Räuber auf die Beute gestürzt hätten, andere behaupteten, der Kaiser habe sie an sich binden wollen, indem er sie ihnen aufzwang.[77] Seneca besaß nicht nur Landgüter in Italien, bei Nomentum und Alba, sondern auch in Spanien, Ägypten und Britannien, und obwohl er, der in seinen Briefen seinen Sachverstand in Dingen des Wein- und Olivenanbaus verrät, sich darüber freuen konnte, daß er seine Einkünfte aus dem ehrlichen Landwirtschaftsgewerbe bezog (Columella stellt es über die anderen Gewerbe: Kriegsdienst, Handel und Seefahrt, Wucher- und Anwaltstätigkeit), so mußte er doch zugeben, daß er größere Gebiete kultiviert hatte und höhere Einkünfte bezog, als seine natürlichen Bedürfnisse eigentlich verlangten.[78]

Plinius berichtet, daß zu Neros Zeit sechs Gutsbesitzer die Hälfte der Provinz Afrika besaßen, und meint, daß „die großen Güter Italien, und bald auch die Provinzen zerstört" hätten.[79] Der Sinn dieser oft zitierten Worte ist umstritten, möglicherweise aber der gleiche wie derjenigen Columellas, daß man nämlich keine größeren Ländereien besitzen sollte, als man effektiv ausnutzen und intensiv kultivieren kann. Seneca, der jedoch nach Columellas Auffassung eine rühmliche Ausnahme bildete, kritisierte selbst die Tendenz, die die Güter immer größer werden ließ: „Ein Acker, der für ein ganzes Volk Platz bietet, ist jetzt für einen einzigen Gebieter zu eng."[80] Sein Standpunkt war jedoch eher ein moralischer als ein wirtschaftlicher. Seneca hatte ebensowenig wie andere praktische Römer eine theoretische Vorstellung von der wirtschaftlichen Entwicklung. Die Römer waren es zufrieden, wenn sie ihren eigenen Reichtum vermehren konnten, oder sie waren gerade nicht zufrieden damit und sahen in dem wachsenden Wohlstand eine Gefahr für die Moral. Augustus hatte Gesetze gegen den Luxus erlassen; auch während der ersten Zeit von Neros Regierung wurde er „begrenzt".[81] In einem seiner Briefe – freilich erst nach seinem Abschied vom Hofe – stellt Seneca sich vor, wie es wäre, wenn jemand einen Gesetzesantrag zur „Abschaffung des Reichtums" einbringen würde, so daß das römische

Volk sich die Genügsamkeit, die Grundlage des Imperiums, zurückwünschen könne, in Erkenntnis der Tatsache, daß es seinen Reichtum von den besiegten Völkern erobert hat.[82] Seneca, der ja das Land, und nicht die Arbeit, als die Quelle aller Wertschöpfung betrachtete, scheint trotz seiner eigenen landwirtschaftlichen Arbeit nicht erkannt zu haben, daß man Werte schaffen kann, sondern setzte voraus, daß die Summe des Reichtums konstant sei: Was man sich aneignet, raubt man anderen. Wenn die Wenigen mehr verbrauchen, dann bleibt weniger für alle. In den künstlichen Bedürfnissen, in dem Verlangen nach überflüssigen Dingen, der *luxuria,* erblickte er einen Abfall von der Natur, keinen wirtschaftlichen Antrieb. Er hätte sich gewundert, wenn er die Kulturgeschichte des Dänen Hartvig Frisch hätte lesen können: „Die Höhe einer Kultur läßt sich an ihrem Bedarf messen. Je größer und mannigfaltiger der Bedarf, um so stärker die Produktion und damit der Umsatz. Eine kleine Gruppe der Bevölkerung kann, auch bei größter Verschwendung, keine weitverzweigte und hochspezialisierte Produktion abnehmen und damit aufrechterhalten. Deshalb heißt es die Dinge völlig auf den Kopf stellen, wenn man sagt, Luxus und Wohlleben hätten das römische Reich zerrüttet. Den literarischen Quellen, den Inschriften und Monumenten nach zu urteilen stieg der Wohlstand im ersten Jahrhundert nach Augustus, am meisten natürlich innerhalb der Oberschicht, aber auch für die niedrigeren Schichten der Bevölkerung. Diese Zeit ist in jeder Hinsicht der Höhepunkt der römischen Kultur; danach greift die Verarmung um sich ...“[83]

Auch Rostovtzeff ist der Meinung, daß die erste Kaiserzeit gute wirtschaftliche Ergebnisse aufzuweisen gehabt habe: „Neue Quellen des Reichtums wurden erschlossen. Länder, die sich früher mit den einfachsten Handelseinrichtungen begnügt hatten, wurden jetzt planmäßiger Ausbeutung zugänglich.“ Doch er sieht auf dem Höhepunkt der römischen Kultur beunruhigende Zeichen in dem Übergang von intensiver „wissenschaftlicher“ Landwirtschaft zu primitiveren Methoden und in der Ausbreitung kleinerer Werkstätten auf Kosten großer Fabriken.[84] Was Rostovtzeff beunruhigend findet, ist also das genaue Gegenteil dessen, was Seneca Anlaß zur Sorge gibt. Das liegt daran, daß für die Römer das Moralische – oder Unmoralische – die Triebfeder der Geschichte ist, während die modernen Historiker sie im Ökonomischen sehen. Im übrigen sind sie ebenso fatalistisch wie die Alten: Ihnen erscheint es verhängnisvoll, daß *die* wirtschaftliche Entwicklung nicht einsetzte, die für Seneca den Charakter moralischen Verfalls trug. Er war also nicht der Richtige für eine zielbewußte Wirtschaftspolitik. Bereits seine Zeitgenossen kritisierten ihn, weil er nicht in Übereinstimmung mit seiner Philosophie lebte, von Rostovtzeffs oder Hartvig Frischs Standpunkt aus ist jedoch eher seine moralische Philosophie als sein privater Unternehmungsgeist zu kritisieren.

Der Unterschied zwischen der römischen und der modernen Geschichtsauffassung zeigt sich auch in der Tatsache, daß die Römer keine Vorstellung von einer besseren Welt besaßen, zu der die Entwicklung hinführen sollte. Die Utopie der Römer lag in der Vergangenheit, und wenn Seneca zu Beginn von Neros Regierungszeit ein einziges Mal seiner Hoffnung auf eine bessere Zukunft Ausdruck verleiht, dann geht es gerade um eine Hoffnung auf die Wiederkehr der ursprünglichen Unschuld. Politisch gesehen bedeutete dies eine Rückkehr zu dem Programm des Augustus: Die Aufgabe bestand noch immer in einer Verteidigung des Bestehenden, einer Erhaltung des Weltfriedens, der auf die Dauer freilich nicht die gleiche Begeisterung zu wecken vermochte wie am Anfang. Deshalb gereichte es der inneren Eintracht keineswegs zum Schaden, daß die Parther im ersten Jahr von Neros Regierung in Armenien einfielen, das die Römer als Vasallenreich betrachteten, so daß auch Nero Gelegenheit erhielt, sich als Friedensstifter zu betätigen. Die Kriegsführung wurde Domitius Corbulo überlassen, der sich unter Claudius Verdienste erworben hatte; das faßte man als ein gutes Omen für das neue Regime auf. Es sah so aus, „als ob der Tüchtigkeit freie Bahn geschaffen werde."[85] Zunächst verzog sich die Kriegsgefahr unter allgemeiner Begeisterung. Später führte Corbulo in Armenien große Feldzüge und eroberte im Jahre 58 die Hauptstadt Artaxata. Der Senat nutzte die Gelegenheit und ließ kaiserliche Statuen und Triumphbögen errichten. Er wollte auch drei neue Festtage einführen, doch dagegen wandte der Senator Cassius Longinus ein, daß es nicht Tage genug gebe, wenn man den Göttern gebührlich danken wolle. Man könne die Götter auch an Werktagen ehren, und dann hätten die irdischen Aufgaben nicht darunter zu leiden.[86]

Nero selbst, der alle anderen Künste der Kriegskunst vorzog, ließ die sich bietende Gelegenheit, Ruhm auf dem Felde der Ehre zu ernten, ungenutzt. Die Vorschrift des Augustus, nämlich daß das Reich nicht ausgedehnt werden solle, sondern innerhalb der bestehenden Grenzen zu sichern sei, befolgte er so genau, daß er sogar erwog, ob er nicht das Heer aus Britannien abziehen solle, wo es später, im Jahre 61, zu einem blutigen Aufstand kam. Er zeigte kein sonderliches Interesse für das Heer, das „ihm anvertraut war", und besuchte die kaiserlichen Provinzen nie, aber der Wohlstand des Reiches erlaubte es ihm, verschwenderischer zu sein als seine Vorgänger und sich das Heer und das Volk durch Geschenke zu verpflichten. Sofort nach seiner Thronbesteigung hatte er die Prätorianer mit Geschenken bedacht, wie das auch Claudius getan hatte. Ein paar Jahre später erhielt das Volk 400 Sesterzen pro Person. („Ein Jahreseinkommen von 24000 Sesterzen scheint in Rom zur Sicherung einer bescheidenen Existenz ausgereicht zu haben.")[87] In Rom erhielten ungefähr 200000 Menschen billiges oder kostenloses Getreide, eine Maßnahme, die nicht so sehr die Not des Volkes linderte als vielmehr seine Unzufriedenheit dämpfte und die Popularität des Kaisers erhöhte. Das beste Mittel, wenn man der Unruhe im Volk vorbeugen wollte, war die Vernichtung von Getreide, denn auf diese Weise zeigte man, daß Getreide genug vorhanden war. Dem Amt des Präfekten der Getreideversorgung – von dem Senecas Schwiegervater (oder Schwager) sich auf Senecas Rat hin hatte zurückziehen sollen – kam also große politische Bedeutung zu. Es wurde nun „uneigennützig" von Faenius Rufus verwaltet,[88] der Seneca nahe stand oder ihm näher kam.

Während die Kaiser auf den Münzen mit ihrer Getreideausteilung an das Volk Reklame machten, gibt es keine Münzen, die ihre Geschenke an die Soldaten oder für die Gladiatorenkämpfe verewigen.[89] Das ist höchst erstaunlich und könnte darauf hindeuten, daß die Kaiser selbst begriffen, wie fatal ihre Abhängigkeit vom Heer war und die Brutalität, die unter der friedlichen Oberfläche lauerte und so blutige Opfer forderte.

Seneca unter Anklage. „Über das glückliche Leben"

Nero hatte in seiner Antrittsrede versprochen zu verhindern, daß Ankläger und Angeklagte unter einer Decke steckten. Dies geschah durch eine striktere Handhabung des alten Gesetzes *Lex Cincia,* das das Führen von Prozessen gegen Bezahlung verbot. Das traf auch die berüchtigten Denunzianten, die unter seinen Vorgängern ihre große Zeit und große Einkünfte gehabt hatten. Nero befolgte Senecas Worte, wonach es rühmlich ist, Majestätsbeleidigungen ungestraft zu lassen. Wenn jemand versuchte, aus Äußerungen, die als kaiserfeindlich aufgefaßt werden konnten, Vorteil zu ziehen, erreichte er damit nicht die Verurteilung von anderen, sondern wurde selbst angeklagt und verurteilt. Einiges spricht dafür, daß es Seneca war, der mit diesem Unwesen aufräumen wollte, denn als P. Suillius Rufus, Messalinas ehemaliger Getreuer, nach der *Lex Cincia* angeklagt wurde, machte er seine Verteidigungsrede zu einer Anklage gegen Seneca.

Seneca sei, sagte Suillius laut Tacitus, „den Freunden des Claudius feindlich gesinnt, unter dem er mit vollem Recht die Verbannung erlitten habe. Auch sei er gewöhnt, sich mit nichtsnutzigen Studien zu beschäftigen und mit unerfahrenen jungen Leuten zu verkehren, und sei auf alle neidisch, die als Anwalt ihrer Mitbürger eine lebendige, unverfälschte Beredsamkeit ausüben. Er, Suillius, sei Quästor des Germanicus, jener aber Ehebrecher in dessen Familie gewesen. Ob es nicht schwerer wiege, von der prozeßführenden Partei aus freien Stücken den Lohn für eine redliche Bemühung zu erlangen, als das Schlafgemach fürstlicher Frauen zu mißbrauchen? Welcher Weisheit, welchen philosophischen Lehren habe er es wohl zu verdanken, daß er im Verlauf von vier Jahren königlicher Freundschaft dreihundert Millionen Sesterzen erworben habe? In Rom würden Vermächtnisse kinderloser Personen wie bei einer Treibjagd von ihm erbeutet, Italien und die Provinzen durch ungeheuren Wucher ausgesaugt. Aber das Vermögen, das *er* besitze, sei durch Arbeit erworben und bescheiden. Anklage, Prozeß, alles werde er eher ertragen, als seinen alten, mit eigener Kraft erworbenen Ehrennamen einem Glücksritter des Augenblicks zu opfern."[90]

Das war mutig gesprochen, wenn man in Betracht zieht, daß damit nicht nur der zu diesem Zeitpunkt – im Jahre 58 – mächtige Seneca, sondern auch der Kaiser angeklagt wurde. Suillius wurde verurteilt und auf die Balearen verbannt, wo er ein angenehmes Leben führte, aber als die Denunzianten im Trüben fischen und auch seine Familie anklagen wollten, wies Nero die Sache ab: die Sünden des Vaters sollten nicht auf die Kinder vererbt werden, dagegen sollten sie einen Teil seines Vermögens erben. Obgleich Suillius verhaßt und das Urteil populär war, war die Angelegenheit doch ,,nicht ohne Belastung für Senecas Ruf'', meint Tacitus, und damit behielt er recht. Die bösen Worte von Dio Cassius (oder Xiphilinus, vgl. S. 120) über Seneca, die viele noch weiter ausgeschmückt haben, gehen anscheinend auf die Anschuldigungen von Suillius zurück.

Wenn es auch nicht weise ist, sich von solchen Insinuationen aus dem Gleichgewicht bringen zu lassen, so fühlte Seneca sich doch getroffen. Er, der negativ über den Luxus schrieb und danach strebte, ein Weiser zu werden, war tatsächlich ein Höfling und besaß große Reichtümer. Ein armer Höfling war bei Lichte besehen eine größere Unmöglichkeit als ein reicher Weiser, und daß ein kaiserlicher Ratgeber, der sich mit um die Finanzen des Reiches kümmerte, seine eigenen in Ordnung hatte, war an sich kaum kompromittierend. Kompromittierend war jedoch vielleicht, daß er überhaupt Höfling, und also auch ein reicher, war. Daß zwischen den Gütern und dem Guten ein so großer Unterschied besteht, daß es einem schwer fallen kann, vor lauter Gütern das Gute zu sehen, das war ja eine stoische Doktrin. Konnte Seneca sich erlauben, den Stein der Weisen zu werfen, wenn er nicht selbst in dem ,,Häuschen des Weisen'' wohnte, in das er ihn seinerzeit einquartiert hatte, sondern verschiedene Prachtvillen innerhalb und außerhalb der Stadt besaß?

Er versuchte die Sache mit stoischer Ruhe hinzunehmen. Seine Stellung hatte ihm bis dahin kaum sehr viel Muße gelassen, anderes zu schreiben, als das, was diese Stellung von ihm verlangte. In seiner Schrift ,,Über die Kürze des Lebens'' hatte er, bevor er aus Schaden so klug wurde, geradezu geschrieben, daß hohe Stellungen einem keine Muße lassen, auch nur einen vernünftigen Gedanken zu denken (was noch immer ein wenig erklären mag, weshalb die Vernunft an hohen Orten fehlt). Nun verlangte die Stellung selbst eine Verteidigung. Scheinbar unangefochten bekannte er sich zu der stoischen Doktrin, die Suillius gegen ihn gekehrt hatte, und nutzte die Gelegenheit, um *sein* Werk über das höchste Gute zu schreiben, über das alle die guten alten Philosophen der Antike irgend ein Werk geschrieben haben. Wenn er, in seiner hohen Stellung, die ,,Tugend'' als das einzig Gute pries, dann konnte man ihn jedenfalls nicht beschuldigen, nur aus der Not eine Tugend gemacht zu haben.

Er gab seiner Verteidigungsschrift den Titel „Über das glückliche Leben" *(De vita beata)*; unter Glück verstand er dabei nicht die Gaben des „Glücks", der *fortuna*, die äußerlichen Güter, die zufällig an uns kommen; ein Glück, das gute Bedingungen braucht, ist nicht unbedingt und kann also auch nicht das höchste Gut sein. Daß die meisten tatsächlich gerade nach Genuß und Glück in *diesem* Sinne streben, bedeutet nicht, daß dies erstrebenswert ist.[91] Am leichtesten verfehlt man seine Bahn, wenn man der Spur der anderen folgt und sich ihnen angleicht, statt sich selbst zu gleichen und „seines Lebens Künstler" zu werden. Von der Masse spricht Seneca ungefähr so wie Heidegger von dem „Man",[92] das uns meinen läßt, was *man* meint, er betont jedoch, daß er bei der Masse nicht nur an die „Soldaten" denke, sondern auch an die „Offiziere"; die Stellung tue nichts zur Sache.[93] Ob es sich um Sklaven oder freie Bürger, Freigeborene oder Freigelassene handelt, wo liegt da der Unterschied?[94] Als Menschen betrachtet sind sie gleich viel wert, und als Masse genommen unterscheiden sie sich gerade nicht von einander.

„Beweis für das Schlechteste ist die Masse"[95] – so nimmt Seneca in gewisser Weise Abstand von der „Glücksmoral", die das höchste Gute mit dem identifiziert, wonach die meisten streben, und Glück mit Genuß gleichsetzt, so wie die Epikureer und später John Stuart Mill. Aber während Mills moderne Kritiker sich auf den „naturalistischen Fehlschluß" konzentriert haben, dessen man sich ihrer Meinung nach schuldig macht, wenn man das Moralische, das Wünschenswerte im Psychologischen, im tatsächlich Gewünschten begründet, so sprach Seneca im Gegenteil von unserem „natürlichen Verlangen"[96] nach dem Guten. Über dieses moralische Ziel spricht er in psychologischen Begriffen, ebenso wie er moralisch vom Psychologischen spricht: „Das höchste Gut ist einer unbesieglichen Seele Kraft, Weitblick, Erhabenheit, Gesundheit, Freiheit, Harmonie und Schönheit",[97] – „das höchste Gut ist seelische Eintracht; sittliche Fähigkeiten nämlich müssen dort sein, wo Übereinstimmung und Einheit sich findet, in Zwietracht befinden sich charakterliche Schwächen".[98]

Uneins mit sich selbst zu sein, das ist denn für Seneca nicht nur ein qualvoller, sondern auch ein moralisch verwerflicher Gemütszustand: nicht man selbst sein *wollen*, seine Natur, sein Schicksal nicht akzeptieren wollen. Schicksal, *fatum*, das sind im Gegensatz zum Zufall, *fortuna*, die Verhältnisse, die sich aus der Einrichtung des Universums ergeben und die zu ändern nicht in unserer Macht steht. Wir können sie nur akzeptieren. Wir können unser Schicksal verfehlen, indem wir es nicht akzeptieren, ihm entgehen aber können wir nicht, und es ist ja töricht, sich schleppen zu lassen, statt selbst zu gehen. Das Schicksal, das Seneca auch *Gott* nennt, kann uns ebensowenig Böses zufügen, wie der Zufall uns gut machen kann; das höchste Gute kann also nicht in dem liegen, was uns zustößt, sondern nur in der Art und Weise, wie wir es aufnehmen: Freiheit äußert sich in der Fähigkeit zu einer positiven Auslegung der Fügungen des Schicksals: „dem Gotte zu gehorchen ist Freiheit“.[99]

Doch daß Weisheit und Freiheit sich in dem Willen und der Fähigkeit zeigen, auch selbst ein hartes Schicksal zu ertragen, bedeutet nicht, daß das Leben Leiden sein *muß,* um ein glückliches Leben zu sein. Unter allen Umständen das Unangenehme dem Angenehmen vorzuziehen ist nicht notwendigerweise Weisheit, sondern möglicherweise Wahnsinn. Die Güter machen uns nicht gut, können es uns aber erleichtern, Gutes zu tun, was freilich Weisheit erfordert, so daß Reichtum trotz allem bei Weisen besser aufgehoben ist als bei Dummköpfen.

So weit, so gut. Doch unterwegs ändert Seneca seinen Tonfall und verliert etwas von seiner stoischen Ruhe. „Über das glückliche Leben“ ist ebenso wie „Über den Zorn“ Senecas älterem Bruder Gallio gewidmet, und ebenso wie in „Über den Zorn“ spricht Seneca in dieser Schrift auf die Dauer nicht zu seinem Bruder, sondern zu seinen Anklägern, deren direkte Angriffe er kontert: „Warum redest also du tapferer, als du lebst? Warum wählst du vor einem Höherstehenden unterwürfige Worte und siehst Geld als ein für dich unentbehrliches Mittel an und läßt dich von Verlust beunruhigen und vergießt Tränen, hörst du den Tod deiner Gemahlin oder deines Freundes, und übst Rücksicht auf deinen Ruf und läßt dich von böswilligen Redereien berühren? Warum hast du ein gepflegteres Gut, als es ein der Natur entsprechender Gebrauch verlangt? Warum speisest du nicht nach deiner Vorschrift? Warum hast du glänzenderes Geschirr? ... Warum hast du in Übersee Besitz?“[100] Auf all dies und noch mehr antwortet Seneca erstens, daß er selbst kein Weiser sei und man nicht geradezu das Verkehrte preisen müsse, weil man selbst dem Ideal des Richtigen nicht entspreche, und zweitens, daß sich die Unabhängigkeit des Weisen nicht darin zeige, daß er nichts besitze (dann gehörte zum Weisesein nämlich nicht nur nicht viel, sondern nichts), sondern darin, daß nichts ihn besitze.

Doch wenn Seneca auch behauptet, er spreche nicht von sich, denn er „lebe noch in der Tiefe aller Fehler“,[101] so antwortet er dennoch ziemlich direkt auf die von Suillius gegen ihn vorgebrachten direkten Anschuldigungen: Besitztümer, „ohne Unrecht an irgend jemandem geschaffen, ohne schmutzige Herkunft“,[102] ebenso ehrenhaft genutzt wie erworben, die kann ein Philosoph durchaus besitzen. Zuletzt klagt er seine Ankläger ihrer Anklage an: sie seien dazu nicht die Rechten, sie sähen die Pickelchen an anderen und seien selbst mit Geschwüren bedeckt. Senecas „Richte nicht“ erhält an dieser Stelle, wo es als ein „Verurteile *mich* nicht“ aufzufassen ist, jedoch einen etwas pharisäerhaften Klang. Seneca befand sich zweifellos in der schwierigen Lage – das gehörte mit zu seiner Position –, nicht direkt von sich selbst sprechen zu können, und er war ganz eindeutig nicht überlegen oder weise genug, um nur indirekt darüber zu sprechen. Er mußte sich selbst im Namen eines anderen verteidigen und konnte es doch nicht lassen:

Er gab dem Weisen Sokrates in höchsteigener Person das letzte Wort und ließ ihn in Senecas Namen die Ankläger zurechtweisen, und zwar nicht indirekt und scherzend, wie es Sokrates' Gewohnheit war, sondern direkt und erbittert.

Seneca sprach denn auch mit einiger Bitterheit von dem Schicksal derer, die sich aus der Masse herausgehoben haben und deshalb ihren Kopf um so mehr hinhalten müssen: „Siehst du jene, die meine Redegabe loben, die meinem Reichtum nachjagen, die um meinen Einfluß schmeicheln, die meine Macht rühmen? Alle sind sie Feinde oder, was das gleiche ist, können es sein: wie groß die Schar der Bewunderer, so groß ist die Menge der Neider. Warum suche ich nicht lieber irgendein erprobtes Gut, das ich empfinden, nicht eines, das ich vorzeigen kann?"[103] Hier sprach Seneca vielleicht wirklich zu sich selbst, in der Erkenntnis, daß das Leben bei Hofe kein glückliches war.

Der Muttermord

Seit dem Tod des Britannicus hatte Nero sich keiner eigentlichen Untaten mehr schuldig gemacht, sondern sich nur in einigen Ausschweifungen ergangen, die nicht schlimmer waren als die so vieler anderer junger Männer, die aber doch ahnen ließen, daß Nero nicht akzeptiert hatte, daß ein Fürst sich weniger erlauben kann als ein Untertan. Einer seiner Gesellschafts- und Zechbrüder war M. Salvius Otho, der später während eines kurzen, nichtssagenden Intermezzos Kaiser war, jetzt aber zu Roms großen Lebenskünstlern und -genießern gehörte und kaiserlicher als der Kaiser lebte. Eine bemerkenswerte junge Frau namens Poppäa Sabina, die laut Tacitus alles hatte, nur keine Moral,[104] ließ sich scheiden, um Otho zu heiraten, der ja ein Freund des Kaisers war und sie folglich mit ihm in Verbindung bringen konnte, was er auch tat. Hatte aber Otho Nero gereizt, indem er ihm ihre Schönheit und Intelligenz ausmalte, so reizte sie selbst ihn noch mehr, indem sie sich zierte und Otho gegen ihn ausspielte: Otho sei ein Mann, der das Leben kenne und zu genießen verstehe, Nero ja nur ein unmündiges Kind, das den Befehlen anderer gehorche und nicht nur keine kaiserliche Macht, sondern auch keine Freiheit besitze.[105]

Poppäa wollte natürlich lieber Kaiserin als nur die Geliebte des Kaisers sein. Das setzte jedoch voraus, daß sie sich von Otho scheiden ließ und Nero auf irgendeine Weise Octavia loswurde. Vorläufig wurde er Otho los. Dem Eingreifen Senecas – so Plutarch – verdankte dieser es, daß aus seiner Verbannung eine Beförderung wurde: er wurde Statthalter von Lusitanien (Portugal), wo er völlig andere Eigenschaften an den Tag legte als in Rom und sich als ein gewissenhafter Beamter erwies.[106]

Agrippina hatte zwar ihren politischen Einfluß, nicht aber ihren Einfluß auf Nero verloren, den sie mit allen Mitteln auszunutzen suchte. Die alten

Chronisten berichten einstimmig, daß sie ganz offen versuchte, ihn auf die fleischlichste Weise zu verführen. Bei einer bestimmten Gelegenheit soll Seneca das Allerschlimmste verhindert haben, indem er Acte dazwischenschob. Poppäa war jedoch ein anspruchsvollerer Gegner als Acte. Nero fühlte sich von Agrippinas ständigen Versuchen, sich Geltung zu verschaffen, immer mehr erniedrigt, und wenn es stimmt, daß bei der erwähnten Gelegenheit fast das Schlimmste geschehen wäre, dann fiel es ihm auch schwer, sich ihrem Einfluß zu entziehen. Deshalb „beschloß er, sie zu beseitigen". Seine finsteren Mordgedanken sind bei Tacitus nachzulesen, der immer über das Schlimmste am besten Bescheid weiß; sein berühmter Bericht von dem Schiffbruch, den der Marineoffizier Anicetus geplant und ausgeführt hatte und der Agrippina töten sollte, ist zu gut für ein bloßes Referat. Es genügt zu wissen, daß Agrippina mit einigen Schrammen davonkam und Nero außer sich war vor Angst: Konnte sie den Mordversuch, den sie natürlich durchschaut hatte, nicht gegen ihn wenden und die Soldaten auf ihre Seite ziehen? Nero jammerte wie ein ungezogenes Kind, dessen Ungezogenheit entdeckt worden ist, und wer konnte ihm gegen die Mutter beistehen, wenn nicht Burrus und Seneca. Er ließ sie rufen. Tacitus versäumt nicht anzumerken, daß die beiden anscheinend nicht von vornherein in den Plan eingeweiht waren: Sie redeten beide „lange kein Wort, um nicht erfolglos zu widerraten. Vielleicht glaubten sie auch, es sei schon so weit gekommen, daß Nero sterben müsse, wenn man nicht Agrippina zuvorkomme. Darauf zeigte Seneca größere Entschlossenheit: er sah Burrus an und wollte von ihm wissen, ob man den Soldaten ihre Ermordung befehlen könne. Burrus entgegnete: ‚Die Prätorianer sind dem ganzen Haus der Caesaren verpflichtet und werden im Gedenken an Germanicus sich nicht zu einer Untat gegen dessen Sproß verführen lassen. Anicetus soll seine Versprechungen in die Tat umsetzen.' Dieser forderte auch ohne Zögern, daß man ihn maßgeblich mit der Durchführung des Verbrechens beauftrage. Auf diese Erklärung hin bekannte Nero: ‚Am heutigen Tage erst wird mir die Regierung übergeben, und dieses Geschenk empfange ich aus den Händen eines Freigelassenen.'"[107]

Was Nero, Burrus und Seneca unter sechs Augen zueinander sagten, konnte Tacitus genau genommen nicht wissen, denn sie dürften es kaum verraten haben. Seneca und Burrus sahen sich einer Tatsache gegenüber, deren Vollstreckung sie akzeptierten, und die sie nicht hätten verhindern können, ohne ihren Einfluß, und vielleicht mehr als diesen, zu verlieren. Nero hatte Burrus schon einmal in Verdacht gehabt, mit Agrippina gemeinsame Sache zu machen, Seneca hatte bereits einmal ihr Leben gerettet – jetzt schloß er den klassischen politischen Kompromiß: man findet sich mit einer kompromittierenden Situation ab, um das beste aus ihr zu machen. Doch seine eigene Stellung war erschüttert. Er konnte nicht mehr so fest auf den Prinzipien beharren, über die Nero sich so brutal hinweggesetzt hatte, und Nero brauchte sich in seinem Kampf gegen Agrippina nicht mehr auf ihn zu stützen.

Nero war kein so abgebrühter Junge, daß er seine Mutter kaltblütig ermorden lassen konnte. Sowohl vor als auch nach dem Mord quälten ihn alle möglichen Affekte, er glaubte sich von den Furien verfolgt und wagte aus dem Badeort Bajae, wo die Untat stattgefunden hatte, nicht nach Rom zurückzukehren, wagte aber andererseits auch nicht, am Tatort zu bleiben, und flüchtete in die Griechenstadt Neapolis. An den Senat sandte er ein Schreiben, in dem er die Hinrichtung mit dem Hinweis auf Mordpläne von seiten Agrippinas verteidigte und auf ihre vielen Versuche verwies, sich einen Teil der Macht zu erobern. Man betrachtete Seneca noch immer als den Verfasser der kaiserlichen Schreiben – wenn das stimmt, dann bestimmte er jedenfalls nicht mehr ihren Inhalt: „So richtete sich denn schon das feindselige Gerede nicht mehr nur gegen Nero – für seine Unmenschlichkeit fand man ja auch keine Klagen mehr –, sondern auch gegen Seneca, weil er durch eine solche Darlegung ein Geständnis schriftlich abgelegt habe“,[108] schreibt Tacitus, in deutlichem Widerspruch zu seiner eigenen Erzählung von dem begeisterten Empfang, der Nero von Senat und Volk zuteil wurde, als er endlich nach Rom zurückkehrte – „als Sieger über ein Volk von Sklaven“.[109] Erst dieser Empfang überzeugte ihn davon, daß er sich alles erlauben konnte, und erst jetzt erlaubte er sich, seinen lasterhaften Neigungen zu folgen, denen Agrippina bisher im Weg gestanden hatte.

Die kaiserlichen Schauspiele

Betrachtet man einmal näher, welche lasterhaften Neigungen Nero sich erlaubte, dann entdeckt man, daß es sich vorläufig um die Neigung handelte, ein Viergespann zu lenken, und die „nicht weniger häßliche Liebhaberei ..., zur Zither wie ein Schauspieler zu singen“. Das mag einem heute nun so harmlos erscheinen, daß einem der Ärger der römischen Geschichtsschreiber ein wenig komisch erscheinen kann, was komischerweise die meisten neueren Historiker nicht daran gehindert hat, ihn zu teilen. Wenn Neros Auftreten im Zirkus und auf der Bühne überhaupt irgendwelche Vernunft hatte, dann haben die alten Geschichtsschreiber sie jedenfalls nicht entdecken können. Deshalb sollte man schon versuchen, die Tatsachen, von denen sie berichten, von der moralischen Entrüstung mit der sie davon berichten, zu trennen, vor allem, da sie beteuern, Nero habe sich durch sein Auftreten immer unmöglicher gemacht, und gleichzeitig bedauern, daß er sich immer beliebter machte: „vergnügungssüchtig, wie der Pöbel ist, der sich freut, wenn der Princeps die gleiche Neigung bestätigt“[110] – so die Begründung des Tacitus.

Sueton erzählt eine Anekdote, wonach Nero bereits als Schuljunge für Pferde geschwärmt habe: Während einer Schulstunde begann er seinen Kameraden etwas über einen Wagenlenker zuzuflüstern, der ,,geschleift" worden sei, und als der Lehrer sich nicht zum Unterricht gehörende Bemerkungen verbat, beteuerte er, er spreche von Hektor. Er besuchte alle die Wettrennen, zu denen er sich davonstehlen konnte, doch seinen Wunsch, selbst ein Viergespann lenken zu dürfen, mußte er vorläufig mit Figuren auf einem Spielbrett befriedigen.[111] Die Wettrennen zwischen den Weißen und den Roten, den Grünen und den Blauen waren das einzige Volksvergnügen, das es mit den blutigeren Spielen an Beliebtheit aufnehmen konnte. Zu Beginn von Neros Regierungszeit nutzten die Ställe die Situation aus und erhoben so hohe Lohnforderungen, daß der Prätor, der die Rennen im *Circus maximus* veranstaltete, die Pferde durch Hunde ersetzen wollte, aber Nero gab den Forderungen der Ställe und des Volkes nach und zahlte selbst. Er erhöhte die Anzahl der Rennen auf 50, so daß sie wie die Gladiatorenkämpfe den ganzen Tag dauerten, und präsidierte selbst. Und jetzt, da seine Mutter es ihm nicht länger verbieten konnte, wollte er unbedingt selbst fahren. Seneca und Burrus hielten es für geraten, ihm nachzugeben, sagt Tacitus, als hätten noch immer sie die Entscheidungen getroffen. Er durfte in einem privaten Zirkus üben, den Caligula auf dem vatikanischen Hügel hatte anlegen lassen; als er aber lange genug geübt hatte, zog er in den *Circus maximus* um und ,,lud das ganze römische Volk" zum Zuschauen ein.

In der nicht weniger ,,häßlichen" Kunst des Singens zur Zither hatte Nero seit seiner Ernennung zum Kaiser Unterricht bei dem Virtuosen Terpnus genommen. Bisher war er nur im engen Kreis aufgetreten, aber nun wollte er den Kreis erweitern und lud, noch im Jahr von Agrippinas Tod, dem Jahre 59, Männer und sogar Frauen der vornehmen Gesellschaft ein, an – noch nicht öffentlichen – Spielen, den *Juvenalia,* teilzunehmen und Rollen in griechischen und lateinischen Schauspielen einzustudieren. Nero trat am letzten Tag des Festes selbst auf, Senecas Bruder Gallio war sein Herold, Seneca und Burrus waren seine Souffleure. Im Jahr darauf ging er noch einen Schritt weiter und führte nach griechischem Vorbild öffentliche Wettkämpfe für Reitkunst, Athletik und Musik ein. Letztere schloß auch Dichtkunst und Beredsamkeit ein. Die Spiele sollten alle fünf Jahre stattfinden und *Neronia* heißen. Neros Geist schwebte über dem Ganzen, aber er trat weder als Mitkämpfer noch als Kampfrichter auf. Ehemalige Konsuln waren Richter, Senecas Neffe Lukan, der ehemals ,,kleine Marcus", gewann den Dichterwettkampf mit einem Gedicht zu Neros Lob und Preis.

Tacitus referiert Standpunkte für und wider diese Veranstaltung. Einige meinten, daß die alten Spiele, die von den Prätoren abgehalten wurden, vorzuziehen seien: darin brauchten die römischen Bürger jedenfalls nicht aufzutreten. Andere meinten, es sei recht gut, daß der Staat die Spiele übernehme, damit die Prätoren keine Vermögen mehr dafür zu opfern brauchten. Einige meinten, die römischen Sitten würden durch diese griechischen Manieren verdorben: jetzt sollten vornehme Römer sich zu Schauspielern erniedrigen. Es fehle nur noch, daß sie auch Kampfhandschuhe anlegen und solche Kampfspiele den Kriegsdienst ersetzen sollten. Ob wohl die Gerechtigkeit eher gefördert werde, wenn die Richter ein kundiges Ohr für Tremolotöne und niedliche Stimmen hätten? Den meisten jedoch gefiel die ,,Zügellosigkeit" der Spiele, der sie einen hübscheren Namen gaben – und obgleich Tacitus selbst der Meinung ist, die Spiele hätten den Verfall der Sitten beschleunigt, muß er doch zugeben, daß sie abgehalten wurden, ohne daß sonderlich unanständige Dinge geschahen.

Vor allem die griechische Athletik entrüstete die altrömisch Gesinnten, die sie mit der griechischen Erotik verbanden. Nero verhehlte seine griechischen Sympathien nicht länger, sondern stellte sie in Kleider- und Haartracht zur Schau, ohne daß sich diese Mode jedoch durchsetzte. Er ging aber noch weiter, indem er im Jahr darauf nicht nur die ersten öffentlichen Bäder der Kaiserzeit, sondern auch ein ,,Gymnasium" einweihte (vom griechischen Wort gymnazein: nackt kämpfen), wo die Römer sich in den griechischen Sportarten ertüchtigen konnten. Er schenkte Senatoren und Rittern das Öl zum Einreiben. Da Senatoren und Ritter es sich sicher hätten leisten können, das Öl zu kaufen, war die kaiserliche Freigiebigkeit als eine freundliche Aufforderung zu verstehen, sich ins Griechische vorzuwagen.

Die neronischen Spiele schlossen keine Gladiatorenkämpfe ein, obwohl sie im neuen Amphitheater stattfanden. Doch alle Quellen[112] berichten, wenn auch nicht gleichlautend, davon, daß Nero Männer und Frauen der vornehmen Gesellschaft nicht nur in den friedlichen Schauspielen auftreten ließ, sondern auch in Gladiatoren- und Tierkämpfen. Keiner von ihnen gibt zu verstehen, daß irgend ein Vornehmer bei solchen Gelegenheiten ums Leben kam. Man kann deshalb davon ausgehen, daß sie mit dem Leben, wenn auch möglicherweise nicht mit ihrer Ehre davonkamen. Offenbar waren es recht harmlose Spiele. Hatte Nero geradezu die Absicht, die Spiele harmlos, zu einer Art Parodie, zu *machen,* denn eine Parodie müssen sie mit solchen Gladiatoren ja gewesen sein – oder wollte er die Würdigen entwürdigen? Die Formulierung bei Tacitus, die alten Spiele, d. h. die Gladiatorenkämpfe, seien den neuen vorzuziehen, bei denen römische Bürger aufträten, scheint auf die Vorstellung hinzudeuten, daß die neuen an die Stelle der alten treten sollten, zu deren Abhaltung die Quästoren ja nicht mehr verpflichtet waren. Die neuen veranstaltete der Staat, ehemalige Konsuln (und nicht nur Prätoren) präsidierten: Nero hätte diesen ganzen Apparat als Vorwand für sein eigenes Auftreten nicht gebraucht, vor allem, da er in Rom nicht vor 65 öffentlich auftrat. Auf einen unvoreingenommeneren Betrachter, als die Geschichtsschreiber es waren, wirkt das Ganze wie eine recht vernünftige kulturpolitische Maßnahme, wie ein bewußter Versuch, der Brutalität des Vergnügungslebens Grenzen zu setzen – indem man etwas anderes an ihre Stelle setzte. Daß die Geschichtsschreiber in dieser Reform des Vergnügungslebens keinen Sinn erblicken konnten, ist nicht so seltsam.

Die blutigen Kampfspiele, die die Konsuln im Jahre 105 v. Chr. geradezu eingeführt hatten, um der griechischen Verweichlichung entgegenzuwirken, waren für sie noch immer Ausdruck des guten alten römischen Kampfgeistes.

Welche Rolle spielte Seneca in diesen kaiserlichen Schauspielen, abgesehen von der Rolle als Souffleur,[113] die Dio Cassius ihm zuschreibt? Da derselbe Dio Cassius sagt, Seneca habe sich von den kaiserlichen Gesellschaften ferngehalten,[114] sagt er damit wohl auch, daß Seneca sich von den Spielen hätte fernhalten können, wenn er etwas gegen sie gehabt hätte. Seneca, der einmal die Rennbahn als Bild der Lebensbahn benutzt, hat für die Zirkusrennen im übrigen weder sonderliche Sym- noch Antipathien verraten. Vermutlich hielt er es für geraten, Neros Entfaltungsdrang auf diesem Gebiet zu hemmen – er äußerte sich denn auch erst ungehemmt nach Senecas Rücktritt.[115] Dagegen besteht keinerlei Anlaß zu der Annahme, Seneca, der selbst Tragödien in griechischer Manier schrieb, habe Neros musikalischen Bemühungen nicht sympathisch gegenüber gestanden. Er hatte ja in der „Apocolocyntosis" seine Gesangskunst von Phoebus rühmen lassen, und in Senecas Tragödie vom „Rasenden Herkules" wird der Held vom Schurken des Stücks beschimpft, weil er kein Held sei. Er lasse nämlich sein hochgekämmtes Haar von Nardenöl triefen und seine berühmten Hände sich zu dem unmännlichen Klang des Tambourins bewegen.[116] Diese Charakterisierung des Herkules ist so ungewöhnlich, daß es naheliegt, darin eine Anspielung auf und eine Verteidigung von Nero zu sehen, um so mehr, als Nero seine Haare wie ein Wagenlenker trug.

Senecas Feinde behaupteten (sagt Tacitus), daß er nun, da Nero selbst in größerem Stil zu dichten begonnen hatte, sehr viel mehr Gedichte geschrieben habe als zuvor.[117] Das braucht nicht zu bedeuten, daß er, wie sie behaupteten, den Kaiser übertreffen wollte, sondern könnte eher ein Zeichen dafür sein, daß er ihn in seinen poetischen Neigungen bestätigte. Seneca muß ja als Neros Lehrer dessen Interesse für die griechischen und lateinischen Poeten angeregt und vielleicht sogar geweckt haben. Er führte seinen poetisch begabten Neffen Lukan am Hof ein, wo auch andere Dichter ein- und ausgingen. Erst allmählich machte Neros „Künstlereifersucht" es riskant, in den gleichen Künsten zu glänzen wie der Kaiser. Vorläufig konnte Seneca die begründete Hoffnung hegen, daß die griechischen Dramen, in denen Nero auftrat, dazu beitragen konnten, schlimmere Dramen abzuwehren. Im übrigen hatte Augustus bereits griechische Spiele eingeführt, nicht nur in Actium und Neapolis, sondern auch in Rom, wo sie ihn jedoch nicht überlebt hatten. Auch in diesem Punkt konnten Nero und Seneca behaupten, daß sie die Politik des Augustus weiterführten.

Die *Neronia* waren die einzige große Erneuerung in dem Jahr nach Agrippinas Tod. Sie bezeichneten keinen Bruch mit der Politik Senecas, sondern waren eher ein Ausdruck dieser Politik. Das Regime änderte seinen Charakter nicht unmittelbar; Nero zeigte sich so milde, daß er Agrippinas verbannte Opfer zurück holte. Zwar verbannte er statt dessen den Rubellius Plautus – seinerzeit hatte man Agrippina beschuldigt, ihn auf den Thron bringen zu wollen –, doch das tat er nur, weil man im Jahre 60 einen Kometen als ein Omen aufgefaßt hatte, das Veränderungen an höchster Stelle ankündigte. Da Plautus durch seine Verwandtschaft mit der kaiserlichen Familie dem Thron, sollte er frei werden, am nächsten stand, forderte Nero ihn auf, den Gerüchten zuvorzukommen und sich auf seine Güter in Asien zurückzuziehen. Seneca soll bei dieser Gelegenheit gesagt haben, daß Nero mit harten Mitteln nichts erreiche, denn wie viele er auch töte, seinen Nachfolger werde er doch nicht töten können, [118] – aber er hat es sicher nicht bei *dieser* Gelegenheit gesagt. Der Muttermord war noch immer die unheimliche Ausnahme von der Regel, die Seneca ihm in ,,Über die Milde" vorgeschrieben hatte. Die konservativeren Römer entrüsteten sich vor allem über Neros ,,griechische" Weichlichkeit, und noch zu diesem Zeitpunkt galt sein Regime eher als zu weich denn als zu hart.

Die Sklaven

Im Jahre 61 wurde der Stadtpräfekt von Rom von einem seiner Sklaven ermordet. Auf ein solches Verbrechen stand für alle Sklaven des Ermordeten die Todesstrafe. Im Senat gab es Stimmen, die dieses alte Gesetz abgeschafft sehen wollten.

Sklaverei war in allen Gesellschaften der Antike üblich, der Gedanke, daß Menschen ungleich geboren werden, war allgemein akzeptiert – auch von den Philosophen: Einige sind zum Regieren, andere zum Regiertwerden geboren, meinte Aristoteles. Nur die Stoiker begriffen die Sklaverei als eine willkürliche gesellschaftliche Einrichtung und nicht als einen natürlichen Zustand. ,,Obwohl dem Sklaven gegenüber alles erlaubt ist", schrieb Seneca in ,,Über die Milde", ,,gibt es etwas, was das allgemeine Recht der Lebewesen verbietet, daß es gegen den Menschen erlaubt sei."[119] Dieses Recht, das angeblich allgemein für alle Menschen gilt, war nicht gerade allgemein geltendes Recht, doch in der Kaiserzeit bewirkte der Mangel an und der Preis von Sklaven, daß die Herren stärker daran interessiert waren, mit ihren Sklaven zu haushalten. Die vielen Freilassungen, zu denen die Sklaven sich empordienen konnten, sowie die wachsende soziale und wirtschaftliche Bedeutung der Freigelassenen zeugen davon, daß die Stellung der Sklaven nicht mehr völlig hoffnungslos war. Die konservativen Senatoren verfolgten diese Entwicklung mit Sorge. Der Senat hatte bereits im Jahre 56 eine Gesetzesvorlage diskutiert, die den Herren die Bestrafung von Freigelassenen, die sich des in sie gesetzten Vertrauens nicht würdig erwiesen, gestatten sollte. Im Senat hatte diese Vorlage offenbar die Mehrheit, aber die Konsuln legten sie dem Kaiser vor, dessen Berater unterschiedlicher Auffassung waren. Seneca, der seine Auffassung später in seiner Schrift ,,Über die guten Taten" ausführlich begründete,[120] meinte, daß die Gesellschaft die Gesinnung eines Menschen nicht beurteilen und man deshalb Undankbarkeit nicht kriminalisieren könne. Diese Ansicht siegte im Rat des Kaisers und im Senat.

Während der Kaiserzeit waren in der Rechtslage der Sklaven kleine Verbesserungen eingetreten. Unter Tiberius war es den Herren verboten worden, ihre Sklaven eigenmächtig zur Arena zu verurteilen; unter Claudius wurde festgelegt, daß Sklaven, die wegen Krankheit fortgejagt wurden, frei sein und Herren, die Sklaven aus Ersparnisgründen töteten, verurteilt werden sollten. Seneca erwähnt eine Bestimmung, die sicher auf seine eigene Initiative zurückgeht und die die Geschichtsschreiber bezeichnenderweise nicht für erwähnenswert gehalten haben: die Sklaven erhielten das Recht, sich bei einer Amtsperson, vermutlich dem Stadtpräfekten, zu beschweren, ,,der die Grausamkeit, Zügellosigkeit und den Geiz bei der Zuteilung von Lebensbedürfnissen im Zaum halten soll".[121]

Jetzt, im Jahre 61, nach dem Mord am Stadtpräfekten, nutzte der angesehene Jurist Cassius Longinus die Gelegenheit zu einer prinzipiellen Rede im Senat: Er habe mehrere neue Gesetze durchgehen lassen, obwohl er die Gesetze der Vorväter vorziehe, aber nun sei es an der Zeit einzuhalten. Wesentlich sei nicht, daß der betreffende Sklave das Verbrechen wohl kaum allein begangen habe, sondern daß ein ausreichend abschreckendes Exempel statuiert werden müsse, denn wie könnten sonst die Wenigen unter den Vielen sicher sein, wenn nicht einmal ein Stadtpräfekt von 400 Sklaven beschützt sei. ,,Unsere Vorfahren", sagte Cassius, ,,waren mißtrauisch gegenüber der Wesensart von Sklaven, auch wenn diese in demselben Landgut oder Stadthaus geboren wurden und von Anfang an die Anhänglichkeit an ihre Herren in sich aufnahmen. Seitdem wir aber in unserem Gesinde Angehörige von Volksstämmen haben, die abweichende Gebräuche, fremden Gottesdienst oder überhaupt keinen haben, kann man dieses zusammengelaufene Gesindel nur durch Furcht bändigen."[122]

Cassius Longinus stammte von dem Cäsarmörder Cassius ab und vertrat die altrömischen Ideale. Als Statthalter in Syrien hatte er seine Soldaten strapaziert, ,,als ob der Feind im Anrücken wäre";[123] er opponierte gegen übertriebenen Kaiserkult und gegen Senecas Humanismus – der in dieser Sache seine entscheidende Niederlage erlitt. Die Ansichten des Cassius trugen im Senat den Sieg davon, man machte sogar den Vorschlag, die Freigelassenen des Ermordeten zu bestrafen. Dies wurde vom Kaiser verhindert, aber die vierhundert Sklaven wurden nach dem alten barbarischen Gesetz hingerichtet. Dieser Massenmord hat weit weniger historische Entrüstung hervorgerufen als der Mord an Agrippina, da es sich ja nur um Sklaven handelte, und nicht um eine ehemalige Kaiserin, und da er ja nicht von Nero, sondern vom römischen Senat begangen wurde. Niemand hat es der

Mühe wert gefunden, von Senecas Reaktion zu berichten; sie ist jedoch nicht schwer zu erraten.

In seiner Schrift „Über die guten Taten", die aus dieser Zeit stammt, distanziert sich Seneca von der Auffassung, ein Sklave könne seinem Herrn nichts Gutes tun, da er ja dessen Eigentum sei: „Wer leugnet, daß ein Sklave seinem Herrn Gutes tun kann, weiß nichts vom Menschenrecht *(ius humanum);* von Bedeutung ist nämlich, welche Einstellung, und nicht, welche Stellung derjenige hat, der Gutes tut. Das Gute ist niemandem verschlossen, sondern steht allen offen, läßt alle zu und lädt alle ein, Freigeborene und Freigelassene, Sklaven, Könige und Vertriebene; die Vornehmheit des Hauses oder die Größe des Vermögens ist kein Kriterium, der nackte Mensch ist genug".[124] „Wir alle haben den gleichen Anfang, den gleichen Ursprung; einer ist nicht vornehmer als der andere, es sei denn, er habe einen rechtschaffeneren Charakter und sei besser geeignet, Gutes zu tun."[125]

Die Vornehmheit des Hauses und die Größe des Vermögens – das waren ja die Kriterien der herrschenden Ungleichheit, die nicht mit dem Menschenrecht übereinstimmen und auf den Launen des Zufalls, nicht dem Willen des Schicksals, auf der Ordnung der Gesellschaft, nicht der der Natur beruhen. Der Übergang von der Privilegien- zur Rechtsgesellschaft war für Seneca die Bedingung für das weitere Bestehen der Gesellschaft, für Cassius Longinus war er der Weg zu ihrem Untergang. In seinem berühmten 47. Brief meint Seneca jedoch dem Mißverständnis zuvorkommen zu müssen, er wolle den Sklaven zur Freiheitsmütze verhelfen und die Herren von ihrem Thron stoßen, „weil ich gesagt habe, sie sollten ihre Herren lieber verehren als fürchten. ‚So unbedingt', fragt man, ‚sollen sie ihn ehren wie Klienten, wie Morgenbesucher?' Wer das sagt, vergißt, daß für Herren nicht zuwenig ist, was Gott genügt. Gott wird verehrt, er wird geliebt: Liebe läßt sich nicht mit Furcht vereinen."[126]

Dies kann als Antwort auf die Senatsrede des Cassius Longinus gelesen werden und wurde höchstwahrscheinlich unter dem Eindruck dieses unheimlichen Falls geschrieben. Was Seneca hier über das Verhältnis von Herren und Sklaven sagt, entspricht dem, was er an anderen Stellen über das Verhältnis zwischen dem Fürsten und dessen Untertanen schreibt: Verbrechen erzeugt Verbrechen, Grausamkeit ruft Widerstand hervor. Das gerade jetzt zu betonen, konnte schon begründet sein, denn das Todesurteil über die Sklaven des Stadtpräfekten erregte den Zorn des Volkes, so daß die Prätorianer den zum Tode Verurteilten den Weg zur Hinrichtungsstätte bahnen mußten.

Nero, der es bis dahin im Namen der Freiheit unterlassen hatte, in die Entscheidungen des Senats einzugreifen, tat das auch in diesem Fall nicht. Indem er seinen „politischen Grundsätzen" folgte, konnte er sich über die humaneren Rücksichten hinwegsetzen. Senecas Humanismus hatte eine Niederlage erlitten, und vermutlich empfahl Seneca seinem Freund Serenus, der als *praefectus vigilum* ebenfalls eine hohe Stellung bekleidete, noch im gleichen Jahr, 61, in seiner Schrift *De otio,* sich aus dem Staatsdienst zurückzuziehen.

Noch ein oder zwei Jahre zuvor hatte Seneca wohlgemerkt eine andere Schrift an Serenus gerichtet, in der er zwar überlegte, was man „in einer der öffentlichen Tätigkeit weniger günstigen Zeit"[127] tun solle, aber doch zum Durchhalten aufgefordert hatte. Man hat es Seneca oft zur Last gelegt, daß er nicht so lebte, wie er dachte. Sicher war das auch schwieriger für ihn als für seine Kritiker, die teils nicht so viel gedacht haben, teils nicht für das Regieren von Rom verantwortlich waren. Es stand Seneca nicht frei, sich vom Hof zurückzuziehen, und wenn er auf diese Weise auch Entscheidungen mitzuverantworten hatte, die er nicht billigen und nicht verhindern konnte, so gab es doch sicher manches, was er – und vielleicht nur er – verhindern konnte; jedenfalls änderte Neros Regime seinen Charakter erst, als Seneca sich zurückgezogen *hatte.*

Über Seelenruhe – und Muße

An Annäus Serenus hatte Seneca zu einem Zeitpunkt über die Standhaftigkeit geschrieben, als er selbst sie wohl nötig haben konnte. An ihn schrieb er nun auch „Über die Seelenruhe" *(De tranquillitate animi).* Das tat er in einem humoristischen Ton, der anzudeuten scheint, daß er selbst völlig gelassen sei, so als sei das alles nicht *sein* Problem; gleichzeitig aber zeigt er so tiefen Einblick in das Problem des Serenus, daß man daraus schließen darf, daß er es aus eigener Erfahrung kannte. Das Problem ist, daß Serenus ein genügsames Leben einem üppigen vorzieht und ein üppiges einem genügsamen; daß er ein kontemplatives Leben einem aktiven vorzieht und ein aktives einem kontemplativen; daß er am liebsten für seine Mitbürger arbeiten möchte, und am allerliebsten für alle seine Mitmenschen, und daß er am liebsten für sich allein existieren möchte. Kurz gesagt, Seneca läßt Serenus das existentielle Problem aufwerfen, das bekanntlich darin besteht, daß man es bei allem, was man tut, mit sich selbst zu tun hat. Das Problem löst sich erst dann auf, wenn man bei allem, was man tut, man selbst ist, wenn man – in Senecas Sprachgebrauch – weise ist und es nicht nur gern sein möchte. Serenus bittet Seneca um ein Heilmittel für seine Krankheit, die keine richtige Krankheit ist, denn er bewegt sich nicht auf dem falschem Weg, wenngleich auch nicht auf dem richtigen. Er läßt sich nicht willenlos wie vom Sturm auf dem Meer treiben, bewegt sich aber auch nicht nach seinem eigenen Willen: er leidet an einer geistigen Seekrankheit, *nausea* – das gleiche Wort benutzte Sartre in seinem Roman „La nausée" zur Bezeichnung des existentiellen Ekels.

Es ist kein neues Phänomen, daß innere Armut mit äußerem Reichtum einhergeht und daß es um so schwerer sein kann, man selbst zu sein, je mehr man „ist". Wenn man außerhalb seiner selbst nach dem sucht, was man nur in sich selbst finden kann, dann muß man beständig auf der Jagd nach etwas Neuem sein, beständig enttäuscht werden und in die Frustration geraten, die das vergebliche Wollen, *frustra voluisse,* mit sich bringt;[128] denn wenn man endlich das Ziel seiner Wünsche erreicht, so erweist es sich nicht als das, was man wollte. Senecas Beschreibung des Unbehagens in der Kultur, der Langeweile und der Betriebsamkeit derjenigen, die genug haben, aber dennoch nicht genug bekommen können, ist auffallend modern, oder aber das Phänomen ist es. Fast liefert er auch eine psychoanalytische Erklärung dafür: Es kommt von unerfüllten Wünschen, zu deren Beherrschung einem die Kraft und zu deren Befriedigung einem der Mut fehlt, so daß sie nach innen schlagen, und „da erdrosseln die in der Enge eingeschlossenen leidenschaftlichen Wünsche sich selber, da sie ohne Ausgang".[129] Aber psychologische Kausalerklärungen treten bei Seneca hinter moralische Finalbetrachtungen zurück: der Mensch ist von Natur aus zum Guten veranlagt, genau genommen hat er nur eines zu tun, und hat er nicht bei allem, was er tut, sich selbst auf seiner Seite, dann hat er sich gegen sich, und alle seine Unternehmungen werden dann zu ebensovielen Fluchtversuchen vor der einen Aufgabe.

Seelenruhe äußere sich darin, daß „die Seele stets in gleichmäßigem und günstigem Lauf gehen könne, mit sich selber einig sei, das Ihre freudig anschaue und diese Freude nicht unterbreche",[130] und das kann sie natürlich nicht, wenn sie dauernd äußeren Ansprüchen zuvor- oder nachkommen und sich zweifelhafte Aufgaben aufladen muß. Der große Gegensatz besteht zwischen der „kunstlosen Natürlichkeit" und der „äußeren Rolle". Aufreibend ist es, immer hinter einer Maske *(persona!)* leben zu müssen, aber natürlich und geradezu zu sein ist ebenfalls riskant, denn dann liefert man sich der Verachtung der anderen aus. Besser ist es jedoch, wegen seiner Natürlichkeit verachtet zu werden, als ewige Verstellung erleiden zu müssen, und eine ebenso schlechte Lösung ist es, sich von den anderen abzusondern wie ihre Gesellschaft aus Angst vor der eigenen zu suchen. Zwar kann der Mensch anderen nur nützen, wenn er er selbst ist, daß er dies aber ist, zeigt sich darin, daß er anderen nützt; er ist zum gemeinsamen Besten geboren. Deshalb war es eine stoische Vorschrift gerade für den Weisen, am öffentlichen Leben teilzunehmen.

Da nun aber die Gesellschaft Natürlichkeit nicht honoriert, sondern die hohen Stellungen, die *honores,* sich ganz im Gegenteil nur schwer damit vereinen lassen, können einem schon Zweifel kommen, ob es richtig ist, „sich zu engagieren", um so mehr, als die stoischen Autoritäten in diesem Punkt nicht ganz eindeutig sind. Serenus, der durchaus stoischer geworden ist, seit Seneca ihn über die Standhaftigkeit des Weisen belehrte, hat seine Naseweisheit gegenüber den Weisen noch nicht ganz abgelegt: „entschlossen, aber ohne Erfahrung, schließe ich mich an dem Zenon, Kleanthes,

Chrysippos, von denen dennoch niemand in die Politik gegangen ist, jeder durchaus dazu aufgefordert hat".[131] Seneca zitiert zur Antwort einen späteren Stoiker, den Athenodorus von Tarsus, der sich über diese Angelegenheit ausführlicher geäußert hat. Er sagte, das Ideale sei, sich mitten ins öffentliche Leben zu stellen – da die Verhältnisse aber nicht ideal seien, solle man sich vom Forum fernhalten. Das sagte Athenodorus zur Zeit des Augustus, was aber sagt denn Seneca nun – zu Neros Zeit? ,,Mir", sagt er, ,,scheint allzusehr sich den Zeitverhältnissen unterworfen zu haben Athenodorus, allzu rasch zurückgewichen zu sein. Und nicht möchte *ich* behaupten, man dürfe nicht gelegentlich sich zurückziehen, aber bedächtigen Schrittes",[132] ,,wenn dich von der führenden Rolle im Staate das Schicksal ferngehalten hat, halt dennoch stand und hilf mit Geschrei, und wenn man dir den Mund zuhält, halt dennoch stand und hilf mit Schweigen".[133] – Man soll sich weder aus einer Stellung, die Einfluß schenkt, zurückziehen, nur weil sie nicht genug Einfluß schenkt und man nicht alles selbst bestimmen kann, noch sich an die Privilegien klammern, die die Stellung vielleicht schenkt. Was der Zufall einem in die Hände gespielt hat, kann er einem auch wieder rauben. Dann ist es weise zu sagen: ,,Dankbar bin ich für das, was ich besessen und gehabt habe ... Wenn du wünschen solltest, daß ich etwas von dem Deinen auch weiterhin besitze, werde ich es aufbewahren; wenn etwas anderes beschlossen wird, gebe ich dir das bearbeitete und geprägte Silber, mein Haus und Gesinde zurück, stelle ich es zur Verfügung."[134] Es waren die Geschenke des Zufalls, deren Besitz Seneca in ,,Über das glückliche Leben" hatte verteidigen müssen und zu deren Rückgabe er sich später bereiterklärte. Die Anrede an den Zufall, *fortuna,* mag wie eine Zusammenfassung der Rede klingen, die er laut Tacitus im Jahre 62 Nero, dem Werkzeug Fortunas, hielt.

,,Über die Seelenruhe" ist die erste der Schriften aus Neros Regierungszeit, in der Seneca sich wieder die Kritik an den Umständen erlaubt, die er sich hatte erlauben können, bevor er für diese Umstände mitverantwortlich wurde. Hier tritt wieder der launische Caligula als Beispiel dafür auf, wie Menschen herumkommandiert werden: ,,Es nimmt uns nämlich manchmal ein Haß auf das Menschengeschlecht gefangen, und es kommt uns die Menge so vieler vom Glück begünstigten Verbrechen zu Bewußtsein", schreibt Seneca geradezu. Eigentümlicherweise wurden die Christen nach dem Brand von Rom im Jahre 64 ausgerechnet wegen dieses ,,Hasses auf das Menschengeschlecht", *odium generis humani,* angeklagt und hingerichtet. Was war jetzt noch übrig von dem ,,glücklichen und reinen Zeitalter", das Seneca während der ersten Zeit von Neros Regierung verkündet hatte, was war noch übrig von Neros Unschuld, die er gepriesen hatte – ,,wenn du bedenkst, wie selten ist schlichte Ehrlichkeit und wie wenig bekannt Unschuld und kaum jemals, außer wenn sie förderlich, Treue existiert"?[135]

Serenus, der als kaiserlicher Präfekt Nero direkt unterstand, fühlte sich in seinem Amt offenbar nicht mehr wohl. Seneca tröstete ihn damit, daß er doch besser gestellt sei als diejenigen, welche, „an ihre glanzvolle Stellung gebunden und unter ihrem hohen Rang leidend, in ihrer Heuchelei Schamgefühl eher als Wille festhält".[136] Er erkennt jedoch auch, daß es schwierig sein kann, diese Rolle loszuwerden: „Viele freilich gibt es, die unausweichlich verhaftet sind an ihre hohe Stellung, von der sie nicht – wenn nicht durch Sturz – herabsteigen können; aber eben das bezeugen sie, sehr groß sei ihre Last, weil sie anderen beschwerlich zu sein gezwungen würden, und selber nicht frei, sondern angenagelt."[137] Die Teilnahme am politischen Leben, diese Pflicht – nach Auffassung der Stoiker – verglich er nun mit einer Strafe!

„Über die Seelenruhe" wurde zweifellos nach „Über das glückliche Leben" aus dem Jahre 58 und vor „Über die Muße" geschrieben, denn in dieser Schrift geht Seneca einen Schritt weiter und empfiehlt die Muße vorbehaltlos – was kein untätiges Leben, wohl aber ein Leben ohne politische Tätigkeit bedeutet. Prinzipiell hat Seneca seine Meinung nicht geändert: Von Natur aus hat der Mensch beides, einen Hang zur Kontemplation und zur Aktivität; der Idealfall vereint beides miteinander, und im idealen Staat besteht kein Gegensatz zwischen Eigennutz und Gemeinnutz. Wenn aber der Staat so korrupt ist, daß ihm nicht zu helfen ist, dann ist es nicht weise, sich nutzlos anzustrengen und für ein Nichts zu opfern. Dann ist es weiser, sich darauf zu besinnen, daß der Mensch Bürger zweier Staaten ist; der eine hat Grenzen, der andere keine. Pflichten hat man nicht nur gegenüber seinen Mitbürgern sondern vor allem auch gegenüber seinen Mitmenschen und gegenüber dem Menschen, der man selbst ist: Kommt der Mensch im Staat nicht zu seinem Recht, dann muß man für das Menschenrecht kämpfen. Man denke an Athen, wo Sokrates zum Tode verurteilt wurde und Aristoteles fliehen mußte, man denke an Karthago, das sich nicht nur grausam zu seinen Feinden, sondern auch feindlich zu seinen eigenen Bürgern verhielt. Seneca sagt nicht: Man denke an Rom, aber er sagt: Wenn ich mir alle Staaten ansehe, so finde ich nicht einen, der den Weisen und den der Weise ertragen könnte. „Wenn nun nicht gefunden wird der Staat, den wir uns vorstellen, dann beginnt für alle Muße notwendig zu werden",[138] – kurz, es ist „die große Weigerung", zu der Seneca jetzt auffordert.

Jetzt muß Serenus Seneca an Zenons und Chrysippos' Aufforderung zur politischen Tätigkeit erinnern. Seneca antwortet erstens, daß derjenige, der immer einer Autorität folge, in eine Clique und nicht in einen Senat gehöre – und das sagt er mit Nachdruck, denn wie sah es jetzt im römischen Senat aus? –, und behauptet zweitens, daß Zenon und Chrysippos gerade nicht für einen einzelnen Staat, sondern für die gesamte Menschheit gearbeitet hätten; sie hätten mehr geleistet, als wenn sie Heere befehligt, Ämter ausgeübt und Gesetze vorgelegt hätten. Man kann niemandem vorwerfen, daß er sein ganzes Leben für die Erforschung der Rätsel der Natur einsetzt, und der im Dienste Ergraute hat jedes Recht, den Rest seines Lebens dieser Beschäftigung zu weihen. Ein großer Teil des erhaltenen Fragments von „Über die Muße" beschäftigt sich mit den großen Fragen der Natur, die Seneca während seines Exils auf Korsika gefesselt hatten. Während seiner „Regierungszeit" hatte ihm die Muße zur Beschäftigung mit diesen Fragen gefehlt. Es ist ganz deutlich, daß ihn nicht nur negative politische, sondern auch positive philosophische Gründe dazu veranlassen, sein „Otium" zu wollen.

Serenus starb kurze Zeit später im Dienst, vermutlich im Jahre 61. Wir wissen von dem allwissenden Plinius, daß er und mehrere Offiziere des Wachkorps an Pilzvergiftung starben.[139] Zum Bild des Stoikers Seneca gehört auch, daß er, der in seinen Briefen an seine Freunde die Freundschaft in warmen Worten preist, aber nur selten seine eigenen Gefühle verrät, den Tod des Serenus „über alle Maßen beweinte", was er selbst in einem Brief gesteht und verurteilt. Es überrumpelte ihn völlig, daß Serenus, der so viel Jüngere, vor ihm selbst sterben konnte – „als ob der Tod eine bestimmte Ordnung einhielte!"[140]

Senecas Abschied

Auf Serenus folgte als Präfekt Ofonius Tigellinus, der als Stallbesitzer und Pferdezüchter Interessen des Kaisers teilte. Im Jahr darauf starb Burrus, „man weiß nicht, ob an Krankheit oder an Gift";[141] da Tigellinus aber auch *sein* Nachfolger wurde, ist die Hypothese, daß dieser sich in beiden Fällen selbst den Weg ebnete,[142] nicht ganz abwegig. Tigellinus war von nun an der mächtige Mann am Hofe. Zwar erhielt er, als Beweis des Machtkampfes an höchster Stelle, in seinem Amt als Prätorianerpräfekt einen Kollegen, den Faenius Rufus, der sich als *praefectus annonae* beim Volk beliebt gemacht hatte und noch immer auf Seneca hörte. Aber Nero hörte um so mehr auf Tigellinus und Poppäa, die behaupteten, Seneca versuche sich bei den Bürgern einzuschmeicheln und wolle mit seinen Reichtümern, seinen Parks, seinen Landhäusern und als Dichter und Redner den Kaiser in den Schatten stellen: nachdem Nero zu dichten begonnen hatte, schrieb Seneca ja auch viel mehr als zuvor. Wie lange sollte Seneca das große Wort im Staate führen? Nero war kein Kind mehr, es war an der Zeit, daß er sich von seinem Vormund trennte! Senecas Zeit war vorbei, oder aber es war an der Zeit, mit den Gedanken, die er in „Über die Muße" formuliert und möglicherweise auch veröffentlicht hatte, Ernst zu machen. Tacitus berichtet:

„Aber Seneca, der seine Verleumder wohl kannte, weil diejenigen, die noch einen Funken von Anstandsgefühl hatten, ihn ins Bild setzten, bat den Caesar, der immer mehr den vertrauten Umgang mit ihm ablehnte, um einen Zeitpunkt für eine Aussprache. Als ihm diese bewilligt war, fing er folgendermaßen an: ‚Es ist nun vierzehn Jahre her, daß ich dir, dem hoffnungsvollen jungen Mann, zugeteilt wurde, acht Jahre, daß du die Regierung in Händen hast. In der Zwischenzeit hast du so viele Ehren und so großen Reichtum auf mich gehäuft, daß mir an meinem Glück nichts mehr fehlt, als es mit Maß zu genießen. Ich will mich auf bedeutende Vorbilder, die ich nicht meinem, sondern deinem Stande entnehme, berufen. Dein Urgroßvater Augustus gestattete dem Marcus Agrippa, in der Abgeschiedenheit von Mytilene zu leben, dem C. Maecenas, mitten in Rom wie in der Fremde der Muße zu pflegen. Der eine, sein Kriegsgefährte, der andere in Rom von einer größeren Fülle mühevoller Aufgaben umgetrieben, beide haben ansehnliche, aber ihren großen Verdiensten entsprechende Belohnungen erhalten. Welche andere Gegenleistung konnte ich für deine Freigebigkeit erbringen als meine wissenschaftliche Tätigkeit, die, wie ich sagen möchte, im Schatten gereift ist und auf die nur deshalb ein Glanz fällt, weil ich, wie man von mir glaubt, dir in deiner Jugend behilflich gewesen bin, die Grundlagen der Bildung zu legen, womit ich ja reichlich belohnt bin. Aber du hast mich mit unermeßlicher Gunst, mit unschätzbarem Reichtum überschüttet, in einem Maße, daß ich selbst oft mit mir zu Rate gehe: Wie, ich, ein Mann aus dem Ritterstand, aus einer Provinzstadt stammend, werde zu den ersten Männern der Bürgerschaft gezählt? Unter lauter Adeligen, die mit langen Reihen ruhmvoller Ahnen aufwarten können, ist mir, einem Emporkömmling, solcher Glanz zuteil geworden? Wo ist jener Sinn geblieben, der sich mit bescheidenen Verhältnissen begnügt? Ist er es noch, der solche Gärten anlegt, der durch diese Landhäuser und durch so weit sich erstreckenden Landbesitz wandelt, der in einem so weit fundierten Zinseinkommen schwelgt? Eine einzige Entschuldigung bietet sich an: ich durfte deine Geschenke nicht ausschlagen.

Aber nun haben wir beide das Maß erfüllt: du, indem du gespendet hast, soviel der Princeps einem Freund spenden kann, ich, indem ich soviel empfing, wie ein Freund von dem Princeps empfangen konnte. Weiteres wird nun den Neid vermehren. Zwar liegt dieser Neid, wie alles Menschliche, unter deiner Größe. Aber mich belastet es, mir muß man helfen. Wie ich, vom Kriegsdienst oder Marschieren ermüdet, um eine Stütze bäte, so suche ich jetzt auf diesem meinem Lebensweg als ein alter Mann, der auch den leichtesten Aufgaben nicht mehr gewachsen ist, deinen Schutz, weil ich die Last meines Reichtums nicht mehr tragen kann. Befiehl, daß mein Vermögen durch deine Prokuratoren verwaltet, daß es deinem Besitztum zugeschlagen wird. Doch will ich mich nicht selbst in Armut stürzen, sondern wenn ich all das, was mich mit seinem Glanz blendet, abgegeben habe, werde ich die Zeit, die ich bisher auf die Verwaltung meiner Gärten und Landhäuser verwenden mußte, meiner geistigen Betätigung widmen. Du verfügst noch über volle Jugendkraft und über ein in so vielen Jahren erlebtes höchstes Herrscheramt. Wir, deine älteren Freunde, können fordern, daß wir einem geruhsamen Dasein zurückgegeben werden. Auch das wird dir zum Ruhme angerechnet werden, daß du Männer zur höchsten Stufe geführt hast, die sich auch in bescheidene Verhältnisse fügen.'

Darauf gab Nero etwa folgende Antwort: ,Wenn ich auf deine wohlvorbereitete Rede sofort erwidere, so erkenne darin das erste Geschenk, das ich von dir besitze. Du hast mich ja gelehrt, nicht nur vorbereitet, sondern auch aus dem Stegreif Fragen zu beantworten. Mein Urgroßvater Augustus hat Agrippa und Maecenas erlaubt, nach ihrer mühevollen Tätigkeit sich der Muße hinzugeben. Aber damals stand er selbst schon in einem Alter, dessen Gewicht alles, was er immer zuteilte und wie beschaffen dies auch war, rechtfertigte. Und trotzdem hat er keinem von beiden die ihnen gegebenen Belohnungen wieder entzogen. Sie hatten diese in Krieg und Frieden verdient. Und diese waren es ja auch, die die ständigen Begleiter von des Augustus Jugend waren. Auch dein Schwert und dein Arm hätten mir nicht gefehlt, wenn ich die Waffen hätte führen müssen. So aber hast du mich, wie es die augenblickliche Lage jeweils erforderte, mit Einsicht, Rat und Belehrung zuerst als Knabe und dann als Jüngling gefördert. Die Dienste, die du mir geleistet hast, werde ich mein ganzes Leben lang nicht vergessen. Was du von mir besitzest, Gärten, Einkünfte, Landhäuser, dies alles ist dem Zufall ausgesetzt. Mögen diese Geschenke auch reichlich erscheinen, so haben doch die meisten, die dir an Fähigkeiten keineswegs gleichkommen, noch mehr erhalten. Ich schäme mich, Freigelassene mit Namen zu nennen, die mit noch größerem Reichtum sich zur Schau stellen. Daher müßte ich auch erröten, daß du, der du meinem Herzen am nächsten stehst, nicht alle anderen an Glücksgütern überragst.

Du willst dich doch nicht niedriger einstufen als den dreimaligen Konsul Vitellius und mich als Claudius. Freilich, soviel wie Volusius in einem langen Leben sich erworben hat, kann ich mit aller Freigebigkeit für dich nicht aufbringen (L. Vitellius, Konsul unter Tiberius und Claudius, war der Vater des späteren Kaisers Vitellius. L. Volusius Saturninus war Stadtpräfekt und 95 Jahre alt, als er 56 starb). Aber auch du stehst noch in rüstigem Alter und bist den Geschäften gewachsen, deren Früchte du genießen kannst. Ich selbst trete in die ersten Abschnitte meiner Regierung ein. Ja, wenn ich irgendwo auf der Jugend schlüpfriger Bahn abirre, rufst du mich zurück und lenkst die durch deinen Rückhalt gestützte innere Kraft mit um so festerer Hand. Nicht dein Maßhalten, wenn du das Geld zurückgibst, nicht dein Wunsch nach Ruhe, wenn du den Princeps verläßt, sondern meine Habsucht, der Schrecken meiner Grausamkeit wird in aller Munde sein. Und wenn auch deine Genügsamkeit in höchsten Tönen gepriesen würde, so wäre es doch wohl für einen weisen Mann nicht ehrenvoll, durch eine Handlung sich Ruhm zu erwerben, die seinen Freund in schlechten Ruf bringt.' Nach diesen Worten umarmte er Seneca und küßte ihn, von Natur aus dazu veranlagt und durch Gewohnheit geschult, seinen Haß unter trügerischen Schmeicheleien zu verhüllen. Seneca sprach – so endigen ja alle

Unterredungen mit einem Herrscher – seinen Dank aus. Aber die äußeren Formen seiner bisherigen Machtstellung änderte Seneca: er dämmte den großen Besucherstrom ein, vermied es, mit Gefolge auszugehen, ließ sich selten in Rom sehen, als ob er durch seine angegriffene Gesundheit oder durch seine philosophischen Studien ans Haus gefesselt würde."[143]

Es war deutlich, daß Nero gelernt hatte, seine eigenen Reden zu formen. Höchstwahrscheinlich wollte er bei Senecas Audienz Zuhörer dabei haben, so daß die Reden bei Tacitus vermutlich einigermaßen authentisch sind.

Erst nach Senecas Rücktritt wagte es Nero, Octavia zu verstoßen und zu verbannen. Das rief jedoch die Erbitterung des Volkes hervor, und Nero war so ängstlich, daß er sie zurückrief. Das brachte das Volk zum Jubeln und ließ es die Statuen der Poppäa umstürzen, und dies rief natürlich Poppäas Erbitterung hervor. Jetzt wurde der Flottenpräfekt Anicetus, der seinerzeit Agrippina ins Jenseits befördert hatte, engagiert. Er sollte bezeugen, daß Octavia ihn verführt habe, um sich den Beistand der Flotte für ihre aufrührerischen Pläne zu sichern. Octavia wurde erneut verbannt und dann getötet, Nero ehelichte Poppäa.

Die Etappen von Neros ,,Emanzipation" veranschaulicht das Schicksal der angeblichen Thronprätendenten Cornelius Sulla und Rubellius Plautus: Im Jahre 55 entgingen sie der Anklage, 58 und 59 wurden sie verbannt, 62 ermordet. Auch Pallas, der in Gnaden Entlassene, erlitt, wie verlautet, einen beschleunigten Tod, damit der Kaiser Nutzen aus seinem großen Vermögen ziehen könne. Erst jetzt wurde Neros Regime gewissenlos. Tigellinus wurde sein Bluthund, so wie Sejanus der des Tiberius. Der zweite Prätorianerpräfekt, Faenius Rufus, der seine Stellung Seneca verdankte, nahm allein aus diesem Grund bereits keine starke Stellung mehr ein.

Seneca selbst hatte sich durch seine Distanz vom Hof noch nicht aus der Gefahrenzone gebracht. Tigellinus sprach von der ,,Anmaßung der Stoiker ..., einer Sekte, die den Menschen die Köpfe verdrehe und sie zur Umtriebigkeit verführe".[144] Er kannte den Stoizismus wohl kaum durch eigenes Studium, sondern nur von denen, die sich dazu bekannten. Zu diesen gehörte außer Seneca der Senator Thrasea Paetus, der während des ersten Majestätsprozesses unter Nero hervorgetreten war. Ein Prätor hatte in einem Gedicht den Kaiser verspottet und wurde von Tigellinus' Schwiegersohn, der durch seine Beziehungen Senator geworden war, der Majestätsbeleidigung angeklagt. Nach dem Gesetz stand darauf die Todesstrafe, doch Thrasea Paetus sagte, daß der Senat unter einem guten Kaiser nicht dazu verpflichtet sei, einen Verbrecher zu der verdienten Strafe zu verurteilen. Es sei Strafe genug, wenn man ihn verbanne und ihn sein jämmerliches Leben weiterleben lasse. Außerdem werde dies von der Menschlichkeit des römischen Staats zeugen. Die meisten Senatoren hatten noch so viel Mut, daß sie sich diesem Standpunkt anschlossen, doch die Konsuln wagten den Beschluß nicht auszuführen, ohne vorher die Ansicht des Kaisers eingeholt zu haben. Er antwortete, daß der Senat, wenn er einen Mann eines schweren Verbrechens für schuldig befunden habe, es eigentlich dem Kaiser überlassen müsse, ob dieser Gnade vor Recht ergehen lassen wolle, daß der Senat im übrigen aber tun könne, was er wolle. Der Senat hielt an seinem Beschluß fest. Seit diesem Zeitpunkt wurde Neros Haltung zum Senat immer feindlicher, obwohl er immer weniger Grund dazu hatte, da der Senat allmählich den Mut verlor und es kaum noch wagte, selbständige Beschlüsse zu treffen.

Thrasea wurde vom Kaiser nicht empfangen, als der Senat sich einstellte, um Nero zu einer Tochter zu gratulieren, die Poppäa ihm geboren hatte. Später soll Nero, vielleicht zum Schein, zu Seneca gesagt haben, daß er sich mit Thrasea ausgesöhnt habe, wozu Seneca ihn beglückwünschte. ,,Dies mehrte den Ruhm der beiden hervorragenden Männer, aber auch ihre Gefahren",[145] schreibt Tacitus, bei dem auch die etwas undurchsichtige Bemerkung steht, Seneca sei als Freund eines gewissen Calpurnius Piso verdächtigt worden. ,,Dies versetzte Piso in Furcht, und damit nahm das großangelegte, aber gescheiterte Unternehmen des Anschlags auf Nero seinen Anfang."[146]

VII. Die Stellung, die Einstellung, die Tat

Die Briefe an Lucilius: Einübung der Weisheit

Seneca befand sich in Ungnade und deshalb auch in Lebensgefahr. Deshalb lag ihm um so mehr daran, sein Werk zu beenden, solange noch Zeit dazu war. Viel hatte sich aufgestaut, während er für den Staatsdienst mit Beschlag belegt gewesen war. Außer den sieben Büchern über die Natur schloß er in den letzten drei Jahren seines Lebens sieben Bücher ,,Über die guten Taten" ab, von denen die ersten sicher in der guten Zeit vor 59 geschrieben worden waren; außerdem arbeitete er an einem größeren moralphilosophischen Werk, von dem nur einige Zitate erhalten sind, und nahm sich vor zu zeigen, daß es eine Vorsehung gibt, die das Universum lenkt und sich um den Menschen kümmert; beenden konnte er jedoch nur eine ganz kleine Schrift ,,Über die Vorsehung". Wahrscheinlich wurden auch einige von Senecas Tragödien während dieser Zeit geschrieben; hinzu kommt eine lange Reihe philosophischer Briefe. Überliefert sind 124 *epistulae* an Lucilius. Verständlicherweise mußte Seneca auch die Nächte für seine Studien nutzen: nun galt es, das Versäumte nachzuholen und anderen den rechten Weg zu weisen, den er selbst erst gefunden hatte, als er des Umherstreifens müde war. Jetzt mußte er erkennen, daß sein Leben mit eitlen und nichtigen Beschäftigungen verstrichen war.[1]

Angesichts der Tatsache, daß Seneca die ganze Zeit über vor eitlen und nichtigen Beschäftigungen gewarnt und anderen den rechten Weg zu zeigen gesucht hatte,[2] ist das eine erstaunliche Erkenntnis. Aber Seneca macht Ernst damit in seinen Briefen, die sich nicht nur, wie die früheren Schriften, um *ein* philosophisches Thema drehen, sondern in erster Linie um zwei Menschen, den Lehrer und den Schüler, den Autor und den Leser, Seneca und Lucilius, und deren gemeinsames philosophisches Streben. Die Briefe an Lucilius sind Senecas pädagogischstes oder psychagogischstes (seelenbildendes) Werk; sie sind eine allmähliche Einführung in stoisches Denken. Aber gerade weil die Briefe sich als Antworten auf die Fragen und Einwände des Schülers darstellen, unterstreichen sie, daß es sich beim Stoizismus nicht nur um eine Frage der richtigen Erkenntnis, sondern auch um eine des richtigen Handelns und vor allem der richtigen Einstellung handelt – der sich die hohe Stellung hindernd in den Weg stellt. Namentlich die ersten Briefe vom Herbst 62 zeugen von der ungeheuren Erleichterung, die Seneca empfand, nachdem er sich vom Staatsdienst losgemacht hatte. In mehreren dieser Briefe fordert er Lucilius, der kaiserlicher Prokurator auf Sizilien, zugleich aber Philosoph und Dichter war (möglicherweise der Dichter eines erhaltenen Gedichtes über den Ätna), auf, das gleiche zu tun. Im 82. Brief ist das anscheinend geschehen.

Seneca sprach, wie zuvor bei Serenus, zu Lucilius in eigener Sache und konnte dies nun, da er voll und ganz für die Sache eintrat, auch voll und ganz tun. Als er sich seinerzeit gegen die Anklage von Suillius verteidigt hatte, der ihm vorwarf, daß er nicht so lebe wie er lehre, hatte er mit Recht die Ansicht vertreten können, daß man nicht verpflichtet sei, das Verkehrte zu rühmen, nur weil man selbst nicht richtig lebe. Man könne durchaus um das Gute wissen, ohne es verwirklichen zu können, und das sei natürlich gut und schlecht zugleich; denn unsere Vorstellung des Richtigen könne uns nicht nur den Weg dorthin weisen, sondern auch zum Hindernis auf diesem Weg werden: Seneca kritisierte ja die römische Erziehung, weil sie es bei Worten beließ, weil sie den Verstand, nicht aber die Seele bildete.

Daß Tugend „Wissen" und erlernbar ist, das stand für Sokrates und Platon fest. Obgleich auch für Seneca zwischen Weisheit und Tugend kein Unterschied bestand, mußte er doch unterscheiden zwischen einer Weisheit, die sich in Taten äußert, und einem Wissen, das dies nicht tut, und auf diese Weise größeren Wert auf den Willen, *voluntas,* legen (für den die Griechen kein einzelnes präzises Wort hatten). Weisheit ist: „Immer dasselbe wollen und dasselbe nicht wollen."[3] Doch so kann nur der Weise wollen: ebensowenig wie man Weisheit durch Nachdenken, geschweige denn durch Lektüre erwerben kann, kann man sie nur wollen. Der gute Wille ist eine Voraussetzung für Fortschritte und an sich schon ein Fortschritt,[4] es liegt jedoch im Begriff des guten Willens, daß er sich nicht durchsetzen kann, sei es aufgrund innerer oder äußerer Hindernisse: Zwischen dem Willen zum Guten und dem Guten besteht noch immer ein Abstand, der erst dann überwunden wird, wenn die ganze Persönlichkeit eins mit sich ist und nichts anderes als das Gute tun kann. Gutes zu tun macht keine Mühe, wohl aber gut zu werden.[5]

Wie schwierig der in den Briefen angestrebte Übergang ist, geht daraus hervor, daß Seneca an Lucilius schreiben kann, er brauche, um „gut" zu werden, nur zu wollen,[6] und gleichzeitig sagt, daß man das Wollen nicht lernen könne.[7] Was man lernen kann, wenn auch nicht von selbst, so doch mit der Hilfe des Lehrers, ist die Befreiung von Wahnvorstellungen und äußeren Hindernissen, und auf diese Weise lernt man es, seinen natürlichen Hang zum Guten freizusetzen. Bevor das Menschenkind zur Vernunft kommt, hat man ihm bereits die verkehrten Vorstellungen über die Dinge eingeflößt: „Vieles zieht uns in eine falsche Richtung, Eltern wie Sklaven." Aber die Laster werden nicht mit uns geboren, sie werden uns aufgezwungen.[8] Die Philosophie ist eigentlich die Widerstands- und Freiheitsbewegung der Natur gegen den sozialen Zwang.

Daß Gutes zu tun für den Menschen natürlich ist, findet Seneca in der Tatsache bestätigt, daß es denen, die Böses verüben, nie gut geht. Zwar hatte er in „Über den Zorn" und in „Über die Milde" von den Tyrannen gesprochen, die „aus Lust rasen"; aber wie kommt es, daß selbst diejenigen, die sich über alle menschlichen Rücksichten hinweggesetzt haben, ihren Gewalttätigkeiten den Schein von Wohltätigkeit verleihen? Und „wer fürchterliche Bluturteile vollstrecken läßt, hört sich gern als Vorbild der Milde und Güte preisen". Wenn das nur ein Tribut an die öffentliche Meinung ist, wie kommt es dann, daß selbst die große Masse eine so hohe Meinung von dem Guten hat? Seneca sagt nicht, wie später La Rochefoucauld, daß die Heuchelei die Huldigung des Lasters an die Tugend sei, auch teilt er Machiavellis Meinung nicht, daß nur Taktik den Fürsten seine Untaten bemänteln lasse – er sagt ganz im Gegenteil, daß das Gute von Natur aus so große Kraft besitze, daß selbst die Schlechten in ihrem Innersten dem Besseren beistimmen müßten.[9] Jeder Verbrecher würde das Ergebnis seines Verbrechens am liebsten ohne Verbrechen erreichen: Niemand fehlt mit gutem Gewissen. Freilich hat auch niemand ein gutes Gewissen: Das zeigt sich darin, daß wir uns hinter so vielen Türen und Türhütern verstecken, um so zahlreicheren, je höher wir selbst stehen. Ohne unsere Absicht wollen wir nicht von anderen gesehen werden, man fühlt sich wie auf frischer Tat ertappt. Die ganze Gesellschaft ist als eine Verteidigung gegen das Gute aufgebaut, zu dem alle einen natürlichen Hang und eine unglückliche Liebe fühlen – wenn sie sich nicht von den geltenden Normen, dem allgemein herrschenden Wahnsinn befreien und ihre eigene Norm finden.

Genau das lehrt uns die Philosophie: „Sie fordert, daß jeder nach seinen Grundsätzen lebt". – „Recht so, ... behaupte dein Recht zu dir selbst", schreibt Seneca gleich zu Beginn des ersten Briefes an Lucilius, wobei er das Wort *vindicare* benutzt, das von alters her (vgl. S. 38) bedeutet: aus Rücksicht auf seine Ehre *(gloria)* und seine gekränkte Würde sein (Rache-)Recht geltend machen. Für Seneca zeigt sich die Würde des Menschen im Gegenteil darin, daß er sich nicht kränken läßt; während die alte Römertugend sich am vornehmsten auf dem blutigen Feld der Ehre bewährte, gebührt dem Menschen nach Senecas Auffassung die höchste Ehre nicht für den Sieg über äußere Feinde, sondern für den Sieg über die inneren, die Affekte. Seneca degradierte das alte *gloria* zu einer Bezeichnung für den öffentlichen Ruf, während er für die wahre Ehre, die nicht auf der Meinung anderer beruht und deshalb allein des Ruhmes wert ist, das neue Wort *claritas* benutzt.[10] – „Jetzt vollendete sich auch für Seneca die längst angebahnte Entwicklung, die den staatsbezogenen Begriffen der altrömischen Ethik einen veränderten, individualistischen Inhalt gab", schreibt Max Pohlenz.[11] Doch dieser moralische Individualismus bricht nicht nur mit der „Ethik", die dem Staat ein höheres Recht zugesteht als dem Individuum und dieses nach seiner Stellung innerhalb der Gesellschaft bewertet, sondern auch mit *dem* Individualismus, zu dem sich die alte Ethik in der Auflösungszeit der Republik tatsächlich entwickelt hatte, einem Indiviudalismus, der es gerade dem starken Individuum erlaubte, seinen eigenen Vorteil auf Kosten des Ganzen zu suchen. Was man nur auf Kosten anderer auskosten kann, ist nicht das Gute. Seneca weiß, daß Lucilius' Eltern ihm einst reichlich von all dem gewünscht haben, was nicht für alle reichlich vorhanden ist. Er selbst wünscht Lucilius das, was er allen wünscht, nämlich die freie Verfügung über sich selbst.[12] Das Gute steht allen offen, und das, was den Wenigen vorbehalten ist, nämlich Reichtum und Ehrenämter, das sind nicht einmal Mittel, die zum Ziel führen, sondern Hindernisse.[13] Seneca betont nicht nur, daß ein jeder sein eigenes Gesetz habe, sondern auch ,,das Gemeinschaftsgefühl, ... das uns Menschen mit Menschen verbindet und uns klarmacht, daß es ein allgemeines Menschenrecht gibt".[14] Sein Individualismus wurzelt in einem tieferen Gemeinschaftssinn als in dem alten Gemeinsinn.

Das Vorbild: Demetrius

Erst jetzt fühlte Seneca, daß er seinem eigenen Gesetz folgen und frei über sich selbst verfügen konnte: ,,Lucilius, ich fühle mich nicht nur gebessert, nein – geradezu umgewandelt", schreibt er in seinem 6. Brief.[15] Als Lucilius sich offenbar darüber beklagt hat, daß Senecas Briefe nicht sorgfältig ausgefeilt sind, antwortet Seneca ihm, daß er sich lieber ausdrücken als nur Gedanken formulieren wolle: wesentlich ist, daß man sagt, was man meint, und meint, was man sagt, das kann ein jeder leisten, ungeachtet seiner Begabung.[16] Nichts ist schändlicher als ein Philosoph, der nach Beifall und Bewunderung hascht. Zwar braucht man möglicherweise einen Lehrer und Meister in dieser Kunst, der leichtesten von allen Künsten, da sie kein Genie erfordert, aber auch der schwersten, da sie den ganzen Menschen fordert. Aber dann sollte man einen Mann wählen, den man stärker bewundern kann, wenn man ihn gesehen, als wenn man ihn nur gehört hat.[17]

Senecas Freundschaft mit Lucilius ist älteren Datums: Lucilius hatte sich bereits im Jahre 41 treu gezeigt, als Seneca verbannt wurde. Jetzt war auch er ein älterer Mann, obwohl er wesentlich jünger als Seneca und vermutlich bereits in seiner Jugend dessen philosophischer Schüler gewesen war. Seneca nennt ihn an einer Stelle *sein* Werk[18] und verspricht ihm Anteil an seinem eigenen Ruf[19] – eine literarische Manier, die Seneca ansonsten nicht lag, mit der er aber recht behielt. Doch obgleich er Lucilius den rechten Weg weisen und selbst Nutzen aus dessen Aufmerksamkeit ziehen möchte, denn der (innere) Dialog mit dem Freund, der als Zeuge des eigenen Lebens akzeptiert wird, ist ein Mittel, mit dem man sich selbst auf dem rechten Pfad halten kann, so stellt er sich selbst doch nicht als Vorbild dar. Er begnügt sich auch nicht mehr nur damit, auf längst verstorbene weise Männer, nämlich Sokrates und Cato,[20] zu verweisen. Jetzt, im Jahre 62, muß er sogar bezweifeln, daß Cato recht daran tat, sich mit Politik zu befassen: es handelte sich ja nicht mehr um die Freiheit, sondern darum, ob Cäsar oder Pompejus den Staat besitzen sollte. Nein, die Weisheit, die konnte man leibhaftig in den Straßen von Rom wandeln sehen, nämlich in der Gestalt des Demetrius, den Seneca zum erstenmal in „Über das glückliche Leben" erwähnt[21] und in allen späteren Werken rühmt. Demetrius scheint ihm von der Vorsehung geschickt zu sein, damit auch diese Zeit ihres Züchtigers und Vorbilds nicht ermangele, doch sogar er, den selbst diese Zeit nicht hat verderben können, hat diese verdorbene Zeit nicht wieder aufzurichten vermocht. Er ist ein wirklicher Weiser, obgleich er selbst es leugnet[22] und sich keinen Kenner der Tugend, sondern nur einen Kenner der Armut nennt. In seiner Armut gleicht er nicht einem, der alles verachtet, was andere haben, sondern einem, der selbst alles besitzt – und es anderen überlassen hat.[23] Caligula, der ja einen gewissen Sinn für abweichendes Verhalten besaß, bot ihm einmal 200000 Sesterzen an; Demetrius sagte: „Wenn er sich wirklich vorgenommen hatte, mich zu versuchen, hätte er mich mit seinem ganzen Kaiserreich versuchen sollen."[24]

Demetrius bekannte sich zum Kynismus, von dem die ersten Stoiker gelernt hatten und der später im Stoizismus aufgegangen war. Doch in Rom sonderte sich diese Richtung wieder ab und wurde während der Kaiserzeit zu einer immer üblicheren Haltung, mit der man sich außerhalb der Gesellschaft stellte. In Rom galt es, bis die Mode mit dem bärtigen Kaiser Hadrian wechselte, als unpassend, unrasiert herumzulaufen, nachdem man als etwa Dreiundzwanzigjähriger mit einer feierlichen Zeremonie seinen ersten Bart den Göttern geopfert und bis man als Sechzigjähriger das Greisenalter erreicht hatte. Die Kyniker aber ließen Haar und Bart wild wachsen und pöbelten die rasierten und frisierten Bürger an, die nicht in Übereinstimmung mit der Natur lebten. Seneca fand, es gehe gegen die Natur, wenn man die einfachen Pflichten der Reinlichkeit vernachlässige,[25] und meinte, daß, wer in seiner Liebe zur Weisheit von den vielen abweiche, in seinem Äußeren nicht von ihnen abweichen und daß ein Vorbild kein Schreckbild sein solle. Er bezweifelte auch, daß es zweckdienlich sei, Leuten, die nicht hören wollen, unverblümt Wahrheiten an den Kopf zu werfen,[26] denn zu viele Worte nähmen den Worten das Gewicht, und man schwäche seine Autorität, wenn man tauben Ohren predige. Aber im Falle des Demetrius lag die Sache anders: Er, der nichts schrieb, praktizierte gerade seine Weisheit in lebendiger Redekunst und sokratischer Ironie.[27] Er brauchte nach den Worten nicht zu suchen, sie meldeten sich mit der Kraft der Inspiration: „Ich wenigstens bin ganz Ohr bei Worten unseres Demetrios, wenn ich ihn halbnackt herumlaufen sehe ...: er ist nicht mehr nur Lehrer der Wahrheit, sondern ihr Zeuge."[28]

Offenbar hat Seneca auf seine alten Tage mit Demetrius verkehrt und seine Hilfe benutzt, um die falschen Meinungen und die überflüssigen Bedürfnisse von sich abzuschälen. Seine moralische Kritik an den verkehrten Einstellungen wird zu einer eher sozialen Kritik an den verkehrten Einrichtungen. Jetzt kommt der Zeitpunkt, wo er sich die ,,Abschaffung des Reichtums"[29] vorstellt, denn seit das Geld ,,in hohen Ehren steht, ist der echte Wert aller Dinge dahin".[30] Das Schlimmste ist nicht, daß Menschen das Materielle über das Geistige setzen, sondern daß sie die materielle Welt darüber hinaus noch zu einer Scheinwelt machen, indem sie sie in Papiere umsetzen. In seiner Schrift ,,Über die guten Taten" steht diese Kritik der kapitalistischen Täuschung, und zwar als Zitat des Demetrius:

,,Ich sehe, wie das Eisen aus dem gleichen Dunkel hervorgezerrt wird wie das Gold und das Silber, damit es weder an den Werkzeugen zum gegenseitigen Gemetzel noch an Belohnung dafür mangle. Und doch besitzt all dies eine Art materielle Wirklichkeit; der verblendete Blick kann die Seele dabei doch noch zu etwas Wirklichem hinführen. Aber dort sehe ich alle diese Patente und Wechsel und Hypotheken: Leere Bilder des Besitzes, gleichsam Schatten einer Habsucht, die sich bemüht, etwas zu finden, womit sie die Seele betrügen kann, so daß sie beglückt an Unwirkliches glaubt. Denn was sind das alles für Dinge: Zinsen und Schuldbücher und Profite, wenn nicht ebenso viele Namen für die Unnatur menschlicher Begierde? Wenn ich schon Grund habe, die Natur anzuklagen, weil sie ihr Gold und Silber nicht tiefer in ihrem Inneren verborgen und eine so große Last darauf gelegt hat, daß man sie nicht hätte fortwälzen können, was soll ich dann aber erst von diesen Rechnungen und Kalkulationen, von den Zinsterminen und den blutigen Prozenten sagen; das sind von uns selbst geschaffene Übel, Produkte unserer eigenen Einrichtungen, nicht mit den Augen erschaubar und den Händen greifbar, die Träumereien einer leeren Habsucht. Wie jämmerlich, sich an einem großen Kapitalbuch zu erfreuen und an ungeheuren Ländereien, die von gefesselten Sklaven bebaut werden müssen, und an unermeßlichen Viehherden, die Provinzen und Reiche zum Weiden benötigen, an einem Sklavenbestand, der größer ist als Nationen auf Kriegsfuß, und den Privatwohnungen, die den Umfang großer Städte übertreffen."[31]

Der Mann, der dies schrieb – und wohl nicht nur zitierte –, war einer der reichsten Männer des Reiches – oder war es doch gewesen – und verstand sich besser auf die Scheinwelt des Geldes als die meisten anderen. Zuvor hatte er behauptet, daß es möglich sei, weise und reich zugleich zu sein, jetzt war ihm klar, daß es für den Reichen ebenso schwer ist, weise zu werden, wie für ein Kamel, durch ein Nadelöhr zu gehen, wenn er auch nicht genau dieses Bild benutzte. Seneca beließ es nicht bei dem einen Versuch, Nero zur Übernahme seiner Güter zu bewegen, und da die finanzielle Lage des Reiches und des Kaisers sich nach Senecas Abgang schnell verschlechterte, gelang ihm das auch zum Teil. Nach dem großen Brand von Rom im Sommer 64, der auch dem goldenen Haus Neros, der *Domus aurea,* Platz machte, das tatsächlich so groß wurde wie eine Stadt und es Nero erst jetzt gestattete, ,,wie ein Mensch zu wohnen",[32] schickte der Kaiser offizielle Tempelräuber in die Provinzen, damit sie Reichtum ins Haus schafften.

Seneca wollte sich nicht dem Verdacht der Beteiligung an diesem Sakrileg aussetzen und bat um Urlaub von Rom. Als dieser ihm verweigert wurde, entschuldigte er sich mit Krankheit und ging nicht mehr aus.[33] Aus den Briefen an Lucilius geht hervor, daß Seneca von Krankheit, vor allem von asthmatischen Anfällen geplagt war, aber die Krankheit wurde an höchster Stelle sicher nur als Vorwand verstanden – und das war sie natürlich auch.

Vorbereitung auf den Tod

In diesem Sommer unternahm Seneca zusammen mit seinem Freund Caesonius Maximus und ein paar Sklaven eine Reise in einem gewöhnlichen Bauernwagen. Ihr Vorrat bestand aus nichts anderem als Feigen und ihr Bettzeug nur aus den Wagenkissen. Getrocknete Feigen pflegte man als Neujahrsgruß zu versenden, und Seneca schreibt an Lucilius, daß ihm jeder Tag ein neues Jahr sei, das sein eigener glücklicher Gemütszustand glücklich mache, denn ,,nie ist der Gedankenflug höher, als wenn ich alles fremde Gefühl ausschalte und durch Beseitigung jeder Furcht zum Frieden mit mir selbst komme, durch Unterdrückung aller Begierden mir inneren Reichtum schaffe."

Doch außer der äußeren Stellung und den überflüssigen Dingen stellt sich der rechten Einstellung noch etwas in den Weg, nämlich die Meinung der anderen. Es fällt Seneca noch immer schwer, das primitive Fahrzeug als sein eigenes zu begreifen. Wenn er auf eine richtige Reisegesellschaft trifft, oft so groß wie ein ganzes Regiment, dann schämt er sich über seine eigene: ,,Noch bin ich in meinen Anschauungen nicht weit genug fortgeschritten: ich wage es nicht, meine Genügsamkeit den Blicken der Leute zu zeigen; noch immer kümmere ich mich viel zu viel um die Meinung der Menschen, die meinen Weg kreuzen. Gegenüber den Meinungen des ganzen Menschengeschlechts hätte ich meine Stimme laut erheben sollen ...". Dann folgen einige strafende Worte, die an Demetrius erinnern können, Worte, die Seneca die ganze Zeit über hatte schreiben können, aber noch immer nicht mit der gleichen Autorität wie Demetrius aussprechen konnte.[34]

Seneca fordert auch Lucilius dazu auf, sich in Genügsamkeit, also der kynischen ,,Askese" zu üben. Es mag wie eine fixe Idee erscheinen, daß reiche Männer arm spielen wollten, aber das Spiel war ernst gemeint: Seneca wußte, daß sein Leben und damit auch das seiner Freunde in Gefahr war; es galt bereit zu sein, sich von allem frei zu machen, womit der Zufall einen versehen hatte, wenn nötig sogar vom eigenen Leben. Wenn die Briefe an Lucilius mit allen ihren Abschweifungen dennoch ein Hauptthema haben, dann ist es der Tod, der Tod, der zum Leben gehört, denn wir sterben ja in jedem Augenblick und hören erst damit auf, wenn wir zu leben aufhören. Je reicher wir leben, um so näher ist der Tod, und ein Leben ohne Bewußtsein des Todes ist bewußtlos.

Lucilius hatte einen Feind, der ihm nach dem Leben trachtete, und er hatte, wie Seneca, Krankheitsanfälle. Seneca sagte ihm nicht, daß er nichts zu fürchten habe, sondern daß er dem Schlimmsten vorgreifen und erkennen solle, daß es entweder zu ertragen oder schnell überstanden sein werde. Die Natur hat es so weise eingerichtet, daß wir an Schmerzen sterben, wenn sie unerträglich sind, oder sie ertragen können. Was wir fürchten, dauert nicht lange, die Furcht davor kann das ganze Leben über dauern, *sie* ist das einzig Furchteinflößende. Oft leiden wir mehr unter unseren Einbildungen als an einer wirklichen Sache, fürchten Unglücksfälle, die nicht eintreten, und lassen uns von den wirklichen Unglücksfällen überrumpeln, als könnte ausgerechnet uns nicht treffen, was alle treffen kann. Vor dem Ungewissen haben wir Angst, aber das einzig Sichere im Leben ist der Tod, der allen Leiden eine Grenze setzt. Ihn zu suchen steht uns frei.

„Offen steht der Weg aus dem Leben"[35] – gegenüber physischen Schmerzen aufzugeben bedeutet eine Niederlage, berauben sie einen aber für alle Zukunft der Möglichkeit eines tätigen Lebens, dann kann man sein Leben abbrechen, solange es noch lebenswert ist. Den Tod aus Angst vor dem Leben oder dem Tod zu suchen ist ebenso jämmerlich wie sich um jeden Preis am Leben zu erhalten: Der Tod an sich ist ebensowenig ein Übel wie das Leben an sich ein Gut, das ist nur das gute Leben. Man hat jedoch nicht nur Pflichten sich selbst gegenüber, sondern auch den anderen gegenüber, die mit zu unserem Leben gehören. Seneca selbst hatte in seiner Jugend seinen alten Vater, auf den er Rücksicht nehmen mußte; jetzt im Alter hat er seine immer noch junge Frau Paulina: kann man sein Leben für andere opfern, dann kann man auch den Tod für sie opfern – und um ihretwillen leben.

Das allen diesen Todesbetrachtungen Zugrundeliegende spricht Brief 70 mit klaren Worten aus: „Er kommt, der dich töten soll; erwarte ihn! Warum willst du ihm vorgreifen? Weshalb übernimmst du die Durchführung grausamer Befehle anderer? Beneidest du deinen Henker darum oder willst du ihn schonen? Sokrates hätte durch Hungerstreik seinem Leben ein Ende machen und statt durch Gift durch Hunger sterben können. Trotzdem verbrachte er dreißig Tage im Kerker in Erwartung des Todes, nicht etwa in dem Glauben, es könne noch ein Wunder geschehen, als verbürge die lange Zeit noch allerlei Hoffnungen, nein: er wollte dem Gesetz genügen und seinen Freunden einen Sokrates schenken, von dem sie bis zum letzten Atemzuge im Umgang Genuß und Vorteil hätten."[36] – Tacitus berichtet, Nero habe einem von Senecas eigenen Freigelassenen namens Cleonicus befohlen, Seneca zu vergiften, der Anschlag sei jedoch mißlungen, entweder weil Cleonicus ihn verriet oder Seneca selbst Verdacht schöpfte und nichts weiter zu sich nahm als wilde Früchte und Quellwasser.[37] Seine Einübung der Genügsamkeit war nicht nur eine fixe Idee.

„Über die Vorsehung" – und die fortuna

Grundtvig sagte bekanntlich: „*Mein* Gegensatz ist Leben und Tod." Senecas Gegensatz waren nicht Leben und Tod, sondern *fatum* und *fortuna,* Schicksal oder Naturverlauf (denn „das Schicksal ist nichts anderes als die ineinander greifende Kette der Ursachen")[38] und Zufall. Die himmlische Harmonie zeugt davon, daß der Zufall bei der Schöpfung der Welt nicht mitgespielt hat, je weiter man sich jedoch vom Himmel entfernt und sich der Erde nähert, um so größeren Spielraum scheint er zu haben. In einem Chor seiner Tragödie „Phädra", der sich an das Schicksal oder die Natur wendet, heißt es:

„Aber warum hältst du, wo du so Großes lenkst und unter dir die Massen des gewaltigen Weltalls im Gleichgewicht ihre Kreise ziehen, warum hältst du – um die Menschen allzu unbesorgt – dich ihnen fern, nicht bemüht den Guten zu nützen, den Schlechten zu schaden! Die menschlichen Verhältnisse lenkt ohne jeden Plan Fortuna, und sie hat mit blinder Hand ihre Gaben ausgestreut, das Schlechtere begünstigend ...".[39]

Lucilius hatte bei dem gleichen Problem haltgemacht und Seneca gefragt, wie es, wenn denn eine Vorsehung über die Welt gebiete, zugehen könne, daß so vielen guten Menschen so viel Schlechtes widerfahre? Dieses Problem heißt seit Leibniz das Problem der *Theodizee,* der Rechtfertigung Gottes, und Seneca nimmt es in seiner Schrift „Über die Vorsehung" *(De providentia)* auf sich, „als Anwalt der Götter"[40] aufzutreten.

Senecas Antwort ist sehr einfach und logisch: Die Güter wären gut, wenn sie nur den Guten zufielen, die Übel schlecht, wenn sie nur die Schlechten träfen und ein Mensch beispielsweise nur dann blind würde, wenn er es verdient hätte, das Augenlicht zu verlieren. Da dies nicht der Fall ist, kann es nicht entscheidend sein, was ein Mensch ertragen muß, entscheidend ist, wie er es erträgt. Wenn den Guten nur Gutes widerführe, hätten sie keine Gelegenheit, ihre moralischen Qualifikationen zu beweisen. Gerade das scheinbar Sinnlose, das Übel, das über die Guten kommt, weist in den moralischen Sinn des Daseins ein.

Bereits Sokrates hatte betont, daß einem guten Menschen nichts Böses widerfahren könne, und so die primitive Tendenz bekämpft, die das Angenehme und das Unangenehme, das dem Menschen zustößt, als Strafe und Belohnung erlebt. Die große Auseinandersetzung der Weltliteratur mit dieser Mentalität ist das Buch Hiob, dessen Verfasser ein Zeitgenosse der großen griechischen Philosophen war. Hiobs Freunde wollen seine Krankheit als Strafe verstanden wissen, denn sie muß ja einen Sinn haben; Hiob bleibt dabei, daß sie keinen Sinn habe, und es ist denn auch nicht Jahwe, der Hiob straft, sondern Satan, der ihn prüft.

Man hat sehr treffend gesagt, daß *fortuna* bei Seneca dem Satan des Buches Hiob entspreche.[41] Es ist kein Zufall, daß *fortuna* nicht nur Zufall und

Glück, sondern allmählich auch Rang und Vermögen bedeutet: so wie Satan versucht auch *fortuna* den Menschen durch Macht und Reichtum und prüft ihn durch Plagen, und so wie Satan nichts gegen den Willen Gottes vermag, so *fortuna* nichts gegen die Bestimmung des Schicksals. Seneca, der sonst nie gut von *fortuna* spricht, schreibt denn auch einmal,[42] daß *natura, fatum, fortuna:* Natur, Schicksal, Zufall, nur verschiedene Namen für die verschiedenen Wirkungsformen Gottes darstellten. Aber Gott bewirkt das Gute wohlgemerkt vor allem durch das Unglück, das ,,*böse*" Glück, *mala fortuna*.

Erkennt man keinen unmittelbaren Zusammenhang zwischen den herrschenden Werten und den moralischen Werten mehr an, dann liegt es nahe, in ihnen einen Gegensatz zu erblicken: die Menschen, die sich dem Bösen widersetzen, erleiden ja am meisten Böses, – ,,ein großes Beispiel setzt ein Un-Glück voraus".[43] Im Unglück findet man nicht sehr viel Trost bei dem Gedanken daran, daß Unglück eine Strafe ist; dagegen vermag uns der Gedanke an diejenigen, die um des Guten willen Böses erlitten haben, mit unserem eigenen Schicksal zu versöhnen. Sie haben gelitten, ,,daß sie andere dulden lehren: geboren sind sie zum Vorbild."[44]

In ,,Über das glückliche Leben" hatte Seneca zwar das Gute und das Böse vom Angenehmen und Unangenehmen unterschieden, die beide nach stoischer Auffassung moralisch gleichgültig, *indifferentia,* waren, hatte aber doch die Annehmlichkeiten des Lebens dessen Unannehmlichkeiten vorgezogen. Jetzt sieht er zwischen einem angenehmen und einem glückseligen Leben nahezu einen Gegensatz und betrachtet das Leiden, das die Unannehmlichkeiten verursachen, als eine moralische Qualifikation. In ,,Über die Milde" hatte er die Hoffnung geäußert, das gute Beispiel des Kaisers möge das ganze Reich prägen und eine neue Zeit anbrechen. Jetzt fand Seneca die großen Beispiele bei denen, die sich gegen die Mächtigen aufgelehnt hatten. Sie konnten andere lehren, ein Gleiches zu tun, aber Veränderungen zum Besseren herbeiführen konnten sie nicht – auch dafür ist Cato ein Beispiel; sein Tod hatte große moralische, aber keinerlei politische Bedeutung. Ein Mensch kann unmittelbar nichts anderes ändern als seine eigene Haltung. Gerade das Bewußtsein dessen, daß nichts ihn treffen kann, was nicht schicksalsbestimmt ist, kann ihm helfen, sein Schicksal zu ertragen. Wenn nur das geschehen kann, was die Götter wollen, dann werden sie gerade denjenigen prüfen, der ein hartes Schicksal erleidet, und die Prüfung, *exercitatio,* ist eher eine Auszeichnung als eine Strafe – wenn der Mensch sie besteht.

Je mehr wir aushalten, um so größere Freude haben die Götter an uns. So wie wir, wir Römer, ein kindisches Vergnügen empfinden, wenn wir Menschen im Kampf mit wilden Tieren erblicken, so genießen die Götter den Anblick eines großen Mannes im Kampf mit seinem Un-Glück, – ein sonderbares Bild, wenn man Senecas Verurteilung der Arenakämpfe bedenkt.

Mehr als diese Zuschauerrolle kann Seneca den Göttern in der Welt des Menschen nicht zugestehen; sie sind dem Schicksal, das ihr eigener Wille ist, selbst unterworfen, sie haben einmal befohlen und müssen danach gehorchen, und wir müssen es ihnen gleichtun.

Obgleich Seneca in diesem Zusammenhang nicht auf die größere kosmische Perspektive eingeht, sei der Vollständigkeit halber daran erinnert, daß der Weltenlauf nach stoischem Gedankengang unweigerlich zum Weltuntergang führte; Senecas Weltuntergangsschilderung in seiner Schrift über die Natur stammt ungefähr aus der gleichen Zeit wie „Über die Vorsehung". Innerhalb dieses kosmologischen Rahmens war es logisch schwierig, dem guten Bemühen irgendeine historische Bedeutung beizumessen. Es mochte jedoch verlockend sein, die hohe Moral, von der die Besten inmitten des moralischen Verfalls Zeugnis gaben, in einer höheren Welt anzusiedeln, die nicht untergeht. In einem seiner Briefe äußert Seneca ein Gefühl, daß „sein Leib nicht das Heim, sondern eine Herberge" sei, „und das nur auf kurze Zeit", und in diesem Gefühl will er den „besten Beweis für die Tatsache" sehen, „daß des Menschen Seele aus höherer Sphäre stammt"[45] Der Glaube an die Unsterblichkeit der Seele war in der pythagoreisch-platonisch-stoischen Tradition verankert. Es fiel den Stoikern jedoch schwer, die Unsterblichkeit länger als bis zum nächsten, alles in seine anfänglichen Elemente auflösenden Weltenbrand dauern zu lassen. Senecas Verhältnis zum Unsterblichkeitsgedanken ist denn auch unklar und inkonsequent; daß er selbst „in jene unermeßliche Zeit, in den Besitz der vollen Ewigkeit"[46] hinübertreten werde, was große Männer eher versprochen als bewiesen hatten, das nennt er eine große Hoffnung, einen schönen Traum.

Seneca läßt diese Hoffnung und diesen Traum aber nicht in seine Schrift über die Vorsehung eindringen und deren strenge Logik mildern. Dort läßt er zuletzt keinen Geringeren als Gott selbst bestätigen, daß die Menschen die Götter übertreffen können, indem sie die Leiden ertragen, über die die Götter erhaben sind, und die Menschen damit trösten, daß sie die Freiheit haben, sich dem Unglück zu entziehen, wenn es größer ist, als sie zu ertragen vermögen: offen steht der Weg aus dem Leben. Daß der tapfere Tod zu einem besseren Leben führen werde, davon weiß nicht einmal Gott. Die gute Tat tut man nicht um des Lohnes willen, sie birgt ihren Lohn in sich selbst, und das gilt auch, wenn sie darin besteht, daß man sein Leben opfert, – ist das Leben hart, dann ist der Tod Erlösung.

Diese stoische Theodizee, die die Fähigkeit zum Ertragen von Leiden verherrlicht, mochte eine leidende Menschheit ansprechen, die nicht mehr in der primitiven Daseinsdeutung der kleinen Gesellschaft verankert war. Nach primitiver Auffassung ist nichts zufällig, während die Römer, wie Plinius d. Ä. es ausdrückte, dem Zufall in so hohem Maße preisgegeben waren, daß sie den Zufall zu ihrem Gott gemacht hatten.[47] Dennoch enthält der Stoizismus immer noch einen primitiven Kern, insofern er den Zufall dem Schicksal unterordnet und Sinn im Sinnlosen findet. Der stoische Held, dessen Leiden keine andere Wirkung haben, als andere das Leiden zu lehren, ist noch immer mit dem *mythischen* Helden verwandt.

Der mythische Held und der leidende Gott

Während der typische Märchenheld das Glück, *fortuna,* auf seiner Seite hat, die Prinzessin und das halbe Königreich gewinnt und glücklich bis zum Ende seiner Tage lebt, um das sich das Märchen im übrigen nicht kümmert, repräsentiert der mythische Held im Kampf mit allen Schrecken des Daseins, letztlich mit dem Tod, das Menschliche an sich und nimmt nicht nur sein eigenes, sondern das Schicksal des Menschen auf sich. Der mythische Held hatte sein Vorbild im ,,heiligen König", der in mehreren Stammesgesellschaften am Ende seiner Amtszeit geopfert wurde, damit seine Kraft in einen neuen Kreislauf eingehen und der Erneuerung von Natur und Gesellschaft dienen konnte. Daß auch die Römer eine Erinnerung an diesen heiligen König und sein Schicksal bewahrten, geht aus den Sagen über das Ende des Romulus hervor: Livius läßt es im Ungewissen, ob er unter Blitz und Donner gen Himmel fuhr oder von den ,,Vätern" getötet wurde.[48] Man kann auch zwischen dem heiligen König, der für die Gesellschaft geopfert wurde, und dem stoischen ,,König", dem Knecht der Geringsten, einen Zusammenhang sehen. Das Adventsgefühl, das unter Augustus und bei Caligulas und Neros Thronbesteigung zum Ausdruck kam, entsproß anscheinend ebenfalls diesem mythischen Urgrund.

Doch wenn Seneca auch noch immer die Gesellschaft dem Körper des Königs vergleicht, so konnte die große Gesellschaft sich nicht in gleicher Weise eins mit ihrem König fühlen, wie das in der kleinen der Fall gewesen war. Trotz der Saturnalien war die alljährliche Reinigung und Erneuerung keine sozialpsychologische Realität mehr. Die offizielle Religion war eine Art Versicherungssystem für die Daseinsangst, brachte aber keine Erlösung von dieser Angst; das taten dagegen die Mysterienreligionen, die sich gleichzeitig mit dem römischen Reich ausbreiteten. Wichtig in allen diesen Religionen war das Mit-Erleben der Leiden des Gottes, seines Todes, seines Begräbnisses und seiner Auferstehung, und dieser mythische Verlauf wurde oft als identisch mit dem Lauf der Natur erlebt, so z. B. in den Eleusinischen Mysterien und im Dionysos-Bacchus-Kult. Die Machthaber von Rom, die sich gegenüber fremden Göttern prinzipiell gastlich verhielten und im Jahre 205 v. Chr. aus Griechenland die große Mutter Kybele importiert hatten, hatten Bedenken angesichts der ekstatischen Form der Gottesverehrung und versuchten im Jahre 186 v. Chr. die schlimmsten Ausschweifungen des Bacchus-Kults zu begrenzen. Bezeichnend ist, daß das lateinische Wort *superstitio,* das mit dem griechischen *ekstasis* verwandt ist, die Bedeutung Überspanntheit und Aberglauben annimmt. Wie erwähnt hatte man noch in

Senecas Jugend versucht, die fremden Kulte zu vertreiben, aber unter Caligula erhielt die ägyptische Isis in Rom ihren Tempel, unter Claudius bekam der Attiskult einen römischen Hohenpriester, und die syrische Göttin Atargatis erhielt einen Tempel unter Nero. Sie war angeblich „die einzige Gottheit, die Nero, dieser Leugner aller anderen Götter, der Verehrung für würdig hielt".[49] In allen diesen Kulten tritt die Göttin, die große Mutter, in Verbindung mit einem Mann auf, Kybele mit Attis, Isis mit Osiris, Atargatis mit Thammuz. Dieser Mann ist entweder ihr Kind oder ihr Geliebter oder beides, der leidet und stirbt und mit der Muttergöttin vereint wird. Während der heilige König für die Erneuerung der Gesellschaft geopfert wurde, hatten Tod und Auferstehung des Gottes keine Bedeutung für die Gesellschaft, sondern höchstens für die Gemeinde. Letztlich wurde nur der einzelne erlöst und hatte teil an der Unsterblichkeit des Gottes.

Senecas stoischer Held ist sozusagen eine säkularisierte Ausgabe des mythischen Helden. Seneca vergleicht selbst Cato, der die Machtgier bekämpfte, mit Herkules, der Ungeheuer bekämpfte: Cato ist der Herkules seiner Zeit.[50] Auch Tiberius hatte in seiner Gedenkrede für Augustus *dessen* Leistungen mit den zwölf Arbeiten des Herkules verglichen.[51] Unter Senecas Tragödien ist neben einem „rasenden Herkules" auch ein „Herkules auf dem Öta" überliefert, der kaum von Seneca stammen dürfte, aber doch in stoisch-senecascher Tradition geschrieben ist. Herkules, der mit seinen Herkulesarbeiten die Erde befriedet hat, meint die Unsterblichkeit verdient zu haben, aber erst durch einen schmerzhaften Tod qualifiziert er, der Halbsohn Jupiters, sich für den Himmel. Seine eifersüchtige Frau wollte ihn durch ein Zaubermittel an sich binden, das sein besiegter Feind Nessus zurückgelassen hatte, doch das Nessushemd erweist sich als mit einem Gift imprägniert, das Herkules zerfrißt. Seine Leiden haben also keine sonderlich wertvolle Ursache und nur den Zweck, ihm die Gelegenheit zu geben, unerträgliche Leiden ertragen und sterben zu können wie ein Mann, oder also wie ein Gott. Dieser Herkules Oetaeus ist interessant, weil er eine römische Version des leidenden Gottessohnes und Welterlösers darstellt, der Frieden auf Erden gebracht hat und von den Menschen aufgefordert wird, von seinem Himmel aus auch weiter über ihn zu wachen; doch Herkules hat mehr mit einem großspurigen, reizbaren, wenn auch ausdauernden Gladiator gemein als mit einem stoischen Weisen – oder einem christlichen Märtyrer.

Aber von dem Gedanken des Leidens als moralischer Qualifikation ist der Schritt zum Gedanken des stellvertretenden Leidens nicht so weit, als daß ein Römer ihn nicht hätte denken können, freilich als einen unmöglichen Gedanken. Senecas Neffe Lukan schrieb in der ersten Hälfte der sechziger Jahre sein großes Epos über den Bürgerkrieg, in dem Cäsar der Schurke ist, Pompejus aber nicht der Held; der Held ist natürlich Cato, der allein für die Freiheit kämpft, während die anderen um Macht kämpfen. Er äußert den

Wunsch, daß die Götter des Himmels und der Unterwelt alle Strafe auf sein Haupt kommen lassen möchten und sein Blut die Völker *erlösen (redimere,* eigentlich ,,loskaufen") und alles reinwaschen möge, was die römischen Sitten besudelt haben.[52] Dieser Cato gibt sich also nicht damit zufrieden, nur ein ,,Beispiel" zu sein, das andere leiden lehrt, er möchte mit seinen Leiden etwas für die Praxis bewirken, den Lauf der Geschichte ändern, das Schicksal abwenden – was ein Mensch natürlich nicht vermag. Im Gegensatz zum Herkules Oetaeus hat Cato nicht seine eigene Unsterblichkeit, sondern das Heil des Volkes vor Augen. Der Unsterblichkeitsglaube war unter den Römern der ersten Kaiserzeit wohlgemerkt kaum verbreitet und tritt auf den erhaltenen Grabinschriften weniger ausdrücklich zutage als das Vergänglichkeitsgefühl, das man sogar auf eine Formel brachte: NF F NS NC: *non fui, fui, non sum, non curo:* Ich war nicht, ich war, ich bin nicht, ich sorge mich nicht darum.[53] Die Römer waren eben so historisch und sozial orientiert, daß das Erlösende für sie nicht so sehr das Heil des Individuums, sondern eher das Heil des Volkes bedeutete. Darin liegt natürlich ein Teil der Erklärung für die Tatsache, daß das Christentum, und nicht die anderen Erlösungsreligionen, allmählich Rom eroberte und das Reich von dieser Welt übernahm, denn das Christentum unterschied sich von den anderen Religionen dadurch, daß es den Gottessohn in den Weltenlauf eingreifen und eine neue Welt verkünden ließ.

Nero und Christus. Seneca und das Christentum

Während die Römer in Zeiten der Bedrängnis den Untergang der Welt fürchteten und in glücklichen Augenblicken auf das goldene Zeitalter hofften, erwarteten die Christen zugleich den Untergang der sündigen Welt und die Herrlichkeit der kommenden. Seneca war bei Neros Thronbesteigung auf das Zeitalter der Reinheit eingestimmt gewesen, schrieb aber zu Beginn der sechziger Jahre in seinem großen Werk über die Natur inspiriert über den Weltuntergang. Auch die Tragödie ,,Thyestes" wurde vermutlich zu diesem Zeitpunkt geschrieben:

,,Wir aus so vielen Geschlechtern sind ausersehen, daß uns, aus seinen Angeln gehoben, das Weltall begrabe! Ist über uns die Endzeit gekommen! O wir nach hartem Los erschaffen, elend, ob wir die Sonne verloren, ob wir sie vertrieben haben! Verstummen sollen unsere Klagen, weiche, Furcht: nach dem Leben ist allzu lüstern, wer nicht, wenn die Welt mit ihm untergeht, sterben will!"[54]

In Kapitel 24 des Matthäusevangeliums prophezeit Jesus, daß ,,Sonne und Mond den Schein verlieren, und die Sterne werden vom Himmel fallen, und die Kräfte der Himmel werden sich bewegen", und diese Drangsal steht angeblich nahe bevor: ,,Dies Geschlecht wird nicht vergehen, bis daß dies alles geschehe", und ,,Wer aber beharret bis ans Ende, der wird selig", und sie „werden sehen kommen des Menschen Sohn in den Wolken des Himmels mit großer Kraft und Herrlichkeit".

Durch seinen Tod am Kreuz erlitt Jesus, der das Reich Gottes auf Erden verkündet hatte, das gleiche Schicksal wie der leidende Gott der Mythen und der Mysterienreligionen: Christi Tod und Auferstehung wurden zum Kernpunkt des Christentums; nur erhielt der mythische Verlauf im Christentum nicht bloß kultische, sondern weltgeschichtliche Bedeutung: der Gott machte, indem er die Sünde der ganzen Welt auf sich nahm, der alten sündigen Welt ein Ende. Der Hebräerbrief, der möglicherweise zu Neros Zeit geschrieben wurde, enthält eine direkte Polemik gegen den heidnischen Schicksalsglauben an den unabwendbaren und unendlichen Kreislauf. Von Christus war nicht verlangt, „daß er sich oftmals opfere, gleichwie der Hohepriester geht alle Jahre in das Heilige mit fremdem Blut; sonst hätte er oft müssen leiden von Anfang der Welt her. Nun aber, am Ende der Welt, ist er einmal erschienen, durch sein eigen Opfer die Sünde aufzuheben. Und wie den Menschen gesetzt ist, einmal zu sterben, darnach aber das Gericht: also ist Christus einmal geopfert, wegzunehmen vieler Sünden; zum andernmal wird er ohne Sünde erscheinen denen, die auf ihn warten, zur Seligkeit."[55]

Am 18. Juni 64 brach in Rom ein Brand aus, der sechs Tage lang wütete und wieder aufflammte, nachdem er scheinbar gelöscht gewesen war. Drei der 14 Regionen wurden verheert, nur vier wurden davon nicht berührt. Ein Unglück diesen Ausmaßes konnte der mythischen Erlebnisstruktur der Zeit nicht als zufällig erscheinen. Man verglich es mit der Zerstörung der Stadt durch die Gallier im Jahre 388, die ebenfalls als das Ende aller Zeiten erlebt wurde: die Leute klagten, schreibt Dio Cassius, „nicht länger über persönliche Verluste, sondern über die universelle Katastrophe".[56] Die Christen aber müssen die universelle Katastrophe als eine Bestätigung des ihnen verheißenen Geschehens erlebt haben und dürften ihre Erwartung kaum haben verbergen können. Es gab sicher Leute, die das bemerkten und daran Anstoß nahmen. Die Gerüchte, die entstanden (und noch immer kolportiert werden), nämlich daß Nero selbst die Stadt habe in Brand stekken lassen, entbehren einer jeglichen vernünftigen Begründung, aber die Römer erlebten eben einen Zusammenhang zwischen Gesellschaft und Kaiser und machten den Kaiser verantwortlich für alles, was geschah. Deshalb war die Katastrophe katastrophal für Nero, der es liebte, sich geliebt zu fühlen. Er tat, was er konnte, um ihre schädlichen Folgen zu begrenzen. „Aber", schreibt Tacitus, „nicht menschliche Hilfe, nicht freigebige Spenden des Princeps oder Sühnemittel für die Götter konnten das schlimme Gerücht aus der Welt schaffen, der Brand sei auf Befehl gelegt worden. Und so schob Nero, um dieses Gerücht zu ersticken, die Schuld auf andere und verhängte über die, die durch ihr schändliches Gebaren verhaßt waren und im Volksmund ‚Christianer' hießen, die ausgesuchtesten Strafen. Dieser

Name leitete sich von Christus ab, der unter der Regierung des Tiberius durch den Prokurator Pontius Pilatus hingerichtet worden war. Der für den Augenblick unterdrückte verhängisvolle Aberglaube griff von neuem um sich, nicht nur in Judäa, wo dieses Übel entstanden war, sondern auch in Rom, wo alle Scheußlichkeiten und Abscheulichkeiten aus der ganzen Welt zusammenströmen und freudigen Anklang finden. Und so wurden zuerst die Personen verhaftet, die sich als Christen bekannten, dann aufgrund von deren Aussagen ein weiterer großer Personenkreis, und sie wurden nicht nur des Verbrechens der Brandstiftung, sondern auch des Hasses gegen das Menschengeschlecht für schuldig befunden. Und mit den Todgeweihten trieb man noch seinen Spott: man hüllte sie in Tierhäute und ließ sie von Hunden zerfleischen, oder sie wurden, ans Kreuz geschlagen und für den Flammentod bestimmt, nach Tagesschluß als Beleuchtung für die Nacht verbrannt. Für dieses Schauspiel hatte Nero seinen Park zur Verfügung gestellt. Zugleich veranstaltete er ein Circusspiel, wobei er im Aufzug eines Wagenlenkers sich unter den Pöbel mischte oder sich auch wirklich auf einen Wagen stellte. Dies führte dazu, daß sich Mitleid regte, wenn auch gegenüber Schuldigen, die die schwersten Strafen verdient hatten: man nahm an, daß sie nicht dem allgemeinen Wohl, sondern der Grausamkeit eines einzelnen zum Opfer fielen.“[57]

Die Christen, die dem Untergang der Welt entgegensahen und in den Verdacht geraten konnten, ihn selbst beschleunigen zu wollen, wurden geopfert, um das Volk und die Gewalten zu pazifizieren; ihre Leiden ertrugen sie so heroisch wie ein stoischer Held: So wie Christus um der Menschen willen gelitten hatte, so litten seine Jünger um Christi willen und wurden damit würdig, ihm in sein Reich zu folgen.

Auffällig ist, daß Seneca der in seinem 91. Brief über den Brand von Lugdunum (Lyon) berichtet, den Brand von Rom nicht erwähnt. Aber was er im Spätsommer 64 in seinem 95. Brief schreibt, mag unter dem Eindruck des Gemetzels unter den Christen, Neros erster Grausamkeitsorgie, geschrieben worden sein: „Auf Senatsbeschluß und Volksentscheid verübt man Grausamkeiten, und der Staat befiehlt, was dem einzelnen verboten ist. Was wir bei geheimer Tat mit dem Kopf bezahlen müßten, das loben wir, wenn's Männer im Feldherrenmantel tun ... Der Mensch, dem Menschen einst heilig, wird jetzt zum Scherz und im Spiel ermordet. Einst galt es als Verbrechen, ihn zu lehren, wie man Wunden beibringt oder empfängt, jetzt muß er sich nackt und waffenlos produzieren, und der Tod eines Menschen durch Menschenhand ist den Leuten ein willkommenes Schauspiel.“[58]

Im übrigen scheint Seneca nichts über die Christen zu wissen. Theoretisch kann er durch seinen Bruder Gallio, mit dem er sein ganzes Leben hindurch in enger Verbindung stand, von Paulus gehört haben (vgl. S. 73), aber in Anbetracht der Tatsache, daß Gallio in seiner Eigenschaft als Statthalter von Achaea den internen Streitigkeiten der Juden eine überaus geringe Bedeutung beimaß, ist das nicht wahrscheinlich. Aber viele von Senecas Formulierungen können an die Jesusworte der Evangelien erinnern, und in seinen Briefen an Lucilius verleiht er einer Religiosität Ausdruck, die persönlicher ist als der unpersönlichere Schicksalsglaube: „Gott ist dir nahe, er ist mit dir, er ist in dir".[59] „Willst du mir Glauben schenken, so enthülle ich dir offen meine innersten Gedanken. Bei allem, was mir hart und widrig erscheint, denke ich: ich gehorche nicht Gott, sondern stimme ihm innerlich bei. Ich folge ihm aus innerster Überzeugung, nicht aus äußerem Zwang."[60] Er betont, daß es in der Beziehung zu den Göttern auf den rechten und frommen Willen ankomme, und schrieb ein Werk „Über den Aberglauben", *De superstitione,* das nur aus Zitaten bei den Kirchenvätern bekannt ist, denen er Argumente gegen das Heidentum lieferte. Augustinus meinte ihn zwar kritisieren zu müssen,[61] weil er trotz seiner innerlicheren Gottesbeziehung dennoch die offizielle Gottesverehrung respektierte (was er als eine soziale Maßnahme tat), aber im übrigen nahmen die ersten christlichen Schriftsteller ihn gern für sich in Anspruch. „Seneca, der oft unserer Meinung ist", schreibt Tertullian, dessen berühmte Worte über die „Seelen, die von Natur aus Christen sind", auch auf Seneca gemünzt sind.[62] Lactantius nennt Seneca „den scharfsinnigsten der Stoiker" und schreibt, daß einer, der Gott kannte, wohl nichts hätte wahrer ausdrücken können als dieser Mann, der die wahre Religion nicht kannte, der aber ein wahrer Gottesanbeter hätte sein können, wenn sie ihm jemand gezeigt hätte.[63]

Wie verführerisch für Menschen guten Willens, sich vorzustellen, man habe sie ihm gezeigt. Der Apostel Paulus schrieb ja in seinem Brief an die Philipper: „Es grüßen euch alle Heiligen, sonderlich aber die von des Kaisers Hause."[64] Und gehörte Seneca nicht zum Hause des Kaisers? Möglicherweise hat diese Briefstelle den fingierten Briefwechsel zwischen Paulus und Seneca veranlaßt, der irgendwann vor 300 geschrieben und das ganze Mittelalter hindurch für echt gehalten wurde. Er wurde sicher als „Aufsatz" in einer Rhetorenschule geschrieben und ist ziemlich talentlos, aber interessant, weil er Nero zu Christus in Beziehung setzt: Ist Christus das Lamm, das die Sünden der ganzen Welt trägt, so ist Nero der große Bock, der die Sünden der ganzen Welt büßen soll: „So wie der Beste von allen sein Haupt für die vielen hingegeben hat, so soll er dazu verdammt sein, für alle im Feuer zu brennen."

Da Christus ja einmal geopfert worden war, „wegzunehmen vieler Sünden", war es genaugenommen überflüssig, daß auch Nero für alle verbrannt werden sollte. Aber die Haltung der Christen war allmählich ganz natürlich von der Tatsache geprägt, daß die Herrlichkeit der künftigen Welt auf sich warten ließ und sie in der Zwischenzeit Verfolgungen ausgesetzt waren. Die stoische Standhaftigkeit wurde auch eine christliche Tugend, aber zwischen den Leiden des Stoikers und des Christen bestand noch immer der Unterschied, daß die ersteren zwar eine moralische Qualifikation, die letzteren darüber hinaus aber auch eine Qualifikation für die künftige Welt waren. Und zu der Vorstellung, daß die Guten belohnt werden sollen, gehört auch die Vorstellung, daß die Bösen bestraft werden sollen; die Christen erwarteten nicht nur die Erlösung von ihren Leiden in dieser sündigen Welt, sondern auch die Einlösung ihres Zorns. Sie stellten sich nicht nur vor, daß Nero, der erste Verfolger, dessen Name sich auf hebräisch auch als 666, die Zahl des großen Tieres in der Offenbarung des Johannes, deuten läßt, für alle brennen sollte, sondern auch, daß er sie strafen sollte. So wie der Leib Christi aus dem Grab verschwunden war, so war auch Neros Grab von der Erde verschwunden, deshalb entstand der Aberglaube – erzählt Lactantius –, „daß Nero von der Erde hinweggenommen wurde und lebend aufbewahrt werde, um wie der erste, so auch der letzte Christenverfolger zu sein und dem Reiche des Antichrist voranzugehen ...", und wenn Christus wiederkommt, um seine heilige und ewige Herrschaft anzutreten, so wird, glaubt man, aber das ist Aberglaube, sagt Lactantius, „auch Nero einst wieder kommen ... als Vorläufer und Vorbote des Teufels, wenn dieser zur Verwüstung der Erde und zur Ausrottung des menschlichen Geschlechts erscheinen wird."[65] So also, als Antichrist, ging Nero, dieser Weltfürst, der Schüler Senecas, den dieser zum Diener der Geringsten hatte erziehen wollen, in die volkstümlich-christliche Vorstellungswelt ein.

Das Christentum, und nicht der Stoizismus, wurde volkstümlich, doch seine Volkstümlichkeit war durch den primitiven Dualismus bedingt, der den Antichrist im Gegensatz zu Christus sah und einen Trennungsstrich zog zwischen dem Natürlichen und dem Übernatürlichen, dem Menschlichen und dem Göttlichen, den Bösen und den Guten. Lactantius, der anerkannte, daß Seneca alles Mögliche besser ausgedrückt hatte als die Christen, liefert auch eine Kritik an ihm, die den Unterschied zwischen Stoizismus und Christentum genauer faßt. Er wendet ein,

> daß das Natürliche nicht das Gute ist,
> daß Wissen um das Gute (Weisheit) nicht das Gute selbst ist,
> daß Selbstmord nicht erlaubt ist und
> daß Mitleid keine Schwäche ist.[66]

Sehen wir vorläufig vom letzten Punkt ab, dann lassen sich die drei anderen dahingehend zusammenfassen, daß der Mensch nach Ansicht des Stoizismus sich kraft seiner Natur und seiner Vernunft selbst befreien kann, wenn nicht von anderen Dingen, so doch wenigstens von seinem Leben, während er nach Meinung des Christentums nur durch Gnade gerettet werden kann.

Doch das christliche Bewußtsein, demzufolge wir alle Sünder sind, stimmte die Christen nicht nachsichtiger gegen die Sünder, die nicht von Gottes Gnade gerettet, sondern von seinem Zorn verdammt wurden. Es ist bezeichnend, daß Tertullian, der um 200 in seinem *De spectaculis* die Kampfspiele noch leidenschaftlicher verdammte als Seneca, die Christen, denen es schwerfiel, sich diesen sündigen Vergnügungen zu entziehen, damit tröstete, daß sie ja an jenem Tag der Verheißung, der auch den Namen Tag des Zorns, *dies irae,* erhielt, ein weit blutigeres Schauspiel zu sehen bekommen sollten. Was Tertullian auf Erden verdammte, akzeptierte er im Himmel. Der Zorn, der im Äußeren unterdrückt wurde, lebte im Inneren weiter und bekam göttliches Ausmaß; noch Thomas von Aquin konnte versprechen, daß die Seligen Zeugen der Qual der Verdammten sein würden, auf daß ihre Seligkeit um so größer sein möge. Der Zorn, der Hang, Strafe zu verhängen, für Seneca das unheimlichste aller Laster, prägte die Christenheit, weil sie unter Verfolgungen entstanden war – und weil sie später die Macht und das Reich eroberte. Jesus hatte gesagt: „Vergib ihnen, denn sie wissen nicht, was sie tun", und Seneca hatte geschrieben: „Vergib ihnen, denn sie sind alle von Sinnen."[67] In der Kirche siegte nicht dieser evangelische und stoische Geist; der mußte sich mit einem bedingten moralischen Sieg begnügen.

Den letzten Einwand des Lactantius, nämlich daß Mitleid keine Schwäche sei, hatte Seneca an sich beantwortet, da er in „Über die Milde" geschrieben hatte, daß der Weise alles tut, was man vom Mitleidigen erwarten kann, doch „ruhigen Gemüts". Nach stoischer Auffassung bedeutete Mitleid Mit-Leiden, also ein Leiden, einen Affekt, und wer sich im Affekt befindet, kann nicht frei handeln. Bemerkenswert ist jedoch, daß Seneca, der in „Über den Zorn" das Mitleid unter den „kleineren Schwächen"[68] erwähnt hatte, in seiner Schrift „Über die guten Taten" an einer Stelle von „Menschlichkeit oder Mitleid"[69] spricht und an einer anderen Stelle das Mitleid zusammen mit Großmut und Milde erwähnt.[70] Er hatte, wenn auch nicht gerade seine Meinung, so doch seinen Sprachgebrauch geändert und die Dogmatik hinter sich gebracht. Nur in „Über die Milde" betrachtet er Mitleid als eine „psychische Schwäche", und das richtete sich an Nero (vgl. S. 141). Entscheidend ist, daß man man selbst sein muß, um wirklich etwas für andere sein zu können; dieser Sinn liegt auch in dem christlichen Gebot der Nächstenliebe: Liebe deinen Nächsten wie dich selbst.

„Über die guten Taten"

In „Über die Standhaftigkeit des Weisen" hatte Seneca den Weisen sozusagen negativ definiert, nämlich durch seine Unempfänglichkeit für Kränkungen. Der Gegensatz zu Kränkungen, *iniuriae,* sind jedoch gute Taten, *beneficia.* In seinem moralphilosophischen Hauptwerk, *De beneficiis,* betrachtet er den Weisen von seiner positiven Seite und betont, daß Weisheit praktische Weisheit ist und dem Mitmenschen zugute kommt. Seneca schreibt in eigenem Namen an Lucilius, daß er eine Weisheit gering schätzen würde, die ihm mit der Einschränkung vergönnt würde, daß er sie für sich zu behalten habe: „Ohne Freund erfreut kein Besitz, es sei, was es sei.“[71] Daß der Weise unter unglücklichen Umständen an sich selbst genug hat, bedeutet nicht, daß er unter allen Umständen sich selbst genug ist; er *kann* ohne Freunde sein, ist es jedoch selten, gerade weil er Freunde nicht als Stütze, sondern als Teilhaber an seinem Reichtum braucht. Wie erwähnt stellte „Freundschaft“ von alters her eine Bezeichnung für gegenseitiges Interesse dar, ein „Handelsgeschäft“, sagt Seneca, der die gegenseitige Sympathie und das gemeinsame Streben im Charakter der Freundschaft betont.[72]

Doch diese philosophische Freundschaft setzte freilich nicht nur innere Freiheit, sondern auch wirtschaftliche Unabhängigkeit voraus – oder zumindest die Fähigkeit, sich von einer wirtschaftlichen Abhängigkeit unabhängig zu fühlen. Abgesehen von den Getreidezuteilungen gab es in Rom keine Sozialfürsorge; das Klientensystem war eine Art institutionalisierter Privatfürsorge: die Klienten machten jeden Morgen ihrem Patron ihre Aufwartung und empfingen dafür eine kleinere Summe (die im Laufe der Zeit tariflich festgelegt wurde!). „Es war ganz unglaublich, wie Patrone und Klienten miteinander wetteiferten, um sich gegenseitig Dienste zu erweisen“, schreibt Dionysios von Halikarnassos[73] zur Zeit des Augustus – und Per Krarup kommentiert: „Das gesamte römische Verhaltensmuster ist von einem ständigen Austausch derartiger Leistungen bestimmt. Der überlegene Teil, der Patron, erweist seinen Klienten Wohltaten, *beneficia,* und es ist ein ungeschriebenes Gesetz, daß der Empfänger solcher *beneficia* dafür zu Gegenleistungen, *officia,* verpflichtet ist ... Dankbarkeit war die Tugend über alle Tugenden. Wer viele Wohltaten erwiesen hat, hat Anspruch auf die Dankbarkeit vieler Menschen und erhält dadurch große Macht und großen Einfluß. Und auf diese Weise erhält das Wort *gratia* (Dankbarkeit) auch die Bedeutung, ‚Gunst, Beliebtheit, Position und Einfluß‘.“[74]

Später bezeichnet *gratia* auch allmählich den christlichen Begriff „Gnade“, einen Begriff, den Seneca nicht kennt, nach dem er jedoch am Schluß von „Über die Milde“ sucht, wo er betont, daß die Milde des Kaisers reicher sei als einfache Vergebung. Dadurch daß es sowohl die gewährte wie die genossene Gunst bedeutet, wird *gratia* auch zur Bezeichnung für das Band, den Geist, der Geber und Empfänger verknüpft, und gerade dieser Geist schafft Seneca zufolge die wahre menschliche Gesellschaft. Eine gute Tat hat nämlich beides, eine materielle und eine geistige Seite. Seneca interessiert sich für letztere: in *De beneficiis* geht es nicht so sehr um das Verhältnis zwischen Patronen und Klienten, dafür aber um so mehr um das Verhältnis zwischen Menschen.

„Über die guten Taten“ wendet sich an einen gewissen *Liberalis,* einen „Herrn Freigebig“, der sich als ein symbolischer Empfänger von Senecas *beneficium* verstehen ließe, wenn er nicht im 91. Brief anläßlich des Brandes seiner Vaterstadt Lugdunum erwähnt würde. Seneca hat bemerkt, daß Liberalis etwas unwillig ist, sich in Freundschaftsdiensten besiegen zu lassen, und daß er allzu eifrig bemüht ist, sich zu revanchieren. Dankbarkeitsschulden sind jedoch nicht wie alle anderen Schulden eine schwere Last, von der es sich zu befreien gilt: Im rechten Geist gegeben birgt eine Gabe ihren Lohn in sich selbst, im rechten Geist empfangen ist sie bereits belohnt. Einigen fällt es freilich so schwer, anderen etwas zu schulden, daß sie denen Böses wünschen, die ihnen Gutes getan haben – damit sie auf diese Weise eine Gelegenheit bekommen, sich zu revanchieren. – „Es ist eine höchst gefährliche Angelegenheit geworden, anderen große Wohltaten zu erweisen. Da man die Nichterwiderung für eine Schmach hält, verwünscht man die Existenz des Wohltäters überhaupt."[75] Die römische Aggressivität und das römische „Ehrgefühl" verleugneten sich nicht in diesem wütenden Kampf um gegenseitige Diensterweisungen, und die Dankbarkeit, die größte aller Tugenden, scheint oft eine Art Rachegefühl gewesen zu sein.

Die Statusunterschiede, die das Gerüst der römischen Gesellschaft ausmachten, stellten sich der Menschlichkeit, der menschlichen Gleichheit, die in der wahren *gratia* zum Ausdruck kommt, in den Weg. Nach allgemeiner Auffassung war es dem Übergeordneten vorbehalten, Gutes zu tun, während es dem Untergeordneten oblag, seine Pflicht zu tun. Doch Seneca hebt hervor, daß insbesondere der Übergeordnete Freundschaftsdienste braucht, nämlich Freunde, die es wagen, ihm die Wahrheit zu sagen. Ein Sohn kann seinen Vater an Wohltaten übertreffen, obgleich er ihm sein Leben verdankt, denn das Gute ist nicht das Leben, sondern das gute Leben, und das bekommt man nicht von seinem Vater geschenkt. Dafür daß Sklaven ihren Herren Gutes tun können, führt Seneca historische Beispiele und humane Argumente an, und fragt: „Weshalb soll die Stellung einer Person die Handlung eher herabwürdigen, als daß die Handlung der Person zur Ehre gereicht?"[76] Wenn sich umgekehrt der Wohltäter seiner überlegenen Stellung brüstet, demütigt er damit denjenigen, dem er helfen sollte; seine Wohltätigkeit entspringt dann eher einer guten Stellung als einer guten Einstellung.

Die Formel der Senecaschen Umwertung der altrömischen Werte ist die Verlegung des Maßstabs für Gut und Böse vom Äußeren ins Innere. Entscheidend in allen Sachlagen ist die Gesinnung, und über die Gesinnung kann man nicht richten: ein jeder hat seinen eigenen Richter in seinem Gewissen. Hat man die öffentliche Meinung gegen sich, dann hat man genug an seinem guten Gewissen; besitzt man nicht genügend Mittel, Gutes zu tun, dann genügt der gute Wille. Erst bei Seneca erhalten der gute Wille und das gute Gewissen die wichtige Bedeutung, die diese Begriffe danach in der Christenheit annehmen. Seneca nimmt dann den guten Willen für die Tat, so wie Immanuel Kant, der große Moralphilosoph des 18. Jahrhunderts, der nur den guten Willen als gut anerkennen wollte.[77] Auch Seneca betonte, daß man eine Tat nur dann gut nennen könne, wenn sie im rechten Geist vollbracht werde, doch während Kant Taten, die aus Neigung, mit

Lust und nicht ausschließlich aus Pflicht getan werden, einen eigentlichen moralischen Wert absprechen mußte, wollte Seneca im Gegenteil Handlungen, die nicht aus Rücksicht auf den Mitmenschen ausgeführt werden, den Namen Wohltaten absprechen. Wohltätigkeit ist zwar in dem Sinne uninteressiert, daß man Gutes nicht tut, um etwas für sich selbst zu erreichen („Wer Gutes tut, tut es den Göttern nach, wer es vergolten haben will, den Wucherern"[78]), aber der Wohltäter ist gerade daran interessiert, im Interesse des anderen, nicht notwendigerweise nach dessen Wunsch, zu handeln. Im übrigen lehnt er es mit klaren Worten ab, von einem unter allen Umständen gut zu nennenden Guten zu sprechen (was Kant tat), – „denn nichts ist moralisch an sich für einen jeden. Es kommt darauf an, wer wem was wann weshalb und wo gibt, und auf alle die anderen Umstände, ohne die sich über die Gültigkeit einer Handlung nicht urteilen läßt".[79]

Eine so nuancierte Auffassung des Moralischen läßt sich schwer auf *eine* Formel wie Kants „kategorischen Imperativ" bringen, der gebietet: „Handle so, daß die Maxime deines Willens jederzeit zugleich als Prinzip einer allgemeinen Gesetzgebung gelten könne." Doch wenn Kant dies zu seinem „praktischen" Imperativ konkretisiert: „Handle so, daß du die Menschheit sowohl in deiner Person, als in der Person eines jeden andern jederzeit zugleich als Zweck, niemals bloß als Mittel brauchest",[80] dann sagt er damit nur das gleiche wie Seneca, als dieser in einfacheren Wendungen von der Menschlichkeit sprach, die es verbietet, daß man sich seinem Mitmenschen gegenüber übermütig und hart verhält; die in Wort und Tat und Gefühl allen Entgegenkommen zeigt; die kein Übel, das einem anderen zustößt, als unerheblich für einen selbst betrachtet und die insbesondere das Gute, das einem zufällt, als gut betrachtet, weil es auch dem anderen zugute kommen kann, – und als er von der Milde sprach, die fremdes Blut wie das eigene schont und weiß, daß der Mißbrauch des Menschen nicht menschlich ist.[81] Die *humanitas,* die bei Cicero als Bezeichnung für die menschliche Arbeit der Selbstkultivierung steht, erhält erst bei Seneca die Bedeutung der Mitmenschlichkeit; in seiner Hervorhebung des Mitmenschen stimmt Seneca sehr viel weiter mit der Verkündung Jesu überein als große Teile der späteren christlichen Ethik, die das Verhältnis zum Nächsten hinter dem Gottesverhältnis zurücktreten läßt. Auch in Kants sehr protestantischer Ethik ist der Mitmensch, der der Regel zufolge nicht als Mittel behandelt werden darf, in Wirklichkeit eine recht abstrakte Größe, ein bloßer Anlaß zu der moralischen Handlung, die Zweck an sich ist.

Paulus schrieb, es sei weder Jude noch Grieche, weder Knecht noch Freier, weder Mann noch Weib, denn alle seien einer in *Christus.*[82] Seneca schrieb, die *Natur* habe dem Menschen befohlen, dem Menschen Gutes zu tun, sei er Freier oder Knecht.[83] Natur aber ist nur ein anderer Name für

Gott, der „dem Menschen zwei Dinge gegeben hat, die das am stärksten gefährdete Wesen zum stärksten machen können, nämlich Vernunft und Gemeinschaft“.[84] Der Zweck seines Werkes über die guten Taten, so schreibt Seneca selbst, sei, „Bestimmungen festzusetzen für das, was die menschliche Gemeinschaft (*societas generis humani*) vor allem zusammenhalte, und ein Lebensgesetz (*lex vitae*) aufzustellen“,[85] – das wohlgemerkt nicht das gleiche ist wie das Gesetz des gesellschaftlichen Lebens. Wenn *gratia,* die Dankbarkeit, die gegenseitige Sympathie, die Gemeinschaft verbindet, dann ist Undank im Gegenteil der Welt Lohn, der Welt, in der alles um des Lohnes willen getan wird und des einen Tod des anderen Brot ist – oder mit Senecas Worten (die an Hermann Brochs Charakteristik der „autonomen Wertsysteme“,[86] die sich in einer Gesellschaft ohne gemeinsame Werte herausbilden, erinnern mögen): „Wer zieht nicht Gewinn aus dem Unglück eines Mitmenschen? Wenn der Soldat Ruhm (*gloria*) möchte, so wünscht er sich Krieg; hohe Getreidepreise helfen dem Landmann auf; der Preis der Beredsamkeit steigt mit der Anzahl der Prozesse; Krankheitsjahre sind einträglich für den Arzt; die Verkäufer von Luxusartikeln bereichern sich an einer verderbten Jugend; wenn Sturm und Feuer die Häuser verschonen, dann liegt das Baugewerbe darnieder. Der Wunsch, bei dem man den einzelnen ertappen kann, gleicht dem aller anderen.“[87]

Anscheinend hält fehlendes gesellschaftliches Bewußtsein die Handelsgesellschaft in Gang, in der sich die Menschengesellschaft nur schwer durchsetzen kann. Es besteht eine deutliche Verwandtschaft zwischen Senecas beiden Staaten und denen des heiligen Augustinus. Unter dem Eindruck der Eroberung von Rom durch Alarich im Jahre 410, die die Untergangsangst und die Untergangsmythen aktualisierte, präzisierte Augustinus den Unterschied zwischen der irdischen Gesellschaft, *civitas terrena,* die zum Untergang verurteilt ist, und der Gottesgesellschaft, *civitas Dei,* die die Erlösten umschließen soll und im Himmel bereits existiert. Das Fehlen dieser eschatologischen Perspektive macht das Verhältnis zwischen Senecas beiden Staaten komplizierter; trotz seines Schicksalsglaubens verfiel er nie auf den Gedanken, einige seien zur Erlösung und andere zur ewigen Verdammnis bestimmt – „nach Gottes zwar verborgenem, aber gerechtem Gericht ... (Denn da geschrieben steht: ‚Alle Wege des Herrn sind Barmherzigkeit und Wahrheit‘, kann weder seine Gnade ungerecht, noch seine Gerechtigkeit grausam sein)“ – meinte Augustinus.[88]

Konnte Seneca auch nicht sagen, daß sein Menschenstaat von einer anderen Welt sei, so konnte er doch schwerlich behaupten, er sei von dieser Welt, deren Güter sich dem Guten geradezu in den Weg stellen: „All das, wovor du Achtung hast und was dich reich und mächtig wähnen läßt, solange du es besitzt, hat nur verächtliche Namen, solange es Haus, Sklave, Geld heißt: Wenn du es verschenkt hast, ist es eine gute Tat.“[89] Doch die Verwandlung der passiven Güter in aktive Güte ließ sich nur im Guten bewerkstelligen. Seneca bestritt, daß es seine Absicht sei, die Herren von ihren hohen Zinnen zu stürzen, nur weil er gesagt habe, die Sklaven sollten ihre Herren eher ehren als fürchten.

Freilich hatte Seneca auch gesagt, daß derjenige, den viele fürchten müssen, viele fürchten muß. Er hatte, als er über die Milde an Nero schrieb, an das gute Beispiel des Kaisers geglaubt, aber auch vor dem schlechten gewarnt. Seine Meinung über die Institution des Kaisers hatte er kaum geändert, wohl aber die über den Kaiser. Der letzte Abschnitt des letzten Buches über die guten Taten wurde ihm zur Antwort auf das traurige Fazit, zu dem nicht nur ein Fürstendiener gelangen kann: *perdidi beneficium,* das Gute, das ich tat, war ohne Nutzen. Auffällig ist, daß er als Beispiel eines Menschen, der einem Gutes getan hat, aber böse auf einen geworden ist, einen *Fürsten* erwähnt, der zum Feind seines eigenen Landes geworden ist. Über sein Verhältnis zu einem solchen „Freund" sagt Seneca, wenn dessen moralische Verwerflichkeit ihn ihm auch nicht zum Feinde gemacht habe, „so hat sie ihn mir doch verhaßt gemacht, und ich habe tiefere und stärkere Gründe, meiner Pflicht gegen die Menschheit als der gegen einen einzelnen Menschen nachzukommen".[90] Nicht allein kann der Tod wohltätig sein, auch die Tötung kann eine Wohltat sein, wenn es ein Tyrann ist, der um der Menschheit willen geopfert wird: in diesem Punkt wollte Seneca einen gewalttätigen Konflikt zwischen den beiden Staaten nicht ausschließen.

Was für das Verhältnis der Sklaven zu ihren Herren und für das Verhältnis der Bürger zu ihrem Fürsten gilt, nämlich daß „man den nicht liebt, den man fürchtet", das gilt auch für das Verhältnis der Menschen zu den Göttern, nur mit dem wesentlichen Unterschied, daß die Götter nie Anlaß zur Furcht geben. Da Gott und die Natur für die Stoiker eins waren, kann Seneca auch in diesem Zusammenhang auf die gewaltige Herrlichkeit der Natur verweisen: Siehe, was die Götter täglich leisten, ohne eine Gegenleistung zu verlangen, sollten wir denn dann etwas für unsere kleinen Wohltaten verlangen? Mußte Seneca in „Über die Vorsehung" die Götter verteidigen, die anscheinend die Guten Böses erleiden lassen, so muß er sie jetzt verteidigen, weil sie auch den Bösen Gutes tun: „Wenn du, so wendet man ein, es den Göttern gleichtust, dann mußt du auch den Undankbaren Gutes tun, denn die Sonne scheint auch auf die Missetäter, und das Meer steht den Seeräubern offen."[91] Ja, antwortet Seneca, tun wir es den Göttern gleich, „großmütig ist es nicht, zu geben und zu verlieren, sondern zu verlieren – und zu geben".[92]

Es ist trotz allem nicht so weit von diesem stoischen Humanismus bis zu Jesu Gebot der Nächstenliebe: „Liebet eure Feinde ... tut wohl denen, die euch hassen; bittet für die, so euch beleidigen und verfolgen, auf daß ihr Kinder seid eures Vaters im Himmel; denn er läßt seine Sonne aufgehen über die Bösen und über die Guten und läßt regnen über Gerechte und

Ungerechte. Denn so ihr liebet, die euch lieben, was werdet ihr für Lohn haben? Tun nicht dasselbe auch die Zöllner?“[93]

Seneca nahm – wie gesagt – lediglich den Feind des Volkes von dieser goldenen Regel aus.

VIII. Die Natur

„Naturbetrachtungen"

„Also lebe ich entsprechend der Natur, wenn ich ganz mich an sie hingebe, wenn ich ihr Bewunderer und Verehrer bin. Die Natur wollte, daß ich jedes von beidem tue, tätig sein *und* für Nachdenken Zeit haben; beides tue ich, da nicht einmal das Nachdenken ohne Tätigkeit auskommt."[1]

So schreibt Seneca in „Über die Muße", woraus man schließen kann, daß einer seiner Gründe für den Rückzug ins „Otium" sein Wunsch war, die Naturbetrachtungen vollenden zu können, die er auf Korsika begonnen hatte. Obgleich er erkennen mußte, daß das Leben für die Erforschung der Probleme der Natur nicht lang genug ist, brauchte er doch nur kurze Zeit für die Niederschrift seiner *Quaestiones naturales,* die zwar nicht alle Fragen der Natur behandeln, aber immerhin Bücher über die Wolken (IV b), über Winde (V), über Erdbeben (VI), über Kometen (VII), über Lichtphänomene am Himmel (I), über Blitz und Donner (II), über die Gewässer der Erde (III) und über den Nil (IV a) enthalten. (Die Bücher sind in zwei Gruppen überliefert, die im Laufe der Zeit vertauscht worden sind, so daß die ersten die letzten und die letzten die ersten bilden; außerdem sind die beiden unvollständig überlieferten, nämlich das über Wolken und das über den Nil, zu einem Buch zusammengefaßt worden).

Aus der Vorrede zu dem Buch über den Nil, das als das zuletzt geschriebene zu betrachten ist, geht hervor, daß Lucilius, an den sich auch diese Schrift richtet, noch Prokurator auf Sizilien ist, was im 82. Brief vom Frühsommer 64 nicht mehr der Fall war. Das gesamte Werk muß also vor diesem Zeitpunkt abgeschlossen und vor Senecas Abschiedsaudienz bei Nero begonnen worden sein, da das Erdbeben von Pompeji vom Februar 62 in Buch VI als kürzlich geschehen geschildert wird. Nero, der in den anderen Schriften aus den späteren Jahren nicht namentlich erwähnt wird, oft aber ohne Nennung seines Namens gemeint zu sein scheint, wird in den „Naturbetrachtungen" vereinzelt positiv erwähnt. Seneca zitiert und lobt einen seiner Verse.[2] Er erwähnt, daß der Komet, der im Jahre 60 erschienen war (vgl. S. 162), die Kometen von ihrem schlechten Ruf befreit habe[3] (denn Nero wurde ja nicht entthront), und er zitiert zwei Zenturionen, die Nero „in seiner Liebe zur Wahrheit wie zu anderen Tugenden ausgesandt hatte, die Quellen des Nils zu erforschen".[4] Wißbegierde kann man Nero ebensowenig absprechen wie die Begierde nach anderen Dingen; die Expedition an den Nil, die so weit nach Süden führte wie dann erst die Expeditionen ungefähr 1800 Jahre später, hat Seneca jedoch sicher selbst mit vorbereitet.

Zu Beginn seines ,,Otiums" wollte Seneca dies nicht als einen Bruch mit Nero verstanden wissen. In den späteren Büchern werden jedoch ganz andere Töne angeschlagen. Buch II behandelt den Glauben der Etrusker, wonach Jupiter seine tödlichen Blitze nicht schleudert, ohne sich mit anderen Göttern zu beraten, und das läßt Seneca den Schluß ziehen, daß sie natürlich an diesen Mythos nicht *geglaubt*, ihn aber aus moralischen Gründen in Ehren gehalten hätten, die Seneca sich dann zu eigen macht: ,,Wenn diejenigen, die unter den Menschen große Macht erlangt haben, nur daraus lernen würden, daß kein Blitz ohne Beratung geschleudert wird; wenn sie nur den Rat anderer hören und erwägen und Maß halten würden und, wenn zugeschlagen werden muß, sich vor Augen halten würden, daß nicht einmal Jupiter an seinem eigenen Urteil genug hat."[5] Aber Nero wollte gerade nicht mehr auf einen freundlichen Rat hören, und im nächsten Buch ist der Ton drohend: ,,Alte Herrschermächte sind in ihrer Blütezeit zusammengebrochen ... Selbst in diesem Augenblick erhebt Gott einige und wirft andere in den Staub und läßt sie nicht sanft von ihren Höhen fallen, sondern läßt nichts übrig von ihnen."[6]

Im Vorwort zu diesem Buch (III) betont Seneca, wieviel besser es doch sei, das zu erforschen, was immer *ist* (die Natur) und immer *sein sollte* (die Moral), als das zu erforschen, was *gewesen ist* (die Geschichte): ,,Wieviel vortrefflicher ist es nicht, die Taten der Götter zu verherrlichen als die Raubzüge Philipps oder Alexanders des Großen oder die anderen, die sich durch die Vernichtung von Völkern Ruhm erworben haben."[7] Nero plante während seiner letzten Jahre, den Heldenspuren Alexanders zu folgen und seinen künstlerischen und sportlichen Triumphen militärische hinzuzufügen. Doch Seneca nennt alle die von Sterblichen willkürlich festgesetzten Grenzen lächerlich – am besten sei es, sich an die natürlichen Grenzen zu halten.[8] Von oben gesehen würden Heere auf dem Marsch nicht anders wirken als Ameisen auf der Wanderung: ,,Ein kleiner Punkt ist die Erde, auf der ihr Seefahrt betreibt, Krieg führt, eure Reiche gründet, die winzig sind, auch wenn der Ozean sie von beiden Seiten begrenzt. Darüber liegen die gewaltigen Räume, die in Besitz zu nehmen der Seele vergönnt ist, wenn sie so wenig wie möglich vom Körper mit sich führt, sich von allem Schmutz reinigt und leicht und frei und zufrieden mit dem Allernotwendigsten sich in die Höhe schwingt."[9] – So distanzierte Seneca sich von der politischen Sphäre, an die er während der Zeit seiner Aktivität gebunden gewesen war. Die Natur war die rechte Zuflucht für den, der nicht entsprechend der Natur gelebt hatte.

„Seine eigene Notwendigkeit"

Wie verächtlich ist der Mensch, wenn er sich nicht über das Menschliche erhebt, schreibt der Humanist Seneca jetzt kurz und hart.[10] *Das* Menschliche, *das* Körperliche, über das sich der Mensch erheben soll, um zur Einsicht in „seine eigene Notwendigkeit" zu gelangen, das sind natürlich die Affekte, die den Menschen zum Spielball des Zufalls machen. Doch obwohl weniger dazu gehört, Städte zu besiegen, als sich selbst zu überwinden, ist das kein beeindruckender Gegner: die Emanzipation *vom* Eng-Menschlichen erhält einen Sinn erst als Emanzipation *zur* Teilhabe an dem, was mehr ist als der Mensch und was der Mensch doch selbst ist, da er ein Teil der Natur, und weil die Natur göttlich ist, ein Teil Gottes ist.

„Gott ist dir nahe, er ist mit dir, er ist in dir", schreibt Seneca ganz christlich in seinem 41. Brief, fährt aber ganz heidnisch fort, indem er die Ahnung der Gottheit beschwört, die ein geheimnisvoller Hain, eine tiefe, kunstvolle, nicht von Menschenhänden erschaffene Grotte oder auch der ewig gewaltige Strom der Flüsse erwecken kann.[11] Aber wenn Seneca auf diese Weise den Geist in der Natur fühlen konnte, so vermochte er doch hinter den Naturphänomenen keine Geister zu sehen. Er macht sich über die offizielle Priesterschaft lustig, die in der griechischen Stadt Kleonai die Aufgabe hatte, den Hagel vorherzusagen: „Wenn sie diese Hagelschauer vorhergesagt hatten, was meinst du, geschah dann? Daß die Leute schleunigst ihre Regen- und Ledermäntel holten? Nein! Sie opferten, ein jeder nach seiner Kraft, der eine ein Lamm, der andere ein junges Huhn. Sobald die Wolken dann etwas Blut gewittert hatten, nahmen sie eine andere Richtung. Du lachst? Dann sollst du noch mehr zu lachen bekommen. Wenn einer weder ein Lamm noch ein Huhn hatte, legte er Hand an sich selbst und schnitt sich, denn das kostete ja nichts, in den Finger, und damit du nicht glaubst, die Wolken seien so gierig oder grausam, so schlug dieses Blutopfer auch an",[12] – und wenn es nicht anschlug, dann machte man die Säumigen dafür verantwortlich. Seneca erinnert daran, daß man auch im alten Rom nach dem Zwölftafelgesetz dafür bestraft wurde, mit Beschwörungen die Ernte von anderen vernichten zu wollen, und daß man im Altertum daran glaubte, mit Zaubergesängen Regen hervorrufen und abwehren zu können.

Seneca konnte nicht wissen, daß er selbst im Altertum lebte, er konnte jedoch nicht übersehen, daß die primitive Tendenz, in den Naturphänomenen Willensäußerungen zu erblicken, sich noch immer geltend machte. Das Erdbeben, das Pompeji im Jahre 62 zerstörte (nicht zu verwechseln mit dem Vulkanausbruch, der die Stadt 17 Jahre später begrub), war ihm ein Anlaß zu betonen, daß Naturkatastrophen kein Ausfluß des Zorns der Götter seien: sie haben ihre natürlichen Ursachen, wie auch der Tod eine natürliche Ursache hat und keine Strafe ist; man kann sich zu Tode fallen, ohne daß der

Himmel donnert und die Erde bebt. Wir fürchten gerade nicht die Wirklichkeit, sondern unsere verkehrten Vorstellungen davon, und „da der Grund unserer Furcht in unserer Unwissenheit liegt, ist es dann nicht der Mühe wert, sich Wissen zu verschaffen, damit man die Furcht loswerden kann?"[13]

Die Befreiung von der Gottes-Furcht war auch ein erklärter Zweck der epikureischen Naturphilosophie des Lukrez, die er in seinem großen Gedicht „Über die Natur" formuliert hatte. Während die Epikureer die Welt jedoch als ein Produkt des Zufalls, der Bewegung der Atome auffaßten und die Götter von der Verantwortung für die unvollkommene Welt freisprachen, gaben die Stoiker ihnen noch immer die Ehre für die vollkommene Welt (abgesehen davon, daß sie bildlich sprachen, wenn sie von „Göttern" redeten, denn es gibt nur einen Gott, und der ist identisch mit der Welt). Der Gedanke, daß die Götter sich aus der unvollkommenen Welt heraushalten, ist allerdings weniger erhebend als der Gedanke, daß sie nicht in sie eingreifen *können,* weil sie bereits göttlich ist. Daß die Welt göttlich ist, bedeutet das gleiche wie, daß sie nicht anders sein kann, daß alles in seiner ewigen, vom Schicksal vorherbestimmten Ordnung ist. Bereits Epikur schrieb, daß es besser sei, an die Göttermythen zu glauben als Sklave des Schicksals der Philosophen zu werden, denn im ersteren Fall habe man doch wenigstens die Hoffnung, die Götter versöhnen zu können, indem man sie ehre, während man im letzteren Fall einer Notwendigkeit überlassen werde, die keine Versöhnung kenne: „Die Notwendigkeit ist ein Übel, man läßt sich jedoch nicht mit Notwendigkeit von der Notwendigkeit beherrschen", – sagte Epikur.[14] Die Epikureer bekannten sich zum freien Willen und begründeten diesen mit den „freien" Bewegungen der Atome, an sich ein schwacher Punkt, da genau genommen alles geschehen kann, wenn etwas ohne Ursache geschehen kann; der stoische Gedanke, daß nichts geschehen *kann,* was nicht geschehen *soll,* scheint der Gemütsruhe förderlicher zu sein.

Während die Epikureer die *divinatio,* die Vorhersage des Künftigen, des Willens der Götter, die in Rom eine öffentliche Institution darstellte, verwarfen, mußten die Stoiker sie im Prinzip anerkennen; denn alles, was geschieht, folgt mit Notwendigkeit aus allem, was geschehen ist, und muß sich also von daher, oder genauer gesagt von einem ausreichenden Wissen darüber, vorhersagen lassen. Doch Seneca betont, daß die Götter den Vogelflug nicht lenken, damit die Auguren daraus ihre Weissagungen ablesen können, auch nicht die Eingeweide der Opfertiere arrangieren, so daß die Haruspices sie deuten können – das ist keine Arbeit für Götter, die auch keine Blitze von sich geben, um damit andere Omina zu annullieren, die als weniger zuverlässig galten als der Blitz. Dagegen wendet Seneca ein, daß Omina notwendigerweise das gleiche verkünden müssen, und wenn die verschiedenen Befragungen nicht zu dem gleichen Ergebnis führen, dann zeugt das nur von unserer unvollkommenen Einsicht, und wenn uns nur der Flug bestimmter Vögel und nur die Stellung bestimmter Sterne als Zeichen dienen, dann eben, weil wir nicht alles meistern. Da Seneca im übrigen kein Interesse für Omina bezeugte, ist zweifelhaft, ob er der von einzelnen Phänomenen ausgehenden Vorhersage, auf die die Fachleute sich beschränken mußten, überhaupt irgendwelche Zuverlässigkeit beimaß. Er mußte natürlich die Vorstellung abweisen, daß Menschen durch Opfer das Schicksal abwenden könnten. Andererseits wollte er den Nutzen von Gebeten und Abwehrzeremonien nicht abweisen, denn auch diese gehören zum Schicksalsverlauf, der den Menschen nicht zur Passivität verurteilt: Wenn wir dem Schicksal für die Genesung von einer Krankheit danken können, dann können wir auch dem Arzt danken, der dessen Werkzeug ist; so sind auch die Opferpriester die Diener des Schicksals.[15]

Seneca wollte auf diese Seite der Angelegenheit zurückkommen und zeigen, daß das Schicksal den freien Willen nicht ausschließt, soweit kam er jedoch nicht. Doch wenn es auch schwer fallen kann, das Logische an der stoischen Definition der Freiheit als Anerkennung der Notwendigkeit zu sehen, so ist doch die Pyschologie dieser Definition nicht schwer zu verstehen: Der im psychologischen Sinne Freie kennt keinen Willenskonflikt und hat keine Wahl, er – der Weise – tut das eine Notwendige, er ist – wie die Natur – seine eigene Notwendigkeit. Deshalb kann Seneca schreiben, es sei „an sich die leichteste Sache von der Welt: seiner Natur gemäß zu leben. Schwierig wird die Sache durch die allgemeine Torheit der Menschen . . .“.[16] Sie macht es zu einer Aufgabe für den einzelnen, sich von den Vielen freizumachen und nicht nach den herrschenden Normen, sondern nach dem Gesetz der Natur zu leben.

Und wenn es auch schwer fallen mag, das Logische an der Möglichkeit eines Abfalls von der Natur zu sehen, da ja nichts gegen den Willen des Schicksals geschieht, so ist doch schon klar, daß der Mensch nicht kraft seiner Freiheit, sondern kraft seiner Unfreiheit von der Natur vom Schicksal abweicht und dem Zufall Macht über sich gewährt. *Fortuna* lenkt das Menschenleben „ohne jeden Plan“, liegt aber selbst nicht im Plan der Natur.

Der Abfall von der Natur

Über den Plan der Natur schrieb Seneca in seinen naturphilosophischen Büchern, über den Abfall von der Natur schrieb er ausführlicher in anderen Zusammenhängen, vermutlich aber ungefähr zur gleichen Zeit.

In der Tragödie von Phädra, die in wütender Lust zu ihrem Stiefsohn Hippolyt entbrannt ist, versucht ihre Amme, ihn zu überreden, Phädra zu Willen zu sein. Sie fordert ihn auf, sich des Lebens zu freuen, solange er noch jung sei, und unter Leben versteht sie in diesem Fall am ehesten das Geschlechtsleben: Ohne Venus gäbe es ja gar kein Leben, und da die Liebesgöttin in der Stadt eifriger verehrt wird als auf dem Lande, kommt es zu ihrem Ausspruch: Folge der Natur, geh in die Stadt, suche Gesellschaft! – und das fordert Hippolyt, der nicht Venus, sondern die keusche Diana, die Göttin der Jagd, verehrt, heraus. Er verabscheut das Leben in der Stadt, wo man sich hinter tausend Säulen verschanzt und bei dem kleinsten Geräusch zusammenzuckt und wo man das Blut von hundert Ochsen die frommen Altäre überströmen läßt; in der Natur verteidigt man sich nur gegen die wilden Tiere, dort sucht man sein Versteck unter alten Bäumen, deren Zweige im Winde beben, die jedoch nichts zu verstecken und vor nichts zu beben haben, dort trinkt man nicht aus Goldbechern, sondern aus der hohlen Hand, und den Hunger stillt man mit den Früchten und den Beeren der Bäume. So lebten, meint Hippolyt, die Menschen des ersten Zeitalters, zusammen mit den Göttern; sie kannten nicht die blinde Gier nach Gold, sie sandten keine leichtgläubigen Schiffe auf fremde Meere hinaus, sondern hielten sich an ihre eigenen Gestade; sie befestigten keine Städte mit Wällen und Türmen und umfaßten nicht mit Mörderhand grausame Waffen, sie schleuderten nicht mit Wurfmaschinen Felsengestein gegen Stadttore, die Erde war nicht Herren und pflügenden Ochsen unterworfen, sondern ernährte mit ihrer Fruchtbarkeit anspruchslose Geschlechter, die Wälder boten ihnen ihre Schätze und ihren Schutz. Doch der Pakt wurde aus schändlicher Profitgier, kopfloser Aggression und fleischlicher Begierde gebrochen; die Blutgier nach Macht machte die Kleinen zur Beute der Großen, und Macht galt vor Recht. Der kriegerische Mars erfand neue Künste und tausend Arten zu sterben, das Blut ergoß sich über die Länder und färbte das Meer rot. Das Verbrechen hielt seinen Einzug in den Häusern: kein Verbrechen, das nicht begangen wurde, Bruder fiel durch den Bruder, Vater durch den Sohn, Gatte durch die Gattin, Mütter töteten ihre eigenen Kinder.[17]

Hier macht sich Hippolyt Hesiods alten Mythos vom goldenen Zeitalter zu eigen. Daß Seneca dies ebenfalls tat, geht aus seinem 90. Brief hervor, in dem er ungefähr das gleiche schrieb: ,,Welches Geschlecht war glücklicher als jene (ersten) Menschen? Gemeinsam genoß man die Gaben der Natur: wie eine Mutter sorgte sie für den Schutz aller, sie war die Bürgschaft für den sorgenfreien Besitz des gemeinsamen Reichtums ... Da brach in diese aufs glücklichste eingerichtete Welt die Raffsucht ein: sie war es, die manches dem Gemeinbesitz raubte und in ihr Eigentum überzuführen strebte; sie entfremdete alle einander und setzte an die Stelle unermeßlichen Gemeinbesitzes eng begrenztes Eigentum. Die Raffsucht brachte die Armut hervor, und in ihrer wilden Gier nach mehr verlor sie alles. Mag der Mensch jetzt noch so sehr streben, den alten Verlust auszugleichen, mag er Felder an Felder reihen, den Nachbar mit Preissteigerung oder Gewalt von Haus und Hof treiben, mag er seinen Grundbesitz ausweiten bis zur Provinzgröße und nur das als wahren Besitz bezeichnen, was lange Reisen erfordert: keine noch so unmäßige Erweiterung von Grund und Boden wird uns zurückführen an unseren Ausgangspunkt."[18]

Dieser Abfall von der Natur, der Übergang von den ersten zu den letzten Zeiten, den Seneca hier zu erklären sucht, läßt sich mit dem Sündenfall vergleichen, der in der christlichen Begriffswelt einen wichtigen Platz einnimmt. Die fleischliche Begierde, dort das eigentlich Sündhafte, wird von Hippolyt zwar unter den Ursachen erwähnt, das aber vor allem, weil es speziell für ihn (der von seiner Stiefmutter begehrt wird) ein Greuel ist; in seinen philosophischen Schriften mißt Seneca ihr nie die gleiche Bedeutung zu wie den beiden anderen unseligen Affekten, der Habsucht und der Rachsucht.

Neben der Begierde führt im Mythos vom Sündenfall das Wissen um Gut und Böse dazu, daß die ersten Menschen ihre natürliche Unschuld verlieren und die Erde verflucht wird. Entsprechend schreibt Seneca, die ersten Menschen seien besser gewesen als die letzten, weil sie das Böse nicht gekannt hätten; aber es ist ein großer Unterschied, ob man die Sünde nicht kennt oder nicht sündigen kann, denn letzteres erfordert Weisheit. Und der Mensch ist nicht weise von Natur; es ist klar, daß auch der Mensch ein Tier wäre, wenn er von Natur aus wäre, was er ist[19] – und es nicht erst kraft seiner Freiheit und seiner Vernunft werden sollte. Während der Mensch in der christlichen Auslegung des Mythos vom Sündenfall kraft seiner Freiheit fehlt, tut er das bei Seneca kraft seiner Unfreiheit – es bleibt ihm noch immer die Möglichkeit der Freiheit (zur Weisheit), während er nach christlicher Auffassung auf die Gnade des Herrn angewiesen ist; so wandte beispielsweise Lactantius ja gegen Seneca ein (S. 191), daß das Wissen um das Gute nicht das Gute selbst sei.

Der Widerspruch, den christliche Denker nicht richtig haben auflösen können, nämlich daß die Menschen aus eigenem freien Willen sündigen und daß sie es *alle* tun, dieser Widerspruch läßt sich letzten Endes nur in der (Sünden-)Erkenntnis aufheben, daß der Mensch von Natur aus verderbt *ist.* Bei Seneca entspringt die Verirrung fehlender Einsicht, nicht nur bei den ersten unschuldigen Menschen, sondern auch bei den letzten, die auch nicht weise geboren werden und sich um so leichter verirren, je verirrter ihre Zeit ist. Unter den herrschenden Verhältnissen ist „das Gute schwer zu finden, es bedarf eines Führers und Wegweisers, das Böse lernt sich auch ohne Lehrer". Seneca mußte ja erkennen, daß er selbst den rechten Weg erst spät gefunden hatte, allem Anschein nach mit der Hilfe des Demetrius, dessen „kynische" Anschauungen Senecas ausgeprägten Kulturpessimismus geprägt zu haben scheinen.

Recht besehen ist es erstaunlich, daß Seneca, während der Glanzzeit des römischen Reiches, nicht das Gefühl zu haben scheint, die Römer hätten es so herrlich weit gebracht. Zwar konnte er in bezug auf die Naturforschung optimistisch sein und voraussehen, daß unsere Nachkommen „sich wundern werden, daß wir so offenbare Dinge nicht gewußt haben",[20] aber es kam ihm nicht in den Sinn, daß sich diese Forschung in technischen Fortschritt umsetzen lasse; dagegen ahnte er, daß Wissen auch schaden kann, und zitierte Demetrius in diesem Sinne: „Es wird dir nicht viel schaden, wenn du liegenläßt, was zu wissen teils unmöglich, teils unnütz ist. Tief verhüllt liegt die Wahrheit im Verborgenen. Aber wir können uns nicht über die Mißgunst der Natur beklagen, da kein Gegenstand schwer zu erforschen ist, es sei denn, seine Erforschung zeitige keine anderen Ergebnisse als eben seine Ergründung; alles, was uns besser und glücklicher machen kann, liegt entweder direkt vor unserer Nase oder auf der Hand."[21] Seneca bekennt sich einerseits zu einer „Grundlagenforschung", die sich damit beschäftigt, wie die Dinge geschehen, und lehnt eine „Zweckforschung" ab, die ihre Anwendbarkeit untersucht; andererseits lehnt er unnütze Gelehrsamkeit ab, denn wesentlich ist nicht, daß wir klüger, sondern daß wir besser werden. Doch ist das eine durch das andere bedingt, denn die Seele wird durch die Naturbetrachtung gestärkt. Die praktische Wirkung der Naturerkenntnis besteht für Seneca in ihrer Wirkung auf die Seele: in allem, was wir tun und sagen, muß etwas Nutz- oder sogar Heilbringendes *(salutare)* liegen.

Gesagt, getan: alle seine Naturbetrachtungen nimmt Seneca zum Anlaß für moralische Betrachtungen, die zuweilen ein wenig kleinkariert wirken können, so wenn ihn beispielsweise die Spiegelung des Sonnenlichts im Regenbogen dazu bringt, den menschlichen Mißbrauch von Spiegeln im Dienste der Eitelkeit und Obszönität zu tadeln, oder wenn er darüber spottet, daß Schnee und Eis (im heißen Rom!) zur Kühlung von Getränken mißbraucht würden[22] – Nero selbst hatte eine berühmte *decocta* erfunden: gekochtes eisgekühltes Wasser mit verschiedenen Zusätzen!

Doch die Perspektive der Kritik erweitert sich, wenn er fragt, wozu dieser Einfallsreichtum dienen solle, und antwortet: dazu, eine Handelsware aus dem Wasser zu machen, das die Natur allen Menschen und Tieren kostenlos zur Verfügung gestellt hat. Von Natur aus sind die Menschen gleichgestellt, aber die natürlichen Güter haben die Reichen zu Waren gemacht, und nun gilt nichts als gut, was nicht teuer ist, so daß zu bedauern ist, daß Luft und Sonnenlicht nicht auch für Geld zu erwerben sind. Auch die Winde, die Gott geschenkt hat, „damit sie über gesunde Verhältnisse in der Luft und auf der Erde wachen, die Wasser des Regens herbeirufen oder unterdrücken und den Saatfeldern und Früchten der Bäume Nahrung verschaffen sollten",[23] haben wir Menschen mißbrauchen gelernt; jetzt treiben sie unsere Kriegsflotten vorwärts und helfen uns, von unseren Mitmenschen zu erobern, was allen gemeinsam sein sollte, und dafür opfern wir so viel, wie wir nie für den Frieden opfern würden. Das Nutzbringende und Lebensnotwendige in der Natur kann allmählich nur schwer all das aufwiegen, „was der Wahnsinn des menschlichen Geschlechts zu seinem eigenen Verderben ersinnt,"[24] sagte Seneca und dachte dabei nicht an die Kernenergie, sondern an die Windenergie.

Erfinden und ersinnen tut wohlgemerkt nicht die Vernunft, *ratio,* sondern die Begierde, *luxuria,* und die Tollheit, *dementia*! Seneca muß sich hier von seinem unmittelbaren stoischen Vorgänger innerhalb der Naturphilosophie, Poseidonios, distanzieren, der (um 100 v. Chr.) behauptet hatte, die praktischen Fertigkeiten seien von Weisen erfunden worden, die sie daraufhin kleineren Geistern überlassen hätten. Nein, sagt Seneca, alle die praktischen Fertigkeiten und Künste, die in den Städten florieren und sie mit Lärm erfüllen, die sind von denen erfunden, die ein Interesse an ihnen haben, was bei Weisen nicht der Fall ist; vieles ist ja erst in unserer eigenen Zeit erfunden worden, Scheiben (aus Marienglas) und Heißwasserrohre in den Wänden und Stenographie, alles Luxus, der nicht auf die Philosophie, die auf dem Thron sitzt, sondern auf die niedrigsten Sklaven zurückzuführen ist.[25]

Wenn Seneca verächtlich von den Sklaven spricht, dann spricht er wohlgemerkt im übertragenen Sinne, nämlich von denen, die im Gegensatz zu den Philosophen Sklaven *ihrer Begierde* sind. Zwar war es in Rom wie in Griechenland üblich, die städtischen Gewerbe als ,,Sklavenarbeit" zu verachten, ob diese nun von Sklaven oder von freien Handwerkern ausgeführt wurde. Aber diejenigen, die auf die Produktion herabsahen, waren die kapitalstarke Minderheit, die die Produkte abnahm und Aktien in den Betrieben hatte oder sie besaß. Es gab, wie bereits erwähnt, kein großes Publikum für eine Massenproduktion von Verbrauchsgütern, sondern ein kleines kaufkräftiges Publikum für Luxuswaren, die aus eben diesem Grunde mit immer größerer Findigkeit ,,erdacht" werden mußten. Wenn man in Petronius' ,,Satyricon" von dem verschwenderischen Gastmahl des Trimalchio liest (bei dem der Erzähler im übrigen zum erstenmal pulverisiertes Marienglas als Fußbodenschmuck erlebt),[26] dann muß man Seneca recht geben, wenn er meint, daß es die *luxuria* sei, die erfinderisch sei. Trimalchio war zwar als freigelassener Sklave ein Emporkömmling, aber als Genießer des Lebens betrachtet waren und blieben die Römer insgesamt Emporkömmlinge, die es nie lernten, Qualität höher zu schätzen als Quantität. Will man den Berichten der Geschichtsschreiber glauben, dann ging es bei den Gastmählern der Kaiser nicht stilvoller zu als bei Trimalchio. Von Neros ,,Schiedsrichter des guten Geschmacks" *(arbiter elegantiae),* der vermutlich derselbe Petronius war wie der Verfasser des ,,Satyricon", behauptet Tacitus ausdrücklich, daß er im Gegensatz zu anderen wohlhabenden Römern ein ,,Sachverständiger in den Fragen des Lebensgenusses"[27] gewesen sei.

Senecas halbmythische Erklärung des Abfalls von der Natur war nicht ohne Berührung mit den historischen Tatsachen: Es war buchstäblich die private Aneignung des ,,ungeheuren Gemeinbesitzes", des *ager publicus* (vgl. S. 41), die den Prozeß auslöste, durch den die Reichen reicher und immer mehr Menschen arm wurden und der das große arbeitslose Proletariat, das große Problem der römischen Innenpolitik, schuf. Selbst diejenigen, die das Problem sahen, sahen keine andere Lösung als die der Gracchen. Aber die Errichtung von Kolonien war keine Lösung mehr, denn der Import von billigem Getreide machte die kleinen Höfe unrentabel, und die Verteilung von billigem Getreide und anderen Lebensnotwendigkeiten an die Besitzlosen erhielt zwar diese, aber auch das Problem am Leben. Die Möglichkeit, ihnen in den Städten Arbeit zu verschaffen, gab es nicht, weil es den großen Mittelstand, der eine große Produktion hätte abnehmen können, nicht gab und weil die großen Häuser mit ihren Sklaven, Freigelassenen und Klienten noch immer bis zu einem gewissen Grad Selbstversorger waren. Die römischen Schriftsteller konnten das Verhängnisvolle dieser Entwicklung sehen, dieser Entwicklung, die für sie den Charakter eines moralischen Verfalls, eines Abfalls von der Natur, hatte; gerade deshalb konnten sie keinen anderen Weg vorwärts sehen, sondern nur einen Weg zurück – zur ,,Natur".

Über den Übergang von der Urgesellschaft zur Sklavenhaltergesellschaft schrieb Friedrich Engels etwa so wie Seneca über den Übergang vom goldenen zum eisernen Zeitalter: ,,Es sind die niedrigsten Interessen – gemeine Habgier, brutale Genußsucht, schmutziger Geiz, eigensüchtiger Raub am Gemeinbesitz – die die neue, die zivilisierte, die Klassengesellschaft einweihen ..." So wird er im Lehrbuch ,,Grundlagen des Marxismus-Leninismus" zitiert, wo es dann weiter heißt: ,,Und dennoch bedeutete die Sklavenhalterordnung einen großen Fortschritt in der Entwicklung der Menschheit. Die gesellschaftliche Arbeitsteilung vertiefte sich, es kam zur Arbeitsteilung zwischen der Landwirtschaft und dem städtischen Handwerk, aber auch zwischen den verschiedenen Zweigen des Handwerks ... Der Einsatz großer Massen von Sklaven ermöglichte den Bau von Dämmen und Bewässerungssystemen, von Straßen und Schiffen, von Wasserleitungen und großen Bauten. Die Ausbeutung der Sklaven gestattete die Befreiung eines Teils der Mitglieder von der unmittelbaren Teilnahme an der Produktion und schuf damit die Voraussetzungen für die Entwicklung von Wissenschaft und Kunst."[28]

Seneca kannte nur im Bereich des Humanen Kriterien für einen Fortschritt. Wenn er ganz selten einmal von dem Wort Gebrauch macht, dann zur Bezeichnung für den ,,Fortschritt der Seele".[29] Für ihn war eine durch die ,,niedrigsten Interessen" bedingte und sie bedingende Entwicklung von Übel. Er würde den marxistisch-leninistischen Entwicklungsoptimismus also nicht teilen können, nicht einmal im Namen von Wissenschaft und Kunst. Auch die bildende Kunst zählte er auf seine alten Tage zum Luxus, in gewissem Sinne mit Recht, da die Kunstindustrie in Rom eine der lukrativsten und spezialisiertesten war; die künstlerische Ausschmückung war in Rom verbreiteter als in irgendeiner modernen Großstadt. Die Künste, die letztlich auf das Geldverdienen hinauslaufen, hielt er für weit von der Philosophie entfernt, die allein den Menschen frei machen könne und die allein den Unterschied zwischen Gut und Böse kennt. Das Naturstudium schien ihm erst dann seinem Gegenstand Gerechtigkeit widerfahren zu lassen, wenn es um der Erhebung und nicht um des Profits willen betrieben wurde. In Senecas Abstandnehmen von einem Wissen, das nicht nützt, und von den wahnsinnigen Erfindungen der Begierde ahnt man eine Furcht vor dem Bündnis zwischen „uninteressierter" Wissenschaft und ökonomischen Interessen, das zur Triebfeder der modernen kapitalistischen Entwicklung wurde, in Rom aber nicht zustande kam. Carcopino meinte (S. 70), die Römer seien zu sehr an der Rentabilität der Dinge interessiert gewesen, um sie zweckfrei zu erforschen. Paul-Louis betonte, daß die Römer, die von Anfang an Reichtum eher erobert als geschaffen und die technischen Methoden der überwundenen Nationen übernommen hätten, dadurch „jegliche Motivation für methodische Anstrengungen" verloren hätten.[30] Beide Erklärungen finden sich bereits in der „Naturgeschichte" von Plinius (aus den siebziger Jahren): Kleine Verhältnisse spornen zur Leistung an, große zum Genuß, Überfluß stumpft den Geist ab, mehr Menschen als zuvor segeln in die Welt hinaus, aber „um des Gewinns, nicht um der Wissenschaft willen".[31]

Die Römer und die Naturwissenschaft

Die Römer waren durchaus rational, wenn es darum ging, praktische – administrative und auch technische – Probleme zu lösen, in der Theorie waren sie jedoch nicht sonderlich rational und hatten der Wissenschaft der Griechen nicht sehr viel hinzuzufügen. Seneca zitiert in seinem Werk mehr als dreißig Griechen und nur einen Römer; freilich unterschlägt er in diesem Zusammenhang den Namen Lukrez, vielleicht weil dessen Gedicht „Über die Natur" in seiner Tendenz epikureisch – und damit also auch griechisch inspiriert war. Lukrez betont in dem ersten Gesang seines Gedichts, daß die Dinge nicht aus dem Nichts geschaffen seien: andernfalls könne alles ja zu jeder Zeit und an jedem Ort entstehen, Menschen könnten aus dem Meer, Vögel aus den Wolken geboren werden, und die gleichen Bäume könnten verschiedene Früchte tragen. Lukrez hätte natürlich keinen Anlaß gehabt, das Unvernünftige derartiger Vorstellungen zu betonen, wenn sie den Römern völlig unvernünftig erschienen wären. Der Durchschnittsrömer lebte allem Anschein nach in einer Welt, in der genau genommen alles passieren konnte. Die Geschichtsschreiber versäumen es nie, von den merkwürdigen Vorfällen zu berichten, die sich ereigneten, wenn irgend etwas Besonderes (vor allem im Kaiserhaus) geschehen sollte: Frauen gebaren Tiere, Kometen zeigten sich, die Erde bebte, Blitze schlugen ein, Türen sprangen auf, Statuen brachen in Gelächter aus, Pferde vergossen Tränen usw. Dio Cassius berichtet, daß Neros Versuch, die Landenge des Peloponnes zu durchgraben, die Erde bluten und stöhnen ließ,[32] und sagt damit etwas über die Angst vor einem Eingriff in die Natur, eine Angst, die ganz gewöhnlich war, bevor die naturwissenschaftliche Einstellung siegte, – und die diese oft daran hinderte zu siegen.

Plinius, der in seiner ,,Naturgeschichte" gern als Mann der Aufklärung erscheinen möchte und sich z. B. vom Gedanken der Unsterblichkeit der Seele distanziert, akzeptiert völlig unkritisch die Berichte anderer über seltsame Wesen in fremden Ländern und betrachtet es im medizinischen Teil als ganz selbstverständlich, daß alles auf alles mögliche andere einwirken kann. Der Gedanke einer natürlichen Kausalität war für die Römer ganz einfach nicht natürlich, und der Gedanke, man könne die Natur durch Experimente und systematische Beobachtungen erforschen, kam ihnen überhaupt nicht in den Sinn. Als Beispiele für die Theorien, die Plinius sich von seinen eigenen (typisch römischen) Beobachtungen her zurechtlegen konnte, sei hier nur genannt, daß das Lachen seinen Sitz im Zwerchfell haben müsse, weil Gladiatoren lachen, wenn sie dort verwundet werden,[33] und daß eine Verbindung zwischen Auge und Magen bestehen müsse, da man sich erbreche, wenn einem ein Auge ausgestochen werde.[34] Seine Mitteilung, Delphine könnten dreißig Jahre alt werden, was man bewiesen habe, indem man ,,als Experiment" einem den Schwanz abgehackt habe,[35] ist eine Ausnahme, die die Regel bestätigt. Die Beispiele mögen andeuten, daß nicht gerade humane Gründe die Römer daran hinderten, durch Versuche an Tieren und Menschen Erkenntnisse zu gewinnen. Ein merkwürdiges Beispiel dafür, daß aufgeklärte Römer das eine so gut wie das andere glauben konnten, ist die Sache mit dem Wein in einem Faß, das vom Blitz getroffen wird. Nach Meinung von Lukrez[36] und Plinius[37] fließt er aus, auch wenn das Faß nicht entzweigeht, während er nach Senecas Meinung gerinnt und im Faß bleibt, auch wenn dieses beschädigt wird.[38]

Diese Art Beobachtung ist ansonsten selten bei Seneca, der weniger an dem ursächlichen Zusammenhang zwischen den einzelnen Phänomenen als an dem großen Zusammenhang interessiert war. Ebenso wie Lukrez sah auch er ein, daß etwas nicht aus dem Nichts entspringen kann, akzeptierte aber im Prinzip, daß alles aus allem entspringen kann, da die vier Grundelemente – Wasser, Erde, Luft, Feuer – sich nach stoischer Auffassung in ständiger Umwandlung ineinander befinden. Er suchte zwar nach den natürlichen Ursachen, verfolgte damit aber einen moralischen Zweck; eine befriedigende Erklärung war für ihn buchstäblich eine Erklärung, die der Seele Frieden verlieh. Darin unterschied er sich nicht von anderen Philosophen der Antike; selbst Demokrit, der sich mit seiner Atomlehre (die Epikur und Lukrez übernahmen) am weitesten auf eine unpersönliche, materialistische Weltauffassung zubewegte, schrieb ,,über die Gemütsruhe" als Zweck der Erkenntnis. Wir neigen dazu, den Menschen des Altertums, die zu keiner richtigen Naturwissenschaft gelangten, ein wirkliches Verhältnis zur Natur abzusprechen, doch die Sache liegt umgekehrt: sie hatten ein zu ursprüngliches Verhältnis zur Natur, als daß sie eine Naturwissenschaft hätten schaffen können.

Ursprünglich hat der Mensch wohl das Bedürfnis, die Phänomene zu interpretieren, nicht aber das Bedürfnis, den eigenen, objektiven Zusammenhang der Dinge zu erklären. Wenn die Naturwissenschaft erst in der Christenheit entstand, dann wohl, weil das Christentum mit seiner Trennung von heilig und profan, übernatürlich und natürlich die Natur von Geistern säuberte und für eine unvoreingenommene Erforschung bloßlegte, die anfangs nicht ,,uninteressiert" war, denn die mittelalterliche scholastische Weltdeutung wurde in der Renaissance für die freien Geister zu einem solchen Hemmnis, daß sie ein Wahrheitskriterium außerhalb der Offenbarung suchen mußten. Die griechischen Naturphilosophen waren nicht so durch einen autorisierten Glauben gebunden, daß ihre Auseinandersetzung mit einem primitiven Aberglauben ebenso ketzerischen Charakter angenommen hätte. Der christliche Begriff eines der Natur Böses zufügenden Sündenfalls, wärend das Böse nach Auffassung der Stoiker auf einem Abfall von der Natur beruhte, zeugt auch von einem verschärften Konflikt zwischen ,,Geist" und ,,Fleisch", zwischen Intellekt und Gefühl, der erst dazu führt, daß ein intellektuelles Bedürfnis nach Erklärung sich von dem ursprünglichen Bedürfnis nach Sinn loslöst. Im Christentum war die Erkenntnis der Natur gerade nicht *salutaris,* heilbringend für die Seele, die ihre Erhebung andernorts suchen mußte; es entstand eine Kluft zwischen (objektivem) Wissen und (subjektiver) Erhebung, während dies im Stoizismus ein und dasselbe war.

Der Dualismus von Geist und Materie, Seele und Leib, der im Christentum aufbrach, war bereits bei Platon und Aristoteles angelegt, die denn auch das mittelalterliche Weltbild prägen sollten. Die Stoiker reagierten auf den platonischen Idealismus und Dualismus; eine theoretische Voraussetzung der stoischen Ruhe war ja, daß der Mensch von Natur aus nicht mit sich entzweit, kein Schlachtfeld höherer und niedrigerer Kräfte und nicht Bürger zweier Welten, einer höheren und einer niedrigeren, ist. Für den Stoiker war alles materiell, auch die Vernunft, die schöpferische Kraft der Materie, und damit mit der Gottheit identisch. Die Stoiker mußten also nicht nur von einem Idealismus Abstand nehmen, der das schöpferische Prinzip außerhalb der Welt ansiedelte, sondern auch von Demokrits und Epikurs Materialismus, wonach die Welt aus Atomen in einem leeren Raum bestand. Für die Stoiker war es eine vermessene Annahme, das wohlgeordnete Universum verdanke seine Entstehung der zufälligen Bewegung von Atomen. Seneca schreibt empört über die Philosophen, die der Meinung sind, daß sie selbst eine Seele hätten, die voraussehen und planen könne, aber glauben, das ganze wohlgeordnete Universum sei bar jeder Vernunft, vom blinden Zufall gelenkt oder von einer Natur, die nicht wisse, was sie tue.[39] Wenn die Dinge nur aus Korpuskeln bestünden, würden sie auseinanderfallen;[40] die Vernunft, die alle Dinge durchströmt und ihnen ihre Energie und Spannkraft verleiht, läßt die Existenz eines leeren Raumes nur außerhalb, nicht innerhalb der Welt zu. Der Streit zwischen den Stoikern und Epikureern über die Beschaffenheit der Materie nimmt in primitiver Weise die moderne Diskussion über den Korpuskel- oder Wellencharakter des Lichts vorweg.

Der Biologe Jacques Monod hat in einem Buch, das passenderweise den Titel ,,Zufall und Notwendigkeit" trägt, behauptet, unser primitiver Hang dazu, uns sicher zu wissen und zu glauben, die Dinge würden durch ein höheres Prinzip gelenkt, hindere uns an einer wissenschaftlichen Lenkung der Dinge. Objektiv müßten wir erkennen, daß die Dinge nicht sinnvoll geschaffen wurden und daß wir und sie letzten Endes Produkte des Zufalls sind, unser angeborenes Bedürfnis nach Sinn lasse uns jedoch verlangen, ,,daß wir notwendig sind, daß unsere Existenz unvermeidbar und seit allen Zeiten beschlossen ist".[41] Obwohl Jacques Monod meint, ein solches Bemühen liege allen Religionen, den meisten Philosophien und einem Teil der Wissenschaft zugrunde, trifft seine Charakteristik doch am allerbesten auf den Stoizismus zu, der die Notwendigkeit als Gott verehrte und dem Zufall, *fortuna,* die Schuld an allem Bösen zuschrieb. Während der Glaube an die Notwendigkeit in Monods Augen irrational und ,,animistisch" und die Erkenntnis des Zufalls rational und wissenschaftlich ist, liegen die Dinge für Seneca eher umgekehrt: Kraft seiner Vernunft befindet sich der Mensch in Übereinstimmung mit der Natur, die ,,ihre eigene Notwendigkeit" ist, kraft seiner Affekte weicht er von ihr ab und räumt dem Zufall Macht über sich ein.

Der Begriff Vernunft, *ratio,* hat seit dem Altertum seine Bedeutung ganz deutlich verändert: Im stoischen Sprachgebrauch bezeichnet Vernunft den ganzen Menschen, im modernen Sprachgebrauch die rationale oder intellektuelle Seite im Unterschied zur irrationalen oder emotionalen. In der modernen wissenschaftlichen Zivilisation ist der Konflikt zwischen diesen beiden Seiten laut Jacques Monod zu einer ,,Krankheit der Seele" geworden, einer Krankheit, der Seneca mit seiner Abstandnahme von einem Wissen, das nicht zu Weisheit führt, und mit seiner Distanzierung von den ,,wahnsinnigen Erfindungen der Begierde" anscheinend vorzubeugen trachtete.

Senecas Universum

Historisch gesehen nimmt Seneca eine Zwischenstellung ein zwischen einer animistischen Haltung, die die Natur als beseelt, und einer wissenschaftlichen, die sie als entseelt ansieht. Er nahm, wie erwähnt, Abstand von der

Tendenz des ,,Altertums", in den Naturphänomenen Geister und Willensäußerungen sehen zu wollen, aber er sprach noch immer von dem ,,Willen der Natur" und von dem ,,Lebensgeist" oder der ,,Lebenskraft", die alle Dinge durchsetzt. Er setzte bereits die natürliche Kausalität gegen die primitive Teleologie und distanzierte sich so von den Etruskern: ,,Wir meinen, daß Blitze geschleudert werden, *weil* Wolken zusammenstoßen; sie meinen, daß Wolken zusammenstoßen, *damit* Blitze geschleudert werden können, denn da sie alles auf den Willen der Gottheit zurückführen, sind sie der Auffassung, daß die Phänomene nichts ankündigen, weil sie auftreten, sondern daß sie auftreten, um etwas anzukündigen";[42] er hielt jedoch an der Überzeugung fest, daß die Dinge etwas ankündigten, weil sie geschehen, weil nämlich das Ganze sinnvoll geschaffen sei. Er nahm Abstand von dem Glauben der ältesten Stoiker, die meinten, das Ganze sei um des Menschen willen erschaffen worden: ,,Nicht nämlich *wir* sind für das Weltall der Grund, Winter und Sommer wechseln zu lassen: das hat seine eigenen Gesetze, von denen Göttliches geregelt wird. Allzu hoch schätzen wir uns ein, wenn wir uns würdig genug vorkommen, daß unseretwegen so Großes in Bewegung gesetzt werde."[43] Aber er hielt daran fest, daß all dies zum Nutzen der Menschen geschehe, daß es eine Vorsehung gebe, die über unser Leben gebiete und die nicht in unser Leben eingreife, weil sie es selbst vorherbestimmt und daran teil habe.

Demokrit hatte mit seiner Theorie von der Wirklichkeit, die aus unsichtbaren Atomen besteht, die Trennung von Sein und Schein der Dinge vollzogen, die den ersten Schritt in Richtung auf ein naturwissenschaftliches Weltbild bedeutete, das nicht der erlebten Natur gleicht. Er hat diesen Widerstreit von Vernunft und Sinnen selbst formuliert: Die *Vernunft:* ,,Der gebräuchlichen Redeweise nach gibt es Farbe, Süßes, Bitteres, in Wahrheit aber nur Atome und Leeres." – Die *Sinne:* ,,Armer Verstand, von uns nahmst du die Beweisstücke und willst uns damit niederwerfen? Ein Fall wird dir der Niederwurf."[44]

Wie unnatürlich die Abstrahierung vom unmittelbaren Zeugnis der Sinne sogar für die Naturphilosophen war, sieht man daran, daß Heraklit und Epikur der Meinung waren, die Sonne habe die Größe eines Fußes. Epikur übernahm Demokrits Atomlehre, aber eben, *um* eine Erklärung für die Entstehung der Dinge zu bekommen, die furchteinflößende Götter überflüssig machte, und wenn er – im Unterschied zu Demokrit – annahm, daß die Bewegungen der Atome nicht streng determiniert, sondern zuweilen ,,zufällig" seien, dann *um* eine Begründung für den freien Willen zu bekommen; ihn trieb nicht ein Drang zu erkennen, was die Welt im Innersten zusammenhält, sondern der Drang, die Seele zusammenzuhalten. Mit dem erkenntnistheoretischen Konflikt, den Demokrit so präzise formuliert hatte, war der *theoretische* Grund für den psychischen Konflikt gelegt, der in der christlich-naturwissenschaftlichen Kultur zu der ,,Krankheit der Seele" werden sollte. Wenn man den Epikureismus und den Stoizismus auch nicht als bewußte Versuche, diesem Konflikt vorzubeugen, begreifen kann, so entstanden sie doch – im „hellenistischen" Zeitalter, als alles auseinanderfiel – als Bestrebungen, die alles zusammenhalten wollten, und da ihr Ziel die Harmonie der Seele war, war damit ihrer Naturerkenntnis eine natürliche Grenze gesetzt: nur die erbauliche Wahrheit war Wahrheit für sie, doch das war gerade nicht dieselbe, die objektive Wahrheit.

Auch in diesem erkenntnistheoretischen Konflikt zwischen Sinnen und Vernunft nimmt Seneca eine vermittelnde Zwischenstellung ein. Für ihn war der Glaube, die Dinge seien so, wie man sie sieht, ebenso verfehlt wie die Annahme, das Wesen der Dinge entziehe sich den Sinnen. Er betonte oft, daß der Schein trüge: Es scheint, als existiere der Regenbogen am Himmel, als ob die Höfe, die kleinen Ringe um die Himmelskörper, fest um sie herum säßen, als seien Sternschnuppen Sterne, aber in Wirklichkeit ist der Regenbogen ein Spiegelbild der Sonne in den Wolken, und die Höfe erscheinen nur dem Auge, und Sternschnuppen entstehen in der Luft – wären sie wirklich fallende Sterne, dann gäbe es in Anbetracht ihrer Menge keine Sterne mehr am Himmel. Wenn das Blitzfeuer in den Wolken säße, würde es jeden Augenblick blitzen; wenn es geschmolzener Schnee wäre, der den Nil ansteigen läßt, dann würde er wie die Donau im Frühjahr ansteigen, und nicht im Sommer; wenn der Wind, wie Demokrit meinte, immer dann entstünde, wenn sich viele Atome in einem leeren Raum befinden, dann würde es bei Nebel windig sein. Auf diese Weise bekämpfte Seneca die Theorien von anderen also oft mit der Logik – auch die Atomtheorie: wenn die Welt aus Atomen in einem leeren Raum bestünde, dann könnte sie nicht bestehen!

Die logische Vernunft ist jedoch ebensowenig unvoreingenommen wie der Augenschein, sie ist durch ihre Prämissen gebunden. Für Seneca war es eine grundlegende Tatsache, daß die letzten Bestandteile des Universums keine qualitätslosen Atome, sondern die vier Grundqualitäten sind: die trockene, die feuchte, die warme und die kalte, die die vier Elemente Erde, Wasser, Feuer, Luft ausmachen. Aber die Stoiker hielten an ihrem Monismus bis in die kleinsten Einzelheiten fest: die Elemente sind nicht so unterschiedlich, daß sie sich nicht durch Verdichtung und Verdünnung ineinander umwandeln könnten, alles entsteht aus allem, und alles ist eins. Für Zenon wie für Heraklit war das Urelement das Feuer, das Zenon das „künstlerisch schöpferische Feuer" nannte; der kosmische Verlauf hat gerade nicht den Charakter eines mechanischen Prozesses, sondern den einer ständigen Schöpfung. Da der Tod eintritt, wenn die Wärme den Körper verläßt, war es nur natürlich, daß man das warme Element als das lebenspendende Prinzip auffaßte, es war jedoch notwendig, daß man unterschied zwischen dem reinen Element und dem warmen Lebensgeist oder der Seele, dem Pneuma, das aus Feuer und Luft besteht. *Pneuma* bedeutet ursprünglich die eingeatmete Luft; *spiritus* bedeutet sowohl Luft als auch Atem und Geist, was von der ursprünglich materiellen Auffassung des Geistigen zeugt, einer Auffassung, an der die Stoiker festhielten. Für Seneca hält der Geist, *spiritus,* die Dinge sozusagen in Atem und verleiht ihnen ihre Spannkraft; in allen Dingen ist Luft oder Geist oder Leben oder Vernunft: das Materielle ist geistig und das Geistige materiell.

Da Seneca die „natürlichen" Ursachen auf dieser Grundlage suchte, waren seine Entdeckungsmöglichkeiten begrenzt. Schließlich läßt sich so leicht erklären, daß Regen und Blitze aus den Wolken und Flüsse und Winde aus der Erde kommen. Daß Seneca die Ursachen der Naturphänomene letztlich in den Elementen fand, hinderte ihn jedoch nicht daran, nach spezielleren Ursachen zu suchen: der Zusammenstoß von Wolken bringt Blitze hervor (eine Vorstellung von Elektrizität hatte die Antike ja nicht); die mehr oder weniger große Wärme und Reinheit der Atmosphäre bestimmt, ob das Wasser der Luft zu Regen, Schnee oder Hagel wird; unter der Einwirkung der Sonne werden die Luftströmungen zu Winden. In seinem Buch über Erdbeben referiert Seneca ganz richtig eine Theorie ihrer irdischen Ursachen, die er Anaximenes zuschreibt: den Ausschlag geben die Bewegungen der Erdschichten und vor allem ihr unterschiedliches Alter. Nichtsdestoweniger hielt er jedoch daran fest, daß „die Hauptursache von Erdbeben die Luft *(spiritus)* ist, die von Natur leicht beweglich ist und beständig den Ort wechselt".[45]

Es ist Seneca nicht besonders lieb, die Luft in der Erde mit der Luft im Bauch, die auch als Wind abgelassen werden kann, vergleichen zu müssen,[46] aber wenn es sich dabei auch nicht um genau den gleichen Vorgang handelt, so besteht zwischen dem Geschehen in der Erde und dem Geschehen in uns doch eine gewisse Ähnlichkeit; so wie wir im Fieber beben, so haben auch Erdbeben und andere Naturkatastrophen Krankheitscharakter; die Luft- und Wasseradern der Erde erinnern ja auch an die Luft- und Blutbahnen des menschlichen Körpers. Da im Universum Leben ist und dieses aus den vier Elementen besteht, muß auch in den Elementen Leben sein, das sagt einem die Logik so überzeugend, daß Seneca völlig entgegen jeglicher Alltagserfahrung behaupten muß, daß es „nicht wahrscheinlich, doch wahr" sei, daß aus Feuer Leben entstehen könne. Daß im Wasser etwas Lebenspendendes sein muß, können wir ja an dem Moos erkennen, das sich darauf bildet, aber dann muß es auch in der Luft Leben geben, und die Erde ist sowohl „Bestandteil der Welt", d. h. Element, als auch ihre *materia;*[47] das Wort kommt ja von *mater,* Mutter; so lebt in der Kosmologie der Stoiker die mythische Vorstellung der Mutter Erde weiter. Die Erde birgt die Nahrung, von der alle Lebewesen leben: die Tiere und Pflanzen – und die Sterne! Sogar die Sonne, die so viele Male größer ist als die Erdkugel, empfängt ihre Nahrung von ihr, und das ist natürlich nur möglich, weil die Erde Lebensgeist, *anima,* in sich hat und weil die „Nahrung" oder Lebensenergie wieder in die Erde zurückströmt. Wenn die Natur nur die notwendige Nahrung aufnimmt, dann ist so viel da, daß die Welt in alle Ewigkeit bestehen kann; so wie im Ei genügend Nahrung für die gesamte Entwicklung des Individuums liegt, so trägt die Welt von Anfang an den Keim für den gesamten Weltenlauf in sich.

Doch wo Leben ist, da ist auch Geburt und Tod, so auch im Universum. Im Tod lösen sich die Lebewesen in ihre Elemente auf, doch die Elemente, sozusagen das Material der Gottheit, können selbst nicht vergehen, sondern sich nur verwandeln. Der kosmische Verlauf beginnt gerade damit, daß das Ur-Element sich in die anderen Elemente umwandelt, die sich dann im Gleichgewicht befinden, bis die ,,Einheit aus Gegensätzen", die Harmonie aus Disharmonien,[48] die die Welt darstellt, gestört wird und der Prozeß in die entgegengesetzte Richtung verläuft. Zenon übernahm Heraklits Vorstellung vom Feuer als dem Ur-Element und seine Vorstellung von dem läuternden Weltenbrand, während Chrysippos Thales' Vorstellung vom Wasser als dem Anfang aller Dinge übernahm. Seneca schreibt in dem Buch über die Gewässer der Erde, daß ,,das Feuer das Ende der Welt, das Wasser ihr Anfang"[49] sei, was ihn jedoch nicht daran hindert, das gleiche Buch mit einer großartigen und detaillierten Beschreibung des Weltuntergangs als Sintflut zu beschließen. Er beginnt mit einem Anstieg der Meere, der ,,nicht das Werk der Gezeiten ist, sondern das des Schicksals, denn die Gezeiten sind der Diener *(ministerium)* des Schicksals": hinter den ,,natürlichen" Ursachen steht ja beständig der Wille des Schicksals oder der Natur oder Gottes. Die Katastrophe tritt ein, ,,wenn Gott es für gut hält, daß etwas Besseres beginne und das Alte ende" und das menschliche Geschlecht erneuert werde.[50]

Der Untergangsprozeß wird begleitet von einem moralischen Verfall, vielleicht auch – wie ein Chor in ,,Thyestes" andeutet – durch einen solchen Verfall verursacht, der sich darin zeigt, daß das Menschengeschlecht von der Natur, vom Schicksal abweicht, sich dem Zufall, *fortuna,* preisgibt und ,,an die Beständigkeit der Güter glaubt, die es *fortuna* verdankt".[51] Wenn die Güter mehr gelten als das Gute, dann steht die Welt nicht mehr, – ,,ein einziger Tag wird das Menschengeschlecht begraben; alles, was *fortuna* so lange begünstigt und über das Übrige emporgehoben hat, alle Herrlichkeit und Pracht und die Reiche der großen Völker – all dies wird die Sintflut verwüsten".[52] Und die letzten Menschen werden auf die höchsten Gipfel flüchten, ohne Hoffnung, zuletzt auch ohne Furcht, ,,Unglückliche jenseits des Gefühls von Unglück".[53] Sind aber das Menschengeschlecht und die wilden Tiere, deren Sitten es übernommen hatte, erst vernichtet, dann wird die Erde wieder aus dem Wasser emportauchen und es in seine alten Grenzen zurückdrängen, ,,die alte Ordnung wird wieder hergestellt werden. Alle Lebewesen werden wieder erstehen und die Menschen der Erde zurückgegeben werden, ohne ein Wissen um das Böse, geboren unter den günstigsten Auspizien. Doch auch ihre Unschuld wird nur so lange dauern, wie sie neu sind. Die Laster werden sich bald einschleichen. Das Gute ist schwer zu finden, es bedarf eines Führers und Beraters; das Böse lernt sich auch ohne Lehrer."[54]

Der Gedanke des ewig wiederholten Weltenkreislaufs ist der logische Ausdruck des in der Antike üblichen Widerstands gegen *das Neue,* Ausdruck einer ewigen Aufhebung der Zeit, in der immer *dasselbe* geschieht. Denn hat die Vernunft einmal eine Welt geschaffen, dann ist klar, daß sie sie das zweite, dritte, vierte Mal usw. auf genau dieselbe Weise schaffen muß. Nietzsche, der 1881 auf den gleichen alten Gedanken kam, erblickte darin den höchsten Ausdruck von Liebe zum Schicksal, *amor fati.* Seneca ging auf den Gedanken nicht näher ein.

Goethe charakterisierte in seiner Farbenlehre Seneca als Naturforscher und rühmte ihn vor allem wegen seiner ,,wirklich köstlichen Beschreibungen", beispielsweise des Nils, von Überschwemmungen und Erdbeben. Doch ihre Höhen erreicht Senecas Kunst in der Beschreibung des Weltuntergangs, und das zeugt davon, daß diese Form der Naturforschung der Dichtung näher steht als dem, was wir jetzt unter Naturwissenschaft verstehen. Goethe, der im übrigen meinte, daß Senecas ,,eigene Meinungen und Überzeugungen etwas Tüchtiges" haben, mußte ihm denn auch ein eigentliches Verhältnis zur Natur absprechen, ,,denn nicht sie interessiert ihn, sondern ihre Begebenheiten. Wir nennen aber Begebenheiten diejenigen zusammengesetzten auffallenden Ereignisse, die auch den rohesten Menschen erschüttern", also gerade Erdbeben, Blitz und Donner, Kometen u. ä.[55]

Was Goethe hier Seneca vorwirft, ist jedoch genau das gleiche wie das, was Seneca seinen Zeitgenossen vorwirft, nämlich daß sie nicht an den gewöhnlichen, sondern nur an den ungewöhnlichen Phänomenen interessiert seien: ,,Die Sonne hat keinen Zuschauer, es sei denn, sie wäre verfinstert."[56] Es lag nahe, daß Seneca vor allem die ,,Begebenheiten" herausstrich, die sein Publikum am meisten interessierten, insbesondere da es ja sein erklärtes Ziel war, sie ihres geheimnisvollen Charakters zu berauben: Erdbeben kommen nicht durch den Zorn der Götter, sondern durch Luft in der Erde, Blitze werden nicht von Jupiter ausgesandt, aber doch ,,nicht ohne Vernunft",[57] und Kometen sind keine Omina, die sich in den Wolken entzünden und wieder verschwinden, es sind nur Planeten, die unserem Horizont entschwinden.

Den wissenschaftlichsten Geist legt Seneca in dem Buch über die Kometen an den Tag. Um sich eine richtige Theorie über sie bilden zu können, müsse man zwar eigentlich alle Kometen kennen, die sich gezeigt hätten, ihre Beobachtung habe jedoch erst ,,kürzlich", d. h. ein paar hundert Jahre zuvor in Griechenland, begonnen. Doch Seneca erlaubt sich die Meinung, die Kometen folgten festen Bahnen, so wie die Planeten, ,,denn die beiden in unserer Zeit taten es",[58] nämlich der Komet, der sich vor dem Tode des Claudius gezeigt hatte, und der unter Nero, der ein halbes Jahr lang in einer regelmäßigen Bahn zu sehen gewesen war. Diese beiden Beobachtungen haben Seneca seiner Sache so sicher werden lassen, daß er mit der Wärme der Überzeugung und zuweilen dem Feuer der Entrüstung die Theorien anderer zurückweist, auch die der großen Stoiker. Zenon meinte, die Kometen hätten keine selbständige Existenz, sondern zeigten sich, wenn das Licht zweier Planeten aufeinandertreffe; Poseidonios war der Ansicht, daß die Kometen zwar existierten, aber nur kurze Zeit, da sie nur aus verdichteter Luft entstünden. Aristoteles selbst meinte nicht, daß sich die Kometen prinzipiell von anderen in der Atmosphäre entstehenden Lichtphänomenen unterschieden; es gab auch jemanden namens Artemidoros, der behauptete, das Himmelsgewölbe sei eine massive Decke und darüber befinde sich Feuer, das Flammen in den Weltraum schieße – was Seneca als eine „unverschämte Lüge" bezeichnete;[59] diese Theorie widerlegen zu wollen, heiße „mit der Luft kämpfen" wie die Athleten während des Trainings. Seneca war nicht der erste, der die Kometen als Planeten auffaßte, die Pythagoreer hatten das gleiche getan, in diesem Punkt aber benutzte Seneca seine Vernunft, um das Zeugnis seiner Augen gegen die Autoritäten Aristoteles und Poseidonios zu verteidigen. Ptolemaios, dessen Auffassung bis zu Newton galt, tat das Gegenteil hundert Jahre nach Seneca, der in diesem Zusammenhang im übrigen auch die Frage stellte, ob sich das Universum um die Erde drehe oder die Erde auf- und untergehe, ohne daß er es jedoch wagte, die Frage zu beantworten.

Doch Seneca ist, wie Goethe schreibt, „höchst liebenswürdig in seinem Vertrauen auf die Nachwelt".[60] Gerade in dem wissenschaftlichsten seiner naturphilosophischen Bücher verrät er einen bemerkenswerten Glauben an den Fortschritt der Forschung: Einmal wird einer kommen, der die Natur der Kometen erklärt, prophezeit er: „Es wird eine Zeit kommen, wo unsere Nachkommen sich wundern werden, daß wir so offenbare Dinge nicht gewußt haben." Und ungefähr gleichzeitig schreibt er in seinem 64. Brief: „Noch immer bleibt viel zu tun und wird es bleiben, und keinem nach tausend Menschenaltern geborenen Nachfahren wird die Gelegenheit fehlen, immer noch etwas hinzuzutun."[61]

Dieser Forschungsoptimismus reimt sich schlecht auf den Kulturpessimismus und die Untergangsstimmung, die in Senecas späteren Werken ebenfalls ausgeprägt sind. Wenn man noch tausend Menschenalter zu etwas hinzutun kann, dann kann der Weltuntergang nicht unmittelbar bevorstehen. Mythos und Phantasie sind eine Sache, Geschichte und Wissenschaft eine andere. Doch für Seneca war der Unterschied nicht so groß, und wenn er, zweifellos ausgehend von seinen eigenen historischen Erfahrungen, einen mythischen Untergang und außerdem, ausgehend von seinem Erkenntnisdrang, unendliche wissenschaftliche Fortschritte prophezeite, dann hatte er Grund zu beidem: Das Reich des großen Volkes, und das war ja fast die ganze Welt, ging tatsächlich unter, bevor einer kam, der die Bahnen der Kometen erklärte.

IX. Die Tragödie

Selbstbeherrschung und Ekstase

Der Stoiker wollte in Übereinstimmung mit der Natur leben, aber ist das Stoischsein natürlich? Die Kritiker des Stoizismus haben die stoische Ruhe als eine neurotische Schutzmaßnahme gegen die soziale Wirklichkeit aufgefaßt und „Apathie" mit Gefühllosigkeit und nicht mit Affektfreiheit übersetzt. Doch obgleich man bereits in der Antike diskutierte, ob der stoische Weise in Wirklichkeit überhaupt jemals existiert habe, blieben die Stoiker dabei, daß er allein sich natürlich benehme, und äußerten sich damit recht kritisch über die Gesellschaften, in denen das Weisesein nicht gerade normal war. Es ist seitdem nicht normaler geworden, aber zwischen Senecas Porträt des Weisen und der Schilderung des Normalen, die man in Arthur Janovs „Urschrei", dem letzten Schrei innerhalb der modernen Psychologie, nachlesen kann,[1] besteht eine überraschende Verwandtschaft; und natürlich besteht eine entsprechende Verwandtschaft zwischen dem Neurotiker, der seine eigenen Kräfte gegen sich wendet und Spannungen statt Gefühle hat, und dem Toren, von dem die Stoiker sprachen. So wie Janov betont, daß der Mensch entweder normal oder neurotisch und kein Zwischending sei, so betonten die Stoiker, daß der Mensch entweder weise oder töricht sei; zwar kann der Tor nach Weisheit streben und ist dann nicht ganz töricht, doch solange seine Ruhe mühsam erkämpft ist, ist sie gerade künstlich und nicht natürlich. Weise zu werden ist schwer, aber es zu sein ist nicht schwer; es ist, wie Seneca zu den Toren sagt, viel schwerer, das zu tun, was ihr tut. Der Tor, der Neurotiker, leidet an einem inneren Mangel und kann deshalb nie genug bekommen. Er ist beständig mit sich selbst beschäftigt, weil er nicht er selbst ist; der Weise hat genug und hat deshalb etwas zu geben, er leidet nicht an sich selbst und kann deshalb etwas für andere empfinden.

Doch in einer Gesellschaft, die nicht so weise eingerichtet ist, daß sich das psychisch Normale in Übereinstimmung mit den herrschenden Normen befindet, ist, wer sich natürlich verhält, besonders ausgesetzt und benötigt die psychische Verteidigung besonders, die, wenn sie sich als Verteidigungsmechanismus festsetzt, die Seele neurotisch macht. Seneca spricht am Schluß seiner Schrift „Über die Seelenruhe" von der Spannung, in der wir leben, „wenn wir so oft uns eingeschätzt meinen" wie wir uns betrachtet fühlen, und über die Gefahr der Verachtung, „wenn alles allen offensteht: es gibt nämlich Menschen, die verachten, was immer sie aus größerer Nähe kennengelernt haben". Doch „besser ist es, wegen schlichter Natürlichkeit verachtet als von ständiger Verstellung gequält zu werden".[2] Gerade weil es nicht von selbst kommt, daß der Mensch er selbst ist, ist eine (stoische) Lebenskunst und Lebensphilosophie vonnöten, die das Gleichgewicht zu finden versteht, das Gleichgewicht zwischen Geselligkeit und Einsamkeit, zwischen Aktivität und Kontemplation, Angespanntheit und Zerstreuung. Seneca versucht in „Über die Seelenruhe" Serenus den Weg zu einem solchen Gleichgewicht zu zeigen; als Gegengewicht zu den traditionelleren stoischen Vorschriften spricht er im letzten Abschnitt von der natürlichen menschlichen Neigung zu Spiel und Scherz. Sogar Cato war ja (von Julius Cäsar!) der Trunkenheit bezichtigt worden – das sollte in den Augen der Leute Cato nicht sinken, sondern den Rausch steigen lassen. Ja, natürlich soll man sich davor hüten, der Seele eine schlechte Angewohnheit zu geben, aber ab und zu muß sie auch einmal ausgelassen über die Stränge schlagen und die trübsinnige Nüchternheit für eine Weile ablegen dürfen. Den Gott des Weines nennt man ja *Liber,* d. h. „frei", weil er die Seele befreit und belebt. Seneca fährt fort, indem er die Worte des griechischen Dichters zitiert: „Manchmal ist auch von Sinnen zu sein angenehm", und als spräche er aus eigener poetischer Erfahrung, fügt er hinzu: „Nicht kann etwas Großes und über die übrigen hinaus sprechen die Seele, wenn sie nicht bewegt ... Nicht kann sie etwas Hohes und schwer Zugängliches erreichen, solange sie bei sich ist ...".[3]

Wenn Seneca dies auch besonders im Hinblick auf den Dichter schreibt, so mag darin doch eine allgemeinere Wahrheit liegen, daß der Mensch zuweilen außer sich sein muß, um ganz bei sich sein zu können. Über den Menschen der Stammesgesellschaft schrieb Mircea Eliade (S. 13f.), daß er erst dann wirklich er selbst war, wenn er außer sich war, wenn er aus der „profanen" Zeit heraus- und in die mythologische Zeit eintrat und „im Augenblick wichtiger Rituale und Handlungen" vorgeschriebene Handlungsmuster wiederholte und sozusagen im Namen aller eine Rolle spielte.[4] Hier hat man den Ursprung des Dramas im kultischen Drama zu suchen: wenn der Schauspieler sich Maske, Kostüm und Kothurne anzieht, hebt er sich aus der Zeit in die All-Zeit, führt stellvertretende Handlungen aus und nimmt stellvertretende Leiden auf sich; das Publikum nimmt geistig – und also nicht mehr körperlich – an dem Drama teil; was der Dichter sich eingeben ließ, als er außer sich war, wird vom Schauspieler an das Volk weitergegeben. Am kultischen Drama konnte der gesamte Stamm aktiv teilnehmen, um das Drama im Dionysostheater von Athen konnte sich das ganze Volk noch vereinen.

In Rom war es schwieriger, die gesamte Millionenbevölkerung zu vereinen, und unmöglich, sie um einen geistigen Gehalt zu einen. In der stark klassengeteilten und arbeitsteiligen Gesellschaft kann sich die „kunstlose Natürlichkeit" nur schwer gegen die „äußere Rolle" durchsetzen; das Individuum ist in seiner sozialen Rolle gerade nicht es selbst, sondern eher dann, wenn es sie losläßt, wie bei den Saturnalien, die jedoch eher den Charakter von Karneval und Zerstreuung als von Kult und Sammlung hatten.

Doch beides, das individuelle Bedürfnis nach Ekstase und das soziale Bedürfnis nach Sammlung, muß sich in der größeren Gesellschaft, wo diese Bedürfnisse schwerer zu befriedigen sind, stärker aufdrängen. Die Staatsreligion, ins System gebrachte Gottes- und Obrigkeitsfurcht, barg keine ekstatischen Möglichkeiten; die einzelnen wandten sich den Mysterienreligionen zu, die Vielen den öffentlichen Spielen, den *ludi,* deren Zahl ständig anwuchs, so daß es zu Neros Zeit ebenso viele Fest- wie Werktage gab. Bereits die Zahl der Feste sagt etwas über ihren fehlenden Gehalt aus und über das bewußte Bestreben von seiten der Machthaber, das Volk in Atem zu halten. Jedes glückliche Ereignis im kaiserlichen Hause oder im Felde gab Anlaß zu neuen Festen. Viele der alten Feste enthielten einen ,,mythischen" Kern, die Vielen aber fühlten sich von den groben Belustigungen angesprochen. Die römische Ekstase war Zügellosigkeit, nicht Identifikation mit mythischen Helden, sondern mit Wettrennfahrern, Gladiatoren, Pantomimetänzern und, wenn es hoch kam, mit dem Kaiser. Als Zuschauer bei den Spielen nämlich hatte das Volk die Ehre, mit dem Kaiser zusammenzusein, der – mangels ernsthafter äußerer Feinde, gegen die das Volk zusammenstehen konnte – das Volk als seine ,,Klienten" um seine Person vereinen mußte; das Fehlen eines Kults, der tiefere Bedürfnisse zu befriedigen vermochte, machte den Kaiserkult zu einer politischen Notwendigkeit, und Neros Wunsch, vor dem Volk als Held auftreten zu können, damit sein Zusammengehörigkeitsgefühl mit ihm nur um so stärker würde, konnte durchaus politische Motive haben.

Das römische Theater

Neben dem Amphitheater mit seinen Kampfspielen und dem Zirkus mit seinen Wettrennen konnten auch die Theater mit ihren friedlicheren Schauspielen ein großes Publikum anziehen. Seneca berichtet, daß die drei Theater zu gleicher Zeit voll besetzt waren, doch obwohl sie 60000 Menschen aufnehmen konnten, so war das (nach den Berechnungen von Carcopino)[5] doch nur ein Fünftel der Kapazität des Zirkus. Man gab keine Abendvorstellungen wie in modernen Großstädten, die Vorstellungen begannen am Morgen im Zusammenhang mit einigen der öffentlichen *ludi,* also nur während begrenzter Zeiträume. Die Beamten, denen die Ausrichtung der Veranstaltungen oblag, hafteten für das Defizit; die Theaterleiter, die sie engagierten und die die Stücke auswählten, bekamen die Autorenhonorare[6] nur dann ersetzt, wenn die Stücke Erfolg hatten. Das ermutigte nicht zu Experimenten, sondern bestärkte die eingefleischte Tendenz, die Altes Neuem vorzog.

In Rom war das Schauspiel nicht aus einem alten Kult hervorgegangen, es war – wenn man denn den Worten des Titus Livius[7] glauben darf – aus Etrurien importiert worden, freilich zu religiösen Zwecken, als Mittel, das den Zorn der Götter abwenden sollte, der sich im Jahre 364 v. Chr. in einer Pestepidemie geäußert hatte. Das war, schreibt Livius, etwas völlig Neues für das kriegerische Volk, das bis dahin nur die Vorstellungen im Zirkus gekannt hatte. Die ersten Schauspiele bestanden nur aus Tanz zu Flötenbegleitung und vermochten weder den Körper von der Pest noch das Gemüt von Furcht zu befreien, doch Livius meint an den gesunden Beginn der jetzigen Theaterverrücktheit erinnern zu müssen. Erst viele Jahre später wagte Livius Andronicus, ein Grieche, der auch Homer ins Lateinische übersetzte, in das Schauspiel eine Handlung einzuflechten, schreibt Livius, der auf diese Weise eine organische, „einheimische" Erklärung für die Entstehung des lateinischen Dramas zu geben versucht. Es ist jedoch wahrscheinlich, daß die ersten Tragödien und Komödien, die Livius Andronicus auf die Bühne brachte und in denen er selbst auftrat, Übersetzungen aus dem Griechischen waren und daß ihre Aufführung Teil einer bewußten römischen Kulturpolitik war, zu einem Zeitpunkt nämlich, als Rom nach seinem Sieg im ersten Punischen Krieg (241) dem Reich Sizilien, und damit eine zahlreiche griechische Bevölkerung, einverleibt hatte. Während der gesamten Expansionszeit bemühte man sich sehr, die nach außen errungenen Siege auch im Inneren zu erringen und die Römer auf das kulturelle Niveau der Griechen zu bringen. Die große Zeit des römischen Dramas fällt in diesen Zeitraum. Es war und blieb griechisch beeinflußt, entwickelte sich jedoch von primitiven Anfängen auf improvisierten Holzbühnen eher zu Ausstattungsstücken hin, die erst in den großen Steintheatern, die gegen Ende der Republik und zu Beginn des Prinzipats gebaut wurden, zu ihrem Recht kamen. Da das Drama aber von der Gnade des großen Publikums leben mußte, starb es – die letzte bekannte Aufführung einer neuen Tragödie fand unter Augustus statt; die Komödie wurde vom *Mimus,* die Tragödie vom *Pantomimus* verdrängt.

Der Mimus hatte seinen Ursprung in volkstümlichen Gaukler- und Akrobatenkunststücken, er erforderte keine aufwendige Ausstattung und ließ sich überall aufführen, wurde aber bereits vor 200 v. Chr. in einen der großen *ludi* aufgenommen und fand seinen Weg auch in die anderen. Der Mimus hatte den Charakter einer naturalistisch-satirischen Posse, in der die Schauspieler ohne Masken auftraten und ohne die Kothurne, die für die tragische Gangart notwendig waren; die Frauenrollen wurden von Frauen gespielt, die oft in gewagten erotischen Zusammenhängen auftraten. Seneca verteidigt in gewisser Weise den Realismus des Mimus, den andere anstößig fanden, indem er betont, die Mimusdichter übergingen mehr anstößige Verhältnisse als sie erfänden,[8] was jedoch eher eine Kritik der zeitgenössischen Sitten als eine Verteidigung der Sittlichkeit des Mimus darstellt. Andererseits legt Seneca Gewicht auf den großen Beifall, den gerade die moralischen Sentenzen der Mimen beim großen Publikum auslösten; mehrmals zitiert er den Mimusdichter Publilius Syrus[9] (von dem eine lange Reihe von Sentenzen bewahrt ist) und bescheinigt ihm größeren geistigen Schwung als allen Tragödien- und Komödiendichtern.[10]

Die römische Tragödie hatte sich zu einer Art Musiktheater entwickelt; der Anführer des Chors deklamierte zu Musikbegleitung, die Schauspieler brillierten mit Soloarien, *cantica,* und wurden im übrigen als *cantores,* Sänger, bezeichnet. Zur Zeit von Augustus zogen zwei Tänzer die Konsequenz aus der Tatsache, daß das gesprochene Wort in den großen Freilichtbühnen nur schwer zu dem mehrsprachigen Publikum durchdringen konnte und schufen die Pantomime, eine Art Einmannballett, in dem der Tänzer, auch Pantomime genannt, alle Rollen des dramatischen Verlaufs darstellte, den man den Heldenmythen und oft den griechischen Tragödien entnahm. Zuweilen begleiteten Chor, Orchester und Taktschläger seine Gebärden, doch an den ergreifenderen Stellen verstummten sie und ließen seine Bewegungen für sich sprechen. Der oben erwähnte Weise Demetrius hielt nicht viel von den Pantomimen; als er aber erlebt hatte, wie der Pantomime Paris den göttlichen Ehebruch von Venus und Mars und die Reaktion aller Götter darauf darstellte, änderte er seine Meinung und sagte: ,,Ich sehe nicht nur, ich höre ja, was du tust, du kannst ja mit den Händen sprechen.“[11] Für die Dichter lohnte es sich mehr, Libretti für die Pantomimen als Tragödien zu schreiben; Ovid berichtet, seine Gedichte seien oft dem Volk vorgetanzt worden,[12] und Lukan schrieb eine lange Reihe von Libretti. Die Aggressivität des römischen Publikums verleugnete sich jedoch auch in seiner Begeisterung für die Pantomimen nicht, einer Begeisterung, die so groß war, daß Seneca die adligen Jünglinge die Sklaven der Pantomimentänzer nennen konnte;[13] als Nero im Jahre 56 angeordnet hatte, daß die Theatervorstellungen nicht mehr von Soldaten zu überwachen seien, kam es zu Streitigkeiten unter den Zuschauern, die Partei für verschiedene Tänzer ergriffen, die dann verbannt wurden, damit sie nicht ,,Zwietracht im Volke“ säten.[14]

So also war die Theatersituation, als Seneca seine Tragödien nach griechischem Muster schrieb. Die bekannten griechischen Tragödien waren anläßlich der Dionysosfeste in Athen aufgeführt worden. Dionysos erhielt auf Latein den Namen *Liber,* und Liber konnte nach Senecas Auffassung die Menschen noch immer von der trübsinnigen Nüchternheit befreien. Dabei dachte Seneca jedoch an die individuelle ,,Ausgelassenheit“, nicht an kollektive Begeisterung und Entzückung. Inwieweit Senecas Tragödien für die Bühne gedacht waren, ist umstritten, auf jeden Fall waren sie nicht für die offiziellen religiösen Feste gedacht. Ein entsprechender Unterschied besteht im Inhalt der griechischen und römischen Tragödien: die griechischen Tragödienhelden sind, auch wenn sie Herrscher sind, Repräsentanten des Menschen, Senecas Helden oder Schurken *sind* Herrscher von Beruf, Tyrannen; während das Tragische in der griechischen Tragödie (nach Aristoteles) das unverschuldete, im Los des Menschen wurzelnde Leiden ist,[15] sind die Leiden der römischen Helden im höheren Maße selbstverschuldet. Inzwischen ist das Individuum zur Macht gelangt, hat eine größere Verantwortung erhalten und sich größere Schuld aufgeladen. So wie Tacitus in seinen historischen „Jahrbüchern" die Kaiser zu Hauptpersonen machte, weil allein der Kaiser in der unfreien Gesellschaft frei war, so macht Seneca die Herrscher zu Hauptpersonen, doch ihre Freiheit ist gerade nicht natürliche Selbstentfaltung, sondern Zügellosigkeit: der Tyrann wird von seinen Affekten tyrannisiert.

Die griechische Tragödie: Schicksal und Schuld

Den Hintergrund der griechischen Tragödie bildet die moralische Krise im 7. und 6. Jahrhundert v. Chr., als die „Tyrannen" der meisten griechischen Kleinstaaten sich mit dem Volk verbündeten und die herrschenden Adelsgeschlechter entthronten. In dieser Übergangsphase von der Aristokratie zur Demokratie, von der Bauern- und Adels- zur Bürger- und Handelsgesellschaft dämmert die moralische Erkenntnis, daß zwischen den Gütern und dem Guten ein Unterschied besteht, daß Reichtum kein Beweis für die Gunst der Götter ist, daß ein Unterschied besteht zwischen ökonomischem und moralischem Verdienst. Gleichzeitig aber meldet sich der Zweifel an der Gerechtigkeit der Götter, da sie ja nicht die Guten belohnen und die Bösen bestrafen. Solange das Individuum der Sippe unterstellt war, konnte die Rechnung aufgehen, wenn man annahm, daß die Sünden der Väter an den Kindern heimgesucht würden, als aber die Gesellschaft der Sippe die Rechtshandhabung aus der Hand nahm und das Individuum für seine eigenen Handlungen verantwortlich machte, stellte sich die Frage nach Belohnung und Strafe nach dem Tode. Die Emanzipation des Individuums von der Sippe, die Auflösung der Stammesgemeinschaft ließen es für die herrschenden Tyrannen zu einem Problem werden, wie das stärker geteilte Volk um einen gemeinsamen Kult zu vereinen sei. Der Tyrann von Athen, Peisistratos, stiftete die Panathenäen und versuchte, Homer zum Volksbesitz zu machen, indem er von 566 an Wettkämpfe unter Homerrhapsoden veranstaltete, doch Homers Götter waren gerade aristokratisch und amoralisch. Die Verehrung der großen Mutter Demeter und des Dionysos, von Mysteriengöttern, die sich an den einzelnen wandten, dafür aber auch ohne Ansehen der Person und der Standesunterschiede handelten, und die Verehrung des Apollon von Delphi, der allein die Macht besaß, von der Blutschuld zu reinigen, mit der das Individuum, wie man jetzt, in der Rechtsgesellschaft, meinte, befleckt war, zeugt von dem doppelten religiösen Bedürfnis nach Hingebung und Vergebung, nach einer Sprengung der Individualität und nach einer Bestätigung ihrer Begrenzung. Beide Tendenzen machen sich in der Tragödie geltend, die mit dem Dionysoskult verbunden war und Aristoteles zufolge eine Reinigung, *katharsis,* in der Seele der Zuschauer bewirkte; *katharsis* steht dabei auch für die Reinigung von Schuld, die der Apollon von Delphi bewirken konnte.

Ganz ,,von selbst" entstand die Tragödie jedoch nicht aus dem Dionysoskult.[16] Das Dionysosfest von Athen wurde im Jahre 535 von Peisistratos als Teil einer Kulturpolitik gestiftet, die dem Volk einen anderen Sammlungspunkt zu bieten suchte als die nicht volkstümlichen homerischen Götter. Die bei dieser Gelegenheit aufgeführte Tragödie wurde von *Thespis* geschaffen und hatte in ihrem Inhalt nichts mit Dionysos zu tun; Helden, nicht Götter standen im Mittelpunkt, ihr Schicksal war es, das – um mit Aristoteles zu sprechen – den Schauder und den Jammer der Zuschauer erweckte. In dem Jahr – 510 –, als der letzte Tyrann abgesetzt wurde, hört man von Wettkämpfen unter den Tragödiendichtern. Die Teilnahme des *Aischylos* ist zum erstenmal im Jahre 500 bezeugt. Im Athen von Kleisthenes und Perikles, als sich die Entwicklung in Richtung auf einen ,,demokratischen" Rechtsstaat vollzog, entfaltete sich das griechische Drama und machte die großen zeitgenössischen Fragen nach der gerechten Einrichtung der Welt und der Verantwortlichkeit des Menschen zu seinem Hauptthema.

Ein Vergleich von Homers und Aischylos' Agamemnon mag die Haltungsänderung dieser Epoche beleuchten. Agamemnon lebt, so wie er in der ,,Ilias" geschildert wird, jenseits von Gut und Böse im moralischen Sinne, in seiner Welt besteht kein Unterschied zwischen den Gütern und dem Guten, dem Unangenehmen und dem Bösen. Die Güter sind die Belohnung der Götter, und die Götter reagieren böse, wenn sie das Gefühl haben, daß man ihnen zu nahe tritt; in Homers Welt fühlen sich beide, Götter und Menschen, außerordentlich leicht gekränkt, doch eine Vorstellung von Unrecht haben sie nicht. Ein Agamemnon kann zwar Handlungen beklagen, die Unannehmlichkeiten mit sich bringen und sich deshalb als unklug erweisen, aber ihretwegen ein schlechtes Gewissen haben kann er nicht. Agamemnon war es, der als der griechische Befehlshaber im Trojanischen Krieg den Helden Achilles beleidigte, dessen Zorn den Griechen so viel zu schaffen machte; zur Rechenschaft gezogen, erklärt Agamemnon:

,,Oft schon haben mir dieses Achaias Söhne gerüget
Und mich bitter geschmäht; doch trag ich dessen die Schuld nicht,
Sondern Zeus, das Geschick und das nächtliche Schrecken Erinnys,
Die in der Volksversammlung zum heftigen Fehl mich verblendet . . .
. . . Die Göttin wirkt ja zu allem,
Zeus' erhabene Tochter, die Schuld, die alle betöret,
Schreckenvoll . . .
Aber nachdem ich gefehlt und Zeus die Besinnung mir wegnahm,
Will ich gern es vergelten und biet unendliche Sühnung."[17]

Da zwischen Göttern und Menschen kein Wesens-, sondern nur ein Gradunterschied bestand, kam es für den Menschen darauf an, seine Begrenzung zu kennen; das ist der Sinn des Apollonwortes von Delphi: „Kenne dich selbst", und das liegt dem Nemesisglauben zugrunde: wer sich zu hoch erhebt, muß geduckt werden, denn zu großes Glück führt zu Unglück. Der Chor im „Agamemnon" des Aischylos lehnt sich gegen diesen Glauben auf und behauptet ganz im Gegenteil, daß Böses Böses erzeuge, während Gutes zu Gutem führe:

„Doch erkennt anders es mein Geist; denn des Menschen böser Wandel,
Er erzeugt andere Untat, an des Vaters Zügen kenntlich!
Doch frommen Häusern erblüht
Kinderseliges Heil stets!"[18]

Doch das Glück, das Gutes mit sich bringt und die Götter nicht herausfordert, baut gerade nicht auf die Güter, sondern auf das Gute. In der folgenden Chorstrophe wird denn auch betont, daß Dike, die Göttin der Gerechtigkeit, armselige Hütten den reichen Sälen vorzieht, und angedeutet, daß es „des Reichtums Gewalt, Von feilem Lob falsch gemünzt", sei, die Böses erzeuge, nicht weil sie den Neid der Götter, sondern weil sie niedrige menschliche Eigenschaften errege. Aber die tragischen Helden sind alle in den reichen Sälen zuhause, gehören alle den vornehmen Geschlechtern an; in *ihnen* erzeugt böser Wandel andere Untat.

Aischylos veranschaulicht dies in seinen drei Tragödien über die Nachkommen der zerstrittenen Brüder Atreus und Thyestes: Im „Agamemnon" wird Agamemnon, der Sohn des Atreus, von seiner Gattin Klytaimnestra und von Aigisthos, dem Sohn des Thyestes, ermordet; in den „Grabesspenderinnen" wird Klytaimnestra von ihrem und Agamemnons gemeinsamen Sohn Orestes ermordet; in den „Eumeniden" wird Orestes von den Rachegöttinnen verfolgt und sucht Hilfe bei Apollon, der ihm befahl, seinen Vater zu rächen, obgleich er sich durch den Mord an seiner Mutter neue Blutschuld auflud. Apollon verweist die Angelegenheit an das Gericht von Athen, wo die Göttin Athene selbst den Vorsitz führt und bewirkt, daß Orestes freigesprochen wird. Die Rachegöttinnen haben damit ihre Funktion verloren und erhalten daraufhin ihren Status als „Eumeniden", die Gnädiggesinnten, bei denen die Menschen um gut Wetter bitten können. Durch das Dazwischentreten der gerechten Götter hat die Gesellschaft der Sippe die Rechtshandhabung aus der Hand genommen.

Als Klytaimnestra vom Rächer Orestes heimgesucht wird, entschuldigt sie sich – so wie Homers Agamemnon – damit, daß „die Moira all dessen schuld" sei, und Orestes antwortet, daß die Moira dann auch diesen Mord verschuldet habe.[19] Auch für Aischylos steht fest, daß der Mensch nichts gegen den Willen des Schicksals vermag, das schließt jedoch nicht aus, daß der Mensch an seinem Schicksal schuld ist. Aischylos blieb bei dem Paradox stehen: „Verschuldung läßt Gott wachsen bald, Wenn er zu Boden schmettern will ein Haus.“ Diese Worte aus einer verloren gegangenen Tragödie haben wir von Platon, der sie zitiert, um sich davon zu distanzieren, denn „zu behaupten ..., daß Gott irgend jemandem Ursache des Bösen geworden ist, da er doch gut, dies muß man auf alle Weise durchfechten, daß es nicht jemand sage in seinem Staat, wenn er gut regiert werden soll.“[20] Der Gebrauch, den die Dichter von den alten Mythen machten, war es u. a., der sie in Platons Staat unerwünscht sein ließ.

Natürlich konnte sich Seneca ebensowenig wie Platon mit dem Gedanken versöhnen, Gott, der gut ist, könne für irgend jemanden Ursache des Bösen sein. Da aber Seneca Gott mit dem Schicksal identifizierte und der Mensch, auch nach seiner stoischen Auffassung, nichts gegen den Willen des Schicksals vermochte, stellte sich die Schuldfrage nur um so dringlicher. Senecas Bearbeitungen der griechischen Schicksalstragödien stellen ebensoviele Versuche dar, eine Antwort auf diese Frage zu finden.

„Agamemnon“ – Schicksals- oder Hoftragödie

Der „Agamemnon“ des Aischylos – 458 in Athen aufgeführt – handelt von der Heimkehr des Helden aus Troja. Bevor Agamemnon sich überhaupt auf den Weg nach Troja machen konnte, mußte er die Göttin Artemis, die alle Winde sich hatte legen lassen, so daß die Flotte nicht in See stechen konnte, versöhnen, indem er ihr seine eigene Tochter Iphigenie opferte. In Aischylos' Tragödie malt der Chor dieses grauenvolle Geschehen aus und betont, daß Agamemnon sich vergangen habe, als er sich der Göttin beugte: „Als er der unselgen Sinneswandlung nachdachte, der arg unheilgen, da ergriff er kühn allzu kühnen Vorsatz!“[21] Er hätte sich jedoch auch vergangen, wenn er sich nicht nach „Gottes Gesetz“ gerichtet hätte. Klytaimnestra heuchelt Freude über die Heimkehr ihres Gatten, ermordet ihn aber, als er wohlbehalten angekommen ist, und nimmt so Rache für den Tod ihrer Tochter. In der Zwischenzeit hat sie mit Aigisthos gelebt; da er der Sohn des Thyestes und Agamemnon der Sohn des Atreus ist, hat auch er ein gutes altes Rachemotiv für den Mord. Der Chor von Greisen geht mit den Mördern ins Gericht, Aigisthos will auch sie ermorden, aber Klytaimnestra, die im übrigen von keiner Reue weiß und die Anklage des Chors zurückweist, hat genug: „Nein, auch das noch einzumähen, allzu blutge Ernte wär's! ... nehmen müßt ihr dies, wie wir's getan!“ Der böse Rachegeist hat sein Teil erhalten, jetzt kann er sich anderen Geschlechtern widmen; aber der Chor prophezeit, daß er Orestes herbeiführen wird.

Der Chor, der in Aischylos' Tragödie am meisten zu sagen hat, denn das Wesentliche war nicht die Handlung, die alle kannten, sondern der Sinn, der schwer zu begreifen sein mochte, beklagt einerseits das böse Gesetz, nämlich daß man für Mord ermordet wird, erkennt aber andererseits an, daß dieses „stirb, wenn du tötest" Gottes Gesetz ist: in der schuldbeladenen Tat der Erde offenbart – oder verbirgt – sich eine göttliche Gerechtigkeit. Von daher gesehen können sich die Mörder freilich rechtfertigen, während der Chor die Mörder verurteilt und gleichzeitig auf Gottes Gesetz verweist, das nicht nur lautet „stirb, wenn du tötest", sondern auch „leide und lerne": das Leiden ist nicht nur eine Strafe, sondern auch ein Weg zur Erkenntnis (der Sünden). Und der Chor kann sich zu den Worten bekennen: „... es keimt wider Willen weiser Sinn. Wohl heißt streng und schonungslos der ewgen hochgethronten Götter Gunst!"

Für Seneca lag dem bösen Gesetz, daß Rache Rache erzeugt, kein göttliches Gesetz zugrunde. Als sein Ägisthus sich rühmt, er sei auf Phöbus' Veranlassung hin geboren, antwortet Clytämnestra: „Weshalb beteiligen wir die Götter an dieser Schande?"[22] Das hätte Seneca selbst sagen können.

Der Chor kluger alter Männer, der bei Aischylos über den Sinn des Lebens nachsinnt und mit den Personen des Dramas rechtet, ist bei Seneca durch zwei Chöre abgelöst worden, einen griechischen und einen trojanischen Frauenchor. In Senecas Tragödien läßt sich der Chor nur selten auf einen Dialog mit den Personen ein, deren Dialoge dafür um so mehr Platz einnehmen. Die vier Chorgesänge sind in der Regel in sich geschlossen und teilen auf diese Weise die Tragödien in fünf Teile, die man später Akte nannte. Der erste „Akt" ist oft ein Monolog, in dem das Thema angeschlagen wird. Hier ist es Thyestes, der als eine Personifikation des Rachezwangs des Tantalusgeschlechts aus der Unterwelt auftaucht und die künftigen Schrecken weissagt.[23] Die griechischen Frauen besingen in zwei Chorgesängen die Götter und Herkules, aber die Gesänge sind äußerliche Kataloge über Götter- und Heldentaten, ohne jegliche Verbindung mit dem Drama im übrigen. Dagegen enthält ihr erster, an *fortuna* gerichteter Chorgesang die Moral des Stückes. Das Mysterium im Drama des Aischylos, daß nämlich selbst das Böse nach Gottes Plan geschieht, versuchte Seneca, der den Glauben an das Schicksal bewahrte, es aber nicht für das Böse verantwortlich machen konnte, bekanntlich dadurch aufzulösen, daß er zwischen Schicksal und Zufall, *fatum* und *fortuna,* unterschied. Hieß es bei Aischylos, daß die Götter die Geschlechter schuldig werden lassen, die sie strafen wollen, so heißt es in dem Chor bei Seneca, daß alles, was *fortuna* erhoben hat, erniedrigt werden soll, die Burgen der Großen versinken unter gegenseitigen Verbrechen, *scelus alternum;* auch ohne äußeren Widerstand bricht Größe unter ihrem eigenen Gewicht zusammen, und *fortuna* erliegt ihrer eigenen Bürde. *Fortuna* vertritt also das äußerliche Glück, das die Götter herausfordert und die Menschen versucht.

Folglich interessiert sich Seneca mehr für die psychologischen Motive seiner Personen als Aischylos. Während Aigisthos in der griechischen Tragödie sich damit rechtfertigt, daß in seiner Rache eine göttliche Gerechtigkeit liege, rechtfertigt Senecas Ägisthus den Mord an Agamemnon damit, daß bei Hofe alles erlaubt sei. Clytämnestra kann nicht mit Agamemnons Vergebung rechnen, es gilt, den ersten Schlag zu führen. Während der Mord bei Aischylos nicht zur Diskussion steht, bevor er begangen worden ist, und seine Klytaimnestra keine Skrupel kennt, kann Senecas Clytämnestra stoische Sentenzen formulieren, z. B. daß dem Vergebung leicht fallen muß, der selbst der Vergebung bedarf. Sie bereut, daß sie sich mit Ägisthus auf den falschen Weg verirrt hat, weiß aber auch, daß Mäßigung im Verbrechen Torheit ist. Sie neigt dazu – was charakteristisch ist für Personen, die unsicher und selbstsicher zugleich sind – denen, die ihr widersprechen, immer das genaue Gegenteil zu sagen. Als Ägisthus sie in ihren mörderischen Absichten bestärkt, ist sie moralisch entrüstet, will ihn statt Agamemnon loswerden und sich das Leben nehmen; erst als Ägisthus sich bereiterklärt zu sterben, erklärt Clytämnestra sich bereit zu morden.

Dem Titelhelden Agamemnon fallen in diesem Drama über Clytämnestra nicht viele Worte zu; er tritt nur in einem kurzen, charakteristischen Wortgefecht mit seiner Gefangenen, der Seherin Cassandra, auf: „Keine Gefahr besteht für dich“ – „Doch große für dich.“ – „Was kann ein Sieger fürchten?“ – „Was er nicht fürchtet.“[24] Cassandra sieht nicht nur Agamemnons Tod voraus, sie „sieht“ ihn auch, obgleich der Mord hinter den Kulissen begangen wird. Im Gegensatz zu ihrer griechischen Vorgängerin ist Clytämnestra auch nach dem Mord noch genauso unversöhnlich, ihr Rachedurst ist nicht gestillt; statt dessen sieht man sie in einem erbitterten Dialog mit ihrer Tochter Electra, die Ägisthus auf ihren Wunsch hin ebenfalls töten soll, die er aber „nur“ einmauern lassen will. Das Drama klingt mit Cassandras Rachedurst aus und mit ihrer Prophezeiung des Rächers Orestes und seines Wahnsinns.

Hier finden sich keine erlösenden Worte von der zwar strengen, aber doch vorhandenen Liebe Gottes zu den Menschen. Erlösend wirkt am ehesten der Chor der trojanischen Frauen, der den befreienden Tod preist, ein friedliches Tor zu ewiger Ruhe; wer „die furchtbare Liebe zum Leben“ überwunden hat, braucht die ohnmächtige *fortuna* und den unbilligen Donnergott nicht zu fürchten, von denen die gefangenen Trojanerinnen verständlicherweise nicht so viel halten wie die griechischen Siegerinnen. Über die, die alles verloren haben, besitzt *fortuna* keine Gewalt, *fortuna,* der Zufall, erhält Gewalt über den Menschen, der – aus Machtgier oder wegen anderer Affekte – die Gewalt über sich selbst verliert. Clytämnestra beschreibt den Zustand:

„Flammen versengen mir Mark und Herz, dem Schmerz verbündet bohrt heimlich in mir der Stachel der Angst, Eifersucht pocht an meine Brust; dann wieder bedrückt meinen Sinn mit innrem Joch schimpfliche Begierde und will sich nicht bezwingen lassen: und doch empört sich inmitten dieser Gluten des besessenen Geistes, zermürbt zwar und gefesselt und ausgekämpft, die Scham. ... So habe ich die Herrschaft aus meinen Händen verloren: wohin immer Zorn, wohin Schmerz, wohin Hoffnung mich trägt, dahin werde ich fürder gehen; den Fluten habe ich mein Schiff überlassen: wo der Geist irregeht, folgt man am besten dem Zufall."[25]

Clytämnestra weiß gut Bescheid über das Böse; Senecas Personen besitzen ein moralischeres Bewußtsein als die der Griechen und ein desto schlechteres Gewissen und einen um so größeren Zynismus. Bei ihnen scheint die Erkenntnis eher zu Schmerz und Schuldbeladenheit zu führen als der Schmerz und die Schuldbeladenheit zur Erkenntnis; in Senecas „Ödipus" finden sich Ansätze zu einer Tragödie des Menschen, der mit seinem Wissen über sich selbst nicht leben kann.

Das absurde Drama des Ödipus

Die Personen der griechischen Tragödie haben ihre homerische Unschuld verloren, sie können, auch wenn sie es gern wollten, nicht dem Schicksal die Schuld geben, sondern müssen ihre eigene Schuld an ihrem Schicksal erkennen. Erst mit dieser Erkenntnis entsteht das Individuum. Doch die Götter verlieren ihre Unschuld gleichzeitig mit den Menschen: sie beladen die Menschen mit Schuld, um sie zu strafen. Es fiel Seneca, der zwar erklären konnte, weshalb die Götter die Guten Böses erleiden lassen, schwer zu akzeptieren, daß sie die Guten auch Böses *verüben* lassen, und sein „Ödipus" zeigt, welche Mühe er hatte, mit der griechischen Schicksalstragödie fertigzuwerden, deren Prototyp man im „König Oidipus" des Sophokles findet.

Apollon hat geweissagt, Oidipus werde seinen Vater ermorden und Kinder mit seiner Mutter zeugen. Oidipus erfährt selbst von der Weissagung und verläßt sein Land, um zu verhindern, daß sie in Erfüllung geht. Er kommt nach Theben, dessen König Laios kürzlich verstorben ist, und qualifiziert sich, indem er das Rätsel der Sphinx löst, als dessen Nachfolger. Er verehelicht sich mit Iokaste, der Witwe des Laios, und zeugt vier Kinder mit ihr, bevor Theben von der Pest heimgesucht wird. Die Bürger wenden sich bittend an König Oidipus, der seinerzeit die Stadt von der Sphinxplage befreite. Er verspricht, alles zu tun, um den Fluch von der Stadt zu nehmen, der in der Pest zum Ausdruck kommt (denn Krankheit wurde ja als Strafe aufgefaßt). Oidipus hat seinen Schwager Kreon nach Delphi zum Orakel des Apollon gesandt, und dieser kehrt mit der Forderung des Gottes zurück: Das Land muß sich von der Blutschuld reinigen, wenn nicht das ganze Volk umkommen soll: König Laios wurde ermordet, und sein Mörder muß bestraft werden. Oidipus verspricht, Laios zu rächen, als „wäre er mein Vater", und verflucht dessen Mörder. Der Seher Teiresias weiß, wer der Mörder ist, und läßt sich unter Druck dazu bringen, es zu verraten: es ist Oidipus selbst! Oidipus muß diese Anschuldigung natürlich als absurd erscheinen, er ahnt eine Verschwörung zwischen Teiresias und Kreon, der ja dem

Thron am nächsten steht. Iokaste sucht ihn zu beruhigen: Man soll der Wahrsagerei keinen Glauben schenken, ihr und Laios wurde geweissagt, daß ihr Sohn ihn ermorden würde, aus diesem Grund wurde der Sohn ausgesetzt, und Laios wurde von Unbekannten ermordet. Oidipus hört nun, daß das, was ihm geweissagt wurde, auch dem Sohn von Laios und Iokaste geweissagt worden ist, und erinnert sich, daß er selbst auf dem Weg nach Theben einen alten Mann, der ihm in den Weg kam, ermordet hat. In dieser angespannten Situation erhält er die Botschaft, daß sein Vater eines natürlichen Todes gestorben ist, wagt aber dennoch nicht heimzukehren und das Reich seiner Väter zu übernehmen, denn der schlimmste Teil der Weissagung droht ihm noch immer! Der Überbringer der Botschaft beruhigt ihn mit der Eröffnung, daß er nicht der richtige Sohn seiner Eltern sei; sie nahmen ein fremdes, ein ausgesetztes Kind an, weil sie selbst keine Kinder bekommen konnten. Oidipus stellt die beiden Männer, die seinerzeit das Kind aussetzten bzw. entgegennahmen, einander gegenüber: Er erkennt sein Schicksal, und er, der verblendet gelebt hat, blendet sich selbst. Seine Gattin, die auch seine Mutter ist, erhängt sich. Oidipus verläßt sein Land, um es von der Blutschuld zu reinigen, und der Chor spricht die Moral der Geschichte aus: Oidipus, der klüger war als andere und glücklicher als andere, wurde von größerer Qual betroffen als andere, deshalb soll man niemanden glücklich preisen, bevor er ohne Qual gestorben ist.

Senecas Ödipus hegt von Anfang an größeres Mißtrauen zu sich selbst als der Oidipus des Sophokles und ahnt, daß er schuld an der Pest ist, die sein Volk betroffen hat. Er weiß ja, daß er nach der Prophezeiung der Götter die Anlage zu ungeheuerlichen Verbrechen hat, und für solche Verbrechen bekommt man kein gesundes Königreich, Verbrechen, deren er sich schuldig fühlt, bevor er weiß, daß er sie begangen hat. Er weiß, daß er das Reich verlassen muß, wenn er es und sich selbst erretten will, denn Königsmacht fordert *fortuna* heraus.

Seneca betont also, daß Ödipus' Unglück darin besteht, daß er König ist: dies erfordert Eigenschaften, die er mit seinen unglückseligen Anlagen nicht besitzt. Als Ödipus erfährt, daß es der Mord an seinem Vorgänger, König Laius, ist, der gesühnt werden muß, erkennt er, daß er selbst dafür hätte sorgen müssen: Der König muß an das Wohl von Königen denken, denn die, die den König gefürchtet haben, als er lebte, verhalten sich ihm gegenüber gleichgültig, wenn er tot ist, – daß die Furcht der Schutz des Königtums sei, daran zweifelt er nicht; er ist ein größerer Tyrann als sein griechischer Namensbruder. Und als ihn himmlische und unterirdische Mächte in seinen bösen Ahnungen bestätigen, klammert er sich um so mehr an seine Macht und an sein eigenes Wissen: Er weiß ja, daß er an dem Mord an König Laius unschuldig ist, und er kennt sich besser als die Götter!

Die Kommunikation mit den Mächten verläuft bei Seneca über andere Kanäle als bei Sophokles. Tiresia ist kein Seher, der über das Verborgene

Bescheid weiß, sein Blut ist, wie er selbst sagt, nicht so jung und warm, daß er den Gott in seiner Brust empfangen kann; er muß nach römischer Art Erkenntnis in den Eingeweiden eines Opfertieres suchen und tut dies nach allen Regeln der Kunst. Da er blind ist, muß ihm seine Tochter Manto die schrecklichen Zeichen berichten, die Tiresia deuten kann; weil er aber über die Identität des Sünders eindeutig Bescheid wissen möchte, schreitet er danach zur Beschwörung des toten Laius, der – freilich in Kreons Bericht – keinen Zweifel daran läßt, daß es sich bei dem Sünder um Ödipus handelt. Nicht der alte Zorn der Götter, ein Verbrechen hat Theben ins Verderben gestürzt, und das Land wird erlöst sein, wenn der Verbrecher es verläßt. Genau das hat Ödipus geahnt, jetzt, da andere ihn dessen versichern, zieht er es in verzweifelter Selbstverteidigung vor, eine Verschwörung zu seiner Entthronung zu vermuten.

Der Oidipus des Sophokles tat das gleiche; während er sich jedoch mit dem verdächtigten Kreon aussöhnte, nachdem er die Wahrheit erkannt hatte, kommt Senecas Ödipus nicht so weit. Die Enthüllung der verhüllten Vergangenheit ist bei Sophokles ein langer und schmerzlicher Prozeß und führt Oidipus zur Annahme seines Schicksals, so daß er zuletzt aller Dinge beraubt, doch verklärt im Lichte der Wahrheit dasteht. Bei Seneca ist dieser Prozeß kurz und brutal, und Ödipus erhält mit einer gewissen triumphierenden Gekränktheit Gewißheit für seine Ahnungen. Als seien ihm Zeitungsschlagzeilen bereits ein Begriff, bezeichnet er sich selbst als ,,des Jahrhunderts Laster"[26] und ist nahe daran, mit seinem Schicksal zu prahlen. Er ist nicht empfänglich für Iocastas Logik: ,,Des Schicksals Schuld ist dies: niemand wird durch das Schicksal schuldig",[27] sondern fertigt sie ab: ,,Nun spare deine Worte, Mutter, und schone mein Ohr." Sophokles' Oidipus redet seine Gattin nicht als seine Mutter an, Senecas Personen verweilen bei der Absurdität der Familienverhältnisse, in die sie sich verstrickt haben. Bei Seneca tötet sich Iocasta mit dem Schwert des Ödipus und erhält auf diese Weise eine Gelegenheit, darauf hinzuweisen, daß mit diesem Schwert ihr Mann getötet wurde – ,,doch was nennst du ihn mit unwahrem Namen? Dein Schwäher ist er".[28]

In einer späteren (unvollendeten oder unvollständig überlieferten) Tragödie, den ,,Phönissen", stellt Ödipus sich selbst als ein neues Sphinx-Rätsel dar: ,,Des Großvaters Eidam und des eigenen Vaters Rivale, Bruder seiner Kinder und seiner Brüder Vater; in einer und derselben Geburt gebar die Großmutter Kinder ihrem Manne und sich selbst Enkel."[29] *Das* ist Ödipus, der große tragische Held der größten griechischen Tragödie; was bei Sophokles tragisch ist, ist bei Seneca absurd geworden. Sein Ödipus mit seinem Sinn für das Groteske seiner eigenen Person und in seinem widerspenstig demonstrativen Elend hat bereits etwas von einem Beckettschen Helden. Nichts ist so schlimm, daß Ödipus' höhnische Worte es nicht noch schlimmer machen könnten. In den ,,Phönissen" befindet er sich in der

Gesellschaft seiner Tochter (und Schwester) Antigona, die in seinem wütenden Redestrom zärtlichere Worte hervorzurufen vermag, aber ein Ödipus kann sich keine menschlichen Gefühle erlauben – wohin könnte das sonst führen! Als er aufgefordert wird, den Streit zwischen seinen Söhnen Eteocles und Polynices zu schlichten, die um die Macht in Theben kämpfen und bereit sind, es zu zerstören, um es zu erobern, wünscht er statt dessen Vernichtung über sein Geschlecht und seine Stadt herab:

„Wohlan, teurer Nachwuchs, erweist eure adlige Abkunft durch Taten, meinen Ruhm und meine Ehren überbietet und vollbringt etwas, dessetwegen euer Vater sich freue, bis anhin gelebt zu haben. Ihr werdet es tun, ich weiß es; von solcher Herkunft seid ihr. Ein nicht leichtes, nicht übliches Verbrechen auszuführen, dazu ist euer so hoher Adel fähig."[30]

Da Ödipus sich für nicht zuständig erklärt, muß Iocasta (die sich in dieser Version nicht das Leben genommen hat) sich zwischen die streitenden Brüder stellen. Sie hat sich um den einen Sohn gesorgt, der von dem zweiten vertrieben worden war, und Rat bei dem Gott gesucht, der sie höhnisch wissen ließ, daß ihre Angst um ihn erst dann aufhören werde, wenn sie ihn selbst fürchten lerne. Das tut sie jetzt, der Kampf nimmt seinen Anfang, sie versucht, die beiden zur Vernunft zu bringen: „Ein Irrtum machte uns unfreiwillig schuldig, Fortuna versündigte sich an uns, erst dieses Verbrechen wird bewußt begangen!"[31]

In dem alten griechischen Epos von Oidipus, das Sophokles als Vorlage für seine Tragödie diente, war nicht von göttlicher Seite vorausgesagt, daß Oidipus sich vergehen werde; eigentlich passierte es ihm zufällig. Auch bei Sophokles versucht Iokaste die Tragödie des Oidipus wegzudeuten, indem sie dem Zufall, der *tyche,* die Schuld gibt, bis sich das Schicksalsmuster deutlich abzeichnet und klar ist, daß Oidipus wirklich schuld *ist* an diesem Schicksal, auf dessen Vermeidung er sein ganzes Leben angelegt hatte. In dieser schicksalsschweren Situation unterfängt sich Senecas Iocasta, mit der Weltordnung ins Gericht zu gehen und zu behaupten, daß niemand an seinem Schicksal schuld sei; obgleich Ödipus dies zurückweist, vermag er sich doch nicht wie sein griechischer Vorgänger mit seinem Schicksal und mit sich selbst zu versöhnen. Seneca fiel es ganz deutlich schwer, *dieses* Schicksal zu akzeptieren. Für ihn stand fest, daß der moralische Wert unserer Taten nicht auf ihrem Erfolg, sondern auf unserer Gesinnung beruht; in sein stoisches Denken paßte die Vorstellung, daß ein Mensch sich gegen seinen Willen, aber nach der Bestimmung der Götter und des Schicksals versündigt, nicht hinein. Von daher kann man Ödipus nur dann als verantwortlich für die Handlungen, die er nach Kräften zu vermeiden suchte, bezeichnen, wenn er in seinem Innersten kraft des „Ödipuskomplexes", den Freud entdeckte, Mord- und Geschlechtslust dazu verspürt hat. Soweit kam Seneca in seiner Psychologisierung des Ödipus-Mythos nicht, versuchte jedoch, eine Begründung für das Schicksal des Ödipus in dessen eigener Haltung zu finden: Ödipus *hat* ja das Schicksal herausgefordert und die Königsherrschaft in dem Reich, in das er zufällig geriet, auf sich genommen, obgleich er seine unglückseligen Neigungen kannte.

Da nach stoischem Denken einem guten Menschen nichts Böses widerfahren kann, mußte Seneca, um in Ödipus' Buchführung moralische Ordnung hineinzubringen, ihn entweder zu einem schlechten Menschen machen, der für seine Verbrechen bestraft wird, oder sich gegen den Glauben an Schicksalsmächte wenden, die Menschen so übel mitspielen. Doch erstens ist es, wie Aristoteles betont hatte, nicht tragisch, daß ein Mensch für seine Sünden bestraft wird, das ist ja nur gerecht, und zweitens war es auch ein stoisches Dogma, daß das Schicksal den Menschen nicht schlecht behandelt, das tut nur der Zufall, *fortuna,* doch wer sich vom Zufall leiten läßt, ist „der Geist, der irregeht". Wenn Iocasta in den „Phönissen" nicht mehr (wie in „Ödipus") dem Schicksal, sondern nur der *fortuna* die Schuld gibt, gibt sie damit auch dem Menschen Schuld, aber nur eine sehr viel kleinere; es ist keine Schuldbeladenheit nach der Bestimmung des Gottes und des Schicksals, und *deshalb* kein Sakrileg, sondern ein „Irrtum". In der gleichen Weise spricht Ödipus selbst von den Verbrechen, die er unschuldig begangen hat, und seine Tochter Antigona sagt geradeheraus, daß er gegen den Willen der Götter unschuldig sei und die Schuld sein Herz nicht erreicht habe.

Gerade das aber ist der Fall – und Ödipus antwortet: „Mich selbst fliehe ich, ich fliehe mein Herz, das sich aller Verbrechen bewußt ist."[32] Die Verbrechen des Ödipus sind nicht von seinem schlechten Gewissen zu trennen, das nicht so sehr eine Folge dieser Verbrechen als vielmehr deren Voraussetzung ist: in der Zwietracht mit sich selbst „irrt" Ödipus, sein ganzes Leben über ist er auf der Flucht vor sich selbst gewesen und deshalb eine Beute der *fortuna* geworden.

Gewissen heißt jedoch das gleiche wie Bewußtsein, *conscientia,* Wissen über sich selbst, und wenn Iocasta zu ihren Söhnen sagt, daß alle bisherigen Verbrechen unfreiwillige Irrtümer gewesen seien und erst sie in Begriff ständen, eine Schuld auf sich zu laden, die sie kennen, dann spricht daraus wohl ein eher humanes Rechtsbewußtsein (Senecas eigenes: Verbrechen begeht man nur absichtlich), aber die Worte lassen sich auch als Erkenntnis der Tatsache begreifen, daß Bewußtsein und Schuld zusammengehören und daß der Mensch, der sich seiner selbst bewußt ist, damit mit der alten primitiven Ordnung bricht.

Der letzte Chorgesang im „Ödipus" besingt das Schicksal und stellt es als einen unabwendbaren ursächlichen Zusammenhang dar, in den selbst die Götter nicht eingreifen können; hinzugefügt wird jedoch, daß viele ihr Schicksal erleiden, gerade weil sie es fürchten. Hätten sie ihm vielleicht entgehen können, wenn sie *keine* Furcht vor dem Bösen gehegt, sondern ihr Schicksal in homerischer Unschuld auf sich genommen hätten? In diesem

Chorgesang wird angedeutet, daß das Bewußtsein den Menschen unsicher mache, und genau das bringt Ödipus in seinem Eingangsmonolog, dem originellsten Teil der ganzen Tragödie, selbst zum Ausdruck: die göttliche Weissagung des Vergehens ist bei Ödipus zum Bewußtsein angeborener böser Neigungen, zum schlechten Gewissen geworden. So verstanden ist Ödipus der aus der mythischen Gemeinschaft herausgerissene Mensch, das Individuum, das sich selbst und auch die Gesellschaft regieren muß, und so gesehen ist es noch immer sinnvoll, daß der Held, das Individuum, sich nur mit Gewalt von seinem primitiven infantilen Gemütszustand befreien kann – indem er seinen Vater ermordet – und daß er in seiner zivilisierten Entwurzelung in den Schoß seiner Mutter zurückflieht.

Das Herrscherdrama des Herkules

Senecas Personen distanzieren sich oft von den Göttern und äußern zuweilen Zweifel an ihrer Existenz. In seinen Tragödien besteht ein eigentümliches Mißverhältnis zwischen dem mythologischen Rahmen, den er von seinen griechischen Vorgängern übernahm, und dem kritischeren römischen Bewußtsein seiner Personen. Eine solche Spannung ist jedoch bereits bei Euripides, dem dritten der großen griechischen Tragödiendichter, festzustellen, der nicht viel jünger war als die beiden anderen, aber dennoch eine andere Zeit repräsentierte. Den göttlichen Sinn des Daseins, den Aischylos fand und Sophokles voraussetzte, suchte Euripides, der sich nur schwer mit den amoralischen Göttern versöhnen konnte und sie oft ins Rampenlicht (wie man es später nannte) zerrte. In seinem „Herakles" (um 421) verfolgt die eifersüchtige Hera Herakles, den Sohn ihres allväterlichen Ehegemahls Zeus mit einem irdischen Weib, und schickt den Wahnsinnsdämon auf den Schauplatz, der Herakles mit Wahnsinn schlagen soll, was der Dämon nur widerstrebend tut. Als Herakles in seinem Wahn Gattin und Kinder getötet hat und sich selbst mit dem Tode strafen will, wird er damit getröstet, daß das Ganze Heras Schuld sei und daß auch die Götter sich allerhand hätten zuschulden kommen lassen und dennoch ohne Scham auf dem Olymp lebten. Doch obgleich Herakles selbst Hera die Schuld gibt, weigert er sich, an die wüsten Ausschweifungen der Götter zu glauben; das seien erbärmliche Erfindungen der Dichter. Auf diese Weise bleibt ungewiß, ob der Göttersohn Herakles überhaupt nicht an Götter glaubt oder nur nicht an solche Götter, und ungewiß bleibt auch die Haltung von Euripides, der in seinen Tragödien oft Götter und Dämonen auftreten läßt, aber eben als *dei ex machina:* Wo der Mensch in der Gewalt seiner Passionen ist, tauchen die Götter auf, sozusagen als äußerliche Manifestationen des Irrationalen im Menschen, als äußerliche, bühnentechnische Mittel zur Veranschaulichung des Inneren. Nur selten bewirken die Götter das Gute, eher kann man sagen, daß der Mensch, der sich nicht in der Gewalt hat, in ihre

Gewalt gerät. Im Grunde repräsentieren sie bereits das, was Seneca *fortuna* nannte; die entsprechende griechische *tyche* spielt denn bei Euripides auch eine größere Rolle als bei seinen Vorgängern.

Seneca befand sich also in stärkerer unmittelbarer Übereinstimmung mit Euripides als mit dessen Vorgängern und benutzte für die meisten seiner eigenen Tragödien Werke des Euripides als Vorlage. Der ,,Herakles" war ihm Anlaß, die Frage, die die Ödipus-Tragödie stellte, nämlich wie ein Mensch sich gegen seinen eigenen Willen versündigen kann, auf stoischere Weise abzuhandeln, was um so näher lag, als Herakles ja traditionellerweise als der Prototyp des stoischen Helden galt.

Im Mythos führt Herakles zwölf Aufgaben aus, die ihm als Strafe für den Mord an Gattin und Kindern auferlegt worden sind. Euripides läßt – tiefsinniger – die Morde auf die Heldentaten folgen, und Seneca folgt ihm darin. Den zwölf Herkulesarbeiten, die hauptsächlich in der Erlegung fürchterlicher Ungeheuer bestehen, verleiht er in seinem ,,Rasenden Herkules", *Hercules furens,* den Charakter von Wohltaten für die Menschheit. Herkules hat, als das Drama beginnt, elf von den zwölf Arbeiten ausgeführt und ist nun dabei, den Höllenhund Cerberus aus der Unterwelt emporzuholen. Den Zustand auf der Erde während der Abwesenheit des Herkules charakterisiert sein irdischer Vater Amphitryon folgendermaßen:

,,Die Erde fühlte, der Urheber ihres Friedens sei fern: auf Erden wird wiederum ein erfolgreiches und geglücktes Verbrechen Mannestat genannt, den Schuldigen gehorchen die Guten, das Recht beruht auf den Waffen, Furcht unterdrückt die Gesetze."[33]

Seneca politisiert also den Herkulesmythos und kann zwanglos seine Kritik an den zeitgenössischen Zuständen aus seiner Schrift ,,Über die Kürze des Lebens" als Hauptbestandteil in den ersten Chorgesang des Stückes einfließen lassen, einen Morgengesang, der den täglichen Beginn der Arbeit schildert und das ruhige Landleben dem nervösen Stadtleben gegenüberstellt, das daraufhin so charakterisiert wird, als trete Herkules im modernen Rom und nicht im alten Theben auf.

Während Herkules sich in der Unterwelt befindet und von den meisten für tot gehalten wird, hat sich Lycus des thebanischen Throns bemächtigt und den bisherigen König, den Schwiegervater des Herkules, und dessen Söhne töten lassen. Lycus bestreitet, daß er ein unrechtmäßiger Herrscher sei: er verdanke die Herrschaft nämlich sich selbst und nicht seinen Vorvätern, und er ist stolz darauf, ein *selfmade man* zu sein; wer sich seiner Herkunft rühme, rühme die Verdienste anderer. Man solle auch nicht daherkommen und sagen, der alte König habe für sein Recht gekämpft, er selbst, Lycus, dagegen nur aus Machtgier: entscheidend sei der Ausgang des Kampfes, nicht sein Motiv. Lycus weiß natürlich, daß die erste Kunst des Herrschers darin besteht, Haß ertragen zu können, er weiß aber auch, daß sich ohne den Haß des Volkes leichter herrschen läßt. Auch er will die böse

Kette der Rache zerreißen, bei Euripides, indem er Herakles' Familie ausrottet, damit sie keine Rache nehmen kann, bei Seneca, indem er sich mit Herkules' Gattin Megara, der Tochter des alten Königs, verehelichen will:

„Wenn die Sterblichen ihren Haß immer in alle Ewigkeit hegen und wenn, einmal entfacht, die Raserei niemals aus den Herzen weicht, vielmehr der vom Glück Erhobene die Waffen behält, der Unterlegene sie rüstet, dann werden die Kriege nichts überleben lassen; dann wird das Ackerland mit wüsten Gefilden öde daliegen; wenn einmal die Fackel an die Häuser gelegt ist, wird ein Aschenberg die unter ihm begrabenen Völker verschütten. Daß der Friede wiederkehre, das zu wollen ist dem Sieger dienlich, dem Besiegten notwendig."[34]

Lycus ist Senecas ausgeprägtester „Machiavellist": er möchte am liebsten den größten Nutzen aus der Situation ziehen und sich am liebsten auch noch gut ausnehmen. Erst als Megara sich weigert, ihn zu heiraten, verurteilt er sie und ihre Kinder zum Tode. Indem er Lycus, der bei Euripides nicht viel zu sagen hat, das große Wort führen läßt, macht Seneca sein Herkulesdrama zu einem Herrscherdrama, in dem Herkules und Lycus den alten stoischen Gegensatz zwischen König und Tyrann veranschaulichen. Herkules taucht im richtigen Augenblick aus der Unterwelt auf und tötet Lycus und dessen Gefolge. Bei Euripides jubelt der Chor darüber, daß der Gerechtigkeit Genüge getan ist, und Amphitryon bestätigt, daß es recht ist, seinen Freund zu lieben und seinen Feind zu hassen. Bei Seneca heißt es nicht geradezu, man solle seinen Feind lieben, es wird jedoch angedeutet, daß zwischen Herkules' gerechtem Zorn und seinem Wahnsinnsanfall ein Zusammenhang besteht. Amphitryon fordert ihn auf, sich von Blutschuld zu reinigen und seinen himmlischen Vater zu bitten, er möge ihm weitere Prüfungen ersparen. Herkules will das Reinigungsopfer am liebsten mit dem Blut seines Feindes bringen; denn man könne Jupiter kein größeres und fetteres Opfertier schlachten als einen ungerechten König. Er besinnt sich jedoch und will seine Worte zu einem Gebet formen, das Jupiters und seiner selbst würdig ist: Möge im Himmel, auf dem Meer und auf der Erde Harmonie herrschen, möge tiefer Friede die Völker ernähren, so daß das Eisen zur Bearbeitung des friedlichen Ackerlandes eingesetzt werden und das Schwert in der Scheide verbleiben kann; nicht länger sollen grausame Tyrannen herrschen, und solle die Erde noch immer Böses zeugen, so möge es gleich geschehen, damit Herkules ihm sofort ein Ende bereiten könne. Es fällt Herkules ganz deutlich schwer, seine Kampf- und Rachegelüste fahren zu lassen; sie sind es, die in den Wahnsinn umschlagen, der ihn seine eigene Familie töten läßt, so wie er Lycus tötete, weil dieser töten wollte. Seneca, der im übrigen den Wahnsinn des Herkules auf der Bühne ausbrechen läßt, während bei Euripides nur davon berichtet wird, liefert so eine psychologische Begründung des Wahnsinns, der bei Euripides durch den Wahnsinnsdämon verursacht wird.

Auch bei Seneca steckt zwar Juno dahinter, aber sie tritt gerade nicht in der Handlung auf, sondern nur in einem Prolog, in dem sie ganz richtig erkennt, daß Herkules, wenn er keinen ebenbürtigen Feind hat, sein eigener Feind werden muß – wie es an anderen Stellen[35] bei Seneca steht: viele haben Städte besiegt, wenige sich selbst. Juno ist im übrigen nicht nur selbst beleidigt, sondern sorgt sich auch um die Götter: Herkules hat sich ja die Erde und die Unterwelt unterworfen und den Himmel auf seinen Schultern getragen – ist das kein Grund zu fürchten, er könne die Götter entmachten und sich zum Herren über eine herrenlose Welt machen?

Und genau das will Herkules in seinem Wahnsinn. Auf der Erde ist kein Platz für einen Herkules, und wollen die Götter ihm keinen Zutritt zum Himmel gewähren, dann wird er sich ihn selbst zu verschaffen wissen; er will Saturnus befreien, den Jupiter seinerzeit gewaltsam entmachtete, er will sich mit den Titanen und Giganten verbünden, bei deren Bezwingung Herkules den Göttern seinerzeit selbst geholfen hatte. Wenn das auch Wahnsinn ist, so hat die Sache doch Sinn: Saturnus herrschte ja, als auf der Erde das goldene Zeitalter herrschte, die Götter sich unter den Menschen bewegten und sie nicht so herumkommandierten wie die Juno den Herkules, und Herkules sprach in seinem Gebet an Jupiter für ein neues goldenes Zeitalter. Der Mensch, der zu moralischem Bewußtsein gekommen ist, kann keine amoralischen Götter anerkennen, doch der Mensch, der keine Götter anerkennt, erkennt nur schwer seine eigene Begrenzung. Wenn wir von Juno absehen, was Seneca in der Handlung ja tut, dann handelt es sich bei Herkules' Wahnsinn um eine Art Cäsarenwahnsinn: er ist der römische Weltherrscher, der alle Feinde besiegt hat und sein eigener Feind geworden ist, Tyrann durch die Tötung des Tyrannen. Herkules erholt sich von seinem Wahnsinn in der Erkenntnis, daß es keine Vergebung gibt für den, der nicht selbst vergeben kann, und daß er seine Herkulesarbeiten auf Befehl ausführte, während erst diese Untat, trotz Juno, sein eigenes Werk ist. Übrig bleibt die größte Herkulesarbeit: nach all dem als Herkules leben zu müssen.

Senecas „Herkules" wird auf diese Weise in höherem Maße als das Drama des Euripides zu einer Herrschertragödie mit einer weiteren politisch-moralischen Perspektive. Der Held Theseus, den Herkules aus seiner Gefangenschaft in der Unterwelt befreit hat, berichtet von seinen Eindrükken; zu den klassischen Schurken, die da unten gepeinigt werden, nämlich Sisyphus und Tantalus, fügt er die Tyrannen hinzu, denen von Plebejern der Rücken zerpeitscht wird, und formuliert danach die Moral der Tragödie:

„Jeder, der in Sanftmut mächtig ist und als Herr über das Leben die Hände in Unschuld bewahrt und in Milde ein unblutiges Regiment führt, die Gesinnung schont, der gewinnt, die weiten Strecken eines lange währenden glückseligen Lebens durchmessend, entweder den Himmel oder als

Glückseliger die Freudenstätten des elysischen Haines, um als Totenrichter zu walten. Enthalte dich menschlichen Blutes, der du herrschest; eure Missetaten werden mit größerem Maß gemessen."[36]

Diese Aufforderung erinnert an Senecas Warnungen an Nero in ,,Über die Milde". Es wurde bereits erwähnt (S. 161), daß man Herkules der Weichlichkeit bezichtigt, weil er sein Haar mit Nardenöl einreibt und das Tambourin schlägt. Es liegt nahe, darin Anspielungen auf Nero zu sehen, um so mehr, als die Kaiser traditionellerweise mit Herkules verglichen wurden. Wenn dies für Nero schmeichelhaft war, so war Herkules' Cäsarenwahnsinn ein um so ernsteres Memento. ,,Der rasende Herkules" läßt sich mit größerer Wahrscheinlichkeit als Senecas andere Tragödien zeitlich bestimmen, nämlich auf den Beginn von Neros Regierungszeit.

(Unter Senecas Werken ist, wie S. 186 erwähnt, noch eine weitere Herkulestragödie überliefert, nämlich ,,Herkules auf dem Öta", der die moralische Perspektive, das Originale an dem ,,Rasenden Herkules", fehlt. Da sie im übrigen wesentlich von den übrigen Tragödien abweicht, nicht nur in der Länge (sie ist fast doppelt so lang), sondern auch im Stil, und weder die Straffheit der Komposition noch die Dichte der Sprache, die schlagkräftigen Sentenzen und Wortgefechte aufweist, die sonst für Seneca charakteristisch sind, kann man daraus schließen, daß sie nicht von ihm stammt. Es handelt sich um eine Epigonenarbeit, die die Qualität von Senecas Tragödien unterstreicht.)

Phädra und die Tyrannei der Affekte

Der Herakles des Euripides wird, wie Homers Agamemnon, das Opfer der Göttin einer mächtigen Torheit, aber er kann die Schuld nicht ganz so leicht von sich schieben. So wie der Oidipus des Sophokles legt er gegen seinen Willen Hand an seine engste Familie, doch während der Gott, Apollon, das Vergehen des Oidipus nur voraussagt, verursacht die Göttin Hera das Verbrechen des Herakles direkt. Die Götter werden mit der Zeit anscheinend grimmiger, aber das gilt auch für andere Machthaber, denen die Macht verlorenzugehen droht. Für ein humanes Bewußtsein müssen sich die Götter wenig human ausnehmen, und wo bei Euripides Götter auftauchen, ist Gefahr im Anzug.

Seine Tragödie ,,Hippolytos" wird mit einem Prolog Aphrodites eingeleitet, die zornig auf Hippolytos, Theseus' Sohn, ist, weil er es vorzieht, die keusche Jagdgöttin Artemis zu verehren. Während Theseus in der Unterwelt ist, läßt sie dessen Gattin Phaidra in rasender Liebe zu ihrem Stiefsohn Hippolytos entbrennen. Ihre Amme versucht ihn zu überreden, Phaidra zu Willen zu sein, was nicht gelingt. Phaidra nimmt sich das Leben, hinterläßt aber einen Zettel, auf dem Theseus bei seiner Heimkehr lesen kann, daß Hippolytos sie geschändet habe. Hippolytos hat gelobt zu schweigen und kann in dem Gespräch mit seinem Vater nicht frei sprechen. Theseus verbannt ihn und betet zu seinem Vater, dem Meeresgott Poseidon, der einen Meeresstier Hippolytos den Garaus machen läßt. All das wird in Aphrodites Racheprolog vorhergesagt: es kommt, wie die Göttin es will, die Menschen können ihre Marionettenrollen ausführen. Doch die Götter sind sich wohlgemerkt nicht einig, Aphrodite ärgerte sich ja gerade über Hippolytos' Verhältnis zu Artemis. Artemis wiederum zeigt sich dem sterbenden Hippolytos und tröstet ihn mit dem Versprechen, sich an Aphrodite rächen zu wollen: ,,denn fehlen muß der Sterbliche, wenn es die Gottheit also fügt. Und dich ermahn ich: hasse deinen Vater nicht, du weißt ja deines Todes Grund, Hippolytos."[37]

Der überlieferte ,,Hippolytos" ist eine Umarbeitung der Tragödie, die 428 in Athen aufgeführt wurde und die Athener entrüstete. Es war kühn, erotische Passion zum Hauptthema einer Tragödie zu machen und eine Frau auf offener Bühne gegenüber ihrem Stiefsohn Annäherungsversuche unternehmen zu lassen, was Phaidra zuerst tat. Seneca, der beim römischen Publikum keine Entrüstung zu fürchten brauchte, folgte in seiner ,,Phaedra" Euripides' erster Version der Tragödie. Bei ihm kommt es zu einem Auftritt zwischen Phaedra und Hippolytus, dem sie schrittweise ihren Zustand entdeckt; als er ihn wohlwollend und naiv als ,,reine Liebe" zu dem abwesenden Theseus versteht, antwortet sie: Ja, zu Theseus, als er in deinem Alter war – und preist seine Schönheit, die auch der Chor anschließend besingt. Hippolytus ist offenbar schön genug, um auch ohne Aphrodites Dazwischentreten Begierde zu erregen.

Der Chor besingt freilich auch Gott Amor, dessen Feuer Götter, Menschen und Tiere entbrennen läßt. Seneca, der in seinen philosophischen Schriften der erotischen Passion nicht sonderlich viel Aufmerksamkeit widmete, entbehrt keineswegs der Worte für ihre Glut, und während er in ,,Über den Zorn" schrieb, der Zorn besiege die heißeste Liebe, so heißt es hier, daß tiefverwurzelter Zorn dem Feuer Amors weiche, das – als Gipfel des ganzen – sogar grausame Stiefmütter besiege. In dieser Lobpreisung Amors wird eine psychologische Erklärung für Phaedras Konflikt angedeutet: offenbar hat sie sich (so wie Juno) zu ihrem Stiefsohn ziemlich lieblos verhalten, bis sie von Liebe zu ihm ergriffen wird. An anderer Stelle wird auch angedeutet, daß der Haß des Hippolytus auf das gesamte Geschlecht der Frauen in seinem Haß auf die Stiefmutter wurzelt.

Als Hippolytus endlich begriffen hat, zieht er voller Entsetzen sein Schwert, um Phaedra damit zu durchbohren – die sagt, daß er nun ihren Wunsch erfülle, so daß er das befleckte Schwert von sich wirft. Dieser Sexualsymbolik war Seneca sich trotz all seiner Bewußtheit kaum bewußt. Das Schwert, und nicht nur ein hinterlassener Zettel, zeugt gegen Hippolytus: er habe sie mit dem Schwert bedroht und sie geschändet, sagt Phaedra. Theseus glaubt ihr, verurteilt seinen Sohn auf der Stelle und fleht die Strafe des Himmels auf ihn herab, ohne ihn selbst anzuhören. Als Hippolytus' Leiche auf die Bühne getragen wird, gesteht Phaedra in ihrer Reue und nimmt sich das Leben. Nun ist die Reue an Theseus. Senecas Drama, das überhaupt brutaler, aber in seinem Handlungsablauf auch einsichtiger ist als „Hippolytos", mündet nicht in eine sentimentale Versöhnung zwischen Theseus und seinem sterbenden Sohn, sondern in einen vom Chor umständlich beschriebenen Versuch, die Teile der Leiche in der richtigen Reihenfolge zusammenzufügen. Hier tritt keine tröstende Göttin auf, und Theseus kann sich nicht damit trösten, daß der Meeresstier, den Senecas Bote im übrigen mit naturwissenschaftlicher Akkuratesse beschreibt, das Werk des Meeresgottes sei, denn er wurde ja auf seine eigenen Bitten hin geschickt. Er möchte in die Erde versinken, aber nun haben die Götter taube Ohren – wenn ich um Verbrechen bäte, wären sie sicher bereit, meint er.

Während Seneca also das Eingreifen des Meeresgottes, das diesen bitteren Kommentar mit auf den Weg bekommt, nicht vermeiden konnte, hielt er im übrigen die Götter aus seinem Drama heraus. Phaedra allein gibt dem Liebesgott die Schuld an ihrer Leidenschaft. Ihre Amme weiß, daß man Leidenschaft in ihren Anfängen bekämpfen kann und daß sie wächst, wenn man sie pflegt, und daß man dies vor allem in den reichen Sälen tut, wo man nichts anderes zu tun hat:

„Daß Amor ein Gott sei, hat die schimpfliche und dem Laster ergebene Lust erdichtet, und damit sie um so ungebundener sei, fügte sie dem Rasen den Titel einer falschen Göttermacht bei. Also sendet Erycina[38] ihren Sohn durch alle Länder zu schweifen, er setzt durch den Himmel fliegend die kecken Geschosse in Bewegung mit zarter Hand, und er, der Kleinste unter den Himmlischen, besitzt so große Königsmacht: solche Trugbilder dachte sich ein wahnsinniger Geist aus und erdichtete der Venus Gottheit und den Bogen des Gottes. Wer sich durch die Gunst der Verhältnisse zu sehr erhebt und in Überfluß schwimmt, sucht immer das Ungewohnte. Dann schleicht sich jene schreckliche Begleiterin großer Glücksgüter ein, die Lust: nicht mehr gefallen die gewohnten Mähler, nicht mehr die Häuser einer gesunden Lebensweise oder eine wohlfeile Kost. Warum schleicht sich bei kärglichen Penaten[39] seltener ein dieses Verderben, das sich die üppigen Häuser auserwählt? Warum wohnt eine unverletzliche Venus in kleiner Hütte und erhält der mittlere Stand seine Neigungen gesund und setzt sich das Bescheidene seine Grenzen? Warum dagegen begehren die Reichen und die auf Königsmacht sich Stützenden mehr, als recht ist?"[40]

Und warum handeln die Tragödien immer von den Großen, nie von den Kleinen der Gesellschaft? Die Kleinen der Gesellschaft dringen in die Tragödien nur als Diener und Ammen ein, die dafür gegenüber ihrer passionierten Herrschaft oft die Vernunft repräsentieren. Ganz deutlich ist die Amme in diesem Fall auch das Sprachrohr Senecas, der an *seinem* Hof auch eine Art Amme war. Bei Seneca wird nirgendwo angedeutet, daß die Großen der

Gesellschaft als solche großmütiger seien als die Kleinen; im Gegenteil, er betont immer wieder, wie verhängnisvoll es sei, daß gerade die Mächtigen ihrer selbst nicht mächtig seien und daß der Zorn besonders ausgeprägt sei „bei Reichen und Adligen und hohen Beamten ...: wenn etwas Unbedeutendes und Nichtiges in ihrer Seele war, erhebt es sich bei günstigen Umständen".[41]

Die Amme ist jedoch nicht nur Sprachrohr des Verfassers, sie ist auch ein Mensch, der sich am Hof zurechtfinden muß, und da sie mit ihrer Vernunft nichts erreicht, solidarisiert sie sich mit ihrer Herrschaft, wohlgemerkt nicht nur aus taktischen Gründen. Sie hat nämlich „ihre Neigungen gesund" erhalten und kann das Mitgefühl aufbringen, das die Großen nicht kennen; daß die Kleinen mit ihren guten Worten nichts erreichen und mit den Großen gemeinsame Sache machen müssen, das ist das nicht am wenigsten – wenn auch am wenigsten auffällig – Tragische in den Tragödien der Großen.

Die Amme versucht Hippolytus zu überreden, Venus und der Natur zu folgen, in die Stadt zu ziehen und Umgang mit den Bürgern zu pflegen. Hippolytus, der sich in einem einnehmenden Jägergesang als qualifizierter Naturliebhaber ausgewiesen hat, antwortet mit seiner langen Rede (vgl. S. 204) über das verderbte Leben in der Stadt im Gegensatz zu dem ursprünglichen Leben in der Natur und gibt damit eine Art kulturhistorische Erklärung dafür, daß die Affekte, Macht- und Rach- und Hab- und Liebesgier, über die zivilisierten, d. h. die verbürgerlichten Menschen eine solche Macht besitzen. Doch gerade diese Macht nennt Seneca *fortuna,* die – wie es im letzten Chor der Tragödie heißt – die Hütten in Frieden läßt und um die Königsburgen rast, *fortuna,* die das Menschenleben „ohne jeden Plan" lenkt. *Fortuna* bedeutet Abweichung von der Ordnung der Natur, nicht das, was nicht anders sein kann, sondern das, was anders sein könnte. Während das Tragische der griechischen Tragödie nach Aristoteles das unverschuldete Leiden war, das dem Los des Menschen entspringt und einem dunklen Zweck in der göttlichen Haushaltsführung dient, ist bei Seneca das unnötige, das zwecklose Leiden tragischer. In seiner „Phaedra" fällt der unschuldige Hippolytus als Opfer der Affekte seiner Eltern, in Euripides' Tragödie als Opfer der Aphrodite. Bei Euripides wird Theseus von Artemis getröstet, bei Seneca erkennt er seine Schuld. Senecas Tragödie birgt keine Versöhnung, keine *katharsis;* für ein modernes Bewußtsein dürfte es jedoch kaum erhebender sein, daß es Götter sind, die den Menschen Böses zufügen, und nicht Menschen.

Medea und die gekränkte Natur

Was Hippolytus als Folge des Abfalls von der Natur anführt, nämlich daß der Bruder den Bruder tötet, der Vater durch den Sohn fällt, daß die Gattin den Gatten und die Mutter ihre Kinder tötet (von Stiefmüttern ganz zu schweigen),[42] kann, wenn man ,,Die Trojanerinnen" einmal ausnimmt, als Zusammenfassung über Senecas Tragödien stehen, jedenfalls wenn man hinzufügt, daß der Gatte auch die Gattin und der Vater den Sohn tötet. Auch in Senecas Tragödie von Medea, der Mutter, die ihre Kinder tötet, deutet ein Chor eine ,,kulturgeschichtliche" Erklärung für die Macht der Affekte über den Menschen an. Es war Jason auferlegt worden, das Goldene Vlies aus Kolchis zu holen; er rüstete das Schiff Argo aus, das den mythologischen Status des ersten Schiffs, des Bahnbrechers der Schiffahrt erhielt, die, indem sie die zu ihrem Heil getrennte Welt zu einem großen Markt machte, einen Bruch mit dem Naturzustand bedeutete. Der Lohn, der des ersten Schiffes würdig war, war ein goldenes Widderfell – und Medea!

Nicht umsonst mündet dieser kulturpessimistische Chorgesang (vgl. S. 147) in eine Prophezeiung der großen Entdeckungen:

,,Kommen werden in späteren Zeiten Jahrhunderte, in welchen Oceanus die Fesseln der Elemente lockern und ein ungeheures Land sich ausbreiten und Tethys neue Erdkreise bloßlegen und unter den Ländern nicht mehr Thule[43] das äußerste sein wird."[44]

Der Sage nach war das Goldene Vlies vom König in Kolchis so gut bewacht, daß Jason nur mit Hilfe der Königstochter, der zauberkundigen Medea, an das Vlies herankommen konnte. Medea tötete ihren Bruder und beging um Jasons willen mehrere Verbrechen. Dafür heiratete er sie. Sie fanden Asyl in Korinth, wo Jason Medea, die ihm in der Zwischenzeit zwei Söhne geboren hatte, zugunsten der Königstochter Kreusa verstieß; auch zu seinen eigenen Gunsten, da er durch die Heirat Thronerbe von Korinth wurde. Medea wurde verbannt, sandte aber zuvor ihre Kinder mit tödlichen Hochzeitsgeschenken zur Braut und tötete danach ihre Kinder, um deren Vater, den ungetreuen Jason, zu treffen. Medea, Enkelin des Sonnengottes, entkam mit seiner Hilfe auf einem Drachenwagen.

Abgesehen von dieser himmlischen Handreichung, die zeigt, daß auch der Sonnengott Familienrücksichten über die Moral stellt, haben die Götter in Euripides' Medea-Tragödie nichts zu suchen. Medea ist nicht von einem Gott geschlagen, sondern nur von einem Mann verlassen worden, und kein Gott entschuldigt sie wie Artemis in ,,Hippolytos" den Theseus. Dafür aber erweist der Chor der Frauen von Korinth eine bemerkenswerte Schwesternsolidarität: ,,Du rächst am Gatten dich mit Recht, Medea",[45] versichert er. Medeas Tragödie wird in der Version des Euripides zur Tragödie der Frau, die alles tun muß, und sei es Verbrechen begehen, für den Mann, der nichts für sie tut; da Medea außerdem eine Barbarenfrau und Jason ein großer griechischer Held ist, der meint, sich genügend um Medea verdient gemacht zu haben, indem er sie aus ihrem barbarischen Vaterland entführte, mußte Euripides' Verteidigung der Medea auf sein griechisches Publikum höchst anstößig wirken. In dem Jahr, in dem seine „Medea" zum ersten Male aufgeführt wurde – 431 –, mußte er sich im Wettbewerb der Dramatiker auf den dritten und letzten Platz verwiesen sehen.

Natürlich mußte Seneca sich für Medea interessieren, die ja seine These, nämlich daß der Zorn die heißeste Liebe besiegt, illustriert. Aber gerade weil die Tragödie des Euripides sie in der Gewalt ihrer Affekte und nicht in der des Schicksals oder eines Gottes zeigt, fand er daran auch nicht so viel zu revidieren wie an den Tragödien über Herakles und Phaidra. Seine Abweichungen von Euripides sind zum Teil dramatische Verbesserungen: Bei Seneca darf Medea ihre Kinder nicht behalten, was ihren Kindermord besser begründet, und Jason *sagt* wenigstens, daß er unter Druck gehandelt und sich dem König von Korinth gefügt habe, um das Leben Medeas und der Kinder zu retten; auf diese Weise wird auch sein Konflikt ernster, und die Rolle, die er spielt, ist nicht ganz so jämmerlich. Für Seneca, in dessen Gesellschaft es weniger Diskriminierung gab als in der des Euripides, war der Konflikt zwischen der Barbarenfrau, die sich von ihren Gefühlen leiten läßt, und dem griechischen Helden, der seinen Vorteil sucht, weniger wesentlich als der Konflikt *in* Medea selbst. Das bewirkt jedoch, daß auch Medea mehr mit sich selbst beschäftigt ist als mit Jason und den Kindern. Die Medea des Euripides findet so ergreifende Worte für ihre Liebe zu den Söhnen, daß ihre Bitte an ihren eigenen „Zorn" *(thymos)*, er möge sie schonen, ihre ganze Qual in sich birgt; für Senecas Medea sind die Kinder Steine in ihrem Rachespiel, so daß sie bedauern kann, nicht ebenso viele Kinder wie Niobe (vierzehn) geboren zu haben, damit ihre Rache um so größer sein könnte. Die Medea des Euripides ist in ihren Gefühlen ganz und hat keinen Platz für beides, Liebe und Haß, Senecas Medea ist zwischen Liebe und Zorn gespalten, aber doch beherrscht genug, um in einer mustergültigen *suasoria* (vgl. S. 68) eine genaue Beschreibung ihres eigenen Zustands zu geben. Wie alle Personen bei Seneca kann sie schlagkräftige Sentenzen formulieren; dem König, der sie wegen der Verbrechen, die sie um Jasons willen begangen hat, verbannt, hält sie vor:

„Wer beschließt, ohne die andere Partei anzuhören, ist, beschlösse er auch Gerechtes, nicht gerecht."[46]

Sie weiß auch, daß in der Liebe keine Furcht liegt und daß Jasons Furcht gegen seine Liebe spricht. Doch zwischen ihren Grundsatzfeststellungen findet sie rührendere Ausdrücke für ihre Gekränktheit:

„Aber mag er auch gezwungen sich gefügt und ergeben haben: angehen wenigstens hätte er die Gattin und in einem letzten Gespräch anreden können – auch dieses fürchtete der Trotzige; die Frist für die grausame Verbannung mindestens auszudehnen wäre dem Eidam erlaubt gewesen ..."[47]

Wenn Medea im übrigen nur schwer zu bewegen vermag, so kann sie dafür Himmel und Erde in Bewegung setzen. Sie ist kein Barbarenweib, das sich auf Zauberkünste versteht, sondern Zauberin von Beruf. Der 4. „Akt" des Dramas zeigt sie in Funktion: ihre Amme beschreibt, wie sie ihr giftiges Gebräu mischt, Medea ruft, in Soloarien, die finsteren Mächte an und läßt die Welt erbeben, bevor sie ihre Kinder mit den verhexten Brautgeschenken losschickt. Da Medea in Senecas Tragödie darüber hinaus ihre Kinder auf der Bühne tötet und die Leichen, bevor sie gen Himmel fährt, dem Jason auf den Kopf wirft, läßt das Stück als Schreckens- und Greueldrama nichts zu wünschen übrig.

Der Chor bittet darum, Jason möge von den Unglücksfällen verschont bleiben, die in der Zwischenzeit die anderen Argonauten betroffen haben. Das Unglück, das Jason trifft, wurzelt unmittelbar darin, daß er sein Versprechen gegenüber Medea gebrochen hat, da aber Medea angeblich der Lohn dafür ist, daß die Argonauten „die heiligen Gesetze der Welt" gebrochen haben, ist sie, die Zauberin, die die Kräfte der Natur gegen den Menschen zu wenden vermag, als Vertreterin der gekränkten Natur zu betrachten. In wie hohem Maße Seneca auch immer die griechischen Sagen und Mythen psychologisiert, seine Dramen sind niemals nur psychologische Dramen, sondern enthalten immer eine weitere Perspektive; nur in „Medea" steht die weitere, kosmische Perspektive in keinem vernünftigen Zusammenhang mit der engeren, psychologischen.

In Senecas übrigen Rachedramen ist es der Herrscher, der sich nicht beherrschen kann; die oben sitzen sind es, die rasen. Medea ist unter den Titelpersonen die einzige, die von der *fortuna* und allen Menschen verstoßen, verlassen ist. Doch obwohl sie bei Seneca Gelegenheit erhält, dem König die typisch gekränkte Frage: Weshalb machst du einen Unterschied? zu stellen, so war Seneca doch stärker an den fürchterlichen Wirkungen ihres Zorns als an dessen mildernden Umständen interessiert. Medea ist nicht so sehr ein Mensch in Not als vielmehr eine souveräne Zauberin, die die „Götter angreifen" will, ihr Kindermord hat nicht den Charakter verzweifelter Affekt-, sondern triumphierender Effekthandlungen.

Rachezwang und Weltuntergang: „Thyestes", „Die Trojanerinnen"

Während der Abfall von der Natur den Hintergrund von Phaedras und Medeas Tragödien bildet, ist in „Thyestes" keine Rede von einem glückseligen Naturzustand, von dem die Gesellschaft abgewichen ist; „Thyestes" zeigt ganz im Gegenteil die Notwendigkeit und die Unmöglichkeit einer Überwindung der barbarischen Vergangenheit. Die zivilisatorische Entwicklung ist, wie bereits erwähnt, ein zweideutiger oder dialektischer Prozeß, eine Entfremdung von der Natur, eine Vermenschlichung der Triebbeweggründe. Die Schriftsteller des Altertums waren nicht dialektisch genug, um beide Entwicklungslinien in einem zu betrachten, sondern brachten sie sozusagen in getrennten Dramen unter. Daß Seneca vor allem den Abfall von der Natur in Betracht zog, ist ganz natürlich, da seine Gesellschaft keinen gewaltigen humanen Fortschritt aufzuweisen hatte. Aischylos hatte (vgl. S. 226f.) in Athens Blütezeit die Mythen vom Rachezwang im Geschlecht des Tantalus dazu benutzt, den Übergang vom Racherecht zum bürgerlichen Recht zu veranschaulichen. Seneca griff auf ein früheres Stadium in der Geschichte dieses Geschlechts zurück, auf den Bruderzwist zwischen Atreus und Thyestes, der das bevorzugte Thema der römischen Tragödiendichter gewesen zu sein scheint.

Atreus und Thyestes waren Enkel des Tantalus, der in der Unterwelt Tantalusqualen erleidet, weil er seinen Sohn getötet und ihn den olympischen Göttern als Festessen vorgesetzt hatte. Der Mythos, der gern Erklärungen für seine eigene Irrationalität liefert, gibt zu verstehen, Tantalus habe ausprobieren wollen, ob die Götter so allwissend waren, daß sie merkten, was sie aßen, aber genaugenommen hätte Tantalus für ein solches Experiment nicht seinen eigenen Sohn einzusetzen brauchen. Eingedenk des Vaters Abraham und seines Opferwillens darf man wohl annehmen, daß Tantalus sich gottgefällig zeigen wollte, indem er seinen eigenen Sohn opferte, auch wenn die Götter dies von ihm nicht (mehr) verlangten. So wie der Abraham-Isaak-Mythos erinnert auch der Tantalusmythos an den zivilisatorischen Übergang, der Menschenopfer zu einem Verbrechen macht. Die großen Schurken, die in der Unterwelt bestraft werden, sind als alte Götter und Helden zu verstehen, die von den olympischen Göttern verdrängt wurden.[48] Während Tantalus die Stammesgesellschaft repräsentiert, in der der König oder ein männliches Kind für die Erneuerung der Gesellschaft geopfert wurden, repräsentieren Atreus und Thyestes das herrschende Geschlecht der stärker entwickelten Ackerbaugesellschaft, in Senecas Drama zusätzlich aber auch das Menschengeschlecht überhaupt. So wie das Menschengeschlecht, das die wilden Tiere besiegt hat, seine Waffen gegen sich selbst richtet, so gerät auch das herrschende Geschlecht in Streit mit sich selbst.

Atreus und Thyestes wetteifern nicht nur um die Gunst der Aerope, die Atreus heiratete und sich in Thyestes verliebte, sondern auch um den Thron von Mykene, den Thyestes durch Aeropes List erobern, aber nicht behalten konnte. Atreus hatte seinen Bruder verbannt, ihn dann aber wieder zurückgerufen und ihm die Teilhabe an der Macht angeboten. Thyestes ist nun mit seinen drei Söhnen auf dem Weg zur Burg in Mykene, hat es aber nicht eilig: er kann sich ja selbst ausrechnen, daß Atreus nicht daran interessiert ist, Macht abzugeben, sondern eher Lust hat, sich an ihm zu rächen.

Was Thyestes ahnt, das wissen wir, die Zuschauer des Dramas zwischen Brüdern, bereits; wir haben nämlich Atreus gegen sich selbst wüten sehen: Du bist schlapp, ein Waschlappen, dekadent, du bist (was für einen allmächtigen Tyrannen am entehrendsten ist) ungerächt! Atreus meint auch zu wissen, daß Thyestes Böses im Schilde führt, es gilt den ersten Schlag zu führen; Verbrechen werden nur durch größere Verbrechen gerächt. Der Diener des Atreus versucht es mit den bekannten humanen Argumenten, Senecas eigenen, wird aber aus Furcht und Loyalität bald gefügig; vor allem aus Loyalität, sagt er – wohl vor allem aus Furcht. Er schlägt vor, Thyestes mit dem Schwert zu töten, aber Atreus antwortet: Du sprichst vom Ergebnis der Rache, ich von der Rache selbst; in einer Art Eingebung hat er die Idee zu einer großartigen Untat, die nicht nur zur Rache verhelfen, sondern jeden menschlichen Rahmen sprengen soll; so wie angeblich Nero entdeckt Atreus mit grauenvoller Freude, daß den Ungeheuerlichkeiten eines Königs keine Grenzen gesetzt sind.

Als Thyestes umkehren will, stellt sich ihm sein Sohn – er heißt Tantalus nach seinem verdammten Großvater – in den Weg. Ein Kind predigt nicht Zutrauen und Bruderliebe, das ist ihm zu abstrakt, aber es hat mit seiner fehlenden Erfahrung keine so guten Gründe, Mißtrauen zu hegen, wie sein Vater und sein Onkel. Mit wie großem Recht man auch immer von den angeborenen aggressiven Neigungen des Menschen sprechen mag, wahrscheinlich ist doch, daß das Menschenkind, das so lange so abhängig von Eltern und Ammen ist, von Natur aus Zutrauen zu seinen Mitmenschen hat und das Mißtrauen erst durch Erfahrung kennenlernt. Was Tantalus kindlich vor Augen hat, sind die Vorteile, die die Versöhnung dem Vater und ihm selbst bringen wird: weit bessere Lebensbedingungen – und Königsmacht, die vom Vater auf den Sohn vererbt wird. Tantalus begreift nicht richtig, was die Worte des Vaters bedeuten, daß das Königreich nicht Platz für zwei biete. Ihm muß es scheinen, als *wolle* der Vater unglücklich sein, nun, wo er dazu keinen Grund mehr hat.

In seiner Verbannung und seinem Elend ist Thyestes jedoch gezwungen gewesen, sich asketischer Lebensweisheit zu befleißigen, die er nun seinem Sohn verkündet:

„Glaube mir, unter falschen Namen schmeichelt Größe, zu Unrecht fürchtet man ein hartes Los. So lange ich hocherhaben stand, hörte ich niemals auf, mich zu ängstigen und selbst das Schwert an meiner Seite zu fürchten. O wie groß ist das Glück, niemandem im Wege zu stehen, sorglose Mähler auf nackter Erde liegend zu genießen. Verbrechen dringen nicht in Hütten, und unverdächtige Speise wird an schmalem Tisch verzehrt, Gift aber aus Gold getrunken – aus Erfahrung spreche ich. Armut dem Reichtum vorzuziehen, steht mir frei. Nicht zittert dann vor meinem auf hohem Berggipfel erbauten und weithin sichtbaren Haus unterwürfig die Bürgerschaft."[49] „Doch fürchtet man uns nicht: geschützt ohne Waffen ist mein Haus, und meiner Armut wird große Ruhe beschert. Ein gewaltiges Königtum ist, sich ohne Königtum bescheiden können."[50]

Aber der Stoizismus des Thyestes ist gerade ein gezwungener: er besitzt nicht ausreichend große Macht über sich selbst, er läßt sich überreden, von Tantalus oder von seinem eigenen Ehrgeiz.

Dann folgt der Versöhnungsakt, schön und ein wenig sentimental in seinem Wortlaut, zynisch und jämmerlich in seinem wahren Gehalt. Thyestes will die Königsmacht von so einem guten Bruder nicht entgegennehmen, dem gegenüber er sich schuldig erklärt. Atreus fragt – ungefähr so wie Nero Seneca während der Abschiedsaudienz fragte –, ob Thyestes ihn denn daran hindern wolle, sich Ruhm zu erwerben? Die Königsmacht ist ein Geschenk des Zufalls, sie abzutreten ist ein moralisches Verdienst, formuliert er so gut wie Seneca selbst in „Über die guten Taten". Thyestes nimmt die formale Königswürde an, will aber Atreus zu Diensten sein. Und das soll jetzt gefeiert werden!

Ist es zu glauben, ruft der Chor der Bürger aus: der grimmige Atreus änderte Miene und Sinn, als er seinen Bruder wiedersah, ja, nichts vermag doch mehr als das wahre Band des Blutes! Der erste Gesang des Chors dreht sich um das *scelus alternum,* das wechselseitige Verbrechen, welches das Tantalusgeschlecht plagt, das hier das Menschengeschlecht repräsentiert, um den bösen Kreis der Rache, der bewirkt, daß die Nachgeborenen wachsendes Gefallen an wachsender Schuld finden: Das göttliche Recht gilt nicht mehr, nicht einmal gewöhnliches Unrecht! In seinem zweiten Gesang verlieh der Chor seiner Auffassung von der Königsmacht Ausdruck: König ist nicht, wer Macht über andere hat, sondern wer Macht über sich selbst hat, jämmerlich ist, wer, allen bekannt, stirbt, ohne sich selbst zu kennen. Nun aber, im dritten Gesang, preist der Chor – ein gutes altes augusteisches Thema – den wundersamen Frieden nach dem langen Bruder- und Bürgerkrieg. Alles, was in der Tragödie an Gutem und Schönem gesagt wird, ruht freilich auf einer ziemlich falschen Grundlage; der Leser oder Zuschauer ist in seiner Erkenntnis der Grausamkeit immer schon weiter als die Personen des Stückes, deren fromme Worte und Wünsche sofort als Theaterillusionen entlarvt werden. Doch läßt die plötzliche Wendung zum Besseren den Chor an das Wetterwendische der menschlichen Verhältnisse erinnern: Niemand soll zu sehr an sein Glück glauben, und schon gar nicht die, welche die Macht haben:

„Ihr, denen der Lenker des Meeres und der Erde großes Recht über Leben und Tod gegeben, legt ab eure aufgeblasenen und stolzgeblähten Mienen: alles, womit ihr den Geringern in Schrecken versetzt, das droht euch ein mächtigerer Gebieter an; jeder König ist einem stärkeren König untertan. Wen der aufgehende Tag in seinem Stolze sah, den sah oft schon der entfliehende Tag in seiner Erniedrigung."[51]

Danach müssen die entsetzten Bürger den Boten ausführlich darüber berichten hören, wie Atreus unter gebührender Einhaltung aller heiligen Vorschriften seine Neffen am Hausaltar opferte und zerteilte und wie er, nachdem er aus den Eingeweiden gelesen hatte, aus ihnen ihrem nichtsahnenden

Vater eigenhändig ein Festmahl bereitete, dem Vater, der vielleicht doch etwas ahnt. Nun bekommt der Chor ein anderes Thema: War es zuvor der Weltfrieden, so ist es jetzt der Weltuntergang. Für die Römer bestand ja noch immer ein Zusammenhang zwischen den Ereignissen in den großen Häusern und kosmischen Phänomenen. Aber während in „Medea" die Zauberin in ihrer Gekränktheit Unordnung in die Natur brachte, protestiert hier die Natur selbst, indem sie die Sonne rückwärts rollen und Finsternis sich über die sündige Erde ausbreiten läßt.

Atreus triumphiert darüber, daß die Götter ihn fliehen, er fühlt sich dazu befähigt, die Götter zu entlassen. Er repräsentiert den voll entwickelten, chronischen Cäsarenwahnsinn, in den Herkules momentweise verfiel, und stellt wie ein richtiger Gott fest, daß alles gut, außerordentlich gut sei. Doch das Beste bleibt ihm noch: Mit Freuden betrachtet er Thyestes, der nach dem Festbankett vergeblich versucht, es sich bequem zu machen – sieh, nun will er auch singen, er ist bereits etwas umnebelt vom Blutwein. In einer Soloarie, die man sich zu rumpelnder und heulender Begleitung gebrüllt denken muß, versucht Thyestes der glücklichen Situation gerecht zu werden und rühmt sich selbst, der zuvor sein Unglück so tapfer trug und nun tapfer die Regierungslast auf sich genommen hat; aber es gelingt nicht richtig, die Tränen lieben die gewohnten Bahnen – oder reagiert sich das große Glück in Tränen ab? Er fühlt, wie sich ein Entsetzen in seinem Innern regt, das dabei ist, die eigenen Söhne zu verdauen, und bittet Atreus, seine Söhne sehen zu dürfen. Mit satanischen Zweideutigkeiten enthüllt Atreus schrittweise ihr Schicksal: Seine Söhne sind ihm so nahe wie nie zuvor und sollen nie mehr von ihm genommen werden. Thyestes fühlt sich schlecht, der Wein fließt ihm aus dem Mund. Atreus präsentiert die Köpfe der Söhne und erklärt Thyestes, daß er, was von ihnen übrig sei, selbst habe, und was nicht übrig sei, habe er selbst – auch Atreus ist rhetorisch geschult. Thyestes' Klagen und Selbstanklagen und seine Bitten an die Mächte, nicht um Erlösung und Vergebung, sondern um Strafe und Untergang, veranlassen Atreus nur zu der Bemerkung, daß er darüber jammere, daß nicht er, Thyestes, als erster auf die Idee gekommen sei, ja, Atreus erregt sich in moralischer Entrüstung bei dem Gedanken, Thyestes hätte *ihm* das gleiche antun können! Thyestes kann in seinem Elend nichts anderes tun als Atreus den Göttern zu überlassen, deren Existenz er selbst zuvor bezweifelt hat; Atreus kann mit größerer Überzeugung Thyestes seinen eigenen Kindern überlassen.

Aber gerade in dieser Tragödie, der gottlosesten von allen, verleiht die Natur, das Schicksal, Gott, mit deutlichem Theatereffekt der höchsten Mißbilligung Ausdruck. Atreus begeht seine Verbrechen, nicht, wie Ödipus, nach dem Willen des Schicksals, sondern nach seinem eigenen, und während in „Ödipus" die Götter die Erde mit der Pest schlagen, bringen in „Thyestes" die Untaten von Atreus Verwirrung in den Kosmos. Obgleich die Unordnung im menschlichen Leben nicht in der Ordnung der Natur ist, besteht letzten Endes eine Schicksalsgemeinschaft zwischen Himmel und Erde: Es gibt Grenzen für die Toleranz, die die Natur unnatürlichen Abweichungen und Ausschweifungen entgegenbringen kann, gleichgültig ob der moralische Verfall Symptom eines kosmischen Untergangsprozesses oder, wie der Chor andeutet, dessen Ursache ist:

„O wir nach hartem Los erschaffen, elend, ob wir die Sonne verloren, ob wir sie vertrieben haben!"[52]

Obgleich hinter der Geschichte des Tantalusgeschlechts nicht der Wille des Schicksals steht, handelt es sich dennoch um einen unabwendbaren Verlauf, der durchgespielt werden muß. Der Stamm- und Schandvater Tantalus tritt selbst im Prolog der Tragödie auf und erfährt von einer Furie, einer Rachegöttin, was nun in seinem Haus geschehen wird, – so daß er sich nur noch in seine Unterwelt mit ihren Tantalusqualen zurückwünscht. Thyestes kommt zerlumpt und zerrissen in der Burg von Argos an und äußert schöne Worte darüber, daß man kleine Verhältnisse großen vorziehen sollte, tauscht aber trotzdem seine Lumpen gegen sein Königsgewand ein, um seine Rolle spielen zu können.

Seneca hatte für diese äußerst römische Tragödie keine griechische Vorlage, aber ein paar Jahrhunderte zuvor hatte *Accius* einen „Atreus" geschrieben, der nur aus einigen Zitaten bekannt ist. Seneca zitiert an mehreren Stellen das bekannte Kaiserwort: „Mögen sie mich hassen, wenn sie mich nur fürchten",[53] und einige Zitate in einem seiner Briefe[54] könnten darauf hindeuten, daß er das Stück selbst gesehen hat. Der Mann, der hocherhobenen Kopfes über die Bühne geht und sagt: Siehe, ich herrsche über Argos; dieser Mann ist ein Sklave und bekommt fünf Denare im Monat. Und der andere, der sagt: Schweig, Menelaos, du stirbst von dieser Hand; dieser Mann schläft auf Lumpen. Das gleiche kann man von all den verwöhnten Leuten sagen, die in ihren Tragstühlen hoch über dem gemeinen Haufen schweben, ihr Glück ist eine Maske, reiß sie herab, und du wirst sie verachten!

Vielleicht kann man in diesem Erlebnis des „Atreus" eine Inspiration zu „Thyestes" sehen. Wenn das Leben ein Schauspiel ist, was ist dann das Schauspiel, wenn nicht eine Parodie auf das Leben, auf das Hofleben wohlgemerkt. Im Aufbau des „Thyestes", in dem Vorauswissen der Zuschauer über das Grauen, das sich den Personen des Stückes schrittweise enthüllt, in der pedantischen Ausmalung der Ungeheuerlichkeiten, liegt ein lächerlich machender Effekt. Man hat „Thyestes" sehr treffend als eine Marionettentragödie bezeichnet.[55] Die Großmächtigen, die in ihrer souveränen Freiheit unter neurotischem Wiederholungs- und Rachezwang handeln, sind keine großen tragischen Gestalten, sondern aufgeblasene Clowns, Sklaven ihrer Gelüste, Flöten in den Fingern der *fortuna*. Das Ganze wäre komisch, – wenn nicht die Kinder die Sünden der Väter entgelten müßten.

Der Atreus-Thyestes-Mythos verweist, ebenso wie das Sohnesopfer des Tantalus, auf das kultische Menschenopfer zurück, das Atreus in Senecas Tragödie so blasphemisch parodiert. Es mag auch eine historische kannibalistische Grundlage für das Thyestesfestmahl geben. Im Mythos ist, was einmal sakral war, bereits kriminell, er drückt eine warnende Abstandnahme von den alten Mustern aus, in die gerade der souveräne, über alle neueren Normen erhabene Herrscher am leichtesten zurückfällt. Senecas römische Aktualisierung des Mythos ist auch eine Säkularisierung: der emanzipierte Mensch hat sich an die Stelle der Götter gesetzt, aber Menschenopfer werden nicht humaner, nur weil es nicht mehr Götter sind, denen man Menschen opfert, sondern Menschen, für die Menschen geopfert werden.

,,Welch eine Sitte ist dies? Wann ist jemals ein Mensch zum Totenopfer für einen Menschen preisgegeben worden?", fragt Agamemnon in den ,,Trojanerinnen", *Troades,* und legt besonderes Gewicht auf ,,für einen *Menschen*", denn er selbst hat ja seine Tochter der Artemis und für das Vaterland geopfert, als sie die Flotte der Griechen daran hinderte, nach Troja zu kommen. Nun geht die Sache wieder schief; die Griechen haben gesiegt, aber wieder kann die Flotte keinen Wind in die Segel bekommen, und jetzt liegt es daran, so verlautet es, daß der verstorbene Achilles, der sich auch zu Lebzeiten leicht gekränkt fühlte, nach seinem Tode noch immer genauso beleidigt ist und seinen Anteil an der Kriegsbeute, nämlich Polyxena, die Tochter von König Priamus, verlangt. Pyrrhus, der Sohn des Achilles, tritt Agamemnon gegenüber als Anwalt seines Vaters auf, Agamemnon dagegen in der Rolle des milden Fürsten. Zwar habe er Trojas Niederlage gewollt, aber seine Zerstörung hätte er am liebsten verhindert, beteuert er, doch die Rachelust war nicht zu bremsen, Sieg macht übermütig, er sollte aber auch vorsichtig machen: der Sieger steht ja nun dort, wo zuvor der Besiegte stand. In Agamemnons Siegesbetrachtungen klingt sicher eine Erinnerung an die bangen Ahnungen an, die einen anderen Sieger, nämlich Scipio, nach der Zerstörung von Karthago beschlichen: ,,Ich weiß nicht, weshalb ich fürchte, daß einst ein anderer von unserem Vaterland gleiches zu künden haben wird", soll er im Augenblick des Sieges zu Polybios gesagt haben.[57]

Nun muß Schluß sein mit dem Gemetzel, sagte Agamemnon, denn wer Macht hat zu befehlen und Untaten nicht verhindert, befiehlt sie. Er will diesen Mord an einer Jungfrau, der als Opfer gerechtfertigt und als ,,Hochzeit" beschönigt wird, denn es heißt, Polyxena solle Achilles' ,,Braut" sein, nicht dulden: in der Politik hat man scheußlichen Taten immer schöne Namen zu geben gewußt. Doch wie klug Agamemnon auch redet, er redet nicht mit der großen moralischen Autorität. Die beiden Krieger haben so viele wunde Punkte, daß sie einander leicht treffen können. In der Hitze des Gefechts passiert es Pyrrhus, daß er seinen Vater rühmt, weil dieser Königen das Leben geschenkt habe, doch Pyrrhus selbst tötete ja König Priamus

von Troja, weshalb tat er das? Weil es oft barmherziger ist, Leuten das Leben zu rauben als es ihnen zu schenken. Und so geht es Schlag auf Schlag:
– „Und jetzt begehrst du aus Mitleid eine Jungfrau für den Scheiterhaufen?
– Nun erst hältst du für Frevel, Jungfrauen zu opfern?
– Das Vaterland den Kindern vorzuziehen ziemt dem König.
– Kein Gesetz schont den Gefangenen oder hindert seine Strafe.
– Was das Gesetz nicht verbietet, das zu tun verbietet Ehrfurcht.
– Was zu tun ihn gelüstet, ist dem Sieger erlaubt.
– Am wenigsten soll gelüsten, wem vieles erlaubt ist.“[58]

Doch das ganze Wortgefecht ist nur ein Streit um Worte; der Seher Kalchas behält das letzte Wort und verlangt im Namen des Schicksals als Opfer nicht nur Polyxena, sondern auch Astyanax, Hektors kleinen Sohn. Doch das Schicksal, das in so vielen griechischen Tragödien so viele grausame Opfer fordert, ist in dieser römischen Ausgabe ganz deutlich die politische Notwendigkeit, die oft als Wille der Götter bemäntelt wird; in Rom gehörte die politische Manipulation der Religion zur Tagesordnung. Der schlaue Ulixes (Odysseus) verhehlt nicht, daß es, abgesehen von dem, was Kalchas im Namen des Schicksals verkündet, politische Gründe genug gibt, um Hektors Sohn zu töten: einen Rächer groß werden zu lassen ist unkluge Politik. Aber als Andromacha um das Leben ihres Sohnes bittet, ist Ulixes human genug zu beteuern, daß ja nicht er, sondern Kalchas und die Götter das Opfer verlangten.

Während Senecas Helden und Heldinnen durchgängig an dem leiden, was der Chor in „Agamemnon“ „die furchtbare Liebe zum Leben“ nennt, auch dann, wenn sie sich das Leben nehmen wollen, ist Andromacha nach Hektors Tod mit dem Leben fertig, gelähmt und gefühllos; zur Bezeichnung ihres Zustands benutzt sie das Wort *stupor,* das zum Fachausdruck für reaktionslose Passivität geworden ist. Hektor, noch immer der Herr ihrer Seele, hat ihr geboten, sich bereit zu halten. Er ist ihr im Traum erschienen, nicht als der Held, sondern in trübseliger Gestalt – dennoch war es schön, ihn zu sehen! – und hat ihr befohlen, den Sohn zu verstecken, aber von Troja steht ja nicht mehr so viel, daß man ein Kind darin verstecken kann. Schließlich hat sie ihn in Hektors Grabhügel versteckt, im Vertrauen darauf, daß die Griechen sich doch wenigstens eines Sakrilegs enthalten würden. Nun erklärt sie, Astyanax weile nicht unter den Lebenden. Als Ulixes antwortet, daß dies ein Glück für sie sei, denn sonst hätte er von einem Turm herabgestürzt werden sollen, ist sie natürlich starr vor Schreck. Ulixes fragt sie, wovor sie denn Angst habe, ihr Sohn *sei* ja tot. Als er damit droht, Hektors Grabhügel einebnen zu lassen, muß sie gestehen und Astyanax ausliefern. Als er, während die Mutter weinend von ihm Abschied nimmt und Ulixes ungeduldig wartet, sein Schicksal begreift, bittet er die *Mutter,* sein Leben zu schonen: „*Miserere mater*“[59] – eine der Stellen bei Seneca, die daran erinnern, daß er ein Vorbild für Shakespeare war.

In der nächsten Episode tritt eine weitere unglückliche Frau auf, die (seinerzeit) schöne Helena, um die Griechen und Trojaner jahrelang gekämpft haben. Sie ist bei den Siegern und Besiegten gleich verhaßt, ganz allein mit ihrer Trauer, während diese wenigstens ihr Glück und Unglück gemeinsam haben. Als indirekten Kommentar zu ihrem Schicksal singen die trojanischen Frauen von der tröstenden Gemeinschaft in der Trauer:

,,Ein Los zu ertragen, das alle erleiden, weigert sich keiner. Merze die Glücklichen aus: so wird niemand sich, sei er es auch, für elend halten; entfernt die an Gold reich Begüterten, entfernt die mit hundert Ochsen üppiges Land aufbrechen: dem Armen wird sich der niedergeschlagene Sinn aufrichten – elend ist niemand, er vergleiche sich denn."[60]

Die Tragödie beginnt und endet mit Hekuba, der Königin des Priamus, die ebenfalls mit dem Leben abgeschlossen hat, von der der Tod in seiner Grausamkeit jedoch nichts wissen will. Sie sieht, wie die letzten des Königsgeschlechts in den Tod geführt werden, während sie selbst durch das Los Ulixes als Kriegsbeute zufällt. Zuletzt wird berichtet, wie Polyxena und Astyanax mit stoischer Todesverachtung in den Tod gingen, beweint von Trojanern und Griechen. Bitter ironisch klingen Hekubas Worte: Segelt nun heim, ihr Danaer, in Sicherheit, das Mädchen und der Knabe sind gefallen, der Krieg ist aus. Aufgeräumt treibt der Bote der Griechen die gefangenen Trojanerinnen an: Nun bekommen die Schiffe Wind in die Segel, die Flotte sticht in See! Gleich im ersten Vers der Tragödie schlägt Hekuba das Hauptthema von Senecas Tragödien an: ,,Wer immer seinem Königtum vertraut, machtvoll an einem großen Hof gebietet und nicht den Wankelmut der Götter fürchtet, seinen Sinn leichtgläubig den Glücksgütern hingab, der sehe mich an und dich, Troja: niemals erbrachte Fortuna gültigere Beweise, auf wie schwankem Grund die Stolzen stehen."[61]

,,Die Trojanerinnen" unterscheiden sich aber von den anderen Tragödien durch ihre größere Tragik, wenn denn das unverschuldete Leiden das Tragische ausmacht. Hier hat kein vermessener Herrscher das Schicksal herausgefordert. Trojas Untergang trägt nicht den Charakter einer Strafe, sondern eher den des Weltuntergangs, der durch Gesetzesgebot folgt. Hekuba und Andromacha sind nur die first ladies unter den namenlosen Trojanerinnen, nach denen die Tragödie benannt ist und deren Schmerzensgemeinschaft die Tragödie reiner und reicher macht. Ihre Chorgesänge gehören zu den schönsten, die Seneca geschrieben hat. Doch wenn ,,Die Trojanerinnen" weniger ,,negativ" sind als die anderen Tragödien, die fast alle in schneidendem Mißklang enden, dann weil der Tod mit positiven Gefühlen umschlossen wird. Preise keinen glücklich, bevor er tot ist, lautete die griechische Weisheit, in die der ,,König Oidipus" des Sophokles einmündete. Die Trojanerinnen preisen Priamus glücklich, *weil* er tot ist. Und obwohl sie ihn im Elysium glauben, richtet sich ihre eigene Hoffnung nicht auf ein Leben nach dem Tod, sondern auf einen Tod nach dem Leben: ,,Ist es wahr, oder täuscht eine Fabel die angsterfüllten Menschen, daß die Schatten leben nach Bestattung der Leiber, wenn der eine Gatte die Hand auf die Augen des andern gelegt hat, ihm der letzte Tag das Licht der Sonne verwehrt und die Trauerurne die Asche umschlossen hat? Bringt es keinen Gewinn, das Leben dem Tode zu übergeben, steht vielmehr den Elenden bevor weiterzuleben?"[62] So schrecklich ist es nicht, lautet die Antwort: der Tod ist eins, er trifft Seele wie Körper, das Totenreich ist nur ein böser Traum, und willst du wissen, wo du nach deinem Tode sein wirst, so frage, wo alle die Ungeborenen sind.

„Thyestes" und „Die Trojanerinnen" sind Untergangsdramen, desperat und wild das eine, abgeklärt und milde in seiner Untergangsstimmung das andere. Sie sind die Meisterwerke unter Senecas Tragödien und seine selbständigsten Arbeiten; „Die Trojanerinnen" haben nur den Rahmen mit der gleichnamigen Tragödie von Euripides gemeinsam.

Die Chronologie der Tragödien

Über Entstehungszeit und Reihenfolge der Tragödien ist nichts bekannt, sie werden weder von zeitgenössischen Schriftstellern noch von Seneca selbst erwähnt. Die Forscher haben in diesem Punkt also völlig freies Spiel gehabt und sind sich so uneinig, daß es unmöglich ist, auf die Meinung „der Forschung" zu verweisen. Eine beliebte Methode war das Finden von Anspielungen auf zeitgenössische Ereignisse, aus denen man dann schloß, daß die Tragödien zur Zeit dieser Ereignisse entstanden seien. Da das Leben bei Hofe ein gut Teil Gemeinsamkeiten mit den alten Mythen aufwies, läßt sich fast alles als Anspielung auf fast alles auffassen. Wenn man will, kann man beispielsweise in der rachgierigen Medea ein Porträt der rachgierigen Agrippina erblicken, die zwar nicht selber Zauberin war, aber doch im Bündnis mit einer solchen auftrat. Näher liegt es, im „Rasenden Herkules" Anspielungen auf Nero zu sehen und ihn auf den Beginn von Neros Regierungszeit zu datieren.

Eine andere Methode vergleicht Stellen in den Tragödien mit verwandten Formulierungen in den philosophischen Schriften. Léon Herrmann hat in seinem mehr umfang- als inhaltsreichen Werk über Senecas Theater einen solchen detaillierten Vergleich unternommen und kommt z. B. zu dem Ergebnis, daß zwischen „Thyestes" und den Briefen vielfältige Verbindungen bestehen; seltsamerweise rechnet er aber „Thyestes" trotzdem zu Senecas frühesten Tragödien.[63] Man vermag nur schwer einzusehen, welchem Zweck eine solche Untersuchung dann dienen soll. Freilich kann man nicht davon ausgehen, daß verwandte Textstellen aus der gleichen Zeit stammen, denn Seneca änderte mit der Zeit zwar seine Stimmung, nicht aber seine Meinung; so wie Sokrates sagte er immer wieder das gleiche über das gleiche. Z. B. sagt Medea, daß, wer nicht hofft, auch nicht verzweifeln kann.[64] Diesen Ausspruch schreibt der 5. Brief dem Philosophen Hekaton zu.[65] Man braucht jedoch weder ein Hekaton noch eine Medea oder Seneca zu sein, um auf den Gedanken zu kommen; überraschender ist, daß Andromacha in den „Trojanerinnen" sagt, das Schlimmste sei zu fürchten, wenn man nichts mehr hoffe.[66] Das kann man natürlich nicht in den philosophischen Schriften nachlesen. Dagegen sagt Phaedras Amme[67] ungefähr das gleiche wie Epikur,[68] nämlich daß der Verbrecher zwar vielleicht in Sicherheit, nicht aber in Geborgenheit leben könne. Da Seneca diesen Gedanken in den Briefen 97 und 105 formuliert,[69] da der kulturpessimistische Monolog des Hippolytus in „Phaedra" genau mit Senecas eigenen Geschichtsbetrachtungen in Brief 90 übereinstimmt, da der Chorgesang über *fatum* und *fortuna* dem Gedankengang in „Über die Vorsehung" entspricht, besteht eine gewisse Wahrscheinlichkeit dafür, daß „Phaedra" während Senecas „Otium" geschrieben wurde.

Ein paar jüngere zeitgenössische Schriftsteller liefern einige chronologische Anhaltspunkte. Der Rhetorikprofessor Quintilian, um 35 geboren, erzählte: „Ich erinnere mich noch aus meinen ersten Jünglingsjahren, daß zwischen Pomponius und Seneca sogar in Vorreden die Frage behandelt wurde, ob man in einer Tragödie hätte sagen dürfen: ‚gradus eliminat'."[70] Vermutlich handelte es sich um eine einleitende Diskussion zu einer Tragödienlesung. Pomponius war ebenfalls Schauspielautor, und eines seiner Stücke hatte im Jahre 47 Anlaß zu Krawallen gegeben. Von 50 bis 51 war er dienstlich in Germanien, Seneca war bis 49 im Exil. Die Diskussion muß also gegen Ende von Claudius' Regierungszeit stattgefunden haben. Und wenn der Meliboeus (S. 143), der in den Hirtengedichten des Calpurnius Siculus u. a. als tragischer Dichter gerühmt wird, eine Anspielung auf Seneca ist, was wahrscheinlich erscheint, dann muß er zu Beginn von Neros Regierungszeit als Tragödienautor bekannt gewesen sein. – Tacitus referiert unter dem Jahr 62 die Anschuldigungen, die man gegen Seneca richtete, da er jetzt, wo Nero selbst es tue, mehr *carmina* schreibe:[71] *carmen (tragicum)* war eine übliche Bezeichnung für Tragödie. Das bestätigt, daß Seneca in den sechziger Jahren Tragödien schrieb, und es scheint vernünftig, „Phaedra", „Thyestes" und „Die Trojanerinnen" in diesen Zeitraum zu legen, wenn es denn vernünftig ist, Senecas „reifere" Werke für später zu halten als die weniger reifen.

„Ödipus" und „Agamemnon" haben auch andere[72] zu den weniger selbständigen Arbeiten gezählt. Sie unterscheiden sich von den übrigen Tragödien durch ihre „polymetrischen" Chorgesänge, d. h. Gesänge, in denen das Versmaß dauernd wechselt, ein äußerliches Raffinement, das man eher einem unerfahrenen als einem erfahrenen Dichter zutrauen wird. Hinzu kommen gewisse technische Unbeholfenheiten: Zwei Chorgesänge in „Ödipus" enden mit Regiebemerkungen („Doch was soll das? Die Torflügel knarren, und traurig schlägt ein königlicher Sklave mit der Hand sein

Haupt. Sag an, was Neues du bringst?"[73]), während in anderen Tragödien der Chor zu gewöhnlichen jambischen Sprechversen übergeht, wenn er das Geschehen auf der Bühne erläutern will;[74] in ,,Medea", ,,Thyestes" und ,,Die Trojanerinnen" kommen diese Bühnenerläuterungen überhaupt nicht vor. Im großen und ganzen scheinen die Tragödien um so besser zu werden, je später sie liegen, doch für diese Argumentation gilt wie für alle anderen, die zu völlig anderen Ergebnissen gelangen, daß sie eher ein Gefühl begründet als etwas beweist. Die Datierung der Tragödien ist im übrigen nicht wesentlich, hängt aber doch mit der Frage nach ihrem Zweck zusammen.

Zweck und Wirkung

Was wollte Seneca mit seinen Tragödien? Bis vor wenigen Jahren waren sich die Forscher darin ziemlich einig, daß sie nicht für die Bühne, sondern nur zum Vorlesen gedacht waren. Schauspiele schrieb man in Rom, um Geld zu verdienen, und es ist ,,unwahrscheinlich, daß Seneca, einer der reichsten Männer von Rom und ein Mann, der seinen Widerwillen gegen engen Kontakt mit dem gemeinen Haufen und dessen Vergnügungen offen zugibt, Stücke hätte schreiben sollen, die die Gunst der Öffentlichkeit zu gewinnen trachteten".[75] Zu Senecas Zeit fanden in Rom keine regelmäßigen Tragödien- und Komödienaufführungen mehr statt, neben den Gladiatorenkämpfen und den Wettrennen genossen vor allem die Mimen und Pantomimen die Gunst der Öffentlichkeit. Seneca hegte tatsächlich einen Widerwillen gegen die meisten dieser Vergnügungen, betonte jedoch mehrmals die außerordentliche Wirkung, die die moralischen Sentenzen in den Mimen haben konnten, und fügte hinzu: ,,Wieviel stärker ist dies der Fall, wenn ein Philosoph solche Worte spricht, wenn seine Verse mit heilsamen Vorschriften durchsetzt sind, die ihre Lehren weit wirksamer in die Herzen ungebildeter Hörer dringen lassen!"[76] Der Gedanke bekommt eine ganz andere Durchschlagskraft, wenn er in Versen ausgedrückt wird,[77] meinte Seneca, und der Verdacht liegt nahe, er habe mit seinen Versen das Interesse eines größeren Publikums wecken wollen. Sein Widerwille gegen die Vergnügungen des gemeinen Haufens mochten ihn dazu reizen, andere an ihre Stelle zu setzen. Die seltsame Tatsache, daß der humane Seneca in seinen Tragödien in Blut schwelgt, wirkt weniger seltsam, wenn man sich vorstellt, daß er bei ihrer Abfassung an ein römisches Publikum dachte, das stärkeren Tobak gewöhnt war. Senecas Tragödien sind zugespitzter dramatisch als ihre griechischen Vorlagen, ihre Schreckeffekte wenden sich ebenso sehr an das Auge wie an das Ohr – daß sie nur zum Vorlesen gedacht waren, ja, daß Seneca sie selbst in Einmannshows vorgelesen haben soll, das ist eine widersinnige Hypothese. Diese Theaterhelden, die als eine Art Ausrufer für sich selbst auftreten, muß man sich mit Masken und auf Kothurnen denken, und der melodramatische Stil, den zu verstehen einem modernen Leser schwerfallen mag (und der auch hohl klingen kann, wenn die lateinischen Verse in moderne Prosa übersetzt werden), verlangt den großen Apparat, Flöten und Pauken und Donnermaschinen, um zu seinem Recht zu kommen. Doch wenn Seneca mit seinen Schreck- und Popeffekten tat, was er konnte, um das Interesse eines größeren Publikums zu erregen, und wenn er, wie jeder andere Dramatiker, seine Gestalten gern lebendig auf einer Bühne sehen wollte, so sagt das noch nichts darüber, ob die Tragödien zu seiner Zeit tatsächlich aufgeführt worden sind.

Öffentliche Aufführungen von Tragödien von Seneca wären in der Tat, vor allem während der Zeit, als er einer der reichsten Männer des Reichs war, so ungewöhnliche Begebenheiten gewesen, daß man oft und lange davon gehört hätte. Es war aber üblich, daß sich reiche Privatleute private Schauspielertruppen hielten, vor allem die Kaiser taten das. Hatte Seneca es nicht nötig, Tragödien für Geld zu schreiben, so hatte er dafür die Mittel, sie aufführen zu lassen – jedenfalls hatte Nero sie. Theodor Thomann hat in seiner Ausgabe der Tragödien ihre bühnentechnischen Qualitäten zu zeigen versucht und die Ansicht vertreten, daß sie für Neros „Hoftheater" bestimmt gewesen seien.[78] Nero gestattete es sich, seinen Interessen im kleineren Kreis nachzugehen, bevor er es öffentlich tat, und daß man bei Hofe sowohl griechische wie römische Tragödien aufführte, ist eine naheliegende Annahme. Allein die gegen Seneca vorgebrachten Beschuldigungen, er wolle den Kaiser als Dichter übertreffen, deuten darauf hin, daß Seneca Nero in dessen künstlerischen Interessen bestärkte, die ja im „Rasenden Herkules" indirekt verteidigt werden. Aber, wie auch der Fall Lukans zeigt, irgendwann wurde Nero, der es eine Zeitlang liebte, Dichter und Philosophen um sich zu scharen, vom Künstlerneid auf alle anderen Dichter gepackt, und was bis dahin Zusammenarbeit gewesen sein mag, konnte es danach nicht mehr sein. Senecas letzte Tragödien konnten nicht bei Hofe aufgeführt werden, wohl aber kann das bei einigen der früheren der Fall gewesen sein, und von Senecas Seite aus können sie als ein Beitrag zu der „griechischen" Kulturpolitik gemeint gewesen sein, die in Neros künstlerischem Auftreten zum Ausdruck kam.

Man kann historische Beweise dafür bringen, daß die Tragödien durchaus für die Bühne geeignet waren. Kurze Zeit nach dem Erscheinen der ersten Buchausgabe in Ferrara im Jahre 1484 wurde „Phaedra" auf dem Forum von Rom aufgeführt; 1551–52 wurden die „Trojanerinnen" am Trinity College in Cambridge aufgeführt; Senecas Tragödien wurden zur großen literarischen Inspiration für das englische Renaissancedrama. Shakespeare, der „nur wenig Latein und noch weniger Griechisch" konnte, scheint nichtsdestoweniger Seneca auf Latein gelesen zu haben und versuchte mit einer seiner ersten Tragödien, dem „Titus Andronicus", Senecas „Thyestes" an Greueln zu überbieten. Seine zweite Renaissance als Tragödiendichter erlebte Seneca in unserer Zeit. ,,Thyestes" wurde 1967 in Italien auf die Bühne gebracht, ,,Medea" im gleichen Jahr in Frankreich; 1968 folgte Peter Brooks Version des ,,Ödipus". Peter D. Arnott meint, daß Seneca, ,,der den unglücklichen Kampf des Individuums mit unerbittlichen Mächten schildert, sehr wohl der Dramatiker unserer Zeit sein kann ..., wie beunruhigend das auch sein mag."[79]

Möglicherweise vermag unsere Zeit in diesen Schreckenstraumbildern von der Selbstverherrlichung des emanzipierten, normlosen Individuums am Rande der Katastrophe etwas wiederzuerkennen. Was man zu harmonischeren Zeiten als theatralisch und unwirklich abtat, mag in unserer Zeit ursprünglicher oder sogar ,,primal" (A. Janov) wirken; nicht umsonst handeln mehrere der von Seneca benutzten Mythen von dem ausgesetzten Kind, das nach seinen Eltern schreit und seine Götter verflucht. Seneca legt die latente Pathologie dieser Mythen im römischen Sinne aus. In seinen Tragödien steckt mehr ,,neurotische" Spannung als in den griechischen, sie sind keine rituellen Dramen mehr und noch keine realistischen, sondern eine Art Psychodramen, in ihrer Tendenz human, aber brutal in ihrer Inspiration. Was Antonin Artaud in den dreißiger Jahren über das ,,Theater der Grausamkeit" schrieb, paßt besser auf Senecas Theater als auf das irgendeines anderen Autors: ,,Das Theater wird ... erst dann zu einem wirklichen Illusionsmittel werden, wenn es den Zuschauer mit wahrhaftigen Konzentraten von Träumen nährt, in denen seinem kriminellen Gespür, seinen Zwangsvorstellungen, seiner Verrücktheit, seinen Chimären, seiner utopischen Auffassung vom Leben und den Dingen, ja, selbst seinem Kannibalismus Genüge getan wird, nicht auf einer verfälschten und illusorischen Ebene, sondern innerlich."[80]

Senecas eigene Hoftragödie: ,,Octavia"

Man hat Senecas ,,blutrünstige" Tragödien geradezu als Argument gegen seinen erklärten Humanismus benutzt. Man müßte jedoch naiv sein, wenn man glauben wollte, daß ein Philosoph, der so leidenschaftlich zur Beherrschung der Leidenschaften mahnte, selbst keine Leidenschaften zu beherrschen hatte. In einem seiner ersten Briefe schreibt er über das Genießen des künstlerischen Schaffensprozesses und hat es sicher selbst genossen, ,,von Sinnen zu sein" und ,,die trübselige Nüchternheit eine Weile abzulegen".[81]

Die erstaunlichste Stelle in seinen Prosaschriften findet sich in ,,Über die Vorsehung": den tollkühnen Phaeton, der absolut den Wagen seines Vaters, des Sonnengotts, lenken wollte und ihn umstürzte und damit fast die ganze Welt in Brand gesetzt hätte, nennt Seneca an dieser Stelle den ,,wohlgemuten Jüngling" und rühmt ihn für die Worte: ,,Es gefällt mir der Weg. Ich steige ihn hinan: das ist es mir wert, durch derlei Gefahren zu gehen, auch wenn ich fallen werde."[82] Die niedrige und schwache Seele nämlich sucht immer den sicheren Weg, die hochgemute sucht das Hohe. Das steht unbestreitbar im Gegensatz zu den vielen Chorgesängen, die zu dem sicheren Mittelweg raten. Hatte Seneca zeitweise genug von dem Weisen und trotz allem eine Schwäche für kühne Jugend? Phaetons Himmel- und Todesfahrt wurde im übrigen auf Wandmalereien in Neros *Domus aurea* verewigt.

Natürlich mußte Seneca Neros Ausschweifungen mit Entsetzen verfolgen, aber hatte er, als er in ,,Über die guten Taten" den Tyrannenmord verteidigte, die Sympathie für seinen seinerzeit geliebten Schüler völlig verloren? Konnte er, auch wenn er sich selbst und indirekt auch der Öffentlichkeit sagen konnte, daß er getan hatte, was er konnte, sich von einem Gefühl der Mitschuld freisprechen? Gerade in den Tragödien, die er (so vermuten wir) in seinem ,,Otium" schrieb, in der Verzweiflung in ,,Thyestes", der Resignation in den ,,Trojanerinnen", ist man versucht, einen tief persönlichen Nachtrag zu der Selbstcharakteristik zu erblicken, die die Briefe an Lucilius enthalten. In vielen seiner Briefe schreibt Seneca grundsätzlich und philosophisch über den Selbstmord; die Monologe des Ödipus in den unvollendeten ,,Phönissen" sind sozusagen selbstmordgierig. In Brief 104 schreibt Seneca, daß es seine Pflicht sei, für Pompeja Paulina zu leben, die für ihn lebe, in den ,,Phönissen" erklärt sich Ödipus bereit, alle Schrecken und sogar das Leben um Antigonas willen zu ertragen. Ödipus, der einst so weise Herrscher, der nun aufgefordert ist, seinen Einfluß auf seine entarteten Söhne geltend zu machen, Agamemnon, der den tauben Ohren des Pyrrhus Milde predigt, Thyestes, der, vom Hofe vertrieben, die Genügsamkeit preist und sich dennoch in das tödliche Hofleben zurücklocken läßt, alle diese Gestalten bergen so viel von Seneca selbst in sich, daß seine Tragödien sich auch als Zeugnis seiner eigenen Hoftragödie lesen lassen.

Von Nero berichtet Sueton: ,,Stolz und aufgeblasen, weil ihm alle Scheußlichkeiten gelangen, äußerte Nero: ,Vor mir hat noch kein Fürst gewußt, was er sich alles erlauben kann.'"[83] – Senecas Atreus sagt, nachdem er *seine* gelungenen Abscheulichkeiten vollbracht hat, etwas Ähnliches und fühlt sich befähigt, die Götter zu entlassen. Ein römisches Publikum hat Senecas Hoftragödien nicht als historische Schauspiele erlebt. Die mythischen Greuel waren am Kaiserhof zu Rom, wo das Urverbrechen, der Brudermord, nahezu Sitte war, keine Vergangenheit. Die nächsten Konkurrenten um den Thron waren als solche auch nahe Verwandte. Von Augustus sagt Tacitus: ,,Seine Härte ging nie so weit, daß er den gewaltsamen Tod irgendeines seiner Angehörigen veranlaßt hätte",[84] sein Nachfolger Tiberius aber ließ sofort bei seiner Thronbesteigung seinen Adoptivbruder Agrippa Postumus, den Enkel des Augustus, töten. Caligula ließ den Enkel des Tiberius und seinen eigenen Adoptivbruder Tiberius Selbstmord begehen – es schickte sich nämlich nicht, daß ein anderer Hand an ein Mitglied des kaiserlichen Geschlechts legte; der vernachlässigte junge Mann, den man nicht geziemend im Gebrauch von Waffen unterwiesen hatte, mußte sich in seiner letzten Stunde darüber belehren lassen, wie man sich am besten das Leben nimmt. Claudius hatte bei seiner Thronbesteigung keinen Bruder, den er hätte töten müssen, aber Nero ließ den Sohn des Claudius und seinen Adoptivbruder Britannicus Gift aus dem Goldbecher trinken. All dies verursachte weiter keine Aufregung bei den Untertanen: Sie dachten daran, „daß die Zwietracht unter Brüdern eine alte Geschichte und der Königsthron unteilbar sei“, sagt Tacitus.[85]

Der Mythos, von Romulus und Remus, von Eteokles und Polyneikes, von Atreus und Thyestes, ließ sich also geradezu als eine Art realpolitische Begründung gebrauchen. Um so mehr realpolitischen Grund konnte Seneca haben, den Mythos anzugreifen. Wenn der Mythos die vom Gesetz verbotenen Gelüste des Menschen ausdrückt (und Freuds Entdeckung des Ödipuskomplexes könnte darauf schließen lassen), wird derjenige, der nicht an das Gesetz gebunden ist und sich erlauben kann, seinen Gelüsten zu folgen, dann nicht zu den mythischen Vorbildern empor- oder auf sie herabsehen? Die alte Barbarei war höheren Orts, bei denen, die gleichsam oben über die Gesellschaft hinausragten, noch immer aktuell, dort oben, wo das Gesetz dem höchsten Garanten des Gesetzes keine Zügel anlegt. Doch wenn es stimmt, daß der Mensch rast, wenn man ihn nicht im Zaume hält, dann behält der Tyrann ja recht, wenn er meint, der Mensch müsse mit Gewalt unten gehalten werden, damit er nicht gewaltsam gegen den Menschen vorgehe. Der entgegengesetzte, der humane Gesichtspunkt geht davon aus, daß gerade der Zwang den Menschen rasend macht und daß gerade die Macht verdirbt, und der Machtkampf ist in den Höhen der Gesellschaft ja am härtesten. In Senecas Tragödien stehen sich die beiden Auffassungen oft gegenüber, als Ausdruck des Grundkonflikts zwischen Brutalität und Humanität:

„Gefolgsmann:	Ein König wolle, was ehrenhaft ist: so wird niemand nicht dies selbe wollen.
Atreus:	Überall, wo nur Ehrenhaftes dem Herrscher erlaubt ist, krankt Königsmacht.
Gefolgsmann:	Wo nicht Ehrfurcht ist noch Rechtspflege, nicht Unverletzlichkeit noch Treue und Glauben, da steht Königsmacht auf schwanken Füßen.“[86]

„Ödipus:	Wer Haß allzu sehr fürchtet, weiß nicht König zu sein: des Königtums Wächter ist Furcht.
Kreon:	Wer sein Szepter grimmig in harter Herrschaft führt, fürchtet, die ihn fürchten: Angst fällt auf ihren Urheber zurück.“[87]

„Eteokles:	Wer geliebt sein will, regiert mit schlaffer Hand.
Iokaste:	Nie hält verhaßte Herrschaft sich lange.“[88]

„Nero: Wird man einzig mich hindern zu tun, was allen freisteht?
Seneca: Größeres fordert das Volk immer vom Höchsten. ...
Nero: Schlecht ist ein Regiment, lenkt die Menge ihre Führer.
Seneca: Vermag sie gütlich nichts zu erwirken, kränkt es sie mit Recht."[89]

Der letzte Wortwechsel stammt aus der Tragödie „Octavia", die unter Senecas Tragödien überliefert ist, aber nicht von ihm geschrieben sein kann, da er selbst darin auftritt. „Octavia" ist die einzige überlieferte römische Tragödie, die ein römisch-historisches und nicht ein griechisch-mythologisches Thema hat, und sie zeigt, daß *das* keinen großen Unterschied macht. Hier taucht nicht Tantalus oder Thyestes als Personifikation des bösen Geistes des Geschlechtes aus der Unterwelt auf, sondern Agrippina; hier wirft nicht Hippolytus, sondern Seneca einen sehnsüchtigen Blick auf das goldene Zeitalter zurück, und Seneca ist es auch, der – wie der Chor in „Thyestes" – fürchtet, daß diese Zeiten die letzten seien, da Verbrechen regieren, Gesetzlosigkeit wütet und böse Begierden triumphieren.

Die Tragödie spielt im Jahre 62. Nero will Plautus und Sulla hinrichten lassen und Octavia wegen Poppäa verstoßen. Seneca versucht ihn davon abzubringen. Der Verfasser weiß offenbar in Senecas Werken gut Bescheid und legt ihm in dem großen Dialog mit Nero seine eigenen Worte in den Mund; doch auch Nero kann nicht über Mangel an Argumenten klagen: er kommt mit einem sehr naheliegenden Einwand gegen den Gedanken, daß Milde der beste Schutz des Fürsten sei, nämlich, daß sie Julius Cäsar das Leben gekostet habe.

Der Verfasser dieses römischen Dramas hat eine der dramatischsten Situationen aus den Anfängen der Kaiserzeit aufgegriffen, einen der wenigen Ansätze zu einem Volksaufstand, der charakteristischerweise durch Octavias Verstoßung ausgelöst wurde. Doch das Volk erreicht nur, daß der Kaiser wütend wird. Als Octavia von ihrer Amme mit den Worten getröstet wird: „Groß ist die Macht des Volkes", antwortet sie kurz und unwiderlegbar: „Doch die des Fürsten größer".[90] Nero kann Senecas Warnungen denn auch auf die leichte Schulter nehmen. Seneca muß hier die gleiche Rolle spielen wie die Amme oder der Diener in seinen eigenen Tragödien, aber im Unterschied zu ihnen gibt er nicht nach, sondern besteht auf seiner Meinung, so daß der Kaiser ihm schließlich Einhalt gebieten muß: Du wirst mir zu unbequem; ich kann mir erlauben, was ein Seneca mißbilligt.

Da „Octavia" von einem Zeitgenossen stammt (möglicherweise von einem Curiatius Maternus[91]), vermittelt das Werk einen Eindruck davon, wie jedenfalls einige Zeitgenossen Senecas „Rolle" bei Hofe beurteilten.

Diese Hoftragödie hinterläßt keinen Zweifel: souverän ist nicht der souveräne Herrscher, sondern der Weise. Nur hat er weiter nichts zu sagen als weise Worte. ,,Octavia", nicht von Seneca stammend, ist seine persönliche Tragödie.

X. Nero und Seneca

Neros mythische Geschichte

In dem Bericht, den Philostratos um 200 über den griechischen Weisen Apollonius von Tyana, einen Zeitgenossen von Jesus und Seneca, schrieb, wird Neros Rom als Polizeistaat geschildert, in dem an allen Straßenecken Spione stehen. Auf seinem Weg in die Stadt, in der Begleitung von 35 Jüngern, wird Apollonius vor Nero gewarnt, der öffentlich an Wettrennen teilnehme, auf den römischen Bühnen singe, mit Gladiatoren lebe, ja selbst als Gladiator auftrete und Leuten in der Arena die Kehle durchschneide.

,,‚Nun', sagte Apollonius, ‚glaubst Du denn, mein Lieber, daß es für Männer von Erziehung ein anziehenderes Schauspiel geben kann, als einen schamlosen Herrscher? Der Mensch ist ein Spielzeug Gottes, sagt Plato, ein König aber, der zum Spielzeug der Menschen geworden ist und mit seiner eigenen Schande dem Pöbel schmeichelt, bietet dem Philosophen überreichen Stoff zu Beurteilung!' ‚In der Tat ist es so', entgegnete Philolaos, ‚wenn nur solche Kritik auch gefahrlos wäre! Wenn Du aber abgeführt worden und verloren bist, wenn Nero Dich lebendig verschlingt, ehe Du nur etwas von seinem Treiben gesehen hast, so wird Eure Meinungsverschiedenheit Dir teuer zu stehen kommen.'"[1] – Als Apollonius in Rom einzog, folgten ihm nur acht Jünger.

Selbst die griechischen Schriftsteller teilen die römische Entrüstung über die griechischen Sportarten des griechenfreundlichen Kaisers und fügen die ungriechischen hinzu, um die Geschichte noch besser zu machen; denn es gibt keinerlei zuverlässige historische Zeugnisse dafür, daß Nero auch als Gladiator und Kannibale auftrat. Nero zog auch weiterhin den blutigen Kämpfen die friedlichen vor und zeigte sich lieber auf der Wettrennbahn als im Felde, wo er sich nie zeigte. Das rächte sich. Fatal waren jedoch nicht seine sportlichen und künstlerischen Interessen als solche, sondern die Tatsache, daß er das Interesse am Reich verlor, als er selbst dessen Lenkung übernahm. Seine ,,eigene" Regierungszeit zeitigte großartige Initiativen auf den Gebieten, die sein besonderes Interesse besaßen, beispielsweise beim Wiederaufbau Roms nach dem Brand, bei seinem eigenen ,,goldenen Haus", einem architektonischen Pionierwerk, bei den Kanälen durch die korinthische Landenge und vom Avernersee in Campanien durch die Berge zur Mündung des Tiber; aber keines der Projekte wurde vollendet. In seinen letzten Jahren plante Nero einen Feldzug in den Kaukasus, möglicherweise wollte er neue Handelswege nach Osten erschließen, möglicherweise wollte er seine griechischen Triumphe damit krönen, daß er in die Fußstapfen von

Alexander dem Großen trat. Bisher hatte er zwar selbst keine Kriege begonnen, sondern nur Abspaltungs- und Aufruhrversuche niederzuschlagen gesucht, in Armenien, Britannien und von 66 an auch in Judäa, aber nun hob er eine Legion von besonders großen Italikern (1.80 m) aus, die Phalanx Alexanders des Großen heißen sollte.

Neros besondere Legion waren bis dahin die fünftausend „Augustianer" aus dem Ritterstand gewesen, die für den kunstvollen Beifall bei Neros Auftritten sorgten. Sein größter Triumphzug war seine Tournee in Griechenland vom September 66 bis Anfang 68. Um an allen griechischen Spielen teilnehmen zu können, ließ er die 211. Olympischen Spiele von 65 auf 67 verschieben. Er setzte auch durch, daß zum ersten- und letztenmal in der Geschichte der Spiele Wettkämpfe in Musik und Dramatik stattfanden. Der Kaiser gewann den einen wie den anderen und alles andere ebenfalls, seine Trophäen füllten mehrere Wagen. Sparta, dessen strenge Disziplin ihm sicher zuwider war, besuchte er nicht, ebensowenig wie Athen, angeblich weil er die Furien fürchtete, die dort den Muttermörder Orest heimgesucht hatten. In Korinth proklamierte er am 28. November 67 die „Freiheit" Griechenlands, ein Wort, das in den Ohren der Griechen sehr viel, in Wirklichkeit aber nur Steuerfreiheit bedeutete. Die Proklamation ist in einer Inschrift erhalten und vermittelt einen guten Eindruck von Neros kaiserlichem Stil – jetzt schrieb er seine Reden selbst:

„Unerwartet, hellenische Männer, ist das Geschenk, das ich euch mache, auch wenn man von meiner Großmut vielleicht alles erwarten sollte, und so groß ist es, daß ihr nicht darum hättet bitten können. Alle Griechen, die Achaia und das Land, das man bis jetzt Peloponnes genannt hat, bewohnen, erhalten hiermit die Freiheit und Steuerfreiheit, Dinge, die ihr selbst in euren glücklichsten Tagen nicht alle hattet, denn ihr wart einander oder Fremden untertan. Ich hätte euch dieses Geschenk gern in der Blütezeit von Hellas gemacht, so daß noch mehr es hätten erhalten können, und ich muß die Zeit tadeln, weil sie mir zuvorgekommen ist. Doch gewähre ich diese Wohltat nicht aus Mitleid, sondern aus Wohlwollen und als Dank an eure Götter, deren Fürsorge ich zu Land und zu Wasser immer gespürt habe und die mir die Gelegenheit zu einer so großen Wohltat geboten haben; denn andere Herrscher haben Städten die Freiheit geschenkt, Nero allein schenkt sie einer ganzen Provinz."[2]

Ein anderer Höhepunkt von Neros Außenpolitik war der Empfang des armenischen Königs Tiridates, der die Königskrone aus Neros Hand entgegennehmen sollte – das Königreich hatte er bereits. Der Krieg gegen die Parther, der während Neros gesamter Regierungszeit in Abständen immer wieder aufgeflackert war, war endlich durch ein Abkommen beendet worden, wonach beide Parteien Armenien zu verlassen hatten, dessen König, ein Halbbruder des Partherkönigs, anerkannt und formal von Rom eingesetzt werden sollte. Die Reise wurde von Rom bezahlt. Sie kostete pro Tag

800000 Sesterzen und dauerte neun Monate. Nero empfing seinen Vasallen in Neapel und begleitete ihn nach Rom, wo ganz Rom zur Stelle war und Nero in Triumphatorkleidung eine Probe seiner Rhetorik lieferte:

,,Du hast wohl getan, daß du hierher kamst, um mir das Vergnügen deiner Gegenwart zu gewähren, um meine persönliche Bekanntschaft zu machen. Was dir dein Vater nicht hinterließ und was deine Brüder dir zwar gegeben haben, aber nicht erhalten konnten, das gebe ich dir und ernenne dich zu Armeniens König, um dich und jene zu überzeugen, daß es in meiner Gewalt steht, Kronen zu nehmen und zu geben!"[3]

Neros Selbsterhebungsdrang, von dem diese Reden zeugen, und sein Hang zum Kolossalen, der alle seine Projekte prägt, kamen auch in der Kolossalstatue zum Ausdruck, die er ungefähr da errichten ließ, wo heute das Kolosseum liegt, das noch immer danach heißt. Alle diese kolossalen Projekte erforderten kolossale Summen, und Nero gebührt die Ehre für eine der ersten bekannten Abwertungen in der Geschichte, eine Verringerung des Gold- und Silbermünzwertes, die der Staats- und Kaiserkasse einen einmaligen hohen Gewinn einbrachte, doch das reichte nicht. Nero, der in seiner Jugend um des Volkes willen alle indirekten Steuern hatte abschaffen wollen, mußte zu den traditionelleren Mitteln greifen: Erhöhung der Steuern und Beschlagnahme der Güter von Reichen, eventuell nachdem er sie zuvor zum Tode verurteilt hatte. Es war üblich, daß die Vornehmen ihre Vornehmheit und Dankbarkeit zeigten, indem sie einen Teil ihres Vermögens dem Kaiser vermachten. Insbesondere versuchten diejenigen, die sich in Ungnade befanden, auf diese Weise zu verhindern, daß sich der Zorn des Kaisers auf ihre Kinder weitervererbte. Den Provinzbeamten wurde befohlen, soviel wie möglich aus den Provinzen herauszuholen, und es gab keine Prozesse gegen unverantwortliche Statthalter mehr. Eine Inschrift aus Ägypten, der ,,eigenen" Provinz des Kaisers, berichtet kurz nach Neros Tod von verschiedenen Formen des Mißbrauchs, die die neue Regierung zu beseitigen verspricht.[4]

Alle Quellen sind sich einig darin, daß Neros Prinzipat in eine ,,gute" (Neros ,,Jahrfünft") und eine ,,böse" Zeit eingeteilt werden kann, und Tacitus und Dio Cassius lassen beide die gute Zeit mit der Periode zusammenfallen, in der Seneca und Burrus Einfluß besaßen. ,,Sie nahmen die gesamte Regierung in ihre eigenen Hände und verwalteten die Dinge so gut und gerecht sie konnten und gewannen aller Beifall", schreibt Dio,[5] der sie freilich bereits nach dem Tod des Britannicus resignieren läßt, während nach Tacitus Neros Wüten mit dem Tod Agrippinas beginnt. Eine nachweisbare Veränderung in Neros Haltung und der Politik der Regierung tritt jedoch erst 62 ein, als Seneca sich zurückzog und Nero sich auf Tigellinus stützte. Seine Grausamkeiten, die bis dahin ,,privat" gewesen waren, wurden erst jetzt zur Regel und öffentlich.

Änderte sich Nero, oder zeigte er sich im Verlauf seiner allmählichen

Emanzipation von seiner Mutter und von Seneca als der, der er wirklich war – und die ganze Zeit über gewesen war? Porträtbüsten und Münzporträts von Nero zeigen, daß sein ursprünglich schöner Kopf Ausdruck und Umfang änderte und schließlich ebenso großmächtig wirkte wie seine Reden an Tiridates und die Hellenen. Der Blick, den Metall und Marmor freilich nur schwer einfangen können, scheint immer finsterer zu werden; der Mund zog sich immer weiter in die fetten Wangen zurück und wurde von dem sich immer stärker hervorschiebenden Kinn unter die Nase hochgeschoben. Doch diese physiognomischen Veränderungen und die großspurigen Manieren müssen nicht unbedingt Symptome tieferer psychotischer Prozesse sein. Neros Grausamkeit äußerte sich anfangs in Panikhandlungen. Allein die Ahnung einer Gefahr ließ ihn den Kopf verlieren, was vor allem seine Reaktion auf die erste (falsche) Anklage gegen Agrippina zeigt. Erst die große, mißlungene Verschwörung im Jahre 65 ließ ihn überall Gefahren sehen und machte seine Grausamkeit chronisch. Nero hatte Angst vor seiner Mutter und Angst vor den anderen Mitgliedern des kaiserlichen Geschlechts und räumte sie wohl eher aus dem Wege, um sich von seiner Angst, als um sich von realen Drohungen zu befreien. Es gibt jedoch so etwas wie eine Begründung für seine Angst. Nero litt an keiner gewöhnlichen Geisteskrankheit, sondern an „Cäsarenwahnsinn", einer Art Milieuschaden. Ein Kaiser mußte schon „normaler" als üblich sein, wenn er ihn vermeiden wollte. Das erforderte eine Nüchternheit und Charakterstärke, die Augustus und Tiberius und in gewisser Weise der Sonderling Claudius besessen hatten, die dem phantasievollen und leichtbeweglichen Nero jedoch abging. Wer könnte sich auch auf die Dauer als gewöhnlichen Menschen betrachten, wenn andere einem als Übermenschen oder sogar als Gott huldigen. Die Römer standen zwar der im Osten üblichen Gottesverehrung des Kaisers noch immer fremd gegenüber; vielleicht plante Nero deshalb seinen Alexanderfeldzug nach Osten und seinen Besuch in Ägypten, wo er als Erlöser und Wohltäter der Welt galt, und zog im übrigen deshalb die Griechen vor, die ihm als dem Befreier Zeus, als Herkules Augustus, der Neuen Sonne und dem Neuen Apollon huldigten. Aber auch in Rom ging er nach 65 weiter als seine Vorgänger und trat auf einer Münze als Apollo Citharoedus auf.

Anscheinend wollte Nero am liebsten an seine eigene Göttlichkeit glauben. Ebenso wie anderen „gottbegnadeten" Künstlern fiel es ihm schwer, den Beifall des Publikums von der Gunst der Götter zu unterscheiden. Er hatte nämlich einen leidenschaftlichen Hang zum Beifall, schreibt Sueton, und ereiferte sich gegen alle anderen, die auf dem Theater oder im Zirkus um die Gunst des Publikums buhlten.[6] Im Verhältnis zu den anderen Göttern scheint er nicht sonderlich gläubig gewesen zu sein. Die syrische Göttin Atargatis war die einzige, die er eine Zeitlang für verehrungswürdig hielt, er verriet jedoch diese Liebesgöttin um einer kleinen Mädchenstatuette willen, von der er glaubte, sie schütze ihn vor Verschwörungen, was etwas über Neros ,,Glauben" aussagt: er suchte seine Angst oft auf magischem Wege zu bezwingen und soll laut Plinius alle Formen der Magie ausprobiert haben. Am liebsten wollte er nämlich über die Götter gebieten, denn ,,die tiefsten Laster der Seele behagten ihm mehr als der Klang der Zither und der Gesang der Trauerspiele"; Plinius meint auch, daß es besser gewesen wäre, er hätte die Hilfe der bösen Mächte bekommen, als daß er sich auf die Spionagetätigkeit von Huren und Liebhaberinnen stützen mußte. Aber Nero fand die Magie nicht sonderlich wirkungsvoll. Die Magier behaupteten, sommersprossige Menschen könnten keinen Kontakt zu den Mächten bekommen. Dagegen wendet Plinius ein, daß Nero keine Sommersprossen gehabt habe, sein Körper sei ganz im Gegenteil von ,,vollendeter Ausbildung" gewesen (aber mit den Jahren etwas fett geworden), und wenn er es nicht gelernt habe, die magischen Strafen zu gebrauchen, die Tiridates ihn während seines Besuchs in Rom gelehrt hatte, dann sicher, weil sie der reine Schwindel waren – meint Plinius.[7]

Es ist zweifelhaft, ob Nero die schwarzen Laster geradezu höher schätzte als die schönen Künste, aber er gelangte offensichtlich zu dem Schluß, daß alle Tugenden nicht ausreichten, einen Menschen vollkommen zu machen. Den alten Worten des Terenz, die Seneca gern zitierte: Ich bin ein Mensch, nichts Menschliches soll mir fremd sein, fügte er hinzu: auch nichts Unmenschliches! Er soll geäußert haben, daß es keinen Menschen gebe, der nicht geil sei, die meisten verstellten sich nur, und er soll auch gesagt haben, daß kein Fürst vor ihm gewußt habe, was er sich erlauben könne,[8] ,,indem er meinte, der Macht des Kaisers etwas zu vergeben, wenn er sich selbst im Schlimmsten von jemand übertreffen ließe".[9] Vermutlich hat sich Nero, als ihm allmählich klar wurde, was er sich erlauben konnte, auch staunend klargemacht, wieviele schöne Laster er hatte.

War Nero ein besonders lasterhafter Mensch, oder war er nur besonders von Fortuna begünstigt, der er in seinem goldenen Haus einen Tempel errichtete? ,,Ich möchte keinem Menschen im strengsten Sinne raten, sich die Stärke, kein Nero zu werden, zuzutrauen", schreibt in Kierkegaards ,,Entweder-Oder" der Assessor Wilhelm (dessen Neroanalyse im übrigen der historischen Grundlage entbehrt).[10] Das war, nach den Lobpreisungen und Warnungen in ,,Über die Milde" zu urteilen, auch Senecas Ansicht, die auch an vielen anderen Stellen, und besonders im 42. Brief, zum Ausdruck kam: ,,Nur ungünstige Glücksumstände hindern viele Leute daran, es an Grausamkeit, Ehrgeiz und Wohlleben den Verworfensten gleichzutun."[11] Ohnmacht macht auch das Laster ohnmächtig, Macht macht es mächtig.

Das war ja ein Hauptthema von Senecas Tragödien. Viele haben sich darüber gewundert und viele haben gemeint, es tadeln zu müssen, daß Seneca, der sich in seinen moralischen Schriften für das Menschliche stark machte, in seinen blutrünstigen Tragödien in Grausamkeiten schwelgte. Es gab jedoch keinen Grund, sich für das Menschliche stark zu machen, keine Begründung für einen Humanismus, wenn das Unmenschliche so weit außerhalb aller Möglichkeiten des Menschen lag. Dichter brauchen nicht besonders problematisch zu sein, weil sie ein besonderes Gespür für das Problematische haben: „Glaubt ihr vielleicht, die Dichter schreiben, was sie selbst vertreten?", hieß es bereits in der Kontroverse des älteren Seneca (S. 70). Das Grausame in Mythos und Dichtung zu gestalten ist auch eine Art und Weise seiner Beherrschung; in der Phantasie vorgreifen heißt in der Wirklichkeit vorbeugen. Doch für Nero, dem eine Verwirklichung seiner Phantasien leicht fiel, stellte sich die Sache anders dar. Seine bevorzugten Rollen waren laut Dio Cassius

- Ödipus, der seinen Vater ermordete und seine Mutter schwängerte,
- Orestes, der seine Mutter ermordete, die seinen Vater ermordet hatte,
- Thyestes, der seinen Bruder töten ließ,
- Herkules, der im Wahnsinn Gattin und Kinder tötete,
- Alkmäon, der seine Mutter tötete, von der er sich verraten fühlte, und
- Kanake, die mit ihrem Bruder Inzest beging.[12]

Abgesehen davon, daß Nero keine leiblichen Geschwister hatte, mit denen er hätte schlafen können, und daß seine Tochter eines natürlichen Todes starb, beging er, wenn man den Berichten der Geschichtsschreiber Glauben schenken darf, alle die Verbrechen, deren Täter er auf dem Theater darstellte, auch in Wirklichkeit. Von Nero heißt es nämlich, daß

– er, wenn auch nicht der Anstifter, so doch mitschuldig an dem Mord an seinem Stiefvater Claudius gewesen sei (und daß er, als er einmal Pilze als eine Götterspeise loben hörte, gesagt habe, sein Vater sei tatsächlich nach einem Gericht Pilze Gott geworden);

– er ein Verhältnis mit seiner Mutter gehabt habe; nur sind sich die Geschichtsschreiber nicht einig darüber, ob er sie oder sie ihn verführte. Jedenfalls hatte Nero unter seinen Beischläferinnen eine, die Agrippina auffällig ähnelte;

– er seinen Stiefbruder Britannicus habe ermorden lassen, nachdem er sich in den Tagen vor dem Mord mehrmals an ihm vergriffen hatte;

– er seine erste Gattin, seine Stiefschwester Octavia, habe ermorden lassen, nachdem er mehrere Male versucht hatte, sie zu erwürgen;

– er seine zweite Gattin, Poppäa, die ihm vorwarf, er komme vom Wettrennen zu spät nach Hause, so getreten habe, daß sie daran gestorben sei;

– er ihren Sohn, seinen Stiefsohn, habe töten lassen, „weil er Kaiser spielte".[13]

Entweder haben die Geschichtsschreiber Neros Leben zu einem Mythos gemacht, oder er selbst hat es getan, oder aber sie können sich die Schuld teilen. Daß er bewußt versuchte, sein Privatleben zu „mythisieren", geht aus der Tatsache hervor, daß er, wenn er auf der Bühne auftrat, die Masken der Helden und Götter und Göttinnen und Heldinnen seine eigenen und die

Gesichtszüge seiner Liebhaber und Liebhaberinnen tragen ließ. Sein letzter Auftritt soll ein Ödipusmonolog gewesen sein, der mit dem Vers schloß: „Es fordern Gattin, Mutter, Vater meinen Tod."[14]

Bei Sueton findet sich eine komische Bemerkung, wonach Nero nicht zu träumen pflegte.[15] Obgleich das nicht stimmen kann, leuchtet es schon ein, daß Nero nicht viel auf Träume gab, da er ja all das in Wirklichkeit erleben konnte, wovon andere nur träumen können. Aber er konnte sich nicht nur alles erlauben; an ihm wurde auch alles ausgelassen: nicht umsonst spielte er am liebsten den leidenden Helden und starb auch in dieser Rolle. Obgleich die Römer bei seinem Tod jubelten, begannen sie ihn bald zu vermissen. Sie stellten sich nicht direkt vor, daß er wie andere leidende Helden von den Toten auferstehen werde, aber sie stellten sich zumindest vor, daß er noch lebte: „Die verschiedensten Gerüchte gingen über sein Ende um, und deshalb verbreitete die Mehrzahl Phantasiemärchen über ihn, als ob er noch lebe, oder glaubte selbst an solche Lügen."[16] Nicht nur die Christen machten Nero zum Mythos, zum Antichristen, auch die Römer taten es; es herrschte ganz deutlich eine „mythische" Bereitschaft im Volk, das von den Höchsten gern das Beste oder das Schlimmste glauben wollte, und am liebsten beides auf einmal. Bis zu Neros Reise nach Griechenland nahmen an seinem Auftreten nicht die Vielen, sondern nur die Wenigen Anstoß, und die Geschichtsschreiber, die sein Porträt gezeichnet haben, gehörten zu den Wenigen.

In drei Bereichen ging Nero nach Auffassung der Geschichtsschreiber zu weit: in seiner künstlerischen und in seiner sexuellen Entfaltung und in seiner Grausamkeit. Die harmloseren künstlerischen Ausschweifungen erregten weit stärkere Entrüstung als die sexuellen. Ihren Kaisern diese zuzutrauen waren die Römer gewöhnt, und mit Grausamkeit waren sie geradezu verwöhnt. Betrachten wir seine Leistungen in allen drei Bereichen.

Nero als Künstler und leidender Held

Über Nero als schaffenden Künstler sind sich die Alten uneinig. Tacitus schreibt, daß seinen Gedichten Kraft und Originalität fehlen,[17] Sueton will ihm weder als Dichter noch als Maler oder Bildhauer Talent absprechen. Er hatte Neros Schreibtafeln und -hefte selbst gesehen und bezeugt, daß er seine Gedichte sorgfältig und höchsteigenhändig schrieb.[18] Martial, der ansonsten über Nero nichts Gutes zu berichten weiß, äußert sich als Mann vom Fach anerkennend über dessen Poesie.[19] Die vier erhaltenen Verszeilen zeigen, daß Nero im malerisch-pathetischen Stil der Zeit schrieb. Dieser wird in einer Satire von Persius parodiert,[20] der ein paar Jahre älter als Nero und ein Freund von Senecas Neffen Lukan war. Da Persius sich über die schwülstigen Poeten lustig macht, die Mänaden und Attis in ihrem nassen Mund schwimmen lassen, und da Nero Gedichte über „Attis" und die

„Bacchantinnen" geschrieben haben soll, haben manche gemeint, die Satire sei direkt auf den Kaiser gemünzt gewesen. Außer Attis, dem syrischen Gott, der sich in Ekstase selbst kastrierte, starb und wieder auferstand (und über den Catull ein berühmtes Gedicht geschrieben hatte), trat, so weiß man, in einem Gedicht Neros über den Untergang von Troja Prinz Paris als Held auf. Paris galt traditionellerweise als weichlich. Im Gedicht des weichlichen Nero trat der schöne Paris als Sieger in allen Sportarten und sogar als Besieger Hektors auf. Nero trug sich auch mit einem unendlich langen epischen Gedicht über die gesamte Geschichte Roms, er war nur im Zweifel darüber, wie lang es sein sollte. Einige meinten, es könne nicht weniger als 400 Bücher füllen, der stoische Philosoph Annäus Cornutus aber, den er auch um Rat anging, meinte, das seien allzu viele, niemand werde sie lesen.[21] Cornutus wurde später verbannt. Mit seinem langen Gedicht wollte Nero sicherlich auch Lukan übertreffen, der ja über den Bürgerkrieg schrieb. Zwar hatte er anfangs Nero in hohen Tönen gepriesen: Wenn der Bürgerkrieg der Preis gewesen sei, den Rom für Neros Prinzipat habe zahlen müssen, dann sei der Preis nicht zu hoch gewesen; nachdem er jedoch im ersten Gesang diesen Tribut an Nero gezahlt hatte, überging Lukan Nero in den folgenden Büchern schweigend, zeigte sich immer ausgeprägter als Republikaner und Anticäsarianer und wurde dann irgendwann mit einem Veröffentlichungsverbot belegt. Vermutlich fürchtete Nero in Lukan nicht so sehr den Republikaner wie den Dichter. Während er andere Majestätsbeleidigungen noch immer großzügig übersehen konnte, duldete er keine Kritik an seiner Kunst. Die Spione, die Nero während seiner letzten Jahre einsetzte, sollten nicht nur Verschwörungen vorbeugen, sondern sich auch vergewissern, daß seine Kunst mit der gebührenden Begeisterung erwähnt werde. Wenn er auftrat, wurde das Publikum überwacht, und es soll den späteren Kaiser Vespasian fast das Leben gekostet haben, daß er bei einer kaiserlichen Vorstellung einschlief.

Von seinen ersten Tagen als Kaiser an hatte Nero sorgfältig an seiner Stimme gearbeitet, die von Natur nicht besonders kräftig oder wohlklingend war. Während er sich im übrigen nicht gern Bürden auflud, legte er sich Bleiplatten auf die Brust, um die Muskulatur zu stärken. Wenn er überhaupt erst – vor einem geladenen Kreis – nach Agrippinas Tod und öffentlich erst nach Senecas Rücktritt auftrat, dann wohl nicht nur, weil er sich genierte, sondern weil er das Urteil des Publikums und der Richter fürchtete, obgleich es von vornherein feststand; offenbar lebte er sich in seine Schauspielerrolle so stark ein, daß er vergaß, daß er auch Kaiser war. Bei der Wiederholung der *Neronia* im Jahre 65 verlieh der Senat (!) ihm im voraus den Preis für Poesie und Rhetorik, um seine Teilnahme zu verhindern, als aber seine Leibwache die Bitten des Volkes unterstützte, ließ er sich zum Auftreten bewegen. Er trat als Niobe auf, die ihre Kinder beweint, und war nicht zu bremsen. Er befolgte alle Regeln der Bühnenkunst, zeigte sich den Richtern gegenüber sehr ehrerbietig und sehr dankbar für Beifall. Auf der Bühne zumindest akzeptierte er die erhabene Form der Knechtschaft, die laut Seneca das Amt des Königs in sich barg: Er war der demütige Diener des Volkes, – sein Spielzeug, sagte Apollonius.

Durch sein Auftreten legte Nero sich mit dem Senatsadel an und gewann das Volk für sich, das es jedoch ohne Zweifel vorzog, den Kaiser Wettrennen fahren zu sehen statt ihn singen zu hören. Er gelangte nämlich zu dem Schluß: „Nur die Griechen haben ein feines Ohr für Musik, und sie allein sind würdig, sich an meiner Kunst zu freuen."[22] Daß Nero immer ärgerlicher auf den Senat wurde, hatte vermutlich eher „künstlerische" als politische Gründe. Im Jahre 58 hatte er das Konsulat auf Lebenszeit ausgeschlagen, und nach 60 war er nur noch einmal Konsul, nämlich im Katastrophenjahr 68, doch darin einen „Bruch" mit dem Senat und eine bewußt antikonservative Politik sehen zu wollen, wie M. A. Levi es getan hat,[23] hieße übersehen, daß Nero nach Senecas Rücktritt überhaupt kein Interesse an den Angelegenheiten des Reiches zeigte und nur die Politik verfolgte, alle aus dem Weg zu räumen, von denen er sich bedroht fühlte. Wenn der Ersetzung der blutigen Kampfspiele durch die friedlichen Spiele eine bewußte Absicht zugrunde gelegen hatte, dann verriet Nero auch diese politische Aufgabe zugunsten seiner Karriere, als er Rom verließ, um sich in Griechenland feiern zu lassen.

Senatoren waren es, die die Initiative zur ersten „Pisonischen" Verschwörung ergriffen (darüber später), Heerführer waren es, die den Aufruhr des Jahres 68 anzettelten, der Nero die Macht und das Leben kostete. Dieser Aufruhr konnte wegen der zunehmenden Unzufriedenheit über den wachsenden Steuerdruck und die kaiserlichen Prokuratoren in den Provinzen Zustimmung finden, hatte jedoch nicht den Charakter einer sozialen Revolte oder eines Separationsversuchs: in erster Linie erregte die Person des Kaisers Anstoß, und gegen sie wurde rebelliert. Jetzt rächte es sich, daß Nero die Heere in den Provinzen vernachlässigt hatte, die sich stärker ihren Generalen als dem Kaiser verpflichtet fühlten, auf den sie zwar geschworen, den sie jedoch nie gesehen hatten. Nero hatte die Gefahr nicht abgewendet, sondern eher noch erhöht, als er im Jahr zuvor Corbulo, dem Sieger von Armenien, und den Heerführern des oberen und unteren Germanien befohlen hatte, sich das Leben zu nehmen. Die ersten Nachrichten über die Revolte machten auf Nero keinen Eindruck, die folgenden ließen ihn den Kopf verlieren. Nero konnte es einfach nicht ertragen, sich nicht geliebt zu fühlen. Es war ein Schock für ihn, der immer gefeiert und vergöttert worden war, sich von dem Führer der Aufrührer in Gallien als schlechter Kaiser und – schlechter Sänger abgestempelt zu hören.

Durch entschlossenes Auftreten hätte Nero den Aufstand zweifellos niederschlagen können, denn die meisten Statthalter waren noch loyal und die übrigen rivalisierten untereinander (was im Bürgerkrieg nach Neros Tod deutlich zum Ausdruck kam). Aber wie üblich in gefährlichen Situationen geriet Nero in Panik und kam nur auf die üblichen Mittel, nämlich denen das Leben zu nehmen, von denen er sich bedroht fühlte; nur war das diesmal nicht zu erreichen. Er hätte alle Senatoren und Statthalter ermorden lassen müssen. Sueton erzählt, daß er Ähnliches tatsächlich erwogen habe und daß er außerdem Rom anzünden, die wilden Tiere loslassen wollte usw. Charakteristischerweise stellte er sich aber auch vor, daß er den Heeren unbewaffnet entgegentreten und ganz einfach weinen könne (so wie er erfolgreich in seiner Rolle als Niobe geweint hatte), und wenn er dann die harten Soldaten gerührt hätte, wollte er Siegesgesänge singen – die er eigentlich jetzt schon ausarbeiten sollte. Oder er wollte in Trauer auf dem Forum auftreten und um Vergebung bitten und sich mit der Stellung als Statthalter von Ägypten zufriedengeben; eine solche Rede habe er wirklich hinterlassen, behauptet Sueton. Anfangs hatte er das Ganze auf die leichte Schulter genommen, in der Überzeugung, ein großer Künstler könne überall zurechtkommen – wie gut hatte er sich nicht im griechischen Heimatland der Kunst behauptet. Ihm war auch geweissagt worden, er werde König von Jerusalem werden; offenbar war der Messiasgedanke aus Israel in Rom eingesickert. Es fiel Nero nicht so schwer, sich mit dem Verlust des Reiches abzufinden, wie zu akzeptieren, daß der Welt ein so großer Künstler verlorengehen solle. Bis zuletzt glaubte er sich mehr geliebt, als es wirklich der Fall war. Als er die Soldaten, die ihn lebend fangen sollten, kommen hörte, stürzte er sich in sein Schwert, und als die Soldaten dies scheinbar verhindern wollten, rief er aus: ,,Zu spät! . . . Das ist Treue!"[24]

Der General, der den Aufstand in Gallien begann, hieß passenderweise Vindex (der Rächer); Dio Cassius weiß, was er bei dieser Gelegenheit zu den Galliern sagte: Sie müßten sich auflehnen, denn Nero ,,hat die ganze Römerwelt ausgeplündert, die Edelsten des Römischen Senats hingerichtet, seine Mutter erst geschändet, dann umgebracht, und weiß auf keine Weise die Würde eines Herrschers zu behaupten. Mord, Raub und andere Frevel wurden auch von andern verübt. Wer wollte aber nach Gebühr schildern, was dieser sich zu schulden kommen ließ! Mit eigenen Augen sah ich, Freunde und Kriegsgenossen, ihr dürft mirs glauben (wenn anders den Namen Mann verdient er, der sich dem Sporus als Mann, dem Pythagoras als Weib vermählte), wie dieser Mann, sage ich, inmitten des Theaters, auf dem Orchester, bald mit der Zither im langen Talar, und im Kothurn, bald auf hohem Holzschuhe mit der Schauspielermaske erschien! Oft hörte ich mit an, wie er öffentlich sang, Herolde im Schreien überbot und als Schauspieler in der Tragödie auftrat! Ich sah mit an, wie er sich binden, wie er sich herumzerren ließ, wie er die Schwangere, die Gebärende spielte, und alles sprach, hörte, litt und tat, wie es die Fabelwelt aufzuweisen hat. Wer sollte einem solchen Menschen noch den Ehrennamen Cäsar, Oberherr, Augustus geben? Hieße dies nicht die Ehrentitel, die ein Augustus, ein Claudius führte, auf's Gröblichste beschimpfen? Thyest, Oedip, Alkmäon, Orest – das sind seiner würdige Namen! Sie sind seine Lieblingsrollen! Nach solchen Benennungen statt jener geizet er! Auf denn! Erhebet euch! Helfet euch! Helfet den Römern, und schenkt der weiten Welt ihre Freiheit wieder!"[25]

Grausamkeit und Sexualtrieb

Es ist ganz charakteristisch, daß Vindex zwar Neros Grausamkeiten erwähnt, aber sofort hinzufügt, daß andere sich Ähnliches hätten zuschulden kommen lassen. Dessen sollte man sich entsinnen, da man sich in Verbindung mit Nero an mehr Verbrechen erinnert, als er begangen hat, und im Zusammenhang mit anderen an weniger: Wer entsinnt sich schon, daß Konstantin der Große aus „realpolitischen" Gründen seine Frau und seinen Sohn, seinen Schwager und seinen Neffen aus dem Weg räumte? Die Tradition ist Konstantin freundlicher gesonnen gewesen, er machte ja das Christentum zur bevorzugten Religion, während Nero die Christen hinrichtete. Das tat er, weil er in einer kritischen Situation Sündenböcke brauchte, nicht weil ihm die Christen als solche zuwider gewesen wären, die waren ihm zweifellos gleichgültig. Nero zeigte sich bei der Hinrichtung der Christen, aber es verlautet nichts darüber, daß es ihm Freude bereitet habe, dabei zuzusehen. Ganz im Gegenteil, Tacitus schildert ihn in diesem Zusammenhang als Gegensatz zu Domitian: „Nero hat wenigstens seine Augen entzogen und Verbrechen befohlen, nicht ihnen zugeschaut."[26] So wie Nero keine *Angriffs*kriege führte, so entsprang auch seine Grausamkeit der Selbst*verteidigung,* wobei freilich hinzugefügt werden muß, daß er mit seiner lebhaften Phantasie dazu neigte, überall Gefahren zu sehen, und mit seinem fehlenden Realitätssinn nicht geneigt war, sie dort zu sehen, wo sie wirklich lagen.

Nicht Neros Härte, sondern seine Weichlichkeit, seine künstlerische und sexuelle Entfaltung entrüsteten Vindex und die vornehmeren Römer besonders, und ihre Unzufriedenheit wurde nicht geringer durch die Tatsache, daß sie selbst gezwungen waren oder sich gezwungen fühlten, an seinen Spielen teilzunehmen. Die Geschichtsschreiber berichten auch von einer öffentlichen Sexorgie,[27] die im Jahre 64 von Tigellinus auf einem künstlichen, von provisorischen Bordellen umgebenen See veranstaltet wurde, wo schöne Frauen der besten und der schlechtesten Gesellschaft sich gegenüber jedermann entgegenkommend zeigen mußten, was Anlaß zu Schlägereien gab. Nero wollte offenbar die Konsequenzen aus seiner Überzeugung ziehen, daß „es niemanden gibt, der nicht geil ist", und allen Gelegenheit bieten, es zu sein. Er selbst war in seiner Unsittlichkeit so weit gegangen, daß er nicht verderbter werden konnte, meint Tacitus und berichtet, daß er wenige Tage nach der Sexorgie Pythagoras, einem der Lustknaben (Sueton nennt ihn Doryphorus, aber griechisch war er jedenfalls), unter Einhaltung aller Hochzeitszeremonien angetraut wurde. Der Kaiser erhielt den Brautschleier, aber alles war unverschleiert zu sehen. Nach Poppäas Tod im Jahre 65 heiratete Nero nicht nur Statia Messalina, sondern auch noch einen Jungen, den kastrierten Sporus, der Poppäa ähnlich sah. In diesem Verhältnis trat der Kaiser als Bräutigam auf und tat alles, um Sporus zur Frau zu machen. Darauf spielte Vindex in seiner Rede an.

Nero scheint auf diesem Gebiet wirklich ernst damit gemacht zu haben, daß nichts Menschliches ihm fremd sein solle, und nach Suetons Bericht zu urteilen auch nichts Tierisches: Er erfand ein neues Spiel, das darin bestand, daß man ihn in die Haut eines wilden Tieres einnähte und aus einem Käfig herausließ, worauf er sich in diesem Aufzug auf zum Tode verurteilte und an Pfählen festgebundene Frauen und Männer stürzte und seine Gelüste befriedigte. Nero war auch in seinem Sexualleben phantasievoller als die übrigen römischen Kaiser, ausgenommen vielleicht Elagabal, und die Geschichtsschreiber dürften kaum alles, dessen sie ihn beschuldigen, erfunden haben, obgleich moralische Entrüstung auch erfinderisch machen kann.

Während, wie erwähnt, nichts darauf hindeutet, daß Nero im allgemeinen ein sadistisches Vergnügen daran fand, Menschen gefoltert zu sehen, könnte Suetons Bericht über seine Raubtierattitüde gegenüber seinen Sexualopfern auf eine speziellere sexualsadistische Neigung verweisen. Wenn man denn glauben darf, daß er sich in den Tagen, bevor er Britannicus ermorden ließ, mehrere Male an ihm vergriff, daß er das gleiche mit dem jungen Aulus Plautius tat (von dem im übrigen nichts weiter verlautet), daß er zu Agrippina überaus zärtlich war, als er sich vor dem geplanten Attentat von ihr verabschiedete, und daß er seine heißgeliebte Poppäa quasi zu Tode trat,[28] dann muß man zwischen Neros Zärtlichkeit und Grausamkeit eine dunkle Verbindung feststellen, sowie auch – da es offenbar der Gedanke an den Tod der Opfer war, der ihn erregte – zwischen Mitleid und Sexualität.

„Daß Grausamkeit und Sexualtrieb innigst zusammengehören, lehrt die Kulturgeschichte der Menschheit über jeden Zweifel, aber in der Aufklärung dieses Zusammenhanges ist man über die Betonung des aggressiven Moments der Libido nicht hinausgekommen“, schrieb Freud.[29] Ungeachtet der Tatsache, daß man seither vielleicht weiter gekommen ist, können wir uns hier an die stoische Auffassung halten: Nur wer bei Vernunft ist, kann lieben; wo die Vernunft verschwindet, löst sich die Psyche in Affekte auf, und unter ihnen ist der Zorn der stärkste und das größte Übel: „die brennendste Liebe besiegt es; durchbohrt haben sie daher geliebte Leiber, und in deren, die sie getötet hatten, Umarmungen haben sie gelegen“, schreibt Seneca in „Über den Zorn“.[30] In „Über die guten Taten“ spricht er über die Neigung, demjenigen Böses zu wünschen, dem man Gutes tun möchte: was der Feind einem wünscht, das können sich Liebende gegenseitig wünschen; „so münden Haß und wahnsinnige Liebe in ein und dasselbe“.[31]

Ebenso wie man in Liebe und Krieg Eroberungen machen kann (so daß die Liebeskunst bei Ovid sich wie eine Kriegskunst ausnimmt), so ist es eine recht verbreitete Abnormität, die Kulmination der Liebe zum Tod in Beziehung zu setzen; denn wo Liebe nicht Einfühlung ist, da ist sie der Drang, mit dem anderen fertig zu werden. Beispiele sind Tristans und Isoldes Liebestod, Don Juans Lust auf die Frau, die bald darauf verstoßen wird, Lustmord und Nekrophilie – und Neros Liebe zu den zum Tode Verurteilten gehört in diesen Zusammenhang. In allen Fällen wird die Leidenschaft von dem Gedanken an die Unwiderruflichkeit des Verhältnisses hochgetrieben und vielleicht auch von Mitleid mit dem Opfer. So verstanden ist das Mitleid natürlich ein Affekt, ein leidender Gemütszustand, der wie alle Affekte mit Genuß verbunden ist, und Seneca warnte ausgerechnet Nero vielleicht nicht nur aus dogmatischen Gründen vor dem Mitleid. Nero besaß die Identifikationsfähigkeit des Schauspielers und identifizierte sich vorzugsweise mit leidenden Helden und Heldinnen; die Abschiedsszenen seines eigenen Lebens, seine Hoffnung, durch seine Bitten und seine Tränen das Mitleid aller anderen erregen zu können, zeigen auch das Ausmaß seines Selbstmitleids. Suetons Anekdote über Nero, der als Schuljunge darüber jammerte, daß ein grüner Wagenlenker geschleift worden war,[32] zeugt vielleicht nicht nur von Neros Interesse an Wettrennen, sondern auch von seinem Interesse für den leidenden Helden. Es wirkt nicht unwahrscheinlich, daß der 16–17jährige Nero wirklich aus vollem Herzen wünschte, niemals schreiben gelernt zu haben, als er ein Todesurteil unterschreiben sollte. Seneca äußerte ja in „Über die Milde" den Wunsch, daß, „was jetzt Wesen und Drang ist, zum Urteil werde":[33] Offenbar war der junge Nero eher aus Ängstlichkeit als mit der Wärme der Überzeugung milde und ging später eher aus Furcht als aus Bosheit so hart vor. Wer sich sozusagen mit Gewalt über seine Weichheit hinwegsetzt, verliert seine natürlichen Hemmungen, und „das hat unter dem übrigen die Grausamkeit wohl als das Schlimmste an sich: man muß beharren, und ein Rückzug zum Besseren steht nicht offen."[34] Verbrechen zeugt Verbrechen. Es liegt sicher nicht nur am Thema, sondern auch am Adressaten, daß Seneca in seinem Fürstenspiegel so viel über den furchtsamen Fürsten schrieb, der sich mit beständigen Strafen vor seiner eigenen Furcht zu sichern sucht und damit hervorruft, was er fürchtet. Jedenfalls lesen sich seine Warnungen jetzt prophetisch: „Früh folgt hinter dem Rücken einem solchen Mann Abneigung, Haß, Gift, Schwert ... bisweilen wird er durch private Anschläge, sonst aber durch öffentliche Empörung überwältigt."[35]

Über die öffentliche Empörung wurde bereits gesprochen; damit wurde dem verhängnisvollen Gang der Ereignisse vorgegriffen. Seneca erlebte weder diese Empörung noch den Höhepunkt von Neros Selbstentfaltung. Der Anschlag der Privaten war das Letzte, was er erlebte.

Seneca über sich – und Nero

„Er kommt, der dich töten soll; erwarte ihn! Warum willst du ihm vorgreifen?“,[36] schreibt Seneca in einem der Briefe, deren Hauptthema der Tod ist. Er wartete und nutzte die Zeit, desillusioniert, aber im Sinne von: „frei von falschen Hoffnungen“;[37] offenbar war nicht nur der Abschied vom Hofe, sondern auch der Abschied vom Leben eine Befreiung: nur der ist wirklich frei, „der nach Abschluß seines Lebenswerkes wahrhaft weiterlebt“.[38]

Wer nichts zu verlieren hat, hat mehr zu geben. Die Briefe an Lucilius sind nicht lauter tödlicher Ernst, sondern enthalten ebensoviel Humor wie Pathos. Wenn Seneca über sich selbst schreibt, dann nicht als Beispiel zur Nachahmung, sondern immer als Beispiel für etwas, und besonders als Beispiel dafür, daß wir alle schwach sind: „Wenn ich mich über einen Narren freuen will, brauche ich nicht lange zu suchen: ich lache über mich“,[39] schreibt er mit einer Anspielung auf den Brauch, wonach man sich in den größeren Häusern Verrückte und Mißgeburten als Narren hielt; eine andere Fürsorge gab es ja nicht für die Außenseiter, die man nicht als Kinder ausgesetzt hatte. Seneca hatte Harpaste, die Dienerin seiner ersten Frau, behalten, die auf ihre alten Tage blind geworden war, aber hartnäckig behauptete, im Hause sei es zu dunkel. So sind auch wir blind gegenüber unseren eigenen Gebrechen und geben unserer Umgebung die Schuld, überlegt Seneca, und berichtet als Beispiel für diese Überlegung von seiner Unzufriedenheit über den Verwalter seines Landhauses außerhalb der Stadt, der einen alten, gebrechlichen Sklaven angeschafft hatte. Dieser wendet sich an Seneca und ruft aus: „Kennst du mich denn nicht? Ich bin Felicio, dem du einst gerne Bildchen mitbrachtest, . . . dein Liebling.“[40] Auf diese Weise seines eigenen hohen Alters belehrt, zitiert Seneca Didos Ausspruch bei Vergil: „Ja, ich habe gelebt! Der Weg, den das Schicksal gebot, er ist nun vollendet“,[41] und fügt hinzu: „Schenkt uns Gott noch einen Morgen, so wollen wir's froh genießen.“ Seneca scheint mit der stoischen Vorschrift ernst gemacht zu haben, daß man nämlich jeden Tag so leben sollte, als sei es der letzte.[42]

Lucilius möchte einen Bericht über Senecas Tagesablauf. Seneca muß bekennen, daß er, der zuvor Jahr und Tag mit einem Sprung ins kalte Wasser der Wasserleitung *Aqua virgo* oder in den Tiber begann, jetzt in der lauwarmen Badewanne lande. Zuvor hat er mit einem schnellen Sklavenjungen den täglichen Wettlauf absolviert. Der Junge wird ihm jedoch allmählich zu schnell, wenn er auch behauptet, sie befänden sich im gleichen Stadium, da ihnen beiden die Zähne ausfielen. Nach dem Bad folgt das Frühstück, das nur aus Brot besteht, so daß Händewaschen nicht notwendig ist. Danach beginnt die tägliche Arbeit, ungestört durch den Lärm des nahegelegenen *Circus*.[43] Als im Sommer 64 der Brand im *Circus maximus* ausbrach, muß auch Senecas Haus abgebrannt sein, doch das erwähnt er überhaupt nicht, sicher, weil er gerade über den Brand von Lyon geschrieben und ihn als Beispiel dafür benutzt hatte, daß man sich nie sicher fühlen kann, auch wenn „die Waffen ruhen und die ganze Welt in Sicherheit lebt“,[44] Neros Schreckensregiment begann ja erst mit den Scheiterhaufen nach dem Brand.

Spricht Seneca viel von seiner Arbeit, so spricht er um so weniger von seinen Arbeiten. Er erwähnt, daß er an einem moralphilosophischen Werk schreibe, verweist aber nur an einer Stelle[45] auf eines seiner Werke, das erste Buch von „Über die guten Taten“. Dagegen spielt er häufig auf seine Lektüre an: das Lesen ist absolut notwendig, da man sich auch mit den Gedanken anderer beschäftigen muß.[46] Er warnt Lucilius jedoch vor zuviel planloser Lektüre: alles, was man tut, muß einem Zweck dienen.[47] Er selbst liest Epikur, um ihn in den ersten 29 Briefen zu zitieren und zu zeigen, daß Weisheit nicht nur einer Seite vorbehalten ist, oder vielleicht, um den Feind im eigenen Lager anzugreifen. Ansonsten zitiert er vor allem die Dichter, Ovid und Vergil, und rühmt Cicero und Livius als die besten philosophischen Schriftsteller. Nichtsdestoweniger wurde Seneca selbst von der unmittelbaren Nachwelt als Abweichler von Ciceros Weg betrachtet und wegen seines „gewöhnlichen“, d. h. lebhafteren und pointierteren Stils kritisiert, in dem seine Verteidiger eine bewußte pädagogische Absicht entdeckt haben: Seneca wollte gerade nicht nur argumentieren und den Verstand überzeugen, sondern auch suggerieren und an die Seele appellieren.[48] Aber die besseren Stilisten haben oft ein spontaneres Verhältnis zur Sprache als ihre Kritiker (und Verteidiger), und auffällig ist, daß man bei Seneca keine andere positive stilistische Vorschrift findet als die, daß man, worüber auch immer man schreibe, von seinem Gegenstand ganz erfüllt sein solle.[49] Er wußte, daß die Sprache sich mit dem Zustand der Gesellschaft ändert und daß der Stil Ausdruck des Gemütszustandes ist: „Der Mensch redet, wie er lebt.“[50] Ob man nur im alten Stil mit Worten aus dem Zwölftafelgesetz spricht oder nur alltägliche, abgenutzte oder poetisch schwülstige Ausdrücke gebraucht, beides zeugt von einem inneren Mangel:[51] „Ein Vortrag, der Wahrheit erstrebt, muß ungekünstelt, einfach sein!“[52]

Seneca distanzierte sich ständig von den Philosophen, die weniger mit der Wirklichkeit als mit der Sprache beschäftigt waren. Die ersten Stoiker hatten im sprachlichen Bereich eine große Pionierleistung vollbracht (viele unserer grammatischen Bezeichnungen gehen auf sie zurück); je weiter die Einübung des Stoizismus in den Briefen an Lucilius voranschreitet, um so mehr muß sich Seneca auch mit der Logik befassen, die – neben der Ethik und der Physik – das dritte Gebiet der Philosophie ausmachte, und unter das die Grammatik und die Erkenntnistheorie fielen. Der stoische Monismus veranlaßte Lucilius beispielsweise zu der Frage, ob das moralisch Gute etwas Materielles sei, was Seneca bestätigt, doch nicht ohne hinzuzufügen, daß die Beschäftigung mit dieser Art Fragen eher der Unterhaltung diene als von Nutzen sei.[53] Wenn der Feind vor den Toren stehe und alles mobilisiert werde, dann sei es schändlich, wenn Philosophen sich die Zeit vertrieben mit Schlüssen wie: „Was du nicht verloren hast, ist dein. Hörner hast du nicht verloren, also hast du Hörner."[54] Die Philosophen der Zeit, gleichzeitig auch ihre Seelsorger und Psychotherapeuten, konnten den Leuten ebenso wie die Philosophen späterer Zeiten statt geistiger Nahrung logische Nüsse zu knacken geben. Seneca mußte sich darüber wundern, daß ausgerechnet die Philosophen, die den Namen „Liebhaber der Weisheit" tragen und das Größte suchen, das Kleinste finden.

Wenn Seneca die philosophischen Lehrer seiner eigenen Jugend anführt (vgl. S. 74f.), dann auch das als Beispiel, nämlich dafür, welche Wirkung der wahre philosophische Vortrag zeitigen kann. Sein Eifer war damals größer, und er ist nicht weiter gekommen, als daß er sich nun auf seine alten Tage bei dem Stoiker Metronax in Neapel auf die Schulbank setzt.[55] Das Asthma hat Seneca dazu gebracht, Roms ungesunde Luft zu verlassen.[56] Diese Krankheit, die von den Ärzten „Vorübung des Todes" genannt wurde, kann in den Briefen an Lucilius ebenfalls als Beispiel dienen, und in diesem Punkt ist Seneca nahe daran, sich selbst als Beispiel auszugeben: Folge dem, der ohne Trauer stirbt, auch wenn er noch Freude am Leben hat! Wie in den „Trojanerinnen" schreibt er auch hier, daß der Tod nichts Schreckeinflößendes an sich habe, denn der Zustand der Toten gleiche dem der Ungeborenen: der Tod ist eins, und die dualistische Vorstellung von der Unsterblichkeit der Seele, zu der Seneca zuweilen neigt, ist doch nur ein Traum.

Kann Seneca auch die Vorübung des Todes bestehen, so meistert er jedoch nicht die Seekrankheit! Auf einer Schiffsreise von Neapel nach Puteoli (Pozzuoli) wüten die äußere und die innere Natur; Seneca versucht den Schiffer zu bewegen, ihn irgendwo an Land zu setzen, doch das ist bei diesem Unwetter zu riskant; der fast siebzigjährige Seneca stürzt sich mit Todesverachtung in die Wellen und rettet sich mit knapper Not an Land. Aus dieser Erfahrung zieht er den Schluß, daß nicht das Schicksal Odysseus' Heimreise von Troja beständig unterbrochen habe, sondern die Seekrankheit.[57] Seneca muß auch feststellen, daß man seinen Gebrechen nicht davonlaufen kann und daß Seelenruhe nicht vom Ort abhängt. In dem Badeort Bajae, wo er sich über der Badeanstalt einquartiert hat und eine plastische Schilderung ihrer Geräusche liefert, muß er bestreiten, daß Konzentration absolute Stille voraussetze. Dennoch hat er es eilig, aus dieser mondänen Stadt wegzukommen, der die Natur soviel gegeben und die der *luxus* sich für seine Feste auserwählt hat.[58] Daß in Bajae auch Agrippina ermordet wurde und das sicher unheimlichste Gespräch seines Lebens stattfand, das erwähnt er nicht und konnte er nicht erwähnen, so wenig, wie er direkt von seinen politischen Erfahrungen sprechen konnte. Nero wird in den Briefen überhaupt nicht erwähnt, aber auch ohne namentlich genannt zu werden, tritt er in den Schriften aus den letzten Jahren an mehreren Stellen auf.

Im siebten und letzten Buch von „Über die guten Taten", das sicher aus Senecas letzten Jahren stammt, ging er so weit zu behaupten, daß Tyrannenmord sowohl für den Tyrannen als auch für das Volk eine Wohltat sein könne, freilich nur in extremen Fällen, aber Nero war ja ein Extremfall. In Anbetracht der Tatsache, daß Seneca und Nero im Jahre 62 einander für gegenseitige Wohltaten gedankt hatten und sie sich im Jahre 65 als Feinde gegenüberstanden, liegt es nahe, in Senecas Fragen einen persönlichen Hintergrund zu erblicken: Was ist man dem schuldig, der einem *zuvor* Gutes getan hat? Wie verhält man sich zu jemandem, der die Freundschaft verraten hat? Nero muß in Senecas Welt noch immer einen wichtigen Platz eingenommen haben, und der Verlust einer engen Freundschaft fordert auch unter Umständen von weniger weltgeschichtlicher Bedeutung zu Stellungnahme und Auseinandersetzung heraus.

Seneca schreibt an einer Stelle, daß der Kaiser ja alles habe, und dennoch bestehe ein Unterschied zwischen seiner privaten Kasse und der Staatskasse; zu untersuchen, was ihm und was nicht ihm, sondern dem Staat gehöre, heiße keineswegs, seiner Macht zu nahe zu treten. Das hätte Nero zu diesem Zeitpunkt, da er Italien und die Provinzen aussaugte und die Tempel plündern ließ, nun aber wohl doch gemeint. Seneca nimmt auch Abstand von der sophistischen Behauptung, Tempelraub sei kein Sakrileg, weil er nur bewirke, daß einige Dinge von einem Ort an einen anderen gebracht würden, und alle Orte seien ja die Domäne der Götter. Seneca, der sich Tacitus zufolge aus Rom entfernt hatte, weil er nicht mitverantwortlich sein wollte für ein Sakrileg, schrieb jedoch nicht direkt gegen den Tempelraub und über die Finanzen des Kaisers; er führte lediglich die sophistische Verteidigung des Tempelraubs als ein Beispiel falscher Argumentation an und erwähnte den Kaiser, der im gewissen Sinne alles und in einem gewissen anderen Sinne nicht alles habe, als Beispiel des Weisen, der alles hat, was er braucht, und doch nicht alles besitzt. Deshalb könne man einem Weisen trotzdem einen Dienst erweisen, – und auf diese Weise kann man auch dem Kaiser Dienste erweisen! Wenn Seneca direkt über den Kaiser schreibt, dann schreibt er nicht über Nero, sondern z. B. über Augustus, das große Vorbild; sogar er mußte nach Agrippas und Mäcenas' Tod beklagen, daß er keine guten Ratgeber habe: „So schwierig ist es für einen Mann, der so viele tausend Männer zur Verfügung hat, Ersatz für *zwei* zu finden!"[59] Bezog sich das auch auf Seneca und Burrus? Jedenfalls bezog es sich nicht nur auf Augustus, wenn Seneca schrieb, daß die Großen oft weniger auf ihr Gewissen als auf ihre Ratgeber hörten, die im eigenen Interesse miteinander wetteiferten, ihre Lügen überzeugend klingen zu lassen, und daß sie sich für so groß hielten, wie man es ihnen erzähle, und sich von ihrem Zorn hinreißen ließen, den niemand zu dämpfen suche, und daß sie die Harmonie der Gesellschaft zerstörten und das Blut vieler Menschen – und schließlich auch ihr eigenes – vergössen! Einem Menschen gute Ratschläge zu erteilen und ihn daran zu hindern, auf die schiefe Bahn zu geraten, könne eine ebenso große Wohltat sein, wie Häuser und Landgüter zu verschenken, – und was hatte Seneca denn Nero als Gegenleistung für Häuser und Landgüter bieten können? Was kraft einer hohen Stellung und nicht aus einem guten Herzen heraus gegeben worden ist, verdient im übrigen den Namen Wohltat nicht, und ist man zur Annahme des Geschenks verpflichtet gewesen, so hat man ja nur gehorcht. Wer aus gutem Herzen heraus gegeben, sich danach aber ständig als übermütig, verächtlich, brutal erwiesen hat, hat seine eigenen Wohltaten mit Macht aufgehoben. Ein Mensch, der offen erklärt hat, er verdanke uns die Grundlage seiner Stellung, wird dies oft vergessen, wenn andere Dinge ihn beschäftigen; denn wir möchten immer lieber haben, was wir nicht haben. In einem solchen Fall sollte man nicht zu streng vorgehen, denn man sollte es vermeiden, sich einen zweifelhaften Freund zum sicheren Feind zu machen. Es kommt vor, daß Menschen uns gegenüber eine feindliche Gesinnung entwickeln, nicht nur *nachdem,* sondern *weil* wir ihnen einen Dienst erwiesen haben; auch da ist es am besten, wenn man den Schein der Freundschaft bewahrt, um – falls sie sich besinnen sollten – auch die Freundschaft selbst bewahren zu können.

Seneca fordert immer dazu auf, es so lange wie möglich im Guten zu versuchen. Das hatte er selbst in seiner Beziehung zu Nero getan, und man hat ihn deshalb kritisiert. Seneca und Burrus, so schreibt Dio Cassius, „überließen Nero dem Wohlleben, indem sie der Meinung waren, daß er, ohne großen Nachteil für den Staat, von demselben übersättigt, von selbst davon zurückkommen würde, bedachten aber nicht, daß die selbstgefällige Jugend in unbeschriebenem Wohlleben und völliger Ungebundenheit aufwachsend, der Lüste nicht nur nicht satt wird, sondern immer tiefer darein versinkt".[60]

So einfach dürfte es kaum gewesen sein. Nero und seine Lüste waren von Agrippina in Zaum gehalten worden, die, als sie Nero den Weg zum Thron geebnet hatte, noch immer Grund zu der Annahme hatte, sie besitze in ihm ein gefügiges Werkzeug ihres eigenen Machtwillens. Der junge Kaiser, dem man überall, wo er sich zeigte, zujubelte, mußte sein Interesse für den Pferdesport mit vierspännigen Spielsteinen auf einem Brett zufriedenstellen und sich zu seinen ersten erotischen Erlebnissen mit Acte davonstehlen, – sie war übrigens eine der wenigen, die Neros Sympathie und ihre Sympathie für Nero bis zum bitteren Ende bewahrten; sie erhielt große Güter auf Sardinien und kümmerte sich mit seinen beiden Ammen um sein Begräbnis. Jedenfalls war es nicht diese treue Seele, die Nero auf den Weg der Verdammnis brachte, und selbst wenn Seneca und Burrus ahnten, welche Lüste Nero hegte, hätten sie durch ein Verbot der harmloseren doch nichts erreicht, abgesehen davon, daß nun einmal Nero der Kaiser war. Wäre Nero von Agrippina nicht so kurz gehalten worden, so wäre seine Emanzipation kaum so zügellos verlaufen. Mit Entzücken entdeckte er, daß er sich alles erlauben konnte, aber auch mit der Furcht, die ihre Opfer forderte. Doch Nero hätte sich auch von Agrippina kaum einschüchtern lassen, wenn er nicht so stark an sie gebunden gewesen und geblieben wäre, daß er sich nur mit einer Verzweiflungstat von ihr befreien konnte, – was ihm gerade deshalb nicht gelang.

Am Schluß seines Werkes „Über die guten Taten" scheint Seneca sich gegen den Vorwurf zu großer Gefügigkeit gegenüber Nero zu verteidigen: „Wenn er Statuen und Kleider will, so nimmt wegen dieses Opfers an seine Begierde niemand Schaden, Soldaten aber und Waffen will ich ihm nicht liefern."[61] Erstens fällt auf, daß Seneca als Beispiel eines guten Freundes, der böse geworden ist, einen guten Fürsten, der zum Tyrannen geworden ist, anführt, und zweitens, daß er als einer spricht, der imstande ist, dem Tyrannen Statuen zu liefern und Waffen zu verweigern; die wenigsten kommen in eine solche Lage. Daß Nero Statuen sammelte – zum großen Kummer der griechischen Städte, die er besuchte (die Laokoon-Gruppe stand vermutlich in seiner *Domus aurea)* – und daß er nicht zweimal dieselbe Kleidung trug, ist notorisch, aber Seneca wird offensichtlich noch deutlicher: „Wenn er Wert auf Bühnenkünstler und Hetären und andere Dinge legt, die seine Wildheit dämpfen können, will ich sie ihm gern geben. Während ich ihm dreireihige Ruderschiffe mit Kupferschnäbeln vorenthalte, will ich ihm Jachten und ägyptische Gondeln und anderes Spielzeug ins Meer der königlichen Ausschweifungen senden." Neros Sexorgien zur See waren kurze Zeit vorher gefeiert worden. Wollte Seneca mit diesen etwas seltsamen Verhaltensmaßregeln im Umgang mit Tyrannen, deren Hoflieferant man ist, seine eigene Haltung rechtfertigen und festhalten, daß das Schlimmste bis dahin immerhin verhindert worden sei? Nero hatte ja nicht ganze Völker tyrannisiert, er war nicht in die blutigen Fußstapfen von Xerxes und Alexander getreten, hatte während seiner letzten Jahre jedoch möglicherweise Pläne in diese Richtung. Nach den angeführten Verhaltensmaßregeln folgt dann die letzte und folgenschwerste: „Und wenn überhaupt keine Hoffnung darauf besteht, daß er zur Vernunft kommen könnte, will ich mit ein und derselben Hand allen eine Wohltat erweisen und die seinigen vergelten; denn für solche Charaktere ist der Tod der einzige Ausweg, und für den, der nicht zu sich selbst kommen kann, ist es am besten, wenn er fortgeht."

Das Schicksal holte Seneca ein, bevor es Nero ereilte.

Die Verschwörung; Senecas Tod

Seneca war wie erwähnt (S. 173) als Freund des Calpurnius Piso verdächtigt worden, was Piso Tacitus zufolge dazu veranlaßte, auf der Hut zu sein, und was zur Verschwörung gegen Nero führte. Offensichtlich bestätigten die Ereignisse Senecas Worte, wonach die Furcht das Gefürchtete hervorruft. Die Verschwörer wollten zwar durchaus Rom von Neros demütigendem Auftreten, seiner Zügellosigkeit und Grausamkeit befreien, das naheliegendste Motiv war jedoch die Gefahr, die ihnen selbst drohte, nachdem Nero begonnen hatte, alle, von denen er sich bedroht fühlte, aus dem Weg zu räumen.

Tacitus weiß nicht, wer die Initiative zu der Verschwörung ergriff, nur daß Calpurnius Piso deren wichtigste Figur war.[62] In einem, vermutlich zu Lob und Preis dieses Piso geschriebenen Gedicht, *Laus Pisonis,* wird er von einem jungen Mann, der Piso gern zum Mäzen haben wollte, als Redner, Dichter und Brettspieler gerühmt; Piso hatte offenbar auch eine recht enge Beziehung zu Nero. Er entstammte einer vornehmen Familie, war leutselig und freigebig, schön und leichtsinnig, er sang, spielte die Leier und konnte zuweilen ein etwas ausschweifendes Leben führen; es fehlte ihm an Ernst und Selbstbeherrschung, kurz, er erinnerte so seltsam an Nero, bevor dieser völlig außer Rand und Band geriet, daß es einen erstaunen mag, daß die Verschwörer ihn statt Nero auf den Thron setzen wollten, um so mehr, als sich unter ihnen mehrere harte Soldaten befanden.

Dio Cassius nennt als Rädelsführer nur den Prätorianerpräfekten Faenius Rufus und – Seneca.[63] Als die Verschwörung aufgedeckt worden war, weil sich ein paar der Beteiligten in den Augen ihrer Sklaven verdächtig benommen hatten und angezeigt und verhaftet worden waren, denunzierte einer von ihnen namens Antonius Natalis Piso und Seneca, ,,mag dieser nun der Mittelsmann zwischen ihm und Piso gewesen sein, oder wollte er die Gunst Neros gewinnen, dem, da er über Seneca erbost war, jedes Mittel zu dessen Sturz recht war". Tacitus nimmt also zur Frage von Senecas tatsächlicher Beteiligung an der Verschwörung nicht Stellung, führt aber ein Gerücht an, wonach der Prätorianertribun Subrius Flavus mit den Centurionen verabredet hätte, daß man im rechten Augenblick ,,insgeheim, aber nicht ohne Senecas Wissen", Calpurnius Piso ausschalten und Seneca zum Kaiser machen wolle, so als seien sie selbst schuldlos, wenn ein wegen seiner Tugenden berühmter Mann auf den Thron gesetzt würde.[64]

Es mußte für die aufrührerischen Prätorianer ein naheliegender Gedanke sein, sich im kritischen Augenblick hilfesuchend an Seneca zu wenden. Ist es jedoch denkbar, daß Seneca, der den Staatsdienst mit so großer Erleichterung aufgegeben hatte, sein ,,Otium" aufgeben und die Regierungslast auf seine Schultern nehmen wollte, überredet von seinem Neffen Marcus wie

Thyestes von seinen Söhnen? Denn auch Lukan war in die Sache verwikkelt, und es ist unwahrscheinlich, daß Seneca von dem finsteren Vorhaben überhaupt nichts gewußt hat, einem Vorhaben, dessen Scheitern Lukan, Seneca und dessen beide Brüder das Leben kostete. Tacitus berichtet über die letzten Stunden von Senecas Leben: ,,Es folgte die Ermordung des Annaeus Seneca, die von dem Princeps mit besonderer Freude begrüßt wurde, nicht etwa, weil er von dessen unleugbarer Beteiligung an der Verschwörung erfahren hatte, sondern er wollte mit dem Schwerte wüten, wo das Gift keinen Erfolg gehabt hatte. Denn Natalis war der einzige, der Aussagen machte, aber nur soweit, daß er zu dem kranken Seneca geschickt worden sei, um ihm einen Besuch zu machen und sich darüber zu beklagen, daß er es Piso verwehre, zu ihm zu kommen. Besser wäre es, wenn sie ihre Freundschaft in vertrautem Verkehr pflegen würden. Seneca habe geantwortet, gegenseitige Aussprachen und häufige Unterredungen seinen keinem von beiden nützlich. Im übrigen hänge seine eigene Existenz von der Pisos ab. Der Tribun der Prätorianerkohorte Gavius Silanus erhielt den Befehl, diese Aussagen des Natalis dem Seneca zu überbringen und zu fragen, ob er sich zu den Worten des Natalis und zu seiner Erwiderung bekenne. Seneca war zufällig oder absichtlich an diesem Tage von Campanien zurückgekehrt und war vier Meilen von Rom auf seinem Landsitz abgestiegen. Dorthin kam der Tribun gegen Abend und sperrte das Landhaus durch Abteilungen von Soldaten ab. Dann gab er Seneca, der gerade mit seiner Gattin Pompeia Paulina und zwei Freunden speiste, die Aufträge des Imperators bekannt.

Seneca antwortete, allerdings sei Natalis zu ihm geschickt worden und habe sich im Namen Pisos darüber beschwert, daß er seinen Besuch ablehne. Er selbst habe sich mit der Rücksichtnahme auf seine Gesundheit und mit dem Wunsch nach Ruhe entschuldigt. Das Wohl eines Privatmannes seiner eigenen Existenz vorzuziehen, dazu habe er keine Veranlassung gehabt. Auch habe er keine Veranlagung zu Schmeicheleien. Das wisse niemand besser als Nero, der öfter mit dem Freimut Senecas als mit seiner Unterwürfigkeit Bekanntschaft gemacht habe. Als dies von dem Tribunen in Anwesenheit von Poppäa und Tigellinus berichtet wurde – sie waren des rasenden Princeps engste Berater –, fragte Nero, ob Seneca Vorkehrungen treffe zu einem freiwilligen Tode. Darauf versicherte der Tribun, er habe keine Zeichen von Furcht, keine Spur von Niedergeschlagenheit in seinen Worten oder in seiner Miene entdecken können. Und so erhielt er den Befehl, nochmals hinzugehen und ihm den Tod anzukündigen. Fabius Rusticus überliefert, der Tribun sei nicht auf dem gleichen Weg zurückgekehrt, auf dem er gekommen war, sondern habe einen Umweg gemacht zu dem Präfekten Faenius, dem er die Befehle des Caesars dargelegt und den er gefragt habe, ob er sie befolgen solle. Dieser habe ihn aufgefordert, sie zu vollziehen. Das Schicksal wollte es, daß sie alle sich feige benahmen. Auch

Silanus gehörte ja zu den Verschworenen und vermehrte die Verbrechen, zu deren Bestrafung er seine Zustimmung gegeben hatte. Doch ersparte er es sich, mit Seneca persönlich zu sprechen und ihm vor Augen zu treten. Er schickte zu ihm einen von den Centurionen, der ihm ankündigen sollte, daß seine letzte Stunde gekommen sei.

Seneca verlangte unerschrocken, die Niederschrift seines Testaments zu bringen. Als dies der Centurio ablehnte, wandte er sich an seine Freunde mit den Worten, da er ja gehindert werde, ihnen für ihre Verdienste den schuldigen Dank abzustatten, hinterlasse er ihnen das nunmehr einzige, jedoch auch das Schönste, das er besitze, das Bild seines Lebens. Wenn sie dies im Gedächtnis behielten, würden sie den Ruf einer edlen Bildung als Lohn für ihre so unerschütterliche Freundschaft davontragen. Zugleich suchte er durch allerlei Gespräche und dann wieder nachdrücklich im Tone der Zurechtweisung ihrem Weinen Einhalt zu gebieten und sie zu einer festen Haltung zurückzuführen, indem er fragte, wo denn die Lehren der Philosophie geblieben seien, wo die in so vielen Jahren geübte Einstellung auf drohende Gefahren. Wem sei die Grausamkeit Neros nicht bekannt gewesen? Es sei Nero ja nach der Ermordung seiner Mutter und seines Bruders nichts anderes übriggeblieben, als auch seinen Erzieher und Lehrer umzubringen.

Als er dieses und ähnliches, gleichsam für die Allgemeinheit berechnet, gesprochen hatte, umarmte er seine Gemahlin, und weil er jetzt um sie fürchtete, etwas weicher gestimmt, bat er sie inständig, ihren Schmerz zu mäßigen und sich ihm nicht ewig hinzugeben, sondern in der Betrachtung seines der Tugend gewidmeten Lebens die Sehnsucht nach dem Gatten durch tröstende edle Gedanken zu mildern. Seine Frau dagegen beharrte darauf, daß auch ihr der Tod bestimmt sei, und forderte die Hand des Mörders. Da sagte Seneca, der ihrem rühmlichen Entschluß nichts in den Weg legen wollte, zugleich in der Furcht, er müsse die von ihm einzig Geliebte Mißhandlungen überlassen: ‚Ich habe dir die Mittel gezeigt, die das Leben erträglicher machen, du ziehst es vor, rühmlich zu sterben. Ich werde diesem deinem löblichen Entschluß nichts in den Weg legen. Mögen wir beide die gleiche feste Haltung bei diesem tapferen Sterben zeigen und dein Ende rühmlicher sein!‘ Darauf öffneten sie sich beide gleichzeitig die Pulsadern. Weil bei Senecas durch Alter und spärliche Nahrung geschwächtem Körper das Blut nur langsam abfloß, öffnete er auch die Adern an den Schenkeln und Kniekehlen. Von schweren Schmerzen erschöpft, riet er seiner Gattin, um nicht ihre mutige Haltung durch seine Schmerzen zu erschüttern und seinerseits durch den Anblick ihrer Qualen in den Zustand des Schwachwerdens zu verfallen, in ein anderes Gemach zu gehen. Und da ihn auch im letzten Augenblick seine Beredsamkeit nicht im Stich ließ, rief er seine Schreiber herbei und diktierte ihnen längere Ausführungen, die im Wortlaut veröffentlicht worden sind, weshalb ich mir es erspare, sie umgeformt wiederzugeben.

Aber da Nero keinen persönlichen Haß gegen Paulina hegte und er vermeiden wollte, daß die Empörung über seine Grausamkeit weiter um sich greife, befahl er, ihren Tod zu verhindern. Auf Zureden der Soldaten verbanden die Sklaven und Freigelassenen ihre Arme und stillten das Blut, wobei man nicht weiß, ob sie es bemerkte. Denn bei der Neigung der großen Masse, immer das Schlechtere anzunehmen, glaubten manche, solange sie Neros Unversöhnlichkeit gefürchtet habe, sei ihr der Ruhm eines gemeinsamen Todes mit ihrem Manne erwünscht gewesen, dann aber, als sich die Aussicht zeigte, gelinder davonzukommen, seien die Verlockungen des Lebens über sie Herr geworden. Sie lebte dann noch einige Jahre in löblichem Gedenken an ihren Mann mit so bleichem und fahlem Gesicht und Körper, daß man deutlich sah, wieviel sie von ihrer Lebenskraft eingebüßt hatte.

Indessen bat Seneca, da bei ihm das Verbluten nur langsam vor sich ging und das Sterben sich verzögerte, seinen lange bewährten treuen Freund und Arzt Statius Annaeus, das schon lange vorgesehene Gift zu holen, mit dem in Athen die von einem staatlichen Gericht Verurteilten hingerichtet wurden. Man brachte es, und er trank es, doch ohne daß es wirkte. Denn seine Glieder waren schon erkaltet und der Körper nahm das Gift nicht mehr in sich auf. Zuletzt stieg er in ein Bassin mit heißem Wasser, und während er die zunächst stehenden Sklaven bespritzte, sagte er, er weihe dieses Naß Iupiter, dem Befreier. Dann ließ er sich in das Dampfbad bringen, wo er erstickte. Darauf wurde er ohne jede Leichenfeier verbrannt. So hatte er es in seinem Testament angeordnet schon zu einer Zeit, da er als ein ungeheuer begüterter und einflußreicher Mann für sein Lebensende vorsorgte."[65]

EPILOG

XI. Nachwirkung

Zur Wirkungsgeschichte

Seneca ist der einzige der großen Autoren der Antike, der sich als Dichter und als Denker ausgedrückt hat, und in beiden Eigenschaften hat er ansehnlichen Einfluß auf die europäische Geistesgeschichte gehabt. Vor einigen Jahren erschien ein Werk von über 400 Seiten über seine Nachwirkung in der Antike.[1] Hier müssen wir uns mit weniger begnügen. Das Verhältnis der ersten christlichen Autoren zu ihm wurde bereits erwähnt. Im Mittelalter[2] galt er als der Weise par excellence, man schrieb ihm auch magische Fähigkeiten zu; überhaupt war er eher eine legendäre als eine historische Gestalt. Es erschienen unechte Seneca-Werke, sein Briefwechsel mit Paulus wurde für echt gehalten, und natürlich entstanden auch Legenden über sein Verhältnis zu Nero, der sich in einigen von ihnen an seinem alten Lehrer rächen wollte, weil er als Kind von ihm Ohrfeigen bezogen hatte. Man unterschied zwischen dem Tragödiendichter und dem Philosophen, den man mit seinem Vater verwechselte, dem Verfasser der „Kontroversen", die den Grundstock des Volksbuches der *Gesta Romanorum* bilden sollten. Erst die Neuentdeckung des Tacitus in der Renaissance klärte die historischen Verhältnisse. Im 15. Jahrhundert schrieb man Senecabiographien, und mit der Erfindung der Buchdruckerkunst erlebte auch Seneca seine Renaissance: die erste Ausgabe der philosophischen Schriften erschien 1475 in Neapel, die erste Ausgabe der Tragödien 1484 in Ferrara. Die Tragödien erhielten Bedeutung für das englische und spanische Renaissancedrama, das deutsche Barockdrama und die klassizistische französische Tragödie. Als Philosoph sprach Seneca in erster Linie die Humanisten der Renaissance an; Erasmus von Rotterdam lieferte die erste textkritische Senecaausgabe (Basel 1515), der erste große Seneca-Philologe war ebenfalls ein Niederländer, nämlich Justus Lipsius, der seine Ausgabe 1605 abschloß.

Von der Renaissance bis zur Aufklärung kam man um Seneca nicht herum. Höchst unterschiedliche Geister haben sich eingehend mit seinem Werk beschäftigt, beispielsweise die Schweizer Reformatoren Zwingli, der Seneca an die Seite von Platon, Paulus und Moses stellte,[3] und Calvin, der ihn als den Höhepunkt der römischen Philosophie und Redekunst betrachtete und als Schriftsteller sein Debut mit einem Kommentar zu „Über die Milde" gab; der Skeptiker Montaigne, der Seneca rühmte, weil er anrege und Begeisterung entfache, und von seinem plaudernden und eindringlichen Stil lernte,[4] der Philosoph Descartes, der „Über das glückliche Leben" kommentierte, das er nicht systematisch genug fand,[5] und Rousseau, der die

Apocolocyntosis übersetzte. Ciceros und Senecas Gedanken über ,,menschliches Recht" und das ,,Gesetz der Natur" inspirierten die Begründer des modernen Völker- und Naturrechts, Hugo Grotius und Samuel Pufendorf, die Ludvig Holberg gelesen hatte, der daher, noch ohne Seneca gelesen zu haben, in seiner ,,Einführung in die Natur- und Völkerrechtskunde" (1716) erklären konnte, ,,Seneca hat ausführlicher über das Recht der Natur geschrieben als irgendein anderer, und deshalb kann man sagen, daß er in dieser Materie sowohl die griechischen wie die römischen Philosophen übertroffen hat."[6]

In der stärker historisch orientierten Romantik, die die Griechen sehr und die Römer wenig schätzte, scheint der Philosoph Seneca im Schatten des Staatsmannes gestanden zu haben. ,,Cicero und Seneca wurden durch ihre Wankelmütigkeit und ihre Unbestimmtheit verächtlich", schrieb Henrik Steffens;[7] ,,in Seneca ist mehr Brast und Bombast moralischer Reflexion als wahrhafte Gediegenheit", meinte Hegel.[8] Hegels Antipode Schopenhauer vertrat natürlich das Gegenteil und hob Senecas ,,so energische, geistvolle und durchdachte Schriften" gegenüber den ,,platten Schulübungen" der früheren Stoiker hervor.[9] Abgesehen davon, daß Schopenhauer, der die gesamte Welt als Wille (und Vorstellung) begriff, sich natürlicherweise für den Philosophen der Antike interessierte, der das größte Gewicht auf den Willen gelegt hatte, war er auch der vornehmste Vertreter des philosophischen Essay, als dessen Begründer Seneca betrachtet werden muß.

Die Kritik an Seneca

1974 erschien in Dänemark, wo wie im übrigen Skandinavien die moderne Senecaliteratur nur spärlich vertreten ist, eines der ersten Bücher über Seneca, nämlich ,,Der Tod und die Freundschaft. Eine Studie zu Senecas Briefen" von Marianne Alenius. Mit dieser Studie hofft die Autorin ,,zur Rehabilitierung des Philosophen und Stoikers Seneca beitragen zu können, die in der Nachkriegszeit begonnen hat und die seiner traditionellen und noch immer verbreiteten Darstellung als Heuchler oder unbedeutender Amateurphilosoph gegenübersteht".[10] Tatsächlich war Seneca, vor allem während des moralisierenden 19. Jahrhunderts, Gegenstand einer grandiosen moralischen Entrüstung, die sich leicht bis zu dem Denunzianten Suillius zurückverfolgen läßt, dessen Anklagerede durch die Antithesen von Dio Cassius, oder wohl eher von Xiphilinus, hindurch spürbar ist: Seneca sprach gegen Tyrannei – und war Lehrer eines Tyrannen, sprach gegen Reichtum – und besaß ein Vermögen von 300 Millionen Sesterzen, sprach gegen Schmeichelei – und schmeichelte Polybius, ging eine glänzende Ehe ein – und buhlte mit Julia, Agrippina und Lustknaben.[11] An die zweitausend Jahre nach Suillius war ein Amerikaner namens T. W. Africa sich völlig sicher, daß Seneca mit Julia gebuhlt habe, um seine Karriere zu fördern. Africa mußte einerseits anerkennen, daß „wenige so kluge Dinge so gut gesagt haben wie Seneca" und daß „das römische Reich nie so gut regiert worden ist wie in den ersten fünf Jahren von Neros Regierungszeit" – und andererseits den Brief des Jakobus (2, 17) zitieren: „Also auch der Glaube, wenn er nicht Werke hat, ist er tot an ihm selber", obwohl es doch auch eine Art Werk war, das Römerreich zu regieren! Doch Africa kommentiert: „Jahrhunderte zuvor hatte Sokrates gezeigt, daß Moral keine Frage wohlberedter Worte, sondern schwieriger Taten ist."[12] Recht besehen befand sich der Staatsmann Seneca in Rom in einer etwas schwierigeren Situation als der Privatmann Sokrates in Athen, wobei dieser im übrigen mit Alkibiades kein größeres Glück hatte als Seneca mit Nero. Aber während wohl niemand Sokrates die Verantwortung dafür aufgebürdet hat, daß die jungen Aristokraten, die er „wahre Weisheit und wahren Bürgersinn lehrte, ... sich, als sie sich in das politische Leben stürzten, als die größten Schurken erwiesen" (Peter P. Rohde[13]), schreckt Africa, wie andere vor ihm, nicht davor zurück, Seneca die gesamte Verantwortung für Nero aufzuladen: „Seneca lieferte Nero ein großartiges Beispiel an Zweideutigkeit und Eigeninteresse und ermunterte die Laster des jungen Herrschers, um die Macht in seinen eigenen Händen zu behalten ... Als aufmerksamer Schüler wurde Nero ein intellektueller Pfuscher und ein absolut amoralischer Mensch. Kompromiß war die geringste von Senecas Sünden, viele seiner Taten wurden allein von einem blinden Willen zur Macht diktiert."

Während Seneca (und Burrus) sich bei Dio Cassius jedenfalls damit begnügten, Nero seinen Lüsten zu überlassen, in der Hoffnung, er werde genug davon bekommen, ermunterte er laut Africa diese Laster geradezu, was so viel heißt wie: er verbot ihm nicht, mit Acte zu schlafen. Einerseits wirft Africa Seneca einen Willen zur Macht vor, der wohl nicht ganz unberechtigt war, wenn er das römische Reich besser regieren konnte als andere, andererseits wirft er ihm in Wirklichkeit vor, daß er seine Macht nicht zur Verwirklichung seiner Ideen ausgenutzt habe, d. h. diese mit Macht durchgesetzt habe! Seneca hätte Kompromisse nur dann vermeiden können, wenn er seine Stellung am Hofe hätte vermeiden können, die auszuschlagen ihm kaum möglich gewesen sein dürfte. Wenn man sich an Senecas eigene Worte und an die Politik hält, die nach Angabe der besten Quellen während seiner Zeit geführt wurde, dann bestand zwischen Theorie und Praxis kein so großer Gegensatz wie in Africas Darstellung, der, um die Lücken in seiner eigenen Auslegung zu verdecken, seine Zuflucht zu der einfachen These nehmen muß, daß Seneca ein „Heuchler" gewesen sei, der nicht gemeint habe, was er schrieb. Diese psychologisch dilettantische Auffassung von Seneca (und Nero) trifft man wohlgemerkt in keiner gründlicheren Arbeit über Seneca an, dagegen aber um so häufiger als Klischees, die von einem Werk aus zweiter Hand zum anderen mitgeschleppt werden.

Dennoch enthält diese Senecakritik eine weitere Perspektive. Sie blühte vor allem im imperialistischen und viktorianischen Zeitalter, als die Machtpolitik und die Moral (im Sexuellen) verherrlicht wurden und der Gedanke, das Politische im Moralischen zu begründen, abstoßend erschien, was er für viele Christen noch immer ist, die leichter als Seneca akzeptieren, daß das Gute nicht von dieser Welt sei. – ,,Wäre er entweder ein wahrer Philosoph oder einzig und allein Höfling gewesen, wäre er glücklicher geworden und hätte in der Achtung der Menschen höher gestanden. Beides zu wollen war wider die Vernunft", hieß es (1913) in einem Buch über ,,Heidnische Wahrheitssucher".[14] Die größte von Senecas Sünden bestand darin, daß er sich im Gegensatz zu fast allen anderen Philosophen nicht mit einer Interpretation der Welt begnügte, sondern den Versuch machte, sie zu verändern: Seine Tätigkeit als Staatsmann beeinflußte die Auffassung von ihm als Philosophen, nämlich als einem ,,Amateurphilosophen".

Der Hellenismus, der Untergang Roms und des Abendlandes

Einige der letzten bösen Worte, die man im Dänischen über Seneca hat lesen können, stehen in Vilhelm Grønbechs Buch ,,Der Hellenismus" (1940). Grønbech stößt sich jedoch nicht an der Tatsache, daß Seneca auch Staatsmann und Neros Präzeptor war; Senecas persönliche und politische Situation ist ihm ebenso unwesentlich wie die der anderen ,,Hellenisten", die er alle über einen Kamm schert und verwirft: ,,Wenn man den Menschen näher kommt, findet man eine ... verblüffende, nahezu tödliche Gleichförmigkeit in ihrem Seelenleben", eine wirklich so verblüffende Äußerung, daß man sich des Verdachts nicht erwehren kann, daß Grønbech seinen Opfern *so* nahe nun auch wieder nicht gekommen ist. Wenn Grønbech andere Schriftsteller zitiert, dann selten mit deren Worten, sondern meist mit seinen eigenen, und die von ihm umschriebenen, oft mit lächerlicher Übertreibung dargestellten Gedanken, erscheinen nie in ihrem eigenen Zusammenhang, sondern immer in dem von Grønbech etablierten; so kann es passieren, daß der durch und durch ironische Vilhelm Grønbech aus Versehen etwas, was bei Seneca ironisch gemeint ist, todernst nimmt.

Wesentlich sind jedoch nicht die Unwesentlichkeiten, die Grønbech über Seneca zu sagen hat, dessen Werke er als ,,einen ungeheuren Krankenbericht" betrachtet, sondern wesentlich ist seine Kritik des gesamten Hellenismus, der Kulturepoche, die sich von ungefähr 300 v. Chr. bis 300 n. Chr., vom Verfall des griechischen Stadtstaates bis zum Sieg des Christentums erstreckt. Man könne diese Epoche als die Auflösung der Kultur oder die Entstehung Europas betrachten, schreibt er, aber in erster Linie handele es sich um ,,eine Kulturepoche für sich", die er deshalb als etwas Absolutes, aus Vergangenheit und Zukunft Herausgerissenes, betrachtet. So wie er Gleichförmigkeit des Seelenlebens feststellt, bemerkt er, daß es ,,im Hellenismus keine Geschichte gibt", und fügt hinzu: ,,Darin gleicht er dem modernen Europa, wo während der letzten sechshundert Jahre ebenfalls nichts Durchgreifendes geschehen ist." – Man könnte schon meinen, daß während dieser Zeit eine ganze Menge passiert sei, z. B. waren da der Sieg der Naturwissenschaft und die technische Entwicklung; Grønbech muß denn auch anerkennen, daß ,,zwischen den beiden Epochen ein wesentlicher Unterschied" besteht: ,,Der Hellenismus machte nie eine Entdeckung oder Erfindung, die Menschen anregen konnte." Sie kamen nie vom Fleck, diese Menschen, ihre Welt war stehengeblieben oder sogar ,,verloren gegangen", sie hatten Angst vor dem Leben, keine Verbindung zu ihrem Nächsten, waren nur mit den Regungen und dem Heil ihrer eigenen Seele beschäftigt. Grønbech stimmt so sehr mit seinem Thema überein, daß das, was er über den Hellenismus sagt, sich auch von seinem Buch sagen läßt, in dem die äußere Welt nicht existiert. Grønbech verspottet die hellenistischen Geschichtsschreiber, insbesondere Tacitus, die keine anderen Triebkräfte der Geschichte kennen als Tugenden und Laster, doch Grønbech, der dem Hellenismus Geschichte abspricht, begnügt sich ebenso wie die römischen Geschichtsschreiber mit der Feststellung, daß zwischen damals und jetzt ein absoluter Unterschied bestehe: ,,Die alten Völker lebten innerhalb eines Horizonts, der das Leben zusammenhielt und ihm Einheit verlieh ... Im Hellenismus ist dieser Horizont gesprengt; keine Wände runden die Erlebnisse zu einem Ganzen und verleihen den Gedanken Festigkeit." Da Grønbech entsprechend von ,,damals" spricht, ,,als es Glauben, Religion in Europa gab, einen Hintergrund für das gesamte Leben", und unsere Gegenwart im Gegensatz dazu sieht, ist klar, daß sich die Kritik des Hellenismus gegen ,,die hellenistische Lebensstimmung in Europa" richtet.[15]

Darin ähnelt Grønbech Oswald Spengler, der in seinem berühmten Buch vom ,,Untergang des Abendlandes" ebenfalls von Europas ,,Hellenismus" spricht und betont, daß das psychisch Lebendige jeder Kultur religiös, der Mensch der Metropolen dagegen areligiös sei. Entsprechend unterscheidet er die ,,Kultur-Moral", die man hat, von der ,,zivilisierten Moral", die man sucht. Genau in der kritischen Phase, in der das bis dahin Selbstverständliche nicht mehr selbstverständlich ist, wird die Kultur zur Zivilisation. Genau in dieser Phase wollten Diogenes und Rousseau zurück zur Natur, und Zenon und Schopenhauer suchten nach moralischen Regeln für etwas, ,,was nicht mehr instinktiv gesichert war". Bekanntlich begreift Spengler die Kulturen als Organismen, die keimen, blühen, welken und sterben – wenn sie in der Großstadtzivilisation zu Organisationen werden, wo der Intellekt über den Geist herrscht und wo die Diktatur des Geldes und ihr Werkzeug, die Demokratie, den endgültigen Übergang zum ,,Cäsarismus" bilden. Wenn Spengler auch Parallelen zwischen allen Kulturen findet, so benutzt er doch vor allem den Untergang der antiken Welt, und also den Untergang Roms, als Modell, als Präzedenzfall für Europa.[16] Roms Untergang ist immer, ja bereits bevor er stattfand, ein Kreuz für den Gedanken, ein *memento mori* gewesen,[17] das durch den größten Teil der europäischen Geschichtsphilosophie hindurchklingt und seine sensationellste Darstellung in Spenglers Buch fand.

Wenn sich in der Entwicklung von Kulturen auch Gesetzmäßigkeiten geltend machen, so sind die Unterschiede doch mindestens ebenso auffällig wie die Ähnlichkeiten, so daß Spenglers Parallele vom alten Rom zum modernen Europa auf gut ,,hellenistische" Weise eher gesucht als gefunden wirkt. Spengler ist in diesem Zusammenhang jedoch besonders interessant, da seine Geschichtsauffassung auffallend an die der Römer selbst erinnert, und speziell an die des älteren Seneca, der ebenfalls von Roms Kindheit, Mannesalter und Alter sprach (vgl. S. 63) und letzteres als durch den Cäsarismus gekennzeichnet beschrieb. Spenglers zyklische Geschichtsauffassung ist noch immer Ausdruck des primitiven Widerstands gegen die Geschichte, der sich von Anfang an (Kapitel I) und noch bei den Geschichte machenden Römern (Kapitel II) geltend machte, und wenn dies auch mehr über Spengler als über die Weltgeschichte aussagt, so sagt es doch auch etwas über die primitive Erlebnisweise aus, die durch die Geschichte zwar modifiziert, aber kaum völlig verändert wird. Trägt vielleicht das Mißverhältnis von primitiver Mentalität und Großstadtzivilisation, in der die Geschichte nach Spenglers Auffassung stehenbleibt und in der auch nach Grønbechs Auffassung nichts Durchgreifendes geschieht, selbst ursächlich dazu bei, daß die Entwicklung aus der Bahn gerät?

Auffällig ist, daß es für Spengler wie für Grønbech (ebenso wie für Heidegger und Farrington, vgl. S. 25) ein Verfallssymptom ist, wenn der Mensch den Blick auf sich selbst, auf sein unerlöstes, Erlösung suchendes Ich richtet. Für Spengler ist der Stoizismus das ,,Abschlußphänomen" der antiken Kultur, der Buddhismus das der indischen (auf die Schopenhauer zurückgriff, als die europäische Kultur zu welken begann) – und der Sozialismus das der europäischen! Auch für Grønbech ist der Stoizismus ein Phänomen der Auflösung, das in seiner Version zur reinen Karikatur geworden ist; wenn er beispielsweise schreibt, daß eine Handlung, ,,um tugendhaft zu sein, ausschließlich von der Rücksicht auf mich selbst bestimmt sein darf", dann ist das nicht nur entstellt, sondern auch verkehrt. Seine eigene einfache Lösung der Auflösung war: ,,Wir müssen Gott in einer volkstümlichen Religion finden, die das gesamte Leben einbezieht",[18] während Spengler in seiner Bejahung der gesamten Geschichte etwas Stoisches an sich hatte und sein gesamtes Untergangswerk mit Senecas oft zitierter Übersetzung des Kleanthes schloß: *Ducunt volentem fata, nolentem trahunt:* Den Willigen leitet das Schicksal, es schleppt den Unwilligen.[19]

Der Hellenismus, ,,die Auflösung der Kultur", bedeutet die Loslösung des Individuums aus der Gemeinschaft, die sich jedoch auch als Emanzipation des Individuums begreifen läßt; denn daß der Horizont gesprengt wird, daß die alten Werte ihren Wert verlieren, führt zu einer Suche nach neuen

Werten, die nach Spenglers und Grønbechs Auffassung dann gerade „gesucht" und nicht gegeben sind. Diese Suche beginnt jedoch nicht erst mit der hellenistischen Philosophie, sondern mit der Philosophie an sich, mit der Erkenntnis, daß zwischen den gegebenen Gütern und dem Guten ein Unterschied besteht, daß es andere, allgemeingültigere Werte gibt als die herrschenden. Nicht erst die *metropolis,* sondern bereits die *polis* baut auf dem Gesetz und der Vernunft auf, und nicht allein auf der Sitte und dem Instinkt. Deshalb trug der Übergang zur städtischen Gesellschaft bereits für Hesiod den Charakter eines Verfalls, deshalb versuchten die ersten Philosophen, das Gesetz in der vernünftigen Einrichtung des Daseins, der Natur zu begründen. Doch erst in der Metropolis, in Rom, ist der Zerfall der Werte so weit fortgeschritten, daß die Stoiker, und am konsequentesten Seneca, die epochemachende Konsequenz ziehen, daß der einzelne Mensch, unabhängig von seinem sozialen Rang, *an sich Wert besitzt.* Die Formel der Umwertung der alten Werte, des Wertzerfallsprozesses, wenn man so will, besteht in einer Verlegung des Maßstabs für Gut und Böse von außen nach innen, von der Konvention in das Gewissen, einem Prozeß, der mit der These des Protagoras, daß der Mensch das Maß aller Dinge sei, begann und über die von Sokrates verwirklichte Erkenntnis, daß das Individuum einem höheren Gesetz als dem des Staates untersteht, zur Lehre der Stoiker führt, zur Lehre von dem Recht, das von Natur aus für alle Lebewesen gilt. Wo aber Gefahr ist, wächst das Rettende auch: Daß ausgerechnet die wachsende humanistische Erkenntnis dekadent sein soll, daß ausgerechnet Senecas Werk, in dem sie am deutlichsten zum Ausdruck kommt, ein Krankenbericht sein soll, das ist eine so verdrehte Anschauung, daß sie in ihrer Versessenheit auf Untergangssymptome nicht erst bei der Auflösung des Stadtstaates, sondern bereits bei der Auflösung der Stammesgesellschaft, ja, eigentlich bereits beim Übergang von der tierischen zur menschlichen Art ansetzen müßte, da es ja verhängnisvoll ist, daß die Vernunft an die Stelle des Instinkts tritt, oder vielmehr, daß sie es *nicht* tut, was bereits Heraklit als das Problem der Demokratie begriff (vgl. S. 20).

Die humanen Ideen konnten den Untergang Roms und der antiken Kultur nicht verhindern, ihn aber auch nicht geradezu verursachen. Er wurde eher durch Ideen- als durch Instinktlosigkeit verursacht. Die Römer hatten sich nicht das Ziel gesetzt, die Weltherrschaft zu erobern, wie Polybios meinte, sondern ließen sich von Ehrgeiz *(gloria)* und kurzsichtigen Interessen leiten, bis sie ein Weltreich erobert hatten, das nur der Weltfrieden zusammenhalten konnte. Nach dem Zweiten Weltkrieg, als einigen aufging, daß es nun um „eine Welt oder keine" ging, schrieb ein Engländer namens Lawrence Waddy ein Buch mit dem Titel „*Pax Romana* und Weltfrieden", in dem Rom zur Abwechslung nicht nur als abschreckendes Beispiel dargestellt wurde: Unter den Auspizien von Rom herrschte in einem größeren Gebiet länger Frieden als je zuvor oder danach, und wenn das auch ein Frieden unter von Rom diktierten Bedingungen war, so herrscht doch sonst meistens unter den von den Großen diktierten Bedingungen Unfrieden. In der besten Zeit des Reiches – von Augustus bis Hadrian – litt der größte Teil der Bevölkerung des Reiches weniger Not als ihre Nachkommen jahrhundertelang danach. Gegen Ende dieses Zeitalters konnte ein Grieche wie Plutarch es als ein ,,Gutes" betrachten, daß das mit sich selbst zerstrittene Griechenland von den Römern befriedet wurde.[20] Aber, schreibt Waddy, ,,sie waren ein Volk, das die Zwecke nie klar sah, doch mit eindrucksvollem Erfolg die Mittel handhabte, die zu den rechten Zwecken hätten hinführen können."[21] Vergil sah, daß der Frieden, der die Bedingung für das Weiterbestehen des Reiches war, zum moralischen Programm erhoben werden mußte, und sah auf diese Weise weiter als die römischen Geschichtsschreiber, die die Ursachen für den Untergang der Republik (und des Reiches) im Verfall der alten (Krieger-)Moral erblickten: Eine andere Moral tat not; was zuvor Heldentat *(virtus)* war, ist zum Verbrechen geworden, hieß es in Senecas Epigramm: die Wiederherstellung des Gemeinsinns erfordert eine moralische Leistung.[22]

Der moralischen, humanen Leistung messen moderne, materialistische Historiker keine größere Bedeutung bei, als Spengler und Grønbech dies taten. Für sie lenken nicht *fortuna* oder das Schicksal die Geschichte, sondern die ökonomischen Entwicklungsgesetze, denen Rom nicht folgte, so daß die Stagnation des Reiches damit erklärt wird, daß *die* Entwicklung nicht einsetzte. Die ökonomische und technische Entwicklung, die der modernen Zivilisation so viel bessere Hilfsmittel an die Hand gegeben hat als der antiken, ist an sich jedoch noch keine Garantie gegen den Zusammenbruch der Zivilisation. Wo der Zweck, die Idee fehlt, werden die Mittel zum Selbstzweck, in der modernen Zivilisation das produktive-destruktive Wachstum, in Rom – das Heer, das ,,der entscheidende Faktor, nicht nur im politischen, sondern auch im sozialen und ökonomischen Leben des Reiches"[23] war und blieb. Eine soziale Entwicklung läßt sich nicht erschöpfend von einer *nicht* einsetzenden ökonomischen Entwicklung her erklären. Tatsächlich wurde das gesamte Reich, zu dessen Aufrechterhaltung das Heer im Prinzip dienen sollte, im Laufe der Zeit zu einem Mittel, das der Aufrechterhaltung des Heeres diente, das wiederum den Staat zu seinem Werkzeug machte. Hatten die Römer es in ihrer Expansionszeit verstanden, sich Feinde zu Bundesgenossen und sogar zu Freunden zu machen, so machte sich der Staat in der Auflösungszeit die Bürger zu Feinden, deren einzige Aufgabe darin bestand, dem Staat mit Steuern und Zwangsarbeit zu dienen. Roms Geschichte wird von dem Zeitpunkt an, etwa der Zeit Hadrians, zum abschreckenden Beispiel, als der Staat sich nicht mehr damit begnügt, Überbau der Stadtkommunen Italiens und der Provinzen zu sein, sondern sich zu einer allumfassenden, totalitären, jegliche Initiative lähmenden Bürokratie auswächst. Aus dieser Geschichte läßt sich eine äußerst moralische

Lehre ziehen: Nicht die humanen Ideen, sondern die brutale Praxis zersetzen die Gesellschaft, nicht die Organisation, sondern die Zwangsorganisation quetscht das Leben aus der Gesellschaft. Wir können uns freilich nicht damit trösten, daß sich die Zwangsorganisation auf die Dauer nicht aufrecht erhalten läßt, denn teils kann es bis dahin lange dauern, teils hat die Entwicklung auch die Machtmittel sehr viel stärker entwickelt.

Wie erwähnt, gibt es zwischen der Geschichtsauffassung Spenglers und der der Stoiker Berührungspunkte, doch der Unterschied besteht im Humanismus. Kleanthes' und Senecas Worte, wonach man sich vom Schicksal leiten lassen soll, sollten nicht als eine Aufforderung mißverstanden werden, eine Entwicklung zu akzeptieren, die den Menschen ausschaltet. Die Einrichtungen, die die (menschliche) Natur nicht zu ihrem Recht gelangen lassen, sind nach Senecas Auffassung nicht das Werk des Schicksals, sondern der *fortuna,* sie sind Abweichungen von der Natur und fordern das Schicksal oder Gott oder die Natur heraus. Der Gedanke, daß der *Nicht*übereinstimmung des Menschen mit der Natur Grenzen gesetzt sind, war nicht völlig verkehrt: als die Großstadt Rom wieder zum Dorf geworden war und das Vieh wieder auf dem *forum romanum* weidete, da war die Natur zu den Römern zurückgekehrt, die sich zu weit von der Natur entfernt hatten.

Das Recht des Staates oder des Menschen

Zwischen Rom und der modernen Zivilisation läßt sich die Parallele ziehen, daß beide sich von der Natur entfernt haben. „Das tröstliche Bild des in einem Angriff auf die äußere Natur engagierten Menschen" (S. 26), nimmt sich allmählich weniger tröstlich aus: „In seiner Erregung über die Ausweitung seiner wissenschaftlichen und technischen Macht hat der moderne Mensch ein Produktionssystem errichtet, das die Natur vergewaltigt, und eine Gesellschaftsform, die den Menschen verstümmelt." Diese Feststellung stammt von dem Wirtschaftswissenschaftler E. F. Schumacher, während Wirtschaftswissenschaftler sonst für eine Lösung der mit erhöhtem Wachstum anwachsenden sozialen, Ressourcen- und Umweltverschmutzungsprobleme durch erhöhtes Wachstum plädieren, in Übereinstimmung mit den Worten des „Chefökonomen" Keynes, wonach „Raffgier und Wucher und Berechnung noch einige Zeit unsere Götter" sein müssen. Moral ist von dieser ökonomischen Auffassung her gesehen, die in diesem Punkt übrigens mit der marxistischen übereinstimmt, sekundär: die Entwicklung bringt die für die Entwicklung erforderliche Haltung mit sich. Erst wenn die Zeit reif ist, schlägt die Unmenschlichkeit mit ökonomischer Notwendigkeit in ihr Gegenteil um.

Doch das Gegenteil kann gegenteiliger Art sein: nicht Überfluß im Gegensatz zu Mangel, sondern Mangel im Gegensatz zu Überfluß, nicht größere Menschlichkeit, sondern größere Unmenschlichkeit, weil in der Theorie, und deshalb auch in der Praxis, etwas mangelte. Denn wenn es falsch ist, daß das Menschliche allein eine Funktion der Entwicklung, ein Werkzeug der Geschichte, ist, so ist es auch nicht richtig, daß menschliche Theorien nicht auf die Geschichte einwirken.

E. F. Schumacher beschließt sein Buch über Wirtschaft, das auf der kühnen Annahme aufbaut, daß der Mensch etwas bedeutet, mit einem Hinweis auf die ,,traditionelle Weisheit der Menschheit", die menschliche Zwecke über unmenschliche Mittel stellte: ,,Heute jedoch erreicht diese Botschaft uns nicht nur aus dem Munde der Weisen und Lehrer, sondern auch durch den tatsächlichen Verlauf wirklicher Ereignisse. Sie spricht zu uns in der Sprache des Terrorismus, des Völkermordes, des Zusammenbruchs, der Umweltvergiftung, der Erschöpfung. Es scheint, daß wir in einer einzigartigen Periode der Konvergenz leben." – Die Natur, *physis,* bestätigt die Worte der Weisen, daß es nämlich von Natur aus Gesetze gibt – keine wertfreien Naturgesetze im modernen Sinne, sondern moralische Gesetze, die sich nicht übertreten lassen, ohne daß die Natur, das Schicksal, die Götter herausgefordert werden. Was für die äußere Natur gilt, gilt auch für den Menschen, der ein Teil der Natur ist; denn die Umsetzung des Reichtums der Natur in Handelsware, worin Seneca eine verhängnisvolle Entwicklung erblickte, bedeutet, daß künstliche Bedürfnisse über die natürlichen triumphieren, daß ,,Hab- und Machtgier", also Raffgier, Wucher und Berechnung dominieren.

Im Gegensatz zu den herrschenden Anschauungen mißt Schumacher der Haltung des Menschen selbst Bedeutung bei, wenn er sagt, die Ausbeutung der Natur hänge ,,eng mit den philosophischen, um nicht zu sagen religiösen Veränderungen zusammen, die in den letzten drei oder vier Jahrhunderten in der Haltung des Menschen der Natur gegenüber eingetreten sind".[24] Die Veränderung ist jedoch älteren Datums als die Naturwissenschaft. Der stoische Humanismus hat zwar den Humanismus von Christentum, Renaissance und Aufklärung geprägt, aber sein Naturbegriff, sein Begriff von der Göttlichkeit der Natur und von dem natürlichen Hang des Menschen zum Guten, gingen verloren im Christentum, das das Natürliche als sündig begriff und gerade die Affekte, die die gesellschaftliche Zucht durchbrechen und deshalb gezüchtigt werden müssen, als das Natürliche verstand, – und danach auch in dem objektiven Natur- und Menschenbild der Naturwissenschaft und im historischen Materialismus, sofern er den Menschen nur zum Produkt der Verhältnisse macht. Die Idee vom natürlichen Recht des Menschen läßt sich nicht in *der* Natur begründen, zu der die Naturwissenschaft und der ,,wissenschaftliche" Sozialismus sich bekennen wollen; und der Liberalismus, der seine Ideologie seinerzeit auf den alten Ideen vom ,,menschlichen Recht" und dem ,,Gesetz der Natur" aufbaute, machte in Wirklichkeit daraus eine Verteidigung der Handels- und Wettbewerbsfreiheit und des Privateigentums, das für Seneca den Charakter eines ,,Abfalls von der Natur" hatte. Seine Menschenrechtserklärungen sahen davon ab, daß die Gesellschaft nach Auffassung der Alten nicht auf Eigennutz, sondern auf natürlicher Sympathie aufbaut.

Das ändert nichts an der Tatsache, daß die einzige ideologische Grundlage einer Opposition gegen die ,,gesetzliche" Gewalt von Regierungen immer nur die Idee gewesen ist, daß es etwas gibt, ,,was das allgemeine Recht der Lebewesen verbietet, daß es gegen den Menschen erlaubt sei".[25] Die humanen Ideen lassen sich natürlich auf eine historisch-soziale Situation zurückführen (und auf diese Weise abwerten, wenn man denn meint, daß der Mensch in einer gegebenen Situation nur diese Situation widerspiegeln und nicht dem Menschlichen Ausdruck verleihen kann, da der Mensch an sich nichts ist), auf den ,,Hellenismus", als das Individuum aus einer ,,organischeren" Gemeinschaft herausgerissen wurde, seine unmittelbare soziale Bedeutung verlor und, sehr zum Ärger von Vilhelm Grønbech, versuchte, sich selbst eine Bedeutung zu geben. Es ist noch immer üblich, den Individualismus in einer bestimmten historischen Epoche anzusiedeln und ihn als ,,bürgerlichen Individualismus" zu beschimpfen, doch die Idee vom Recht des Individuums spiegelt keine historische Epoche wider, sondern widerspricht ihr eher: die Entrüstung über die Kränkung der menschlichen Würde äußert sich in der Erkenntnis, daß der Mensch an sich einen Wert besitzt. Die Alternative zur ,,Menschengesellschaft", die auf den Rechten des Individuums, auf natürlichen Bedürfnissen, aufbaut, ist der Staat, der ein uneingeschränktes Recht über die Individuen hat und sie zu Werkzeugen seiner Bedürfnisse macht.

Stoischer Humanismus

Die Stoiker begnügten sich nicht mit der Behauptung, der Mensch könne und solle souverän sein, sondern behaupteten, daß er es tatsächlich sei und daß er nur er selbst sei, wenn er souverän ist. Das mag uns, die wir gewohnt sind, zwischen Wertung und Wissen, Moral und Wissenschaft zu unterscheiden, fremd erscheinen, doch für einen Philosophen der Antike war es absurd, eine nicht in der Natur begründete Moral zu predigen. Die Philosophie entsteht aus der Trennung der sozialen Verhältnisse von der Natur, und mit ihr entsteht die Idee des freien, souveränen Individuums.

Wenn man einwendet, daß die Verhältnisse den Menschen tatsächlich unfrei *machen,* dann hat man damit bereits gesagt, daß der Mensch frei *ist;* die Ordnung der Gesellschaft akzeptiert man nur so lange, wie man sie in der Ordnung der Natur findet, und Sklaverei empört einen nicht, solange man sie ,,natürlich" findet. Hätten wir in der Situation des Übeltäters nicht ebenso gehandelt wie er, fragt Seneca, der demnach einsah, in wie hohem Maße das Verbrechen gesellschaftlich bedingt ist, und, aus dieser Einsicht heraus, sich als einer der ersten zum Fürsprecher eines zweckbestimmten humanen Rechts machte, das nicht nur die Untat, sondern die gesamte Situation betrachtet. Das setzt gerade die Erkenntnis voraus, daß der Mensch nicht von Natur aus verderbt ist, und es setzt ebenfalls voraus, daß man selbst souverän ist: kurz, der Affekt kann die Handlungen anderer entschuldigen, man kann sie jedoch nicht entschuldigen, wenn man sich selbst im Affekt befindet. Man kann die Handlungen anderer nur von deren Voraussetzungen her verstehen, versteht man jedoch seine eigenen Handlungen nur von den Verhältnissen her, dann hat man sich aufgegeben.

Wer zitiert, daß es nicht darauf ankomme, die Verhältnisse, deren Produkt der Mensch ist, zu interpretieren, sondern darauf, sie zu verändern, vergißt, daß wir die Verhältnisse unaufhörlich interpretieren und sie nicht verbessern können, wenn wir sie schlecht interpretieren. Und woher sollten wir die Idee besserer Verhältnisse haben, wenn unser Bewußtsein nur die existierenden Verhältnisse widerspiegelte? Theorien sind Produkte von Menschen, und hat der Mensch keinen Platz in der Theorie, dann hat er auch keinen in der Praxis, zu der sie führt.

Der Stoizismus ist in höherem Maße als andere Philosophien zur Bezeichnung einer Haltung geworden und betonte denn auch stärker als andere Philosophien, daß es auf die Haltung ankomme. In der Praxis heißt das, daß ein jeder bei sich selbst beginnen muß, daß es ein Mißverständnis ist, wenn man meint, für alles mögliche andere müsse man Qualifikationen erwerben, nur nicht für die Verbesserung der Welt.

Auch Seneca muß von *seiner* Weltsituation her verstanden werden, doch es bleibt etwas übrig, was nicht nur auf sie zurückverweist.

Anmerkungen

Sind antike Autoren in Übersetzung zitiert, so finden sich die bibliographischen Angaben zu diesen Übersetzungen im Übersetzungsverzeichnis S. 312f. Finden sich dort keine Angaben, so handelt es sich um Neuübersetzungen. Zitate ohne Verfasserangabe beziehen sich auf die Werke Senecas (vgl. Werkregister S. 311f.). Wenn nicht anders angegeben, handelt es sich bei Zitaten aus der modernen fremdsprachigen Literatur um Neuübersetzungen.

Kapitel I

1 De ira II, 15, 2.

2 M. Eliade, Kosmos und Geschichte (übers. von G. Spaltmann), Reinbek 1966, S. 36.

3 Hesiod, Erga 682–683, 236–237.

4 Ebd. 37–41.

5 Ebd. 245–247.

6 Ebd. 182–184.

7 Ebd. 40.

8 Robert Graves, The Greek Myths I, Baltimore/Maryland 1955, S. 41–42; deutsch: R. v. Ranke-Graves, Griechische Mythologie I, Reinbek 1960, S. 34.

9 Solon, Fragment 3.

10 Hesiod, Erga 320ff.

11 Xenophanes, Fragmente 24 und 15 (H. Diels, Fragmente der Vorsokratiker, Bd. 1, 6. Aufl., Berlin 1951).

12 Paulus, Römerbrief 5, 20.

13 Platon, Politikos 293c.

14 Ep. 90, 6.

15 Anaximander, Fragment 1 (H. Diels, a. a. O.).

16 Heraklit, Fragmente 30, 125a, 121, 33, 114, 2 und 44 (H. Diels, a. a. O.).

17 Platon, Apologie 32d.

18 Ebd. 29d.

19 Ebd. 32a.

20 G. W. F. Hegel, Vorlesungen über die Philosophie der Geschichte, Stuttgart 1961, S. 378.

21 Platon, Nomoi 797d.

22 M. Eliade, a. a. O., S. 34.

23 Platon, Nomoi 705a.

24 Ebd. 743d.

25 Ebd. 797c.

26 M. Heidegger, Platons Lehre von der Wahrheit, Bern 1947.

27 B. Farrington, Greek Science, 2. Aufl., Harmondsworth 1953, S. 145.

28 Demokrit, Fragment 125 (H. Diels, Fragmente der Vorsokratiker, Bd. 2, 6. Aufl., Berlin 1952).

29 Aischylos, Prometheus 462–463, 467–468, 500–503.

30 Sophokles, Antigone 323ff., 338 bis 339.

31 B. Farrington, a. a. O., S. 149, 147.

32 L. Hjortsø, De græske historikere, Kopenhagen 1975, S. 95.

33 Vgl. M. Pohlenz, Die Stoa I, 4. Aufl., Göttingen 1970, S. 116ff.

Kapitel II

1 Polybios I, 4.

2 Ebd. VI, 57.

3 Sallust, Catilina 10, 1–4.

4 Livius, Ab urbe condita, pr. 11.

5 Cicero, De officiis III, 41.

6 Livius I, 19, 1–3.

7 Pythagoras in Rom: vgl. M. Grant, Roman Myths, London 1971, S. 138 bis 139. Numas pythagoreische Schriften: Livius XL, 29, 3–14.

8 De ira II, 7, 3.

9 De cl. I, 15, 1.

10 De br. vitae 3, 1.

[11] Cicero, De inventione II, 161.

[12] Cicero, De re pub. IV, 12.

[13] Zur Volksjustiz: J. A. Crook, Law and Life of Rome, London 1967, S. 251; über Selbstjustiz im allgemeinen: A. W. Lintott, Violence in Republican Rome, Oxford 1968.

[14] Cäsar, Bellum civile I, 22, 5.

[15] Petronius, Satyricon 18.

[16] H. Bengtson, Grundriß der römischen Geschichte, 1. Bd., München 1967, S. 146.

[17] De cl. I, 1, 3.

[18] De cl. I, 12, 2.

[19] Tacitus, Hist. II, 38.

[20] Cato bei Sallust, Catilina 52, 22 und 52, 5.

[21] Plutarch, Cato 30, 6.

[22] Cäsar bei Sallust, Catilina 51, 13–14.

[23] Cäsar bei Cicero, Att. IX, 7, C. 1.

[24] Cicero, Deiot. 34.

[25] Cicero, Philip. II, 45, 116.

[26] De ben. I, 10, 14.

[27] Plutarch, Cato 66.

[28] Cicero, De re pub. I, 25.

[29] E. Wistrand, Politik och litteratur i antikens Rom, Göteborg 1962, S. 40.

[30] De br. vitae 5, 1.

[31] Cicero, De re pub. I, 34.

[32] Ebd. VI, 2.

[33] Cäsar bei Plinius, Nat. hist. 7, 30, 117.

[34] Vgl. M. Pohlenz, a. a. O., S. 137 und 273.

[35] Vergil, 4. Ekloge 1–17.

[36] Vergil, Aeneis 6, 851 ff.

[37] Über virtus und gloria bei Vergil: vgl. D. Earl, The Moral and Political Tradition of Rome, London 1967, S. 66 ff.

[38] Vergil, Aeneis 6, 791 ff.

[39] Ebd. 1, 278 f.

[40] Polybios VI, 56.

[41] Ovid, Ars amatoria I, 637.

[42] J. Ferguson, The Religions of the Roman Empire, Ithaca/New York 1970, S. 68.

[43] De cl. I, 14, 2.

[44] H. H. Scullard, From the Gracchi to Nero, 3. Aufl., London 1968, S. 265.

[45] R. Syme, The Roman Revolution, Oxford 1939.

[46] Ovid, Ars amatoria III, 121 ff.

[47] Ovid und der Pythagoreismus: vgl. J. Carcopino, L'exil d'Ovide. Poète néopythagoricien, in: Rencontres de l'histoire et de la littérature romaines, Paris 1963.

[48] De ira II, 9, 2.

[49] Qu. nat. V, 15, 2; ep. 97, 1.

[50] Seneca d. Ä., zitiert bei Lactantius, Inst. VII, 15, 14, nach S. Mazzarino, Das Ende der antiken Welt (übers. von F. Jaffé), München 1961, S. 30.

[51] Tacitus, Hist. I, 10.

[52] Tacitus, Ann. IV, 20.

Kapitel III

[1] Vgl. Actas del congreso internacional de filosofia en commemoracion de Seneca en el XIX centenario de su muerte 1–3, Madrid 1966.

[2] Ad Helv. 17, 3–4.

[3] Die Reisigbündel, die die Liktoren den höchsten Beamten vorantrugen. Sie symbolisierten von alters her die strafende Autorität.

[4] Lukretia war eine so exemplarische Ehefrau, daß sie sich das Leben nahm, nachdem sie von Sextus Tarquinius vergewaltigt worden war; dies führte der Sage nach zum Fall der Tarquinier und des Königtums.

[5] Cornelia war die Mutter von Tiberius und Gaius Gracchus.

[6] Seneca d. Ä., Controv. VI, 8.

[7] De ben. V, 12, 2.

[8] J. Carcopino, La vie quotidienne à Rome à l'apogée de l'empire, Paris 1939, S. 138; deutsch: So lebten die Römer während der Kaiserzeit, übers. v. W. Niemeyer, Stuttgart 1959.

[9] Ebd., S. 134.

[10] A.-M. Guillemin, Le public et la vie littéraire à Rome, Paris 1937, S. 62f.

[11] Quintilian, Inst. 10, 1.

[12] Seneca d. Ä., Controv. I, pr. 11.

[13] Ebd. I, pr. 6f.

[14] Gellius, Noctes Atticae XII, 2, 1 und 12ff.

[15] Seneca d. Ä., Suas. 2, 23.

[16] Seneca d. Ä., Controv. II, pr. 3–4.

[17] Ad Helv. 18, 2–3.

[18] Tacitus, Ann. 16, 17.

[19] Apostelgeschichte 18, 12–17.

[20] Qu. nat. IV A, pr. 9.

[21] Epigramm 49 (Anthol. lat. 441) in: C. Prato, Gli epigrammi attribuiti a L. Anneo Seneca, Rom 1964.

[22] Vergil, Georg. 3, 284, zitiert in ep. 108, 24.

[23] Ep. 108, 29.

[24] Ep. 88, 42.

[25] Ep. 108, 23.

[26] F. Nietzsche, ·Werke in drei Bänden, Bd. 3, München 1954, S. 174.

[27] Ep. 106, 12.

[28] De br. vitae 10, 1.

[29] Ep. 40, 12.

[30] Ep. 100.

[31] Ep. 108, 13–16; ep. 110, 14–20.

[32] De ira III, 36.

[33] Ep. 108, 17–22.

[34] Ep. 78, 1–3.

[35] Ad Helv. 19, 2.

[36] Ebd. 19, 4.

[37] Ep. 49, 2.

[38] Sueton, Tiberius 59.

[39] De tr. an. 11, 11.

[40] De ben. III, 26, 1.

[41] Vgl. J. Ortega y Gasset, zitiert bei P. Krarup, Romersk Politik i Oldtiden, Kopenhagen 1971, S. 164f.

[42] Apostelgeschichte 25, 10–12.

[43] J. A. Crook, a. a. O., S. 71.

[44] De ben. III, 7, 7.

[45] De ira II, 7, 3.

[46] Tacitus, Ann. 14, 30; Sueton, Claudius 25.

[47] Apostelgeschichte 22, 25–29.

[48] De cl. I, 18, 2.

[49] Ad Marc. 20, 2.

[50] Ad Helv. 19, 2.

Kapitel IV

[1] Philon, De legatione 13.

[2] Ebd. 22.

[3] Sueton, Caligula 14 und 27.

[4] Philon, De legatione 76.

[5] Ebd. 352ff.

[6] Sueton, Caligula 53.

[7] Dio Cassius 59, 19, 7–8.

[8] Ep. 78, 6.

[9] Ad Marc. 22, 1.

[10] Ebd. 20, 3.

[11] Tacitus, Ann. 4, 34.

[12] Ad Marc. 15, .1.

[13] Ad Pol. 17, 4.

[14] Ad Helv. 10, 4.

[15] De ira II, 33, 6.

[16] De ira III, 19, 1.

[17] Sueton, Caligula 50.

[18] De con. sap. 18, 1.

[19] Die Prätorianergarde bestand aus 10 Kohorten mit je 1000 Mann, denen jeweils ein *Tribun* vorstand. Das Heer im übrigen hatte für jede Legion (von 5000–6000 Mann) sechs Tribunen und sechzig *Centurionen*.

[20] De con. sap. 18, 5.

[21] Ebd., 2, 3.

[22] De ben. II, 12.

[23] De ira III, 16, 2.

[24] Dio Cassius 59, 16.

[25] Sueton, Caligula 24.

[26] Tacitus, Ann. 14, 2.

[27] Sueton, Caligula 45.

[28] Qu. nat. IV A, pr. 15.

[29] Ep. 4, 7.

[30] J. P. V. D. Balsdon, The Emperor Gaius, Oxford 1934, S. 72.

[31] De ira III, 19, 5.

[32] Zur Senecaüberlieferung: P. Faider, Etudes sur Sénèque, Gent 1921.

[33] H. V. Morton, Wanderungen in Rom, 6. Aufl., Frankfurt/M. 1970, S. 179.

34 Ep. 95, 2.
35 K. Lorenz, Das sogenannte Böse, 8. Aufl., München 1981, S. 49 und 248.
36 De ira II, 17.
37 Ebd. II, 8. 3.
38 Ebd. I, 8, 2–3.
39 Ebd. II, 9, 4.
40 Ebd. II, 21, 7.
41 Ebd. II, 5, 3.
42 Ebd. II, 31, 8.
43 A. Ross, Skyld, ansvar og straf, Kopenhagen 1970, S. 46–47.
44 De ira II, 31, 5.
45 Ebd. II, 32, 1.
46 Ebd. II, 10, 2.
47 Ebd. II, 21, 11.
48 Matth. 7, 14.
49 Hesiod, Erga 291.
50 De ira II, 13, 1–3.
51 Ebd. II, 34, 4.

Kapitel V

1 Apostelgeschichte 24.
2 Sueton, Claudius 28–29.
3 Vgl. Duden Fremdwörterbuch.
4 Dio Cassius 60, 8, 5.
5 Qu. nat. IV A, pr. 15.
6 De con. sap. 9, 2.
7 Ebd. 8, 3.
8 Ebd. 14, 1.
9 Ad Pol. 13, 2.
10 Sueton, Claudius 29.
11 Tacitus, Ann. 11, 1–3.
12 Epigramm 19 (Anth. lat. 410).
13 Epigramm 3 (Anth. lat. 237).
14 Ad Helv. 10, 3.
15 Ebd. 8, 3–4.
16 Ebd. 20, 2.
17 Epigramm 1 (Anth. lat. 232).
18 Ad Pol. 13, 3.
19 Plinius d. J., ep. 5, 3.
20 Quintilian, Inst. 10, 1 und 129.
21 Epigramm 71 (Anth. lat. 667).
22 Epigramm 5, 8 (Anth. lat. 396).
23 Epigramm 69 und 70 (Anth. lat. 462–463).
24 Qu. nat. IV A, pr. 6.
25 De ben. I, 15, 5.
26 R. Syme, Die römische Revolution (übers. von F. W. Eschweiler und H. G. Degen), Stuttgart 1957, S. 523 und 400.
27 Quintilian, Inst. VI, 3, 74.
28 Ebd. VI, 1, 50.
29 Tacitus, Ann. 11, 11–12.
30 Sueton, Claudius 29.
31 De br. vitae 15, 5.
32 Ebd. 10, 5.
33 Ebd. 10, 4.
34 Vgl. M. T. Griffin, De brevitate vitae, Journal of Roman Studies 52 (1962), S. 104–113.
35 Die Prokonsuln von Afrika und Asia hatten zwölf *fasces* als Zeichen ihrer Würde.
36 D. h. laß ihn Quästor, Prätor und Konsul werden.
37 Epigramm 72 (Anth. lat. 804).
38 Dio Cassius 61, 10, 3.
39 J. Carcopino, La vie quotidienne à Rome à l'apogée de l'empire, Paris 1939, S. 101 ff.
40 Hieronymus, Ad Jovin. I, 41–49.
41 Ep. 9.
42 Ad Helv. 13, 3.
43 Epigramm 38 (Anth. lat. 430).
44 Dio Cassius 60, 8, 5.
45 Ebd. 61, 10, 1.
46 Epigramm 59 (Anth. lat. 453).
47 Epigramm 65, 6 und De tr. an. 17, 2.
48 Ep. 104, 2.
49 Scholien zu Juvenal, sat. V, 109.

Kapitel VI

1 Tacitus, Ann. 12, 7.
2 De otio 6, 3.
3 Sueton, Nero 7.
4 Ebd. 6.
5 Tacitus, Ann. 13, 3.
6 Sueton, Nero 52.
7 Tacitus, Ann. 13, 3.
8 Ebd.
9 Dio Cassius 60, 35.
10 Vgl. A. Stahr, Agrippina, die Mut-

ter Neros, Berlin 1867, S. 330–343; M. C. Gertz, Senecas Breve og andre Skrifter til Lucilius I, Kopenhagen 1927, S. VI; Gegenargumente bei O. Weinreich, Römische Satiren, Reinbek 1962, S. 332–337.

[11] Apocol. 10, 3 (Schluß des Zitats: Neuübersetzung).

[12] De cl. I, 23, 1; De ben. I, 15, 5.

[13] Vgl. C. Pascal, Nerone nella storia aneddotica e nella leggenda, Mailand 1923, S. 681–685.

[14] Homer, Odyssee 1, 171.

[15] Ebd. 9, 39f.

[16] Apocol. 5, 4.

[17] Ebd. 10, 3.

[18] K. Kraft, Der politische Hintergrund von Senecas Apocolocyntosis, Historia 15 (1966), S. 122.

[19] Apocol. 4, 1.

[20] De cl. II, 2, 2.

[21] Ebd. I, 10, 3.

[22] Tacitus, Ann. 13, 2.

[23] Sueton, Nero 10.

[24] Tacitus, Ann. 13, 11.

[25] (Pseudo-)Aurelius Victor, Epit. 5.

[26] Paulus, Römerbrief 13, 3–4 und 6–7.

[27] Tacitus, Ann. 13, 4.

[28] Sueton, Nero 10.

[29] Tacitus, Ann. 13, 5.

[30] De cl. I, 26, 5 (Schluß des Zitats: Neuübersetzung).

[31] CIL IV, 4418.

[32] Sueton, Nero 12.

[33] Augustus, Res gestae 22–23.

[34] Augustinus, Conf. VI, 8.

[35] De vita beata 2, 1.

[36] De cl. I, 18, 2.

[37] Ebd. I, 15, 1.

[38] Ebd. I, 26, 3.

[39] Ebd. I, 12, 4; I, 25, 3; I, 26, 1.

[40] Ebd. I, 1, 2.

[41] Ebd. I, 1, 7.

[42] Ebd. I, 4, 2.

[43] De ira II, 23, 3–4.

[44] Ep. 14, 13.

[45] De ben. II, 20, 2.

[46] De ira III, 30, 4.

[47] M. Rostovtzeff, Social and Economic History of the Roman Empire, Oxford 1926, S. 85; deutsch: Gesellschaft und Wirtschaft im römischen Kaiserreich, übers. v. L. Wickert, 2 Bde., Leipzig [1931].

[48] De cl. I, 19, 1.

[49] Ebd. I, 19, 4.

[50] Ebd. I, 20, 3.

[51] Ebd. I, 10, 3.

[52] Ebd. I, 22, 1–2.

[53] Sueton, Claudius 34.

[54] Sueton, Nero 15.

[55] De cl. I, 8, 1.

[56] Matth. 20, 26–27; Luk. 22, 26; Mark. 10, 44.

[57] De cl. I, 8, 2–4.

[58] Ebd. I, 18, 3.

[59] Ebd. I, 1, 6.

[60] H. Bardon, Les empéreurs et les lettres latines d'Auguste à Hadrien, Paris 1940, S. 185.

[61] De cl. I, 11, 2.

[62] Ebd. I, 8, 7.

[63] Ebd. II, 1, 4.

[64] Tacitus, Ann. 13, 14.

[65] Sueton, Nero 34.

[66] Tacitus, Ann. 13, 17.

[67] A. Stahr, a. a. O., S. 248.

[68] B. H. Warmington, Nero. Reality and Legend, London 1969, S. 42.

[69] De ben. I, 9, 5.

[70] L. Friedlaender, Darstellungen aus der Sittengeschichte Roms I, 7. Aufl., Leipzig 1901, S. 330.

[71] M. Rostovtzeff, a. a. O., S. 513.

[72] Ad Helv. 10, 5.

[73] Medea 329ff., 364–365, 368ff.

[74] Lukrez, De rerum natura II, 1150ff.

[75] Columella, De re rustica III, 3, 3.

[76] Plinius, Nat. hist. 14, 51.

[77] Tacitus, Ann. 13, 18.

[78] Ep. 12 und 86.

[79] Plinius, Nat. hist. 18, 35; vgl. J. E.

Skydsgaard, Den romerske Villa Rustica, Kopenhagen 1961, S. 90ff.

[80] Ep. 89, 20.

[81] Sueton, Nero 16.

[82] Ep. 87, 41.

[83] H. Frisch, Kulturhistorie II, 4. Aufl., Kopenhagen 1964, S. 74f.

[84] M. Rostovtzeff, Geschichte der alten Welt. Rom (übers. von H. H. Schaeder), 5. Aufl., Bremen 1970, S. 386/387.

[85] Tacitus, Ann. 13, 8.

[86] Ebd. 13, 41.

[87] L. Friedlaender, a. a. O., S. 145.

[88] Tacitus, Ann. 14, 51.

[89] M. Grant, Gladiators, London 1967, S. 37.

[90] Tacitus, Ann. 13, 42.

[91] De vita beata 7, 3.

[92] M. Heidegger, Sein und Zeit, Halle 1927, § 27.

[93] De vita beata 2, 2.

[94] Ebd. 24, 3.

[95] Ebd. 2, 1.

[96] Ebd. 1, 1.

[97] Ebd. 9, 4.

[98] Ebd. 8, 6.

[99] Ebd. 15, 7.

[100] Ebd. 17, 1–2.

[101] Ebd. 17, 4.

[102] Ebd. 23, 1.

[103] Ebd. 2, 4.

[104] Tacitus, Ann. 13, 45.

[105] Ebd. 14, 1.

[106] Plutarch, Galba 20.

[107] Tacitus, Ann. 14, 3–7.

[108] Ebd. 14, 11.

[109] Ebd. 14, 13.

[110] Ebd. 14, 14.

[111] Sueton, Nero 22.

[112] Ebd. 12; Tacitus, Ann. 15, 32.

[113] Dio Cassius 62, 17, 3.

[114] Ebd. 62, 20, 3.

[115] Ebd. 61, 10, 5.

[116] Herc. fur. 468–470.

[117] Tacitus, Ann. 14, 52.

[118] Dio Cassius 62, 18, 3.

[119] De cl. 18, 2.

[120] De ben. III, 6–17.

[121] Ebd. III, 22, 3.

[122] Tacitus, Ann. 14, 42–44.

[123] Ebd. 12, 12.

[124] De ben. III, 18, 2.

[125] Ebd. III, 28, 1.

[126] Ep. 47, 18.

[127] De tr. an. 5, 5.

[128] Ebd. 2, 7.

[129] Ebd. 2, 10.

[130] Ebd. 2, 4.

[131] Ebd. 1, 10.

[132] Ebd. 4, 1.

[133] Ebd. 4, 6.

[134] Ebd. 11, 3.

[135] Ebd. 15, 1.

[136] Ebd. 2, 5.

[137] Ebd. 10, 6.

[138] De otio 8, 3.

[139] Plinius, Nat. hist. 22, 23.

[140] Ep. 63, 14.

[141] Tacitus, Ann. 14, 51.

[142] R. Waltz, Vie de Sénèque, Paris 1924, S. 384.

[143] Tacitus, Ann. 14, 53–56.

[144] Ebd. 14, 57.

[145] Ebd. 15, 23.

[146] Ebd. 14, 65.

Kapitel VII

[1] Ep. 8, 3.

[2] Qu. nat. III, pr. 2.

[3] Ep. 20, 5.

[4] Ep. 71, 36.

[5] Ep. 16, 1.

[6] Ep. 80, 4.

[7] Ep. 81, 13.

[8] Ep. 94, 54f.

[9] De ben. IV, 17, 2.

[10] Ep. 59, 11; 43, 3f.; 41, 7; 20, 2; 102, 17.

[11] M. Pohlenz, a. a. O., S. 314.

[12] Ep. 32, 4f.

[13] Ep. 59, 14.

[14] Ep. 48, 3.

[15] Ep. 6, 1.

[16] Ep. 75, 1 und 5.
[17] Ep. 52, 8f.
[18] Ep. 34, 2.
[19] Ep. 21, 5.
[20] Ep. 14, 3.
[21] De vita beata 18, 3.
[22] De ben. VII, 8, 2f.
[23] Ep. 62, 3.
[24] De ben. VII, 11.
[25] Ep. 5, 4.
[26] Ep. 29, 1.
[27] Qu. nat. IV A, pr. 7.
[28] Ep. 20, 9.
[29] Ep. 87, 41.
[30] Ep. 115, 10.
[31] De ben. VII, 10, 2 5.
[32] Sueton, Nero 31.
[33] Tacitus, Ann. 15, 45.
[34] Ep. 87.
[35] De Prov. 6, 7.
[36] Ep. 70, 8f.
[37] Tacitus, Ann. 15, 45.
[38] De ben. IV, 7, 2.
[39] Phädra 972–980.
[40] De prov. 1, 1.
[41] J. Ferguson, a.a.O., S. 78.
[42] De ben. VI, 8, 3.
[43] De prov. 3, 4.
[44] Ebd. 6, 3.
[45] Ep. 120, 14f.
[46] Ep. 102, 2.
[47] Plinius, Nat. hist. 2, 22.
[48] Livius I, 16.
[49] J. Carcopino, La vie quotidienne à Rome à l'apogée de l'empire, Paris 1939, S. 157.
[50] De con. sap. II, 2.
[51] Dio Cassius 56, 36.
[52] Lukan II, 306–313.
[53] Vgl. J. Ferguson, a.a.O., S. 136.
[54] Thyestes 875–884.
[55] Hebräerbrief 9, 25–28.
[56] Dio Cassius 62, 17, 3.
[57] Tacitus, Ann. 15, 44.
[58] Ep. 95, 30ff.
[59] Ep. 41, 1.
[60] Ep. 96, 2.
[61] Augustinus, De civ. Dei 6, 10f.; 20, 19.
[62] Tertullian, De anima 20, 1; Apol. 17, 6.
[63] Lactantius, Inst. 2. 8, 23; 6, 24, 13f.
[64] Paulus, Philipperbrief 4, 22.
[65] Lactantius, De mort. pers. c 2.
[66] Lactantius, Inst. 3, 8; 3, 18; 3, 23.
[67] De ben. V, 17, 4.
[68] De ira II, 15, 3.
[69] De ben. III, 7, 5.
[70] Ebd. V, 9, 2.
[71] Ep. 6, 4.
[72] Ep. 9.
[73] Dionysios 2, 10, 3.
[74] P. Krarup, a.a.O., S. 79.
[75] Ep. 81, 32.
[76] De ben. III, 28, 1.
[77] I. Kant, Grundlegung zur Metaphysik der Sitten, Riga 1785, I. Abschnitt.
[78] De ben. III, 15, 4.
[79] Ebd. II, 16, 1.
[80] I. Kant, Kritik der praktischen Vernunft, Riga 1788, I. Teil, 1. Buch, § 7; Grundlegung zur Metapyhsik der Sitten, Riga 1785, II. Abschnitt.
[81] Ep. 88, 30.
[82] Paulus, Galaterbrief 3, 28.
[83] De vita beata 24, 3.
[84] De ben. IV, 18, 2.
[85] Ebd. I, 4, 2.
[86] H. Broch, Die Schlafwandler, 3. Teil, München/Zürich 1932, Kap. 44.
[87] De ben. VI, 38, 2f.
[88] Augustinus, De civ. Dei 12, 28.
[89] De ben. VI, 3, 4.
[90] Ebd. VII, 19, 9.
[91] Ebd. IV, 26, 1.
[92] Ebd. VII, 32.
[93] Matth. 5, 44–46.

Kapitel VIII

[1] De otio 5, 8.
[2] Qu. nat. I, 5, 6.
[3] Ebd. VII, 17, 2.
[4] Ebd. VI, 8, 3.

[5] Ebd. II, 43, 2.
[6] Ebd. III, pr. 9.
[7] Ebd. III, pr. 5.
[8] Ebd. I, pr. 9.
[9] Ebd. I, pr. 11.
[10] Ebd. I, pr. 3–5.
[11] Ep. 41, 2.
[12] Qu. nat. IV B, 6, 2f.
[13] Ebd. VI, 3, 4.
[14] Epikur, Ad Menoec. 134 Us; fr. vatican. 9.
[15] Qu. nat. II, 32–38.
[16] Ep. 41, 9.
[17] Phädra 483–557.
[18] Ep. 90, 38f.
[19] Qu. nat. III, 30, 7.
[20] Ebd. VII, 25, 5.
[21] De ben. VII, 1.
[22] Qu. nat. II, 59, 2.
[23] Ebd. V, 18, 13f.
[24] Ebd. V, 18, 4.
[25] Ep. 90, 19 und 25.
[26] Petronius, Satyricon 68.
[27] Tacitus, Ann. 16, 18.
[28] F. Engels in: Grundlagen des Marxismus-Leninismus, Berlin 1963, S. 149.
[29] De br. vitae 20, 5.
[30] Paul-Louis, Ancient Rome at Work, New York 1965, S. 6.
[31] Plinius, Nat. hist. 14, 4; 2, 118.
[32] Dio Cassius 63, 16.
[33] Plinius, Nat. hist. 11, 198.
[34] Ebd. 11, 150.
[35] Ebd. 9, 22.
[36] Lukrez, De rerum natura VI, 231f.
[37] Plinius, Nat. hist. 2, 137.
[38] Qu. nat. II, 31, 1.
[39] Ebd. I, pr. 15.
[40] Ebd. II, 6, 2.
[41] J. Monod, Zufall und Notwendigkeit (übers. von F. Griese), München 1971, S. 58.
[42] Qu. nat. II, 32, 2.
[43] De ira II, 27.
[44] Demokrit, Fragment 125 (H. Diels, a. a. O.).
[45] Qu. nat. VI, 18, 1.
[46] Ebd. V, 5.
[47] Ebd. II, 5, 1.
[48] Ebd. VII, 27, 4.
[49] Ebd. III, 13, 3.
[50] Ebd. III, 28.
[51] Ebd. VI, 1, 4.
[52] Ebd. III, 29, 9.
[53] Ebd. III, 27, 12.
[54] Ebd. III, 30, 7f.
[55] J. W. v. Goethe, Hamburger Ausgabe, Bd. 14, S. 43/44.
[56] Qu nat. VII, 1, 2.
[57] Ebd. II, 46.
[58] Ebd. VII, 23, 1.
[59] Ebd. VII, 25ff.
[60] J. W. v. Goethe, a. a. O., S. 46.
[61] Ep. 64, 7.

Kapitel IX

[1] A. Janov, Der Urschrei, Frankfurt/M. 1973, S. 121ff.
[2] De tr. an. 17, 1f.
[3] Ebd. 17, 10f.
[4] M. Eliade, a. a. O., S. 35.
[5] J. Carcopino, La vie quotidienne à Rome à l'apogée de l'empire, Paris 1939, S. 257.
[6] Vgl. H. Kindermann, Theatergeschichte Europas I, Salzburg 1966, S. 198.
[7] Livius 7, 2.
[8] De br. vitae 12, 8.
[9] Ep. 8, 8; 9, 21.
[10] De tr. an. 11, 8.
[11] Lukian, De salt. 63.
[12] Ovid, Tr. 2, 519.
[13] Ep. 47, 17.
[14] Tacitus, Ann. 13, 25.
[15] Aristoteles, Poet. 13, 5–11.
[16] Vgl. G. F. Else, The Origin und early Form of Greek Tragedy, Cambridge/Mass. 1965.
[17] Homer, Ilias 19, 85ff. und 19, 137f.
[18] Aischylos, Ag. 757–762.
[19] Aischylos, Ch. 910f.
[20] Platon, Politeia 380a.
[21] Aischylos, Ag. 219–221.

[22] Agamemnon 297.

[23] Ebd. 76.

[24] Ebd. 798f.

[25] Ebd. 132ff. und 141ff.

[26] Ödipus 875.

[27] Ebd. 1019

[28] Ebd. 1035f.

[29] Phönissen 134–137.

[30] Ebd. 334–339.

[31] Ebd. 451ff.

[32] Ebd. 216f.

[33] Herc. fur. 250–253.

[34] Ebd. 362–369.

[35] Qu. nat. III, pr. 10; ep. 113, 30.

[36] Herc. fur. 739–747.

[37] Euripides, Hippolytos 1433ff.

[38] Venus, Amors Mutter.

[39] Die Schutzgötter des Hauses; Bezeichnung für das Haus.

[40] Phädra 195–214.

[41] De ira II, 21, 7.

[42] Phädra 555ff.

[43] Oceanus bezeichnete einen Meeresgott und den Atlantik; Tethys war seine Gattin. Thule, das nördlichste Land, siedelte man bei den Shetlandinseln oder bei Norwegen an.

[44] Medea 374ff.

[45] Euripides, Medea 267f.

[46] Medea 199f.

[47] Ebd. 417–421.

[48] Vgl. R. Graves, The Greek Myths II, Baltimore/Maryland 1955, S. 29; deutsche Ausgabe: II, S. 26.

[49] Thyestes 446–456.

[50] Ebd. 468–470.

[51] Ebd. 607–614.

[52] Ebd. 878–880.

[53] Sueton, Tiberius 59; Caligula 30; De cl. II, 2, 2.

[54] Ep. 80, 7f.

[55] Th. Thomann in: Seneca, Sämtliche Tragödien, Bd. 2, Zürich/Stuttgart 1969, S. 12.

[56] Trojanerinnen 298f.

[57] Polybios 38, zitiert nach S. Mazzarino, a. a. O., S. 18.

[58] Trojanerinnen 330–336.

[59] Ebd. 792.

[60] Ebd. 1016–1023.

[61] Ebd. 1–6.

[62] Ebd. 371–377.

[63] L. Herrmann, Le théatre de Sénèque, Paris 1924, S. 133.

[64] Medea 163.

[65] Ep. 5, 7.

[66] Trojanerinnen 425.

[67] Phädra 164.

[68] Epikur, Fragment 532.

[69] Ep. 97, 13; ep. 105, 8.

[70] Quintilian, Inst. VIII, 3, 31.

[71] Tacitus, Ann. 14, 52.

[72] Vgl. I. W. Duff, A Literary History of Rome in the Silver Ages, 3. Aufl., New York 1964, S. 205.

[73] Ödipus 911–914.

[74] Herc. fur. 202–204.

[75] W. Beare, The Roman Stage, 3. Aufl., London 1964, S. 224.

[76] Ep. 108, 9.

[77] Ep. 94, 27.

[78] Th. Thomann in: Seneca, Sämtliche Tragödien, Bd. 1, Zürich/Stuttgart 1961, Einführung.

[79] P. D. Arnott, An Introduction to the Roman World, London 1970, S. 223.

[80] A. Artaud, Grusomhedens teater, in: Vindrosen Kopenhagen 1959, S. 487.

[81] Ep. 9, 7.

[82] De prov. 5, 11.

[83] Sueton, Nero 37.

[84] Tacitus, Ann. 1, 6.

[85] Ebd. 13, 7.

[86] Thyestes 213–217.

[87] Ödipus 703–706.

[88] Phönissen 659f.

[89] Octavia 574f., 579f.

[90] Ebd. 185.

[91] H. Bardon, a. a. O., S. 299.

Kapitel X

[1] Philostratos, Apollonius IV, 36.

[2] W. Dittenberger, Sylloge Inscrip-

tionum Graecarum, 3. Aufl., Leipzig 1915–1924, Nr. 814, 10–26.

[3] Dio Cassius 63, 5.

[4] E. M. Smallwood, Documents illustrating the Principates of Gaius, Claudius and Nero, Cambridge 1967, 391.

[5] Dio Cassius 61, 4, 1.

[6] Sueton, Nero 53.

[7] Plinius, Nat. hist. 30, 5–6.

[8] Sueton, Nero 29 und 37.

[9] Dio Cassius 61, 5, 1.

[10] S. Kierkegaard, Samlede Vaerker II, 1. Ausg., Kopenhagen 1900, S. 167.

[11] Ep. 42, 4.

[12] Dio Cassius 63, 9.

[13] Tacitus, Ann. 13, 7; 14, 2; Sueton, Nero 21; 28; 33; 35.

[14] Sueton, Nero 46; Dio Cassius 63, 28, 5.

[15] Sueton, Nero 46.

[16] Tacitus, Hist II, 8, 1.

[17] Tacitus, Ann. 14, 16.

[18] Sueton, Nero 52.

[19] Martial VIII, 70, 8.

[20] Persius, Sat. I, 105.

[21] Dio Cassius 62, 29, 3.

[22] Sueton, Nero 22.

[23] M. A. Levi, Nerone e i suoi tempi, Mailand 1949.

[24] Sueton, Nero 49.

[25] Dio Cassius 63, 22.

[26] Tacitus, Agricola 45.

[27] Tacitus, Ann. 15, 37; Sueton, Nero 29.

[28] Sueton, Nero 35.

[29] S. Freud, Drei Abhandlungen zur Sexualtheorie, Frankfurt/M. 1961, S. 35.

[30] De ira II, 36, 6.

[31] De ben. VI, 27, 4.

[32] Sueton, Nero 22.

[33] De cl. II, 2, 2.

[34] Ebd. I, 13, 2.

[35] Ebd. I, 25, 3.

[36] Ep. 70, 8.

[37] Ep. 32, 5.

[38] Ep. 32, 5.

[39] Ep. 50, 2.

[40] Ep. 12, 3.

[41] Vergil, Aeneis 4, 653.

[42] Ep. 12, 9.

[43] Ep. 83, 4f.

[44] Ep. 91, 2.

[45] Ep. 81, 3.

[46] Ep. 84, 1.

[47] Ep. 45, 1.

[48] I. Hadot, Seneca und die griechisch-römische Tradition der Seelenleitung, Berlin 1969, S. 184ff.

[49] Ep. 115, 1.

[50] Ep. 114, 1.

[51] Ep. 114, 13–14.

[52] Ep. 40, 4.

[53] Ep. 106, 3.

[54] Ep. 49, 8.

[55] Ep. 76, 4.

[56] Ep. 54.

[57] Ep. 53.

[58] Ep. 56 und 51.

[59] De ben. VI, 32, 2.

[60] Dio Cassius 61, 4, 2.

[61] De ben. VII, 20, 2f.

[62] Tacitus, Ann. 15, 48ff.

[63] Dio Cassius 62, 24, 1.

[64] Tacitus, Ann. 15, 57 und 65.

[65] Ebd. 15, 60–64.

Kapitel XI

[1] W. Trillitzsch, Seneca im literarischen Urteil der Antike. Darstellung und Sammlung der Zeugnisse, I–II, Amsterdam 1971.

[2] C. Pascal, (wie Kap. V, Anm. 13, S. 199–208.

[3] U. Zwingli, Prov. 2, 3.

[4] Montaigne, Essais II, 31.

[5] R. Descartes, ep. 397ff.

[6] L. Holberg, Introduction til Natur- og Folkeretten, Samlede Skrifter I, Kopenhagen 1913, S. 522.

[7] H. Steffens, Indledning til philosophiske Forelaesninger, Kopenhagen 1968, S . 122.

[8] G. W. F. Hegel, Vorlesungen über die Geschichte der Philosophie, in: Wer-

ke in 20 Bd., Bd. 19, Frankfurt/M. 1971, S. 292.

9 A. Schopenhauer, Parerga und Paralipomena, Berlin 1851, § 6.

10 M. Alenius, Døden og venskabet. En studie i Senecas breve, Studier fra Sprog-og Oldtidsforskning, Kopenhagen 1974, S. 7.

11 Dio Cassius 61, 10.

12 T. W. Africa, Rome of the Caesars, New York 1965, S. 83, 94 und 100.

13 P. P. Rohde, Den store Moders genkomst, Kopenhagen 1966, S. 77.

14 F. W. Farrar, Hedenske Sandhedssøgere, Kopenhagen 1913, S. 154.

15 V. Grønbech, Hellenismen, Kopenhagen 1940, I, S. 421; verk. Ausg. 1953, S. 18, 7, 273, 61, 14f., 283, 9; danach deutsch: Der Hellenismus, übers. v. Chr. Boehncke-Sjöberg, Göttingen [1955]; hier neu übersetzt.

16 Oswald Spengler, Der Untergang des Abendlandes, München 1923.

17 Vgl. W. Rehm, Der Untergang Roms im abendländischen Denken, Leipzig 1930.

18 V. Grønbech, Hellenismen, Kopenhagen 1953, S. 50, 291.

19 Ep. 107, 11.

20 L. Hjortsø, a. a. O., S. 159.

21 L. Waddy, Pax Romana and World Peace, London 1950, S. 9.

22 Epigramm 69 (Anth. Lat. 462), 19.

23 M. Rostovtzeff, Social and Economic History of the Roman Empire, Oxford 1926, S. 121.

24 E. F. Schumacher, Die Rückkehr zum menschlichen Maß. Alternativen für Wirtschaft und Technik. „Small is Beautyfull" (übers. von K. A. Klewer), Hamburg 1977, S. 263/264, 11/12.

25 De cl. I, 18, 2.

Senecas Werke

(mit Angabe der zitierten Übersetzungen)

Ad Helviam matrem de consolatione
(Trostschrift an die Mutter Helvia),
übers. von M. Rosenbach, in: Seneca, Philosophische Schriften, Bd. 2, Darmstadt 1971

Ad Marciam de consolatione
(Trostschrift an Marcia),
übers. von M. Rosenbach, in: Seneca, Philosophische Schriften, Bd. 1, Darmstadt 1969

Ad Polybium de consolatione
(Trostschrift an Polybius),
übers. von M. Rosenbach, a. a. O., Bd. 2

Apocolocyntosis,
übers. von W. Schöne, München 1957

De beneficiis
(Über die guten Taten),
übers. von J. Moser, in: Seneca des Philosophen Werke, 5. Bändchen, Stuttgart 1829

De brevitate vitae
(Über die Kürze des Lebens),
übers. von M. Rosenbach, a. a. O., Bd. 2

De clementia
(Über die Milde),
übers. von K. Büchner, Stuttgart 1970

De constantia sapientis
(Über die Standhaftigkeit des Weisen),
übers. von M. Rosenbach, a. a. O., Bd. 1

De ira
(Über den Zorn),
übers. von M. Rosenbach, a. a. O., Bd. 1

De matrimonio
(Über die Ehe)

De otio
(über die Muße)
übers. von M. Rosenbach, a. a. O., Bd. 2

De providentia
(Über die Vorsehung),
übers. von M. Rosenbach, a. a. O., Bd. 1

De superstitione
(Über den Aberglauben)

De tranquillitate animi
(Über die Gemütsruhe),
übers. von M. Rosenbach, a. a. O., Bd. 2

De vita beata
(Über das glückliche Leben),
übers. von M. Rosenbach, a. a. O., Bd. 2

Epigramme,
übers. von J. Moser, in: Seneca, Werke, hrsg. von G. Tafel, C. Osiander und G. Schwab, Bd. 41, Stuttgart 1829

Epistulae morales ad Lucilium
(Briefe an Lucilius),
übers. von E. Glaser-Gerhard, 2 Bde., Reinbek 1965

Quaestiones naturales
(Naturbetrachtungen)

Tragödien
(übers. von Th. Thomann: Seneca, Sämtliche Tragödien, 2 Bde., Zürich/Stuttgart 1961 und 1969):
Agamemnon
Hercules furens (Der rasende Herkules)
Medea
Ödipus
Phädra
Phoenissae (Die Phönissen)
Thyestes
Troades (Die Trojanerinnen)
Pseudo-Seneca:
Hercules Oetaeus (Herkules auf dem Berg Öta)
Octavia

Zitierte Übersetzungen anderer antiker Autoren

Augustinus, De civitate Dei,
übers. von W. Thimme, in: Augustinus, Werke, Bd. 3/4, Zürich 1955

Aischylos, Agamemnon, Choephoren, Prometheus,
übers. von J. G. Droysen, in: Aischylos, Sämtliche Tragödien, München 1977

Cicero, Ad Atticum,
übers. von H. Kasten, München 1959

Cicero, De re publica,
übers. von K. Büchner, Stuttgart 1979 und von R. Beer, Hamburg 1964

Dio Cassius, Römische Geschichte,
in 16 Bdn. übers. von L. Tafel, Stuttgart 1831–1844

Euripides, Hippolytos, Medea,
übers. von J. J. C. Donner, in: Euripides, Sämtliche Tragödien, 2. Bde., Stuttgart 1958

Hesiod, Erga,
übers. von W. Marg, in: Hesiod, Sämtliche Gedichte, Zürich/Stuttgart 1970

Homer, Ilias,
übers. von J. H. Voß, München 1961

Homer, Odyssee,
übers. von J. H. Voß, München 1964

Lactantius, De mortibus persecutorum, Divinae institutiones,
übers. von A. Hartl, in: Lactantius, Ausgewählte Schriften, Kempten/München 1919

Livius, Ab urbe condita,
in Auszügen übers. von J. Feix, München 1958–1960

Ovid, Ars amatoria,
übers. von W. Hertzberg, München 1969

Philon, De legatione,
hrsg. von L. Cohn, I. Heinemann, M. Adler und W. Theiler, in: Philo von Alexandria, Die Werke in deutscher Übersetzung, Bd. 7, 2. Aufl., Berlin 1964

Philostratos, Apollonius von Tyana,
übers. von E. Baltzer, Rudolstadt 1883

Platon, Apologie,
übers. von F. Schleiermacher, in: Platon, Sämtliche Werke, Bd. 1, Hamburg 1957

Platon, Nomoi,
übers. von H. Müller, in: Platon, Sämtliche Werke, Bd. 6, Hamburg 1959

Platon, Politeia,
übers. von F. Schleiermacher, in: Platon, Sämtliche Werke, Bd. 3, Hamburg 1958

Plinius, Naturalis historia,
übers. von C. F. L. Strack, Bremen 1853–1855

Plutarch, Cato minor,
übers. von E. Eyth, in: Plutarchs ausgewählte Biographien, Bd. 5, 3. Aufl., Berlin (1930)

Polybios, Geschichte,
übers. von H. Drexler, 2 Bde., Zürich/Stuttgart 1961 und 1963

Quintilian, Institutiones oratoriae,
übers. von H. Rahn, Darmstadt 1975

Sallust, De coniuratione Catilinae,
übers. von K. Büchner, Stuttgart 1967

Sophokles, Antigone,
übers. von K. W. F. Solger, in: Sophokles, Tragödien, München 1977

Sueton, De vita Caesarum,
übers. von M. Heinemann, 4. Aufl., Stuttgart 1951

Tacitus, Agricola,
übers. von K. Büchner, Stuttgart 1955

Tacitus, Annalen,
übers. von W. Sontheimer, Stuttgart 1967

Tacitus, Historien,
übers. von F. Eckstein, München 1960

Vergil, Aeneis,
übers. von W. Plankl u. a., Stuttgart 1980

Vergil, Eklogen,
übers. von Th. Haecker, München 1953

Zeittafel

um 4 v. Chr.	Lucius Annäus Seneca in Corduba (Spanien) geboren. Bald darauf Umzug der Familie nach Rom wegen der Ausbildung der drei Söhne. Der junge Seneca wendet sich schon früh der Philosophie zu.
14–37 n. Chr.	Regierung des Tiberius.
31	Rückkehr Senecas von einem längeren, krankheitsbedingten Ägyptenaufenthalt. Beginn der Rednerkarriere, Tätigkeit als Anwalt, dann auf Vermittlung seiner Tante Quästor und Senator.
37–41	Regierung Caligulas. Senecas wachsender Rednerruhm erweckt den Neid des Kaisers. Erste erhaltene Schrift, die Trostschrift an Marcia.
41–54	Regierung des Claudius. Kurz nach dem Regierungsantritt Verbannung Senecas aufgrund einer Intrige.
41–48	Exil auf Korsika. Vollendung von ,,De ira", Abfassung der Trostschriften an die Mutter Helvia und an Polybius sowie von ,,De constantia sapientis".
49	Claudius heiratet in fünfter Ehe Agrippina. Sie veranlaßt, Seneca aus der Verbannung zurückzurufen, und überträgt ihm die Erziehung ihres Sohnes Nero. ,,De brevitate vitae".
50	Seneca Prätor.
54	Ermordung des Claudius. Grabrede Senecas. Zugleich ist wahrscheinlich er auch der Verfasser der ,,Apocolocyntosis", einer Parodie auf die Apotheose des toten Kaisers.
54–68	Regierung Neros. In den ersten fünf Regierungsjahren Leitung der Reichspolitik durch Seneca und Burrus. Entstehung von Senecas Tragödien (z. T. möglicherweise auch früher oder später). Plinius d. Ä. arbeitet an der ,,Naturalis historia", Columella vollendet ,,De re rustica".

55	Tod des Britannicus. Seneca schreibt ,,De clementia", eine Art ,,Fürstenspiegel" für den jungen Nero.
um 55	Petronius' Roman ,,Satyricon".
55/56	Seneca Konsul; er besitzt Landgüter in Italien, Spanien, Ägypten und Britannien.
58	,,De vita beata".
59	Hofintrigen gipfeln in der Ermordung Agrippinas.
um 60	,,De tranquillitate animi" und ,,De otio".
62	Senecas Rückzug aus der Politik auf seine Landgüter.
62–65	Vollendung von Senecas moralphilosophischem Hauptwerk ,,De beneficiis", Briefe an Lucilius, ,,Quaestiones naturales", ,,De providentia". Senecas Neffe Lucanus verfaßt sein Epos über den Bürgerkrieg, die ,,Pharsalia".
64	Brand Roms.
65	Pisonische Verschwörung gegen Nero. Seneca wird als angeblicher Mitwisser zum ,,Philosophentod" gezwungen.

Namenregister